화엄경청량소
華嚴經淸凉疏

화엄경청량소

제29권

제9 서다원림법회 ①

[제39 입법계품 ① ②]

청량징관 저
석반산 역주

담앤북스

일러두기

1. 본 화엄경소초의 번역에 사용된 원본은 봉은사에 소장된 목판 80권 『화엄경소초회본』이다.

2. 교정본은 민국(民國) 31년(1942) 대만의 화엄소초편인회(華嚴疏鈔編印會)에서 합본으로 교간(校刊)한 『화엄경소초 10권』을 사용하였다. 그리고 원본현토는 화엄학 연구소의 원조각성 강백의 현토본을 참고하였다.

3. 대장경 속에 경전과 합본으로 수록된 것은 없고, 다만 大正大藏經 권35에 『화엄경소 60권』이 있으며 권36에 『화엄경수소연의초(華嚴經隨疏演義鈔) 90권』이 있지만 경의 본문과의 손쉬운 대조를 위해 회본(會本)을 기본으로 하였으며, 일일이 찾아서 대장경과 대조하지는 못하였다.

4. 교재본이라 한 것은 민족사에서 1997년에 발간한 『현토과목 화엄경』(전 4권)을 지칭하며, 원문 인용은 이 본을 기본으로 하였다.

5. 본『청량소』전권에서는 소(疏)의 전문을 해석하였고, 초문(鈔文)은 너무 번다하고 중복되는 부분을 필자가 임의로 생략하였다.

6. 본문의 이해를 돕기 위하여 도표로 작성한 것은 전강 스승이신 봉선사 능엄학림의 월운강백께 허락을 얻어『화엄경과도(華嚴經科圖)』를 준용(準用)한 것이다.

7. 목차(目次)는 『화엄경소초』의 과목을 사용하였고『화엄경과도』를 준용하였다. 과목에 이어지는 ( ) 안에는 간편한 대조를 위하여 목판본의 페이지를 표시하였다. 예) 一. 一) (一) 1 1) (1) 가. 가) (가) ㄱ. ㄱ) (ㄱ) a. a) (a) ㊀ ① ㉮ ㉠ ⓐ ㉯ ㉤ Ⓐ ─ 1 가 ㄱ ⓐ Ⓐ ㉯ ㊀ ① ㉮ ㉠ ⓐ Ⓐ ─ 1 가 ㄱ ⓐ Ⓐ

8. 목차는 되도록 현대적 번역어로 제목을 삼으려 하였고, 제목에 이어 표기된 아라비아 숫자는 문단의 개수이다.

9. 경과 소문(疏文)은 조금 띄워서 차별화하였고 소문(疏文) 앞에는 ■ 표시를, 초문(鈔文) 앞에는 ● 로 표시하여 번역문을 수록하였다. ❖ 표시는 역자의 견해를 밝힌 부분이다.

10. 경구(經句)의 번역문은 한글대장경과 민족사 간(刊)『화엄경 전10권』을 참고하였고, 소(疏) 문장의 번역은 직역을 원칙으로 하였고, 인용문은 주로 한글대장경의 번역을 따르고자 노력하였다.

11. 본 청량소 번역에 참고한 주요 도서는 다음과 같다.

   (1) 한글대장경『화엄경1, 2, 3』『보살본업경』『대승입능가경』『대반열반경』『보살영락경』; 동국역경원 刊

   (2) 한글대장경『성유식론』『십지경론』『아비달마잡집론』『유가사지론』『대지도론』『섭대승론』『섭대승론석』『대승기신론소별기』『현양성교론』『신화엄경론』; 동국역경원 刊

   (3)『대정신수대장경』; 大正一切經刊行會 刊

(4) 현토과목『화엄경』; 민족사 刊

(5) 『망월대사전』; 세계성전간행협회 刊,『불교학대사전』; 홍법원 刊,『중국불교인명사전』; 明復 編,『인도불교고유명사사전』; 法藏館 刊

(6) 『신완역 주역』; 명문당 刊,『장자』; 신원문화사 刊,『노자도덕경』; 교림 刊,『논어』; 전통문화연구회 編

12. 주)의 교정본 양식

(1) 소초회본; 대만교정본[華嚴疏鈔編印會]

(2) 宋元明淸南續金纂本 등; 소초회본의 출전 소개 양식

입법계품 53선지식 전체 과목

第四分. 사람에 의지하여 증득하고 과덕을 이루어 가는 부분
　　　[依人證入成德分] 4. (제29권)
一) 근본법회
二) 지말법회 5.
제1절 지위에 의탁해 수행하는 모습[寄位修行相] 5.
(1) 십신위에 의탁하다 - 제1 문수보살 1인 (제29권)
(2) 십주위에 의탁하다 - 德雲比丘下 10인 (제30권)

가) 제2 덕운비구　　　　　　나) 제3 해운비구
다) 제4 선주비구　　　　　　라) 제5 미가거사
마) 제6 해탈장자　　　　　　바) 제7 해당비구
사) 제8 휴사우바이　　　　　아) 제9 비목구사선인
자) 제10 승열바라문 (제30권)　차) 제11 자행동녀 (제31권)

(3) 십행위에 의탁하다 - 善見比丘下 10인

가) 제12 선견비구　　　　　　나) 제13 자재주동자
다) 제14 구족우바이　　　　　라) 제15 명지거사
마) 제16 법보계장자　　　　　바) 제17 보안장자
사) 제18 무염족왕　　　　　　아) 제19 대광왕
자) 제20 부동우바이　　　　　차) 제21 변행외도

(4) 십회향위에 의탁하다 - 鬻香長者下 10인

가) 제22 청련화장자　　　　　나) 제23 바시라선사
다) 제24 무상승장자　　　　　라) 제25 사자빈신비구니
마) 제26 바수밀다녀　　　　　바) 제27 비슬지라거사

사) 제28 관자재보살　　　　아) 제29 정취보살

자) 제30 대천신　　　　　　차) 제31 안주지신

(5) 십지위에 의탁하다 - 婆珊夜神下 10인

가) 제32 바산바연저주야신 (제31권)　　나) 제33 보덕정광주야신 (제32권)

다) 제34 희목관찰주야신　　　　　　　라) 제35 보구중생주야신

마) 제36 적정음해주야신　　　　　　　바) 제37 수호일체성주야신

사) 제38 개부수화주야신　　　　　　　아) 제39 대원정진력주야신 (제32권)

자) 제40 람비니주림신 (제33권)　　　　차) 제41 석녀구파주야신

제2절 인연을 알고 실법에 들어간 모양[會緣入實相] - 等覺位

(1) 제42 마야부인

(2) 天主光女下 10인

가) 제43 천주광녀　　나) 제44 변우동자　　다) 제45 지중예동자

라) 제46 현승우바이　마) 제47 견고장자　　바) 제48 묘월장자

사) 제49 무승군장자　아) 제50 최적정바라문

자) 제51 덕생동자와 유덕동녀 (제33권)

제3절 덕을 섭수하여 인행을 완성한 모양 [攝德成因相]

- 제52 미륵보살 (제34권)

제4절 지혜와 비춤이 둘이 없는 모양 [智照無二相]

- 두 번째로 문수보살을 만나다 [再見文殊菩薩]

제5절 인행이 광대함을 밝힌 모양 [顯因廣大相]

- 제53 보현보살 [普賢菩薩] (제34권)

『화엄경청량소』 총목차

제1과 총합하여 명칭과 의미를 밝히다 [總敍名意]

제2과 공경히 귀의하고 가피를 청하다 [歸敬請加]

제3과 가름을 열고 경문을 해석하다 [開章釋文]

    제1분 가르침이 시작된 인연 [敎起因緣]

    제2분 가르침에 포섭된 뜻 [藏敎所攝]

    제3분 법의와 뜻을 나누다 [義理分齊]

    제4분 가르침에 가피받을 중생 [敎所被機]

    제5분 가르침의 본체와 깊이 [敎體淺深]

    제6분 통과 별로 종지와 취향을 밝히다 [宗趣通別]

    제7분 부류와 품회 [部類品會]

    제8분 전역자와 신통 감응 [傳譯感通]

    제9분 통틀어 명칭과 제목을 해석하다 [總釋名題]

    제10분 따로 경문의 뜻을 해석하다 [別解文義]

제4과 공경히 찬탄하고 회향하다 [謙讚廻向]

제10분 따로 경문의 뜻을 해석하다 [別解文義]

　제1문 경문의 차례를 총합하여 해석하다 [總釋經序]

　제2문 경문의 뜻을 개별로 해석하다 [別解文義]

　　제1. 총합적인 과목 [總科判]

　　제2. 경문을 바로 해석하다 [正釋經文]

　　　제1분 불과를 거론하며 즐거움을 권하여 신심을 일으키는 부분
　　　　　[擧果勸樂生信分]
　　　　　제1. 세주묘엄품 - 제6. 비로자나품

　　　제2분 인행을 닦아 불과에 계합하는 견해를 내는 부분
　　　　　[修因契果生解分]
　　　　　제7. 여래명호품 - 제37. 여래출현품

　　　제3분 법문에 의지해 수행으로 이루는 부분 [托法進修成行分]
　　　　　제38. 이세간품

　　　제4분 사람에 의지하여 증입하여 불과를 이루는 부분
　　　　　[依人證入成德分]
　　　　　제39. 입법계품

『화엄경청량소』 제29권 차례

大方廣佛華嚴經疏鈔 제60권의 ① 潛字卷上
제39. 법계에 증득해 들어가는 품[入法界品] ①

제4분. 사람에 의지해 증득하여 불과를 이루다 4. ·················· 22
제1. 근본법회 ·· 22
第一. 오게 된 뜻 ·· 22
第二. 명칭 해석 3. ··· 24
一. 의인증입성덕분의 명칭 해석 ································· 24
二. 서다원림법회의 명칭 해석 ··································· 24
三. 입법계품의 명칭 해석 2. ····································· 25
(一) 법에 대한 해석 ··· 25
(二) 계에 대한 해석 ··· 26
第三. 근본 가르침 3. ··· 29
一. 이치를 잡은 해석 2. ··· 29
一) 들어갈 곳 5. ·· 29
제1. 유위의 법계 ··· 30
제2. 무위의 법계 ··· 30
제3. 유위와 무위가 함께하는 법계 ····························· 31
제4. 유위와 무위가 함께하지 않는 법계 ························ 31
제5. 장애 없는 법계 ·· 33
二) 들어가는 주체 2. ·· 34
(一) 다섯 문을 개별로 나열하다 ······························· 34
(二) 앞과 상대하여 구분하다 ·································· 34

二. 부류를 잡아 차별하다 5. ··39
一) 들어갈 대상 5. ··39
(一) 법의 법계 40　　　　(二) 사람의 법계 40
(三) 함께 융섭한 법계 41　(四) 모두 없는 법계 41
(五) 장애 없는 법계 41
二) 들어가는 주체···42
三) 주체와 대상 둘이 없다 ···42
四) 함께 없애다 ···42
五) 장애가 없다 ···42
三. 지위를 잡아 해석하다 ···45
第四. 경문 해석 2. ···47
一) 근본법회 10. ··49
(一) 시작하는 부분 3. ··49
제1. 지정각세간이 원만하다 ··50
제2. 기세간이 원만하다··51
제3. 중생세간이 원만하다 3. ···54
1. 보살 대중 3. ···54
(1) 상수보살을 표방하다 ···55
(2) 대중의 명칭을 개별로 열거하다 2. ·····························55
가. 십주 등 네 지위를 통틀어 표하다 4. ·························55
가) 깃대는 십회향을 표하다 56　나) 위력은 십행 56
다) 열 개의 장은 십지 57　　라) 12가지 눈은 안다는 뜻 57
나. 십지와 십바라밀을 별도로 표하다 10. ·······················58
가) 관은 초지를 표하다 58　나) 상투는 2지 〃 58
다) 광명은 3지 〃 59　　　라) 깃대는 4지 〃 59
마) 소리는 5지 〃 60　　　바) 위는 6지 〃 60

사) 승은 7지 〃 61　　　아) 자재함은 8지 〃 61
자) 음성은 9지 〃 62　　　차) 깨달음은 10지 〃 62
(3) 숫자를 총합 결론하다··63
2. 성문 대중···66
3. 세상의 주인··73
(二) 법문을 청하는 부분 2. ···75
제1. 대중이 생각으로 청법하다··75
제2. 청할 대상인 법을 밝히다 2. ··77
1. 공덕이 사의하지 못함을 생각하다····································77
2. 근기를 따라 연설할 것을 청하다······································84
(三) 삼매의 부분 2. ···90
제1. 나타내는 주체의 삼매 2. ··92
1. 의미를 밝히다··92
2. 경문 해석 3. ··93
1) 삼매에 들어가는 인연··93
2) 삼매에 들어가는 원인을 밝히다······································94
3) 삼매에 들어감을 바로 밝히다···95
제2. 나타낼 정토 3. ···111
1. 앞을 결론하고 뒤를 표방하다··111
2. 이 세계의 원림을 장엄하다 3. ·······································113
가. 중각을 장엄하다··114
나. 원림의 장엄··116
다. 허공을 장엄하다··118
3. 결론하여 법계와 통하다···121
(四) 새로운 대중이 멀리서 모이는 부분 3. ···························123
1. 시방에서 모임을 구별하다 10. ······································124

1) 동방의 대중 10. ··· 124
　(1) 온 도량의 멀고 가까움 124　(2) 세계의 명칭 124
　(3) 본래 섬기던 부처님 명호 125　(4) 주된 보살의 명호 125
　(5) 권속과 함께 오다 125
　(6) 널리 구름을 일으켜 공양하다 125
　(7) 부처님 참예하고 예배드리다 127
　(8) 사자좌를 변화하여 만들다 127
　(9) 보배 그물로 몸을 장엄하다 127　(10) 권속과 함께 앉다 127
2) 남방의 대중 128　3) 서방의 대중 129
4) 북방의 대중 132　5) 동북방의 대중 133
6) 동남방의 대중 134　7) 서남방의 대중 136
8) 서북방의 대중 138　9) 하방의 대중 140

大方廣佛華嚴經疏鈔 제60권의 ② 潛字卷下

10) 상방의 대중 3. ··· 146
　(1) 질문에 대답함을 바로 보이다 ····································· 146
　(2) 순서로 구분하다 ··· 149
　(3) 본래 섬긴다는 말을 통틀어 해석하다 ······················· 150
2. 행법과 공덕을 통틀어 찬탄하다 3. ······························ 153
　(1) 위로 부처님을 친근하는 공덕 ··································· 153
　(2) 아래로 중생을 포섭하는 공덕 ··································· 153
　(3) 큰 작용이 자재한 공덕 ··· 157
3. 모인 원인을 총합 결론하다 ··· 159
(五) 잃은 것을 거론하여 얻음을 밝히는 부분 3. ··················· 160

제1. 보지 못하는 사람을 밝히다 11. ·····························160

(1) 사리불존자 161   (2) 목건련존자 162

(3) 마하가섭존자 164   (4) 이바다존자 166

(5) 수보리존자 168   (6) 아누루다존자 169

(7) 난타존자 171   (8) 겁빈나존자 171

(9) 가전연존자 173   (10) 부루나존자 173

(11) 나머지 존자를 똑같이 취하다 174

제2. 보지 못하는 경계를 밝히다 ·······························176

제3. 보지 못하는 이유를 해석하다 2. ························179

(1) 큰 의미를 총합하여 밝히다 ·································180

(2) 경문을 바로 해석하다 3. ····································181

가. 법을 설하다 2. ··181

가) 숙세의 인행이 빠져 있다 ···································181

나) 현재의 인연이 빠져 있다 3. ································188

(가) 뛰어난 공덕이 없다 ···188

(나) 자신 교법의 해탈에만 머무르다 ··························190

(다) 보지 못함에 대한 결론 ·····································195

나. 비유로 밝히다 10. ··195

(가) 귀신이 항하강과 상대하는 비유 ··························200

(나) 깼을 때와 꿈꿀 때를 상대한 비유 ·······················205

(다) 우법 소승은 설산에 있으면서도 알지 못하는 비유········209

(라) 묻힌 보물 창고를 알지 못하는 비유 ····················210

(마) 맹인이 보물 창고를 보지 못하는 비유 ·················212

(바) 청정한 눈은 장애가 없는 비유 ···························213

(사) 온갖 곳에 두루한 선정의 경계에 비유하다 ···········215

(아) 몸을 숨기는 묘한 약의 비유 ·······························223

(자) 두 하늘이 사람을 따라다니는 비유 ·································· 223
(차) 멸진정에 들면 행하지 않는 비유 ···································· 224
다. 묻고 결론하다 3. ··· 232
(가) 앞의 경문으로 힐난의 근본이라 결론하다 ···················· 234
(나) 힐난한 의미를 바로 말하다 ·· 234
(다) 본문을 회통하여 해석하다 ·· 234
(六) 게송으로 공덕을 찬탄하는 부분 10. ······························ 245
1. 동방 비로자나원광명보살의 공덕 찬탄 ·························· 246
2. 남방 불가괴정진왕보살의 공덕 찬탄 ······························ 251
3. 서방 보승무상위덕왕보살의 공덕 찬탄 ·························· 256
4. 북방 무애승장왕보살의 공덕 찬탄 ··································· 260
5. 동북방 화현법계원보살의 공덕 찬탄 ······························ 265
6. 동남방 법혜광염왕보살의 공덕 찬탄 ······························ 270
7. 서남방 파일체마군보살의 공덕 찬탄 ······························ 274
8. 서북방 원지광명당왕보살의 공덕 찬탄 ·························· 279
9. 하방의 파일체장용맹보살의 공덕 찬탄 ·························· 283
10. 상방의 법계차별원보살의 공덕 찬탄 ···························· 287

大方廣佛華嚴經疏鈔 제61권 羽字卷上

제39. 법계에 증득해 들어가는 품[入法界品] ②

(七) 보현보살이 열고 시작하는 부분 2. ································ 294
제1. 장항으로 밝히다 ·· 294
제2. 게송으로 거듭 밝히다 ·· 301

(八) 백호광명으로 이익을 보이는 부분 4. ····················· 307
제1. 백호광명을 널리 보이다 ····························· 307
제2. 광명에 의지해 법을 보다 2. ·························· 309
1. 여기 보살 대중이 널리 보다 ··························· 309
2. 나머지 시방과 유례하다 ···························· 312
제3. 증득한 인연을 보다 ································ 314
제4. 그 얻은 이익을 밝히다 2. ···························· 315
1. 봄으로 인하여 법을 얻다 ···························· 315
2. 은혜를 갚으려고 공양을 올리다 ······················· 336
(九) 문수보살이 공덕을 말하는 부분 6. ····················· 339
1. 두 게송은 넓고 두루함을 총합하여 찬탄하다 ············ 340
2. 한 게송은 중생세간을 찬탄하다 ······················· 341
3. 두 게송은 의보와 정보가 번갈아 있음을 찬탄하다 ·········· 341
4. 세 게송은 위의 서다림과 허공을 말하다 ·················· 342
5. 세 게송은 지정각세간을 말하다 ······················· 343
6. 두 게송은 널리 거둠을 총합하여 밝히다 ················ 344
(十) 끝없이 크게 작용하는 부분 2. ························· 345
제1. 작용하는 원인을 총합하여 밝히다 ···················· 345
제2. 체성에 의지하여 작용을 일으키다 2. ·················· 347
1. 모공 속의 세상 주인의 교화를 개별로 밝히다 ············ 347
2. 분신인 여러 부류로 교화함을 통틀어 밝히다 ············· 353
二) 지말법회의 53분 선지식 2. ···························· 358
(一) 열 문을 결론하고 나열하다 ·························· 359
(二) 부문에 의지해 개별로 해석하다 10. ··················· 359
제1. 회통한 의미를 총합하여 밝히다 ······················ 359
제2. 법회의 숫자를 열고 합하다 ························· 364

제3. 법회의 주인이 많고 적음 ··· 368
제4. 법회의 명칭과 이치를 정하다 ·· 368
제5. 두 가지 지위로 거느리고 거두다 ··································· 370
제6. 다섯 가지 양상으로 분별하다 ······································· 375
제7. 시작과 끝을 원만하게 포섭하다 ···································· 379
제8. 법계의 사람을 부류로 구별하다 ···································· 380
제9. 법계라는 현상의 이치 ··· 388
제10. 경문을 따라 해석하다 5. ·· 389
1) 지위에 의탁하여 수행하는 모습 5. ·································· 389
(1) 문수보살은 십신의 지위에 의탁하다 2. ························· 390
가) 교화하는 주체가 시작하다 3. ······································ 392
(가) 화주가 누각에서 나옴을 표방하다 ······························ 392
(나) 동반하여 따르는 대중을 개별로 밝히다 ······················· 392
(다) 나오는 광경을 총합하여 밝히다 ································· 394
나) 저 교화하는 일을 성취하다 3. ······································ 395
ㄱ. 비구 대중의 모임 ··· 396
ㄱ) 교화를 도와 근기를 포섭하다 ······································ 396
ㄴ) 교화한 이익을 바로 밝히다 2. ······································ 401
(ㄱ) 몸의 거동으로 섭수한 이익 ·· 401
(ㄴ) 어업으로 섭수한 이익 ··· 408

大方廣佛華嚴經 제60권
大方廣佛華嚴經疏鈔 제60권의 ① 潛字卷上
제39 入法界品 ①

제39. 법계에 증득해 들어가는 품[入法界品] ①

제9. 서다원림법회는 제1. 근본법회와 제2. 지말법회로 나누어 설명한다.
곧 선재동자의 구법행각을 그린 부분으로 여기서 대성문들이 입법계품의 주인공이 되지 못하고 영향중(影響衆)인 이유는 가) 숙세 인행이 없고 나) 현재의 인연이 빠진 까닭이다. 經云

"이때에 큰 성문들의 우두머리인 사리불·대목건련 등이 서다림에 있었느니라. 모두 여래의 신통한 힘·여래의 잘생긴 모습·여래의 경계·여래의 유희·여래의 신통변화·여래의 높으심·여래의 묘한 행·여래의 위덕·여래의 머물러 지니심·여래의 청정한 세계들을 보지 못하였다. 왜냐하면 착한 뿌리가 같지 않은 연고며, 부처님을 뵈옵는 자재한 착한 뿌리를 본래 익히지 않은 연고라…. 왜냐하면 큰 제자들이 성문승을 의지하여 벗어났으므로 성문의 도를 성취하고 성문의 행을 만족하고 성문의 과보에 머무르며, 없다 있다 하는 진리에 결정한 지혜를 얻고 실제에 항상 머물러서 끝까지 고요하며, 크게 가엾이 여김을 떠나서 중생을 버리고 자기의 일에만 머무른 까닭[究竟寂靜하며 遠離大悲하며 捨於衆生하며 住於自事일새]이다."

> 大方廣佛華嚴經 제60권
> 大方廣佛華嚴經疏鈔 제60권의 ① 潛字卷上

제4분. 사람에 의지해 증득하여 불과를 이루다[依人證入成德分]
    - 證入因果周
제9. 서다원림법회 1품 과덕법문(果法門)

제39. 법계에 증득해 들어가는 품[入法界品] ①

제1. 근본법회

第一. 오게 된 뜻[來意] 2.

一. 제4분이 온 뜻[明分來] (初來 1上5)
二. 입법계품이 오게 된 뜻[會品來] (會品)

[疏] 初, 來意者는 先辨分來라 夫行因證立이요 證籍行深이니 前分에 託法行成일새 故로 此는 依人入證하야도 亦爲遠答解脫海故라 會品來意는 不異分來니 無別會品故니라

■ 第一. 오게 된 뜻이란 먼저 제4. 의인증입성덕분(依人證入成德分)이 오게 된 뜻을 밝혔으니 대저 원인을 행하여 증입하게 되는 것이다. 증득은 행법이 깊음에서 도움 받나니, 앞의 제3. 탁법진수성행분(託法進修成行分)은 법에 의탁하여 행법을 이루었고, 여기서는 사람에 의지해 증

득해 들어가더라도 또한 해탈의 바다에 대한 질문에 멀리서 대답한 내용이 되는 까닭이다. 二. 서다원림법회의 입법계품이 오게 된 뜻은 제4분이 온 뜻과 다르지 않나니 서다원림법회와 입법계품이 다름이 없기 때문이다.

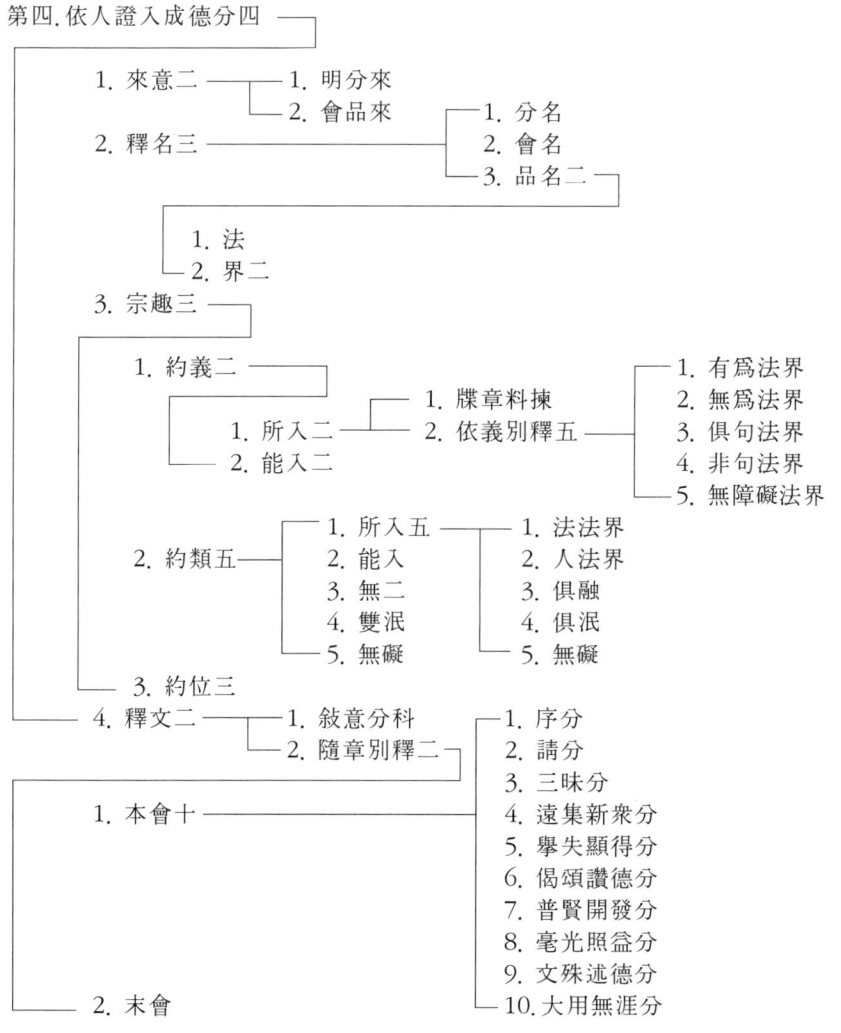

[鈔] 初來意等者는 分來와 品來인 二意니 先은 約四分하여 以明來意하고 後,[1] 亦遠答下는 就前總別하여 以明來意니 九會가 共答十海問故니라 會品來下는 此中에 亦合有三來意라 然離世間이 雖亦一會, 一分, 一品이나 而其所對하는 分會品差일새 有三來意어니와 此中에는 前無分會品別對일새 故但爲一이니라

● 第一. 오게 된 뜻 등이란 제4. 의인증입성덕분이 온 뜻과 입법계품이 온 뜻이 두 가지 의미이니, 앞은 제4분을 잡아서 오게 된 뜻을 밝혔으니, 또한 아래에 대해 멀리서 대답하고, 앞의 총상과 별상에 입각하여 오게 된 뜻을 밝히고, 아홉 번 법회에서 열 가지 바다 같은 질문에 함께 대답한 까닭이다. 會品來 아래는 이 가운데 또 합하면 세 가지 오게 된 뜻이 있다. 그러나 제38. 이세간품에도 비록 또한 한 법회와 한 분과 한 품이지만 그 상대할 대상은 분과 법회와 품이 차별하여 세 가지 오게 된 뜻이 있었다. 이 가운데 앞은 분과 법회와 품을 별상으로 상대함이 없으므로 단지 하나뿐이 되었다.

第二. 명칭 해석[釋名] 3.

一. 의인증입성덕분의 명칭 해석[分名] (二釋 1下3)
二. 서다원림법회의 명칭 해석[會名] (二會)

[疏] 二, 釋名이라 有三하니 初, 分名者는 謂依佛菩薩인 諸勝善友하여 深證法界일새 故名依人入證이니 證法在己를 謂之成德이니라 二, 會名은 約處하여 名逝多林園重閣會라 林名戰勝은 以表依人이요 園名給

---

1) 後는 南續金本無라 하다.

孤는 用表悲厚요 重閣之義는 以顯二智互嚴이라 悲智가 並爲能證이
亦爲重義라 若兼取城名聞物인대 亦表依人約法이니 如品 名釋이니라
- 第二. 명칭 해석에 셋이 있으니 一. 제4. 의인증입성덕분의 명칭은 이른바 불보살에 의지해서 모든 뛰어난 선우(善友)들이 법계를 깊이 증득하였으므로 이름하여 '사람에 의지해 증득해 들어간다'고 하였으니, 법을 증득함은 자기에 있어서는 '과덕을 이룸'이 된다. 二. 서다원림법회의 명칭 해석이니 장소를 잡으면 서다림 중각강당회라 하나니 숲은 전쟁에서 승리한 것을 이름하므로 사람에 의지함을 표하였고, 동산은 급고독장자의 동산이라 이름하나니 작용으로는 자비가 두터운 2층 누각의 뜻을 표하였으니 두 가지 지혜로 서로 장엄하여 자비와 지혜가 함께 증득하는 주체가 되고, 또한 무거움의 뜻이 된다. 만일 사위성의 이름과 들은 사물을 겸하여 취하였고, 또한 사람에 의지함을 표하였다. 법을 잡으면 입법계품의 명칭 해석과 같다.

三. 입법계품의 명칭 해석[品名] 3.

一) 총합하여 밝히다[總明] (三品 1下9)
二) 얻은 명칭[得名] 2.
(一) 법(法)에 대한 해석[法] (法界)

[疏] 三, 品名者는 入은 通能所니 謂悟解證得之名이요 法界는 是所入之 法이니 謂理事等別이라 然이나 法은 含持軌오
- 三. 입법계품의 명칭에서 입(入)은 주체와 대상에 통하나니 이른바 깨달아 알아서 증득한 명칭이라는 뜻이다. 법계는 들어갈 대상의 법이

니 이른바 이치와 현상 등이 다르지만 그러나 법에 지닐 법도를 포함한다는 뜻이다.

(二) 계(界)에 대한 해석[界] 2.
제1. 다섯 가지는 이치의 법계를 잡은 해석[五約理法界] (界有 1下10)
제2. 현상과 이치를 함께 잡은 해석[雙約事理] (復有)

[疏] 界有多義니 梁論十五에 云, 欲顯法身이 含法界五義일새 故로 轉名法界라 一, 性義니 以無二我로 爲性이니 一切衆生이 不過此性故라 二, 因義니 一切聖人의 四念處等法이 緣此生故라 三, 藏義니 一切虛妄法이 所隱覆故로 非凡夫二乘의 所能緣故라 四, 眞實義니 過世間法이라 以世間法은 或自然壞며 或對治壞니 離此二壞故니라 五, 甚深義니 若與此로 相應하면 自性이 成淨善故오 若外不相應하면 自性成穀2)故라하니라 上之五義는 皆理法界니라 復有持義와 族義와 及分齊義라 然이나 持曲有三하니 一, 持自體相이요 二, 持諸法差別이요 三, 持自種類하여 不相雜亂하여 與法義同이라 族者는 種族이니 卽十八界라 上二는 並通事理니라 分齊者는 緣起事法이 不相雜故니라

■ 계(界)에 여러 뜻이 있으니 『양섭론』제15권에 이르되, "법신을 밝히려 할 적에 법계의 다섯 가지 이치를 포함하는 연고로 바꾸어 법계(法界)라 이름하였다. (1) 성품의 뜻이니 두 가지 내가 없음으로 성품을 삼는다. 온갖 중생이 이런 성품을 초과하지 않는 까닭이다. (2) 인행의 뜻이니 온갖 성인의 사념처 등의 법이니 이번 생을 인연하는 까닭이다. (3) 저장함의 뜻이니 온갖 허망한 법으로 숨기고 덮는 까닭이다.

---

2) 穀은 原南續金本作穀, 論作穀이라 하다.

범부나 이승이 인연하는 주체와 대상이 아닌 까닭이다. (4) 진실한 뜻이니 세간법을 초과하여 세간법은 혹은 자연히 무너지거나 혹은 다스려 무너지기도 하나니 이런 두 가지 무너짐을 여읜 까닭이다. (5) 매우 깊은 뜻이니 만일 이것과 상응하면 자기 체성으로 청정하고 선함을 이루는 까닭이다. 만일 바깥과 상응하지 않아서 자기 체성으로 껍질을 이루는 까닭이다." 위의 다섯 가지 뜻은 모두 이치의 법계이다. 다시 지님의 뜻과 종족의 뜻과 영역의 뜻이 있으니 하지만 지님은 자세하게 세 가지 뜻이 있으니 (1) 자기 체성의 모양을 지님이요, (2) 모든 법의 차별을 지님이요, (3) 자기 종류를 지녀서 섞이고 혼란하지 않고 법의 이치와 같은 종족이라면 종족은 곧 18계(界)이다. 위의 둘도 아울러 현상과 이치에 통하지만 영역[分齊]은 연기의 현상법이 서로 섞이지 않기 때문이다.

三) 명칭 해석[釋名] (於中 2下1)

[疏] 於中에 性은 通依主와 持業이요 因은 唯依主요 後六은 唯持業이니 心境合目하여 名入法界라 始則相違오 終則持業이니 入이 卽法界 故니라

■ 그중에 성품이 통함은 의주석과 지업석이다. 원인은 의주석(依主釋)뿐이요, 뒤의 여섯은 지업석(持業釋)뿐이다. 마음과 경계로 제목을 합쳐서 '법계에 들어간다'고 이름한다. 시작은 상위석(相違釋)이요, 끝은 지업석이니 들어가면 법계와 합치하는 까닭이다.

[鈔] 梁論十五者는 彼本論에 云, 復次諸佛法界가 恒時應具有[3]五業이라

하야늘 釋論에 云, 此中에 明法身業이나 而言諸佛法界者는 欲顯法身이 含法界五義等이라하니라 餘는 同疏니라 論下에 結云, 由法身이 含法界五義일새 諸菩薩이 應見法身하면 恒與五業으로 相應하여 無時暫離라 其五業은 謂除有情의 災患業等이라하니라 上文에 引竟이라 然이나 正是此下論文이니라 若世親論인대 無此五義하고 但說五業耳라 五義는 可知니라

復有持義下는 第二는 雙約事理하여 釋法界라 於中에 先, 標三義요 後, 然持下는 別釋持義⁴⁾와 及以法持自體義라 餘二는 可知니라 於中下는 三, 釋名이라 然이나 直語一法하면 則無六釋이니 故會六釋이니 唯釋界字라 於前五中에 除前二와 兼於後三하고 故有⁵⁾六義가 皆唯持業이라 心境合目下는 卽通品名이 會六釋耳니라

● 『양섭론』제15권이란 저 본론에 이르되, "다시 모든 부처님의 법계가 항상 응당히 다섯 가지 업을 갖춘다"라 하였고, 논의 해석에 이르되, "이 가운데 법신의 업을 밝혔지만 그러나 모두 부처님 법계라 말한 것은 법신을 밝히려 할 적에 법계의 다섯 가지 이치를 포함한다" 등이라 하였고, 나머지는 소에서 논함과 같다. 아래에 결론하여 이르되, "법신이 법계의 다섯 가지 이치를 포함함으로 말미암아 모든 보살이 응당히 법신을 보고 항상 다섯 가지 업과 상응하여 잠깐도 여의지 않는다. 그 다섯 가지 업은 이른바 중생의 (세 가지) 재난과 병환과 업 따위이다." 위에서 문장을 인용하여 마쳤지만 그러나 이 아래는 논문이다. 만일 세친보살의 『섭대승론』에는 여기의 다섯 가지 이치가 없고 다만 다섯 가지 업만 설정했을 뿐이니 다섯 가지 이치는 알 수 있으리라.

---

3) 有는 南續金本無, 論原本有라 하다.
4) 持義는 南續金本作義持라 하나 誤植이다.
5) 上五字는 甲南續金本作依主後라 하다.

제2. 復有持義 아래는 현상과 이치를 함께 잡은 해석이니 법계에 대한 해석이다. 그중에 1. 세 가지 이치를 표방함이요, 2. 然持 아래는 지님의 뜻과 법으로 자체를 지닌다는 뜻을 개별로 해석함이니 나머지 둘은 알 수 있으리라. 3. 於中 아래는 명칭 해석이다. 그러나 바로 한 법을 말하면 여섯 가지 해석이 없나니 그러므로 여섯 가지를 회통한 해석이다. 오로지 계(界) 자만 해석함은 앞의 다섯 가지 중에서 앞의 둘을 제외하고 뒤의 셋을 겸하는 연고로 여섯 가지 뜻이 있는 것이 모두 지업석뿐이요, 心境合目 아래는 품의 명칭을 통틀어서 여섯 가지를 회통한 해석일 뿐이다.

第三. 근본 가르침[宗趣] 3.

一. 이치를 잡은 해석[約義] 2.
一) 들어갈 곳[所入] 2.
(一) 가름을 따와서 구분하다[牒章料揀] (三明 3上5)

[疏] 三, 明宗趣者는 分會品同하여 旣入法界爲目으로 卽以爲宗이라 於中에 三門分別이니 一, 約義요 二, 約類요 三, 約位라
■ 第三. 근본 가르침을 밝힘이란 제4. 의인중입성덕분과 제9. 서다원림법회와 제39. 입법계품이 같으니 이미 법계에 들어감으로 제목으로 곧 근본을 삼았고, 그중에 세 문으로 분별하였으니 一. 이치를 잡은 해석이요, 二. 부류를 잡은 해석이요, 三. 지위를 잡은 해석이다.

(二) 이치를 의지해 개별로 해석하다[依義別釋] 5.

제1. 유위의 법계[有爲法界] (初有 3上9)
제2. 무위의 법계[無爲法界] (二無)

[疏] 初中에 有二하니 先, 明所入이니 總唯一眞無礙法界라 語其性相컨대 不出事理오 隨義別顯에 略有五門하니 一, 有爲法界요 二, 無爲法界요 三, 俱是요 四, 俱非요 五, 無障礙라 然이나 五各二門이니 初는 有爲의 二者는 一, 本識이 能持諸法種子를 名爲法界니 如論[6]에 云, 無始時來界等이라 此約因義나 而其界體는 不約法身이니라 二, 三世之法의 差別邊際를 名爲法界니 不思議品에 云, 一切諸佛이 知過去一切法界가 悉無有餘等이니 此는 即分齊之義니라 二, 無爲法界의 二者는 一, 性淨門이니 在凡位中하야도 性恒淨故며 眞空一味가 無差別故니라 二, 離垢門이니 謂由對治하야사 方顯淨故며 隨行淺深하여 分十種故니라

■ 一. 이치를 잡은 해석에 둘이 있으니 一) 들어갈 곳을 밝힘이다. 통합(統合)하면 오직 하나의 진여인 무장애 법계이고, 그 체성과 양상을 말하면 현상과 이치를 벗어나지 않나니 이치를 따라 개별로 밝힌다면 간략히 5문이 있으니 제1. 유위의 법계[有爲法界]요, 제2. 무위의 법계[無爲法界]요, 제3. 유위와 무위가 함께하는 법계요, 제4. 유위도 무위도 아닌 법계요, 제5. 장애 없는[無障礙] 법계이다. 그러나 다섯 문에 각기 두 문이 있으니 제1. (유위의 법계)에 둘이 있다는 것은 1. 근본식은 모든 법의 종자를 능히 지니므로 법계라 이름한다. 저 논에 이르되, "시작하는 때가 없는 계(界)"라 한 등이니, 이것은 원인의 이치를 잡았지만 그 경계의 체성은 법신을 잡은 것이 아니요, 2. 삼세의

---

6) 如論은 原本作唯識, 甲南續金本及探玄記作如論; 案下係攝論第二釋所知依中 引達磨經頌文이라 하다.

법이 차별한 경계이므로 법계라 이름한다. 저 불부사의법품에 이르되, "모든 부처님이 과거의 온갖 법을 알아 다하고 남음이 없다"고 한 등이니 이것은 영역의 뜻이다.

제2. 무위의 법계에 둘이란 1. 성품이 청정한 문[性淨門]이니 범부에게 있어도 성품은 항상 청정한 까닭이요, 참된 공이 한 맛이어서 차별이 없는 까닭이요, 2. 더러움을 여읜 문[離垢門]이니 이른바 다스림을 인하여 비로소 청정함을 드러내는 까닭이다. 수행이 깊고 얕음을 따라 열 가지로 나누는 까닭이다.

제3. 유위와 무위가 함께하는 법계[俱是法界] (三亦 3下6)
제4. 유위와 무위가 함께하지 않는 법계[俱非法界] (四非)

[疏] 三, 亦有爲亦無爲法界의 有二者는 一, 隨相門이니 謂受想行蘊과 及五種色과 幷入無爲인 此十六法은 唯意所知니 十八界中에 名爲法界니라 二, 無礙門이니 謂一心法界가 具含二門하니 一, 心眞如門이요 二, 心生滅門이라 雖此二門이 皆各總攝一切諸法이나 然其二位가 恒不相雜이 其猶攝水之波가 非靜이요 攝波之水가 非動이라 故로 第四廻向에 云, 於有爲界에 示無爲法호대 而不滅壞有爲之相하고 於無爲界에 示有爲法이나 而不分別無爲之性이라하니 此明事理無礙니라 四, 非有爲非無爲法界의 二門者는 一, 形奪門이니 謂緣無不理之緣일새 故非有爲理며 無不緣之理일새 故非無爲요 法體平等하여 形奪雙泯이라 大品三十九中에 須菩提白佛言하사대 是法平等인대 爲是有爲인가 爲是無爲인가 佛言하사대 非有爲法이며 非無爲法이라 何以故오 離有爲法하야 無爲法을 不可得이며 離無爲法하야 有

爲法을 不可得이라 須菩提여 是有爲性과 無爲性인 是二法이 不合不散이라하니 此之謂也니라 二, 無寄門이니 謂此法界가 離相離性일새 故非此二오 又非二諦故로 又非二名言所能至故니 是故로 俱非라 解深密第一에 云, 一切法者는 略有二種하니 所謂有爲와 無爲라 是中에 有爲는 非有爲며 非無爲요 無爲는 非無爲며 非有爲等이라하니라

■ 제3. 유위와 무위가 함께하는 법계이니 또한 유위이기도 무위이기도 한 법계이다. 둘이 있다는 것은 1. 모양을 따르는 문[隨相門]이다. 이른바 느낌과 생각과 지어 감의 쌓임과 다섯 가지 형색이 함께 무위(無爲)에 들어간다는 뜻이다. 이런 16가지 법은 오직 생각으로 알 대상이니, 18계(界) 가운데 법계(法界)라 이름한다. 2. 장애 없는 문[無礙門]이다. 이른바 한 마음인 법계에 두 문을 갖추어 포함하였으니, (1) 심진여문(心眞如門)이요, (2) 심생멸문(心生滅門)이다. 비록 이런 두 문이 모두 각기 온갖 모든 법을 총합하여 포섭하지만 그 두 지위는 항상 서로 섞이지 않음이 마치 물의 파도가 고요하지 않은 것을 포섭함과 같다. 파도가 물이 동요함이 아닌 것을 포섭한 연고로 제4. 지일체처(至一切處)회향에 이르되, "유위의 경계에서 무위의 법을 보이면서도 유위의 모양을 파괴하지 아니하고, 무위의 경계에서 유위의 법을 보이면서도 무위의 성품을 분별하지 않는다"라고 하였으니, 여기서는 현상과 이치가 걸림 없음을 밝혔다.

제4. 유위와 무위가 함께하지 않는 법계는 유위도 아니고 무위도 아닌 법계라 한다. 법계에 두 문이란 1. 형상을 뺏는 문[形奪門]이니 이른바 인연이 이치 아님이 없는 인연인 연고로 유위법이 아닌 이치요, 인연이 아닌 이치가 없는 연고로 무위법도 아니므로 법의 체성이 평등해서 형상 뺏는 문을 함께 없앤다. 『대품반야경』제39권 중에, "수보

리가 부처님께 사뢰어 말씀하되 '이 법은 평등하여 유위법이 아닌가, 무위법이 아닌가.' 부처님께서 말씀하시되 '유위법도 아니요, 무위법도 아니다. 왜냐하면 유위법과 무위법을 떠나서 여읨을 얻을 수 없고 무위법과 유위법을 얻을 수 없다. 수보리여, 유위의 성품인가, 무위의 성품인가? 이런 두 법이 합하지도 산란하지도 않다'"라고 하였으니 이것을 말한다. 2. 의탁함 없는 문[無寄門]이니 이른바 이 법계가 양상을 여의고 성품을 여읜 연고로 이런 둘이 아님이 또한 두 가지 진리가 아닌 까닭이다. 또한 두 명칭이 아니어서 말로써 미칠 수 없는 까닭이다. 이런 연고로 둘 다 아님이다.『해심밀경』제1권에 이르되, "온갖 법이란 대략 두 종류가 있으니 말하자면 유위와 무위다"라고 하였으니, 이 가운데 유위법은 유위도 아니고 무위도 아니며, 무위법은 무위법도 아니고 유위법도 아닌 등이다.

제5. 장애 없는 법계[無障礙法界] (五無 4下4)

[疏] 五, 無障礙法界의 二門者는 一, 普攝門이니 謂於上四門에 隨一하여 即攝餘一切故라 是故로 善財가 或覩山海하며 或見堂宇를 皆名入法界니라 二, 圓融門이니 謂以理融事故로 令事無分齊니 微塵非小라 能容十刹이요 刹海非大라 潛入一塵也니라 以事顯理故로 令理非無分이니 謂一多無礙일새 或云一法界며 或云諸法界라 然由一非一故로 即諸요 諸非諸故로 即一이요 乃至重重無盡이니 是以로 善財가 暫時執手에 遂經多劫하면 纔入樓閣에 普見無邊이 皆此類也니라 上來의 五門十義가 總明所入法界니 皆應以六相으로 融之니라

■ 제5. 장애 없는 법계의 두 문이란 1. 널리 섭수하는 문[普攝門]이니 이

른바 위의 네 문에 하나가 나머지 모두를 포섭함을 따르는 까닭이다. 이런 연고로 선재가 혹은 산과 바다를 보고 혹은 집을 보기도 하는 것을 모두 '법계에 들어감[入法界]'이라 이름한다. 2. '원만하게 융섭하는 문[圓融門]'이니 이른바 이치로 현상을 융섭하는 까닭이다. 현상은 영역이 없게 하면 작은 티끌이 작은 것이 아니고 능히 십 불찰을 용납하고, 국토 바다는 큰 것이 아니어서 한 티끌에도 몰래 들어간다. 현상으로 이치를 밝힌 연고로 이치를 구분하지 못하게 하나니, 이른바 하나와 여럿이 걸림이 없다. 혹은 한 법계라 말하기도 하고 혹은 모든 법계라 말하기도 한다. 그러나 하나가 하나가 아님으로 인한 연고로 모두와 합치하고 모두는 모두가 아닌 연고로 하나와 합치하나니, 나아가 거듭거듭 다함없음이니 이런 까닭으로 선재가 잠시 동안 손을 잡고 드디어 많은 겁을 지나서 겨우 누각에 들어가나니 널리 그지없음을 보는 것은 모두 이런 부류이다. 여기까지 다섯 문의 열 가지 이치이니 들어갈 대상인 법계가 모두 응당히 여섯 가지 양상이 원융함을 총합하여 밝힌 내용이다.

二) 들어가는 주체[能入] 2.
(一) 다섯 문을 개별로 나열하다[別列五門] (二明 5上3)
(二) 앞과 상대하여 구분하다[對前料揀] (二此)

[疏] 二, 明能入이니 亦有五門하니 一, 淨信이요 二, 正解요 三, 修行이요 四, 證得이요 五, 圓滿이라 此五가 於前所入法界에 有其二門하니 一, 隨一能入하여 通五所入하며 隨一所入하여 徧五能入이니라 二, 此五能入이 如其次第하여 各入一門이라 此上의 心境二義十門을 六相圓

融에 總爲一聚無障礙法界니라

■ 二) 들어가는 주체도 또한 다섯 문이 있음을 밝혔으니 (一) 1. 청정한 믿음의 문이요, 2. 바르게 이해하는 문이요, 3. 닦고 행하는 문이요, 4. 증득하는 문이요, 5. 원융하게 만족하는 문이다. 이런 다섯 문은 앞에서 들어갈 대상인 법계에 두 문이 있나니 (1) 하나를 따라 들어가는 주체는 다섯 가지 들어갈 대상과 통하고 하나를 따라 들어갈 대상은 다섯 가지 들어가는 주체에 두루하다. (二) 이런 다섯 문은 들어가는 주체이니 그 순서와 같이 각기 한 문에 들어간다는 뜻이다. 이 위에 마음과 경계의 두 가지 뜻이 열 문으로 여섯 가지 양상이 원융하나니 총합하여 한 덩어리의 장애 없는 법계가 된 것이다.

[鈔] 其無始時來界는 已見問明하니라 及五種色과 幷八無爲者는 五種色은 卽雜集第一에 云, 法界處所攝色者가 略有五種하니 謂極略色과 極逈色과 受所引色과 徧計所起色과 定自在所生色이라 極略色者는 謂極微色이요 極逈色者는 謂離餘礙觸色이요 受所引色者는 謂無表色이요 徧計所起色者는 謂影像色이요 定自在所生色者는 謂解脫靜慮所行境色이라하고 前釋逈色云, 謂離餘礙觸하야사 方所可得이라하며 又釋空一顯色云호대 謂上에 所見靑等顯色이라하니 就此二色하여 析至極少를 名極逈色이라 餘之色義는 已見上文하니라

● 그 시작함 없는 법계는 이미 제10. 보살문명품과 다섯 종류 형색에서 보았고, 아울러 무위에 들어간 것이다. 다섯 종류 형색은 곧 『잡집론』 제1권에 이르되, "어떠한 것이 법처에 섭수된 색입니까? 간략히 다섯 종류의 색이 있으니, (1) 극략색(極略色) (2) 극형색(極逈色), (3) 수소인색(受所引色), (4) 변계소기색(遍計所起色), (5) 자재소생색(自在所生

色)을 가리킨다. (1) 극략색이란 극미색(極微色)이고, (2) 극형색이란 그 밖의 다른 장애를 여의고 접촉되는 색이고, (3) 수소인색이란 무표색(無表色)이고, (4) 변계소기색이란 영상(影像)의 색이고, (5) '선정에 자재한 데서 생긴 색[自在所生色]'이란 해탈정려(解脫靜慮)에서 행해지는 경계의 색이다"라고 하였다. 앞의 (2) 극형색을 해석하여 이르되, "이른바 그 밖의 다른 장애를 여의고 접촉되는 색이라야 비로소 얻을 수 있는 대상이다." 또한 공일현색(空一顯色)을 해석하여 이르되, "이른바 위에서 볼 대상인 청색 등으로 색을 밝혔으니, 이런 두 가지 형색에 입각하여 분석해서 지극히 작은 데 이른 것을 '지극히 먼 형색[極逈色]'이라 이름한다. 나머지 색의 이치는 위의 경문에 이미 인용하였다.

言八無爲者는 已見十藏하니 謂六中에 開眞如하여 爲三性故라 其無礙門도 亦見問明하니라 不合不散은 卽不一不異義也니라 二, 無寄門者는 然形奪[7]要二相假요 無寄則當法自離니 故不同也니라 相과 及俗諦는 皆有爲요 性과 及眞諦는 皆無爲니라 言[8]非二名言所能至者는 言語道斷故로 表義名言이 不能至也요 心行處滅故로 顯境名言이 所不能至니라 解深密下는 引證俱非니라 一, 普攝門者는 謂不壞前四門之相하여 而爲一致故니 故引善財의 隨事差別하여 皆入法界니라 二, 圓融門은 纔擧一門에 卽融諸門이라 然이나 以理融事에는 令事如理요 以事顯理에는 令理如事[9]일새 故云, 理非無分이니 謂理卽事에 事旣有分이며 理亦有分이라 不爾면 眞理가 不卽事故라 理旣

---

7) 奪下에 南續金本有者字라 하다.
8) 言은 南續金本作又라 하다.
9) 事는 甲續本作是라 하나 誤植이다.

如事에 隨擧一法하여 卽一法界요 若擧多法하면 卽多法界니라

- '무위법에 들어간다'고 말한 것은 이미 제22. 십무진장품에서 보았다. 이른바 여섯 가지[허공·택멸·비택멸·不動·想受滅·진여무위] 중에 진여를 전개하여 세 가지 성품으로 삼은 까닭이다. 그 1. 장애 없는 문도 또한 보살문명품에서 보았고, 합하지도 산란하지도 않나니 곧 하나도 아니고 다른 것도 아닌 이치이다. 2. 의탁함 없는 문[無寄門]은 그러나 형상을 뺏으려면 두 가지 양상을 빌려야 하고 의탁함이 없으면 해당 법이 자연히 여의므로 같지 않은 것이다. 양상과 세속 진리는 모두 유위법이요, 성품과 진여의 진리는 모두 무위법이다. 두 가지 명언(名言)으로 능히 이를 대상이 아니라고 말한 것은 말의 길이 끊어진 연고로 표의명언(表義名言)으로 능히 이르지 못함이요, 마음의 작용이 없어진 곳이므로 현경명언(顯境名言)으로 이르지 못할 곳이다. 解深密 아래는 둘 다 아님을 인증함이다. 1. 널리 섭수하는 문[普攝門]이니 이른바 앞의 네 문의 양상을 무너뜨리지 않고 일치함이 되는 까닭이다. 이런 연고로 선재(善財)가 현상을 따라 차별함을 이끌어서 모두 법계에 들어간다. 2. '원만하게 융섭하는 문[圓融門]'은 겨우 한 문을 거론하여 곧 모든 문을 융섭한 것이다. 그러나 이치로 현상을 융섭하여 현상이 이치와 같게 하고 현상으로 이치를 밝혀서 이치가 현상과 같게 하는 연고로 이르되, "이치가 분별없음이 아님은 이른바 이치가 현상과 합치하나니 현상이 이미 분별이 있고, 이치가 또한 분별이 있나니, 그렇지 않으면 진리가 현상과 합치하지 않는 까닭이다. 이치가 이미 현상과 같고 한 법을 따라 거론함은 곧 한 법계라는 뜻이요, 만일 여러 법을 거론함은 곧 많은 법계라는 뜻이다.

然由一非一故下는 復融上一異니 一若定一이면 不能卽諸어니와 以一卽理일새 故卽非一이요 以非一故로 能卽諸也요 以非一故로 與諸不異니라 下句는 翻此니 準事顯理하여 旣[10]互相卽하여 則涉入重重하야사 方成無障礙義니라 引善財證에 暫時執手는 明時圓融이요 纔入樓閣은 明處圓融이니라 上來五門下는 總結圓融이니 總은 卽法界요 別有五種이요 同則[11]十門이 皆同法界오 異則有爲와 與無爲等을 相望有差요 成則五義가 共成法界요 壞則有爲가 自住有爲라 餘四도 亦爾니라

- 然由一非一故 아래는 다시 위의 하나와 다름을 융섭함이다. 하나가 만일 정해진 하나라면 능히 여럿과 합치하지 못함이요, 하나가 이치와 합치한 연고로 곧 하나가 아니다. 하나가 아닌 연고로 능히 여럿과 합치하며, 하나가 아닌 연고로 여럿과 다르지 않다. 아래 구절은 이것과 바뀌었으니 현상에 준하여 이치를 밝혀서 이미 번갈아 서로 합치하면 건너 들어감이 거듭거듭[涉入重重]해야만 비로소 장애가 없다는 뜻을 이루게 된다. 선재동자가 증득할 적에 잠시 손을 잡음을 인용함은 시기가 원융함을 밝힘이요, 겨우 누각에 들어감은 장소가 원융함을 밝혔다.

上來五門 아래는 원융문을 총합하여 결론함이니 총상(總相)은 곧 법계이며 별상(別相)은 다섯 가지가 있고, 동상(同相)은 열 개 문이 모두 법계와 같으며, 이상(異相)은 유위와 무위 따위를 서로 바라보면 차이가 있고, 성상(成相)은 다섯 가지 이치가 함께 법계를 성취하며, 괴상(壞相)은 유위법이 자연히 유위법에 머무르나니 나머지 넷도 또한 마찬가지이다.

---

10) 旣는 南續金本卽이라 하다.
11) 則은 甲南續金本作卽이라 하다.

二, 明能入下는 先, 別列五門이요 後, 此五下는 對前料揀이라 言如 其次第하여 各是一門者는 一, 有爲法界에 本有種子差別之法이니 但在明信이요 二, 無爲之理는 性淨妙德12)이니 皆須明解요 三, 亦有 爲가 亦無爲法界가 事理有異니 必須雙行이요 四, 非有爲非無爲界 가 雙遣玄寂이니 唯證이라야 方契오 五, 無障礙하여 非滿不窮이라 顯 義多門일새 爲此別配어니와 取義圓備하여 互徧하야사 方周라 若無信 心이면 安能見理리요 況無障礙를 無信安窮이리요

- 二) 들어가는 주체에 (一) 明能入 아래는 다섯 문을 개별로 나열함 이요, (二) 此五 아래는 앞과 상대하여 구분함이다. 그 순서와 같이 각기 한 문을 말한다면 제1. 유위의 법계요, 종자가 차별한 법은 본 래 있고 단지 분명한 믿음만 있으며 제2. 무위의 이치의 법계이니 성 품이 청정하고 묘한 공덕도 모두 모름지기 분명하게 이해한다. 제3. 유위와 무위가 함께하는 법계이니, 현상과 이치가 다름이 있음은 반 드시 모름지기 함께 행함이요, 제4. 유위도 무위도 아닌 법계는 현묘 하고 고요함을 함께 보내었으니 오직 증득한 이라야 바야흐로 계합 한다. 제5. 장애 없는 법계이니, 만족하지 않으면 궁구하지 못해서 이치를 밝힘이 여러 문으로 이런 개별로 배대함이 되나니, 취한 이치 가 원만히 갖추고 번갈아 두루하면 비로소 두루하게 된다. 만일 믿 는 마음이 없으면 어찌 능히 이치를 발견하리오! 하물며 장애가 없는 법계를 믿음이 없다면 어찌 궁구하겠는가?

二. 부류를 잡아 차별하다[約類] 5.
一) 들어갈 대상[所入] 5.

---

12) 德은 甲南續金本作絶이라 하다.

(一) 법의 법계[法法界] (第二 7上2)
(二) 사람의 법계[人法界] (二人)

[疏] 第二, 法界類別이 亦有五門하니 謂一, 所入이요 二, 能入이요 三, 無二요 四, 俱泯이요 五, 存亡無礙라 初, 所入中에 亦有五重하니 一, 法法界요 二, 人法界요 三, 俱融이요 四, 俱泯이요 五, 無障礙라 初中에 有十하니 一, 事法界니 謂十重居宅等이요 二, 理法界니 謂一味湛然等이요 三, 境法界니 謂所知分齊等이요 四, 行法界니 謂悲智廣深等이요 五, 體法界니 謂寂滅無生等이요 六, 用法界니 謂勝通自在等이요 七, 順法界니 謂六度正行等이요 八, 逆法界¹³⁾니 謂五熱無厭等이요 九, 教法界니 謂所聞言說等이요 十, 義法界니 謂所詮旨趣等이라 此十法界가 同一緣起며 無礙鎔融하여 一具一切니라 二, 人法界에 亦有十門하니 謂人天男女와 在家出家와 外道諸神과 菩薩과 及佛이라 此並緣起相分이 參而不雜이라 善財見已에 便入法界하나니 故名人法界니라

■ 二. 법계의 부류를 잡아 차별함도 또한 다섯 문이 있으니 이른바 一) 들어갈 대상이요, 二) 들어가는 주체요, 三) (주체와 대상) 둘이 없음이요, 四) 함께 없앰이요, 五) (있고 없음에) 장애가 없음이다. 一) 들어갈 대상 중에 또한 다섯 번 거듭함이 있으니 (一) 법의 법계요, (二) 사람의 법계요, (三) 함께 융섭한 법계요, (四) 모두 없는 법계요, (五) 장애 없는 법계이다. (一) 법의 법계 중에 열 가지가 있으니 (1) 현상의 법계이니, 이른바 열 번 거듭 머무는 집 등이요, (2) 이치의 법계이니 이른바 한 맛으로 담담한 등이요, (3) 경계의 법계이니 이른바 알

---

13) 逆은 甲南續金本及探玄記作違라 하다.

대상의 영역 등이요, (4) 행하는 법계이니 이른바 자비와 지혜가 넓고 깊은 등이요, (5) 체성의 법계이니 이른바 적멸하여 생사가 없는 등이요, (6) 작용의 법계이니 이른바 뛰어난 신통이 자재함 등이요, (7) 순관인 법계이니 이른바 육바라밀을 바로 행하는 등이요, (8) 역관인 법계이니 이른바 (외도의) 다섯 가지 뜨거움을 싫어하지 않음 등이요, (9) 교법의 법계이니 이른바 들은 바 언설 등이요, (10) 뜻의 법계이니 이른바 표현할 대상인 종지와 이치 등이다. 이런 열 가지 법계가 동일한 연기이고 장애 없이 융섭하면 하나에 모두를 갖춘 것이다. (二) 사람의 법계도 또한 열 문이 있나니, 이른바 인간과 천상, 남자와 여자, 재가와 출가, 외도와 여러 신중, 보살과 부처를 뜻한다. 이것은 함께 연기의 양상인 부분이니, 함께해도 섞이지 않음이다. 선재가 보고 나서 문득 법계에 들어가므로 사람의 법계라 이름한다.

(三) 함께 융섭한 법계[俱融] (三人)
(四) 모두 없는 법계[俱泯] (四人)
(五) 장애 없는 법계[無礙] (五無)

[疏] 三, 人法이 俱融法界者는 謂前十人十法이 同一緣起라 隨義相分이나 融攝無二니라 四, 人法이 俱泯法界者는 謂平等果海는 離於言數니 緣起性相을 俱不可說이니라 五, 無障礙法界者는 謂合前四句하여 於彼人法에 一異無障이며 存亡不礙하여 自在圓融이니 如理思之니라

■ (三) 사람과 법이 함께 융섭한 법계는 이른바 앞의 열 사람과 열 가지 법은 동일한 연기가 뜻을 따라 서로 구분하지만 융섭하면 둘이 없다

는 뜻이다. (四) 사람과 법이 모두 없는 법계는 이른바 평등한 과덕의 바다가 말과 숫자의 연기의 성품과 양상을 여읜 것을 모두 말할 수 없다는 뜻이다. (五) 장애 없는 법계는 이른바 앞의 네 구절을 합하여 저 사람과 법에 하나와 다른 것에 장애가 없고 있고 없음을 장애하지 않으며 자재하고 원융하나니 이치와 같이 생각할지니라.

二) 들어가는 주체[能入] (二明 7下8)
三) 주체와 대상 둘이 없다[無二] (三能)
四) 함께 없애다[雙泯] (四能)
五) 장애가 없다[無礙] (五一)

[疏] 二, 明能入에 亦有五重하니 一, 身이요 二, 智요 三, 俱요 四, 泯이요 五, 圓이라 謂入樓觀而還合은 身證也오 鑒無邊之理事는 智證也오 同普賢而普徧은 俱證也오 身智相即而兩亡은 俱泯也오 一異存亡而無礙는 自在圓融也라 餘可準知니라 三, 能所가 渾融無二하여 際限不分이나 就義開殊에 理仍不雜이니 此五能所를 如次及通하여 可以意得이니라 四, 能所圓融하여 形奪俱泯이요 五, 一異存亡이 無礙具足이니 如理思之니라 上來에 約類辨은 竟하다

■ 二) 들어가는 주체를 밝힘도 또한 다섯 번 거듭함이 있으니 (1) 몸 (2) 지혜 (3) 함께함 (4) 없앰 (5) 원융함이다. 이른바 누각에 들어갔다가 돌아와 합하므로 (1) 몸으로 증득함이다. 그지없는 이치와 현상을 비추므로 (2) 지혜로 증득함이다. 보현과 같이 넓고 두루하므로 (3) 함께 증득함이다. 몸과 지혜가 서로 합치하여 둘이 없음은 (4) 모두 없앰의 뜻이다. 하나와 다름이 있고 없지만 무애하고 자재

하므로 (5) 원융함의 뜻이다. 나머지는 (이것과) 준하면 알 수 있다. 三) 주체와 대상이 흐리고 융섭하여 둘이 없나니 경계의 한계를 구분하지 않고 뜻에 입각하여 다름을 전개하면 이치는 섞이지 않음을 인한 것이다. 이런 다섯 가지 주체와 대상을 순서대로 통함에 이르면 생각하여 얻을 수 있다. 四) 주체와 대상이 원만하게 융섭하여 형상을 빼앗아 모두 없앤다. 五) 하나와 다름, 있고 없음이 장애함 없이 구족하나니 이치와 같이 생각해 보라. 여기까지 부류를 잡아 해석함은 마친다.

[鈔] 第二, 法界類別者는 上來에 雖有五界가 通該諸法이나 今於總法에 開從別類라 然類開五門이며 五門各五라 初二는 文顯이요 後三은 文隱이니라 五, 無障礙法界者는 此中에 亦有五義하니 一, 前四는 融爲一味요 二, 四相歷然일새 故云, 一異無障礙니라 三, 一異雙存이요 四, 一異互奪하여 雙泯絶일새 故云, 存亡不礙니라 五, 自在圓融이니 謂欲一則一이며 欲異則異요 欲存에 即[14]存이며 欲泯便泯이라 異不礙一하고 泯不礙存하야사 方爲自在요 常一常異하며 常存常泯일새 名爲圓融이니라 此五能等者는 通則隨一能入하여 徧入五所入이요 隨一所入하여 皆用五能이 斯爲正意니라

言如次者는 一, 身入法法界요 二, 智入人法界요 三, 身智俱存하여 入無二法界요 四, 身智俱泯하여 入人法俱泯法界요 五, 人法圓融하여 入無障礙法界니 此爲第三能所渾融無二中之五句也니라 四, 能所圓融하여 形奪俱泯者는 此亦有五하니 一, 以所奪能에 唯法界요 二, 以能으로 奪所에 唯能入이요 三, 能所俱存이요 四, 能所俱泯이

---

14) 即은 金本作則이라 하다.

요 五, 此四圓融하여 無有前後니라 五, 一異存亡이 無礙具足者도 亦有五句하니 一, 能所一味요 二, 能所歷然이요 三, 一異雙存이요 四, 一異雙泯이요 五, 上之四句가 無具足이니 故令如理思之니라

● 二. 법계의 부류를 잡아 차별함은 여기까지 비록 다섯 가지 세계가 있어서 모든 법을 전체로 감쌌다. 지금은 총합하여 법에서 다름을 따라 부류를 전개하였다. 그러나 부류로 다섯 문을 전개하여 다섯 문이 각기 다섯이니 처음 둘은 경문으로 밝혔고, 뒤의 셋은 경문이 숨어있다. (五) 장애 없는 법계는 이 가운데 또한 다섯 가지 뜻이 있으니 (1) 앞의 넷은 융섭하여 한 맛이 되었고, (2) 네 가지 양상은 뚜렷하므로 말하되, "하나와 다름이 장애가 없다"고 하였고, (3) 하나와 다름이 함께 존재함이요, (4) 하나와 다름을 번갈아 뺏고 함께 없앰이 끊어졌으므로 이르되, "있고 없음에 장애되지 않는다"고 했으며, (5) 자재하고 원융함이니 이른바 하나이고 싶으면 하나이고 다르고 싶으면 다른 것이요, 있고 싶으면 있고 없애고 싶으면 문득 없애며, 다른 것은 하나와 장애되지 않고, 없앰과 있음을 장애하지 않아야만 비로소 자재함이 된다. 항상 하나이면서 항상 다르며 항상 있으면서 항상 없앰을 원융함이라 이름한다. 이런 다섯 가지 주체와 같음은 통틀어 하나를 따라 능히 들어가며, 두루 다섯 가지 들어갈 대상에 들어간 것이요, 들어갈 대상을 따르면 모두 다섯 가지 주체를 사용하였으니 이것이 바른 주장이 된다.

'순서대로'라고 말한 것은 (1) 몸으로 법의 법계에 들어가며, (2) 지혜로 사람의 법계에 들어가며, (3) 몸과 지혜가 모두 있어서 둘이 융섭한 법계에 들어가며, (4) 몸과 지혜가 모두 없어서 사람과 법이 모두 없는 법계에 들어가며, (5) 사람과 법이 원융하여 장애 없는 법계에

들어가나니, 이것이 셋째가 되므로 주체와 대상이 혼융해서 둘이 없는 가운데 다섯 구절이다.

四) '주체와 대상이 원만하게 융섭하면 형상을 빼앗아 모두 없앤다'는 것은 여기에도 또한 다섯 가지가 있으니, (1) 대상으로 주체를 뺏음은 법계뿐이요, (2) 주체로 대상을 뺏음은 들어가는 주체뿐이요, (3) 주체와 대상이 모두 있음이요, (4) 주체와 대상이 모두 없음이요, (5) 이런 네 가지가 원융하여 앞과 뒤가 없다. 五) '하나와 다름, 있고 없음이 장애함 없이 구족하다'는 것은 또한 다섯 구절이 있으니 (1) 주체와 대상이 한 맛이요, (2) 주체와 대상이 역력함이요, (3) 하나와 다름이 함께 존재함이요, (4) 하나와 다름을 함께 없앰이요, (5) 위의 네 구절이 장애함 없이 구족하므로 이치와 같이 생각하라고 한 것이다.

三. 지위를 잡아 해석하다[約位] 3.
一) 들어갈 대상[所入] (第三 9上3)
二) 들어가는 주체[能入] (二明)
三) 함께 결론하다[雙結] (三因)

[疏] 第三, 約位하여 明入法界者는 準下文中에 所入法界인 大位有二하니 卽因與果라 於前人法이 無不皆是佛果所收니 卽如來의 師子頻申三昧에 所現法界自在가 是也니라 又於前人法이 無不皆屬因位所攝이니 卽文殊와 普賢의 所現法界法門이 是也라 因中에 曲有信等五位法界不同하니라 二, 明能入에니 準文亦二니 對前果位하여 明諸菩薩이 頓入法界요 對前因位하여 寄顯善財가 漸入法界[15]라 三, 因果

---
15) 界下에 甲南續金本有三字, 原本及探玄記無라 하다.

가 旣其無礙에 漸頓도 亦乃圓融이나 但以布敎成詮일새 寄斯位別耳니라

■ 三. 지위를 잡아 해석함이다. 一) '들어갈 법계를 밝힌다'는 것은 아래 경문 중의 들어갈 대상인 법계에 준하면 큰 지위가 둘이 있으니 곧 인행과 과덕이다. 앞의 사람과 법에서 부처님 과덕에 모두 거두어지지 않음이 없는 것은 곧 '여래의 사자빈신삼매'로 나타낼 대상인 법계에 자재함이 바로 이것이요, 또한 앞의 사람과 법에서 인행의 지위에 모두 속하여 포섭되지 않음이 없는 것은 곧 문수와 보현보살이 나타낼 대상인 법계의 법문이 바로 이것이다. 인행 중에 자세히는 믿음 등의 다섯 가지 지위의 법계가 있는 것이 같지 않다. 二) 들어가는 주체를 밝힘이니 경문에 준하면 또한 둘이니 앞의 과덕의 지위에 상대하면 여러 보살이 몰록 법계에 들어감을 밝혔다. 앞의 인행의 지위에 상대하면 선재가 점차로 법계에 들어감에 의탁하여 밝혔다. 三) (함께 결론함)이니 인행과 과덕이 이미 장애가 없으면 점교와 돈교도 또한 원융하다. 단지 교법을 펼쳐서 표현을 이루었으니 이런 지위에 의탁하여 다를 뿐이다.

[鈔] 第三, 約位하여 明入法界者는 標也라 於中에 有三하니 初, 約所入이 有因有果오 次, 明能入이 唯漸與頓이요 後, 因果는 旣其無礙下는 雙結能所니라

● 三. 지위를 잡아 해석함이니 一) '들어갈 법계를 밝힌다'는 것은 표방함이다. 그중에 셋이 있으니 一) 들어갈 대상을 잡으면 인행도 있고 과덕도 있다. 二) 들어가는 주체를 밝히면 오직 점교와 돈교뿐이요, 뒤는 인행과 과덕이다. 三) 旣其無礙 아래는 주체와 대상을 함께 결

론함이다.

第四. 경문 해석[釋文] 2.

一. 의미를 밝히고 과목 나누다[敍意分科] (次正 9下3)

[疏] 次, 正釋文이라 一品을 大分爲二니 初, 明本會요 二, 爾時文殊師利가 從善住樓閣出下는 明末會라 亦前은 明果法界요 後, 明因法界라 又前은 頓入法界요 後는 明漸入法界니라 又前은 總이요 後는 別이니 總別은 圓融일새 本末은 無礙니라 又前은 卽亡修頓證이니 是正宗之極이요 後는 是寄人修入하여 以辨流通이니 通正圓融하여 中後가 無礙니라 就本會中하여 長科十分이니 一, 序分이요 二, 請分이요 三, 三昧現相分이요 四, 遠集新衆分이요 五, 擧失顯得分이요 六, 偈頌讚德分이요 七, 普賢開發分이요 八, 毫光示益分이요 九, 文殊述德分이요 十, 無涯大用分이니라 今初가 雖義貫末會나 以從處別하여 獨判在初라 文分爲三이니 初, 智正覺世間圓滿이요 二, 在室羅下는 器世間圓滿이요 三, 與菩薩下는 衆生世間圓滿이라

■ 第四. 경문 해석이다. 한 품을 크게 둘로 나누리니 一) 근본법회를 밝힘이요, 二) 爾時文殊師利從善住樓閣出 아래는 지말법회를 밝힘이다. 또한 앞은 과덕의 법계를 밝힘이요, 뒤는 인행의 법계를 밝힘이다. 또한 앞은 돈교로 법계에 들어감이요, 뒤는 점교로 법계에 들어감이다. 또 앞은 총상이요, 뒤는 별상이다. 총상과 별상이 원융하고 근본과 지말이 장애가 없다. 또 앞의 (근본법회)는 곧 수행이 없이 몰록 증득함이니 정종분의 끝이요, 뒤인 지말법회는 사람에 의탁하여

수행으로 들어가서 유통을 밝혀서 바로 원융문과 통하나니, 뒤는 걸림이 없으니 근본법회에 입각하여 길게 열 부분으로 과목 나누었다. (一) 시작하는 부분이요, (二) 청법하는 부분이요, (三) 삼매로 모양을 나타내는 부분이요, (四) 새로운 대중이 멀리서 모이는 부분이요, (五) 과실을 거론하여 얻음을 밝히는 부분이요, (六) 게송으로 공덕을 찬탄하는 부분이요, (七) 보현보살이 열고 시작하는 부분이요, (八) 백호광명으로 이익을 보이는 부분이요, (九) 문수보살이 공덕을 말하는 부분이요, (十) 끝없이 크게 작용하는 부분이다. 지금은 (一) 시작하는 부분이니 비록 뜻이 지말법회까지 관통하더라도 장소가 다름으로부터 유독 처음에 있다고 판단하였다. 경문을 셋으로 나누리니 제1. 지정각세간이 원만함이요, 제2. 在室羅 아래는 기세간이 원만함이요, 제3. 與菩薩 아래는 중생세간이 원만함이다.

[鈔] 次正釋文이니 然科二會가 總有四義하니 總別圓融下는 融上四義라 一, 總別圓融은 融第四總別이요 本末無礙는 融第一, 本末二會요 略無第二, 因果相卽이라 第三, 漸頓該羅는 至下末會之初하여 重會釋之하리라 又前卽亡修下는 通正圓融하고 兼前五對나 而前四는 唯對本會일새 故로 一時併擧하고 後一은 通對諸會正宗일새 故로 別明之니라

● 第四. 경문 해석이니 그러나 두 법회를 과목 나누면 一. 총합하여 네 가지 뜻이 있음이요, 二. 總別圓融 아래는 위의 네 가지 뜻을 융섭함이다. 一) 총상과 별상이 원융함이니 제4. 총상과 별상을 융섭하면 근본과 지말이 장애 없음이니 제1. 근본법회와 지말법회인 두 가지를 융섭함이다. 제2. 인행과 과덕이 서로 합치함을 생략하고 제3. 漸頓

該羅至 아래는 지말법회의 첫 부분에 거듭 모아서 해석하였다. 二) 又前卽亡修 아래는 바른 것과 통하는 원융함이다. 앞의 다섯 가지 대구를 겸하더라도 앞의 넷은 오직 근본법회만 상대한 연고로 같은 시기에 함께 거론함이요, 뒤의 하나는 모든 법회의 정종분을 전체로 상대하는 연고로 따로 설명하였다.

二. 가름을 따라 개별로 해석하다[隨章別釋] 2.
一) 근본법회[本會] 10.

(一) 시작하는 부분[序分] 3.

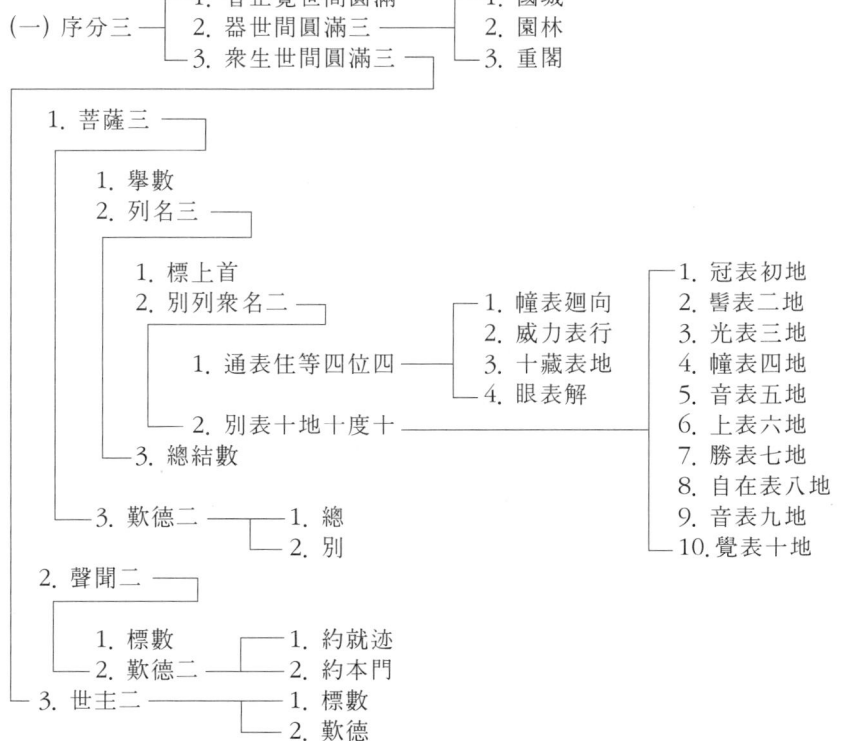

제1. 지정각세간이 원만하다[智正覺世間圓滿] (今初 10下1)

爾時에 世尊이
그때 세존께서

[疏] 今初에 言世尊者는 梵云薄伽梵이니 包含六義라 如佛地論에 一, 自在義니 永16)不繫屬諸煩惱故오 二, 熾盛義니 猛焰智光으로 所燒鍊故오 三, 端嚴義니 三十二相으로 所莊嚴故오 四, 名稱義니 一切殊勝功德이 圓滿하여 無不知故오 五, 吉祥義니 一切世間이 親近供養하여 咸稱讚故오 六, 尊貴義니 具一切功德하여 常起方便하여 利益世間하여 安樂一切를 無懈廢故라하니라 今擧後하여 該初오 亦是標人取法하여 具無盡德일새 故曰世尊이니라

■ 지금은 제1.에 세존(世尊)이라 말한 것은 범어로는 박가범(薄伽梵)이라 하였으니 여섯 가지 뜻을 포함한 것은 『불지경론』과 같다. (1) 자재함의 뜻이니 영원히 모든 번뇌에 얽혀 속하지 않는 까닭이다. (2) 치성함의 뜻이니 맹렬한 불꽃의 지혜 광명으로 태워서 연마한 까닭이다. (3) 단정하게 장엄한 뜻이니 32가지 상호로 장엄한 까닭이다. (4) 이름과 칭합한 뜻이니 온갖 뛰어난 공덕이 원만하게 알지 못함이 없는 까닭이다. (5) 길상하다는 뜻이니 온갖 세간이 친근하고 공양하여 모두 칭찬한 까닭이다. (6) 존귀함의 뜻이니 온갖 공덕을 구족하고 항상 방편을 일으켜서 세간을 이익하고 모두를 안락하게 하여 게으르거나 그만두지 않는 까닭이다. 지금은 뒤를 거론하여 처음을 포함한 것도 또한 사람을 표방하여 법을 취하였으니 그지없는 공덕

---
16) 永은 甲本作末, 續本作本, 論原南金本作永이라 하다.

을 구족한 연고로 '세존(世尊)'이라 말한 것이다.

제2. 기세간이 원만하다[器世間圓滿] 3.
1. 나라와 성[國城] (二器 10下9)
2. 동산 수풀[園林] (二逝)
3. 중각 강당[重閣] (三明)

在室羅筏國逝多林給孤獨園의 大莊嚴重閣하사
실라벌국 서다림 급고독원의 크게 장엄한 누각에서

[疏] 二, 器世間圓滿이라 中에 有三하니 一, 國城이니 此云聞者라 西域記에 云, 昔有古老仙人이 住於此處러니 後有少仙하니 名爲聞者라 於彼禀學이러니 老仙沒後에 少仙이 於此에 建立城郭일새 故取其名이라 하니라 亦云聞物이니 以此城에 多出聰敏이 博達이 名聞人物故라 卽中卽度境이니라

■ 제2. 기세간이 원만함 중에 셋이 있으니 1. 나라와 성이니 듣는 이라 번역한다.『대당서역기』에 이르되, "예전에 오래고 늙은 신선이 이 도량에 머물렀고, 뒤에는 젊은 신선이 있어서 '듣는 이'라 이름하였다. 저기서 품 받아 배우다가 노선인이 죽은 뒤에는 젊은 신선은 여기서 성곽을 건립한 연고로 그 명칭도 또한 사물을 들음이라 취하였다. 또한 '문물을 들음'이라 하나니 이 성곽이 대부분 총명하고 널리 통달하여 이름난 인물을 배출한 까닭이니 중국과 맞닿고 인도와 맞닿은 국경이다"라고 하였다.

[疏] 二, 逝多下는 明林園이라 逝多者는 梵音이요 華言戰勝이니 卽太子之名이라 給孤獨者는 梵云, 須達多오 正言賑濟無依니 義云給孤獨也니 卽長者之稱이라 長者가 仁而聰敏하고 積而能散하여 拯乏濟貧하고 哀孤卹老일새 時美其德하여 故立斯稱이니라 長者가 側金買地하고 太子施樹하여 同成功業하여 二人式崇일새 其立伽藍之號니라

三, 明重閣이니 卽說法之所오 表所證法界라 體無不周曰大요 德無不備曰嚴이오 依體起用이 爲重閣이니라

2. 逝多 아래는 동산 수풀을 밝힘이다. 서다(逝多)란 범어 음성이요, 중국말로는 '전쟁에서 이김'이라 말하였으니 곧 태자의 이름이다. 급고독(給孤獨)은 범어로 수닷다[須達多]라 하나니, 바로 의지처 없는 이를 구휼(救恤)하고 건넌다는 말이다. 뜻으로는 '고독한 이에게 공급한다'고 말하나니, 곧 장자(長者)의 명칭인데 장자가 어질면서 총명하고 쌓았다가 잘 흩어서 결핍된 것을 건지고 가난한 이를 구제하며 고독한 이에 슬퍼하고 노인을 가여워하여 때맞추어 그 덕을 미화한 연고로 이런 명칭을 세운 것이다. 장자가 금(金)을 기울여 땅을 샀고 태자는 숲을 보시하여 함께 공덕과 업을 이루었으니 두 사람이 법식대로 숭상하여 그 가람(伽藍)의 명칭을 세운 것이다.

3. 중각강당을 설명함이니 곧 법을 설하는 장소이다. 증득할 법계를 표하고 체성이 두루하지 않음이 없음을 대(大)라 하고, 덕을 갖추지 못함이 없음을 엄(嚴)이라 말한다. 체성에 의지하여 작용을 일으키는 곳을 중각(重閣)이라 한다.

[鈔] 西域記에 云昔有古老仙人等者는 卽第六卷이라 然室羅筏은 卽舍衛國이니 梵音楚夏耳니라 多出聰敏[17]博達人物者는 總相言耳라 然

其此城을 說有四德하니 一者, 塵境德[18]이니 六塵之境이 多美嚴故요
二, 財物德이니 七寶珍奇가 無不有故요 三, 聖法德이니 三藏聖法이
無不備故요 四, 解脫德이니 人人이 皆有解脫分善하여 得解脫者는
實繁廣故라 具此四德하여 遠聞諸國일새 故人物言은 爲通相耳라
亦表此經이 具此四德이니 一, 五種法界가 皆佛境故요 二, 七聖財
寶가 無不備故요 三, 因果能證이 皆聖法故요 四, 契入法界가 眞解
脫故니 廣說如來解脫海故니라 言逝多者는 梵音이요 華言戰勝者는
卽波斯匿王이 所生太子니 太子初生에 王戰得勝일새 故以爲名이니
表依善友하여 勝出魔軍과 及凡小故라 故로 上文에 云, 以表依人이
라하니라 給孤獨者는 梵云須達多者는 經出太子梵語하고 疏出長者
西音이라 擧長者德은 表具法財하여 能令一切로 證法界故니라 長者
側金下는 出雙擧二人之由라 西域記와 智度論과 莊嚴論等에 皆說
祇桓이어니와 記中에 其事更廣하니라

● 『서역기』에 이르되 '예전에 오래고 늙은 신선' 등이란 (대당서역기) 제6
권이다. 그러나 실라벌(室羅筏)은 곧 사위국이니 범어 음성이 초(楚)와
하(夏)로 다르다. '대부분 총명하고 널리 통달하여 이름난 인물을 배
출한 연고'란 총상으로 말한 것일 뿐이니, 그런데 그 성곽은 네 가지
덕이 있다고 말하나니 (1) 티끌 경계의 덕이니 육진(六塵) 경계가 대부
분 아름답게 장엄한 까닭이요, (2) 재물의 덕이니 칠보가 진기함이 있
지 않음이 없는 까닭이요, (3) 성인의 법의 덕이니 삼장(三藏)의 성스
러운 법이 갖추지 않음이 없는 까닭이요, (4) 해탈한 덕이니 사람 사
람이 모두 해탈이 있는 부분이니, '해탈을 잘 얻는다'는 것은 진실로
많고 넓은 연고로 이런 네 가지 덕을 갖추었으니 멀리서 여러 나라에

---

17) 敏은 甲南續金本作明이라 하다.
18) 境은 甲南續金本無; 아래 六은 甲南續金本作五라 하다.

(명성이) 들린 연고로 인물이란 말로 전체 양상을 삼았을 뿐이다.

또한 이 경에 네 가지 덕을 갖추었음을 표하였으니 (1) 다섯 가지 법계[(一) 법법계 (二) 인법계 (三) 모두 융섭한 법계요, (四) 모두 없는 법계요, (五) 무장애법계]가 모두 부처님 경계인 까닭이요, (2) 일곱 가지 성스러운 재보[七聖財寶][19]가 갖추지 않음이 없는 까닭이요, (3) 인행과 과덕으로 증득하는 주체가 모두 성스러운 법인 까닭이요, (4) 법계에 계합해 들어가서 진실로 해탈한 까닭이다. 여래의 해탈의 바다에 대해 자세히 연설한 연고로 서다(逝多)라 말했으니 범어 소리를 중국어로 표현한 말이다. '전쟁에서 이긴다'는 것은 곧 바사익왕이 낳은 태자이다. 태자가 처음 태어났을 때 왕이 전쟁에서 이긴 연고로 이름을 삼았다. 선우에 의지하여 마군과 범부, 소승보다 뛰어난 까닭이다. 그러므로 위의 소문에 이르되, "의지하는 사람을 표한다"라고 하였고, '급고독은 범어로 수닷다'라 말한 것은 경문에는 태자라 나오는데, 범어를 소가가 장자로 소개하였으니 서국 음성으로 장자의 덕을 거론하여 법과 재물을 갖춘 것을 표하였으니 능히 모두로 하여금 법계를 증득케 한 까닭이다. 長者側金 아래는 두 사람인 이유를 함께 거론하였다. 『대당서역기』와 『대지도론』, 『대장엄경론』 등에 모두 기환(祇桓)이라 말했으니 기록 중에 그 일이 더욱 자세한 것이다.

제3. 중생세간이 원만하다[衆生世間圓滿] 3.

1. 보살 대중[菩薩] 3.
1) 숫자를 거론하다[擧數] (第三 12上7)

---

[19] sapta-dhāni : 見道 이후의 聖者를 7種으로 나눈 것이니, 七法財, 七財라고도 한다. 信, 戒, 聞, 慚, 愧, 捨, 慧. 또는 信, 精進, 慚戒, 愧, 聞捨, 忍辱, 定慧. (불교학대사전 p.1576, 홍법원 간 1988 서울)

與菩薩摩訶薩五百人으로 俱러시니라
보살마하살 5백 사람과 함께 계시었다.

[疏] 第三, 衆生世間이니 卽輔翼圓滿이라 於中에 三이니 一, 菩薩이요 二, 聲聞이요 三, 世主라 初中에 亦三이니 一, 擧數요 二, 列名이요 三, 歎德이라 今初에 此會菩薩의 標名乃少하고 列名乃多者는 有所表故니 數中에 欲顯五位가 同證入故며 位各十度며 一一相融하여 成五百故라 第六妙覺은 是所入故니라 又表解行者多나 證者稀故니라

■ 제3. 중생세간이 원만함은 곧 도와주는 대중이 원만함이다. 그중에 셋이니 1. 보살 대중이요, 2. 성문 대중이요 3. 세상의 주인이다. 1. 보살 대중에도 또한 셋이니 1) 숫자를 거론함이요, 2) 명칭을 나열함이요, 3) 공덕을 찬탄함이다. 지금은 1)이니 이 법회에 보살의 명칭 내세운 것은 적고 명칭 나열함이 많은 것은 표할 것이 있는 까닭이다. 숫자 가운데 다섯 가지 지위를 밝히려고 함께 증득해 들어가는 까닭이다. 지위는 각기 십바라밀이고 하나하나 서로 융섭하여 500을 이룬 까닭이다. 여섯째 묘각(妙覺)은 들어갈 대상인 까닭이니 또한 알고 수행하는 이가 많고 증득한 이는 드문 것을 표하기 위함이다.

2) 명칭을 나열하다[列名] 3.
(1) 상수보살을 표방하다[標上首] (二普 12下4)
(2) 대중의 명칭을 개별로 열거하다[別列衆名] 2.

가. 십주 등 네 지위를 통틀어 표하다[通表住等四位] 4.

가) 깃대는 십회향을 표하다[幢表廻向] (二其)
나) 위력은 십행을 표하다[威力表行] (二有)

普賢菩薩과 文殊師利菩薩이 而爲上首하시며 其名曰光焰幢菩薩과 須彌幢菩薩과 寶幢菩薩과 無礙幢菩薩과 華幢菩薩과 離垢幢菩薩과 日幢菩薩과 妙幢菩薩과 離塵幢菩薩과 普光幢菩薩과 地威力菩薩과 寶威力菩薩과 大威力菩薩과 金剛智威力菩薩과 離塵垢威力菩薩과 正法日威力菩薩과 功德山威力菩薩과 智光影威力菩薩과 普吉祥威力菩薩과

보현보살과 문수사리보살이 상수가 되었다. 그 이름은 광염당보살·수미당보살·보당보살·무애당보살·화당보살·이구당보살·일당보살·묘당보살·이진당보살·보광당보살과 지위력보살·보위력보살·대위력보살·금강지위력보살·이진구위력보살·정법일위력보살·공덕산위력보살·지광영위력보살·보길상위력보살과

[疏] 二, 普賢下는 列名이라 分三이니 初, 標上首요 二, 列別名이요 三, 總結數라 今初니 以二大聖은 是助化主故라 又有所表故니 至下當明하리라 二, 其名曰下는 別列이라 中有十四位하고 位各有十이라 其間에 亦有增減하여 成百四十一人하니 名各一義요 皆有深旨라 今且寄表하여 大分爲二니 前, 四十一人은 通表住等四位요 後, 天冠下의 十位百人은 別表十地十度니라 今初에 十幢은 表向이니 行德高出故니라 二, 有九威力者는 表行이니 能進修故니라

■ 2) 普賢 아래는 명칭 나열함을 셋으로 나누리니 (1) 상수보살을 표방함이요, (2) 여러 명칭을 개별로 열거함이요, (3) 숫자를 총합 결론함이다. 지금은 (1)이니 두 분 대성인은 교화하는 부처님을 돕는 연고요, 또한 표할 대상이 있는 까닭이니 아래에 가서 밝히리라. (2) 其名日 아래는 대중의 명칭을 개별로 열거함이다. 그중에 14가지 지위가 있으니 지위에 각기 열 가지가 있어서 사이에 또한 늘고 줄어듦이 있어서 141인이 되었다. 이름은 각기 한 가지 뜻이고 모두 깊은 종지가 있다. 지금은 우선 기특하게 표하여 크게 둘로 나누었으니, 가. 41인은 십주(十住) 등 네 가지 지위를 표함이요, 나. 天冠 아래는 열 가지 지위의 100사람은 십지와 십바라밀을 개별로 표함이다. 지금은 가. 열 가지 깃대는 십회향을 표하나니 수행과 덕행이 높고 특출한 까닭이다. 나) 아홉 가지 위력은 십행을 표하였으니 능히 나아가 닦는 까닭이다.

다) 열 개의 장(藏)은 십지를 표하다[十藏表地] (三十 13下2)
라) 12가지 눈은 안다는 뜻을 표하다[眼表解] (四有)

地藏菩薩과 虛空藏菩薩과 蓮華藏菩薩과 寶藏菩薩과 日藏菩薩과 淨德藏菩薩과 法印藏菩薩과 光明藏菩薩과 齊藏菩薩과 蓮華德藏菩薩과 善眼菩薩과 淨眼菩薩과 離垢眼菩薩과 無礙眼菩薩과 普見眼菩薩과 善觀眼菩薩과 靑蓮華眼菩薩과 金剛眼菩薩과 寶眼菩薩과 虛空眼菩薩과 喜眼菩薩과 普眼菩薩과
지장보살 · 허공장보살 · 연화장보살 · 보장보살 · 일장보살 · 정덕장보살 · 법인장보살 · 광명장보살 · 제장보살 ·

연화덕장보살과 선안보살·정안보살·이구안보살·무애
안보살·보견안보살·선관안보살·청련화안보살·금강
안보살·보안보살·허공안보살·희안보살·보안보살과

[疏] 三, 十藏은 表地니 義如前釋이니라 四, 有十二眼者는 表解니 能照法
故라 所以不次者는 欲表圓融之位가 無前後故니라

- 다) 열 개의 장(藏)은 십지를 표함이니 뜻은 앞의 해석과 같다. 라) 12가
지 눈은 안다는 뜻을 표하였으니 능히 법을 비추는 까닭이요, 순서대로
가 아닌 이유는 원융문의 지위는 앞뒤가 없음을 표하려는 까닭이다.

나. 십지와 십바라밀을 별도로 표하다[別表十地十度] 10.
가) 관(冠)은 초지를 표하다[冠表初地] (後十 14上2)
나) 상투는 2지를 표하다[髻表二地] (二十)

天冠菩薩과 普照法界智慧冠菩薩과 道場冠菩薩과 普照
十方冠菩薩과 一切佛藏冠菩薩과 超出一切世間冠菩薩
과 普照冠菩薩과 不可壞冠菩薩과 持一切如來師子座冠
菩薩과 普照法界虛空冠菩薩과 梵王髻菩薩과 龍王髻菩
薩과 一切化佛光明髻菩薩과 道場髻菩薩과 一切願海音
寶王髻菩薩과 一切佛光明摩尼髻菩薩과 示現一切虛空
平等相摩尼王莊嚴髻菩薩과 示現一切如來神變摩尼王
幢網垂覆髻菩薩과 出一切佛轉法輪音髻菩薩과 說三世
一切名字音髻菩薩과[20]

---

20) 道場은 麗本作一切道場, 宋元明宮淸合綱杭鼓纂續金本及晋經貞元經皆無라 하다.

천관보살 · 보조법계지혜관보살 · 도량관보살 · 보조시방
관보살 · 일체불장관보살 · 초출일체세간관보살 · 보조관
보살 · 불가괴관보살 · 지일체여래사자좌관보살 · 보조법
계허공관보살과 법왕계보살 · 용왕계보살 · 일체화불광명
계보살 · 도량계보살 · 일체원해음보왕계보살 · 일체불광
명마니계보살 · 시현일체허공평등상마니왕장엄보살 · 시
현일체여래신변마니왕당망수부계보살 · 출일체불전법륜
음계보살 · 설삼세일체명자음계보살과

[疏] 後, 十位中은 如次하여 別表行布의 十地十度라 一, 十冠者는 初地
가 冠於諸地之首며 檀冠衆行之先故라 又 一一位中에 各具十者는
一地之中에 具足一切諸地의 功德故며 一度之中에 具足十度하여 爲
莊嚴故라 二, 十髻者는 持戒無垢하여 檢束尊高故니라

■ 나. 열 가지 지위 중에서 순서대로 항포문의 십지와 십바라밀을 별도
로 표하였다. 가) 열 가지 갓[冠]은 초지를 표하였으니 갓은 모든 지
의 머리요, 전단 갓은 여러 행법의 앞인 까닭이다. 또한 낱낱 지위 가
운데 각기 열 가지를 갖추었으니 한 지(地) 중에 온갖 모든 지의 공덕
을 구족한 까닭이며, 한 바라밀 중에 십바라밀을 갖추어 장엄으로 삼
은 까닭이다. 나) 열 가지 상투는 (2지를 표함이니) 계를 지켜서 허물이
없고 검속하여 존귀하고 높은 까닭이다.

다) 광명은 3지를 표하다[光表三地] (三十 14下5)
라) 깃대는 4지를 표하다[幢表四地] (四十)

大光菩薩과 離垢光菩薩과 寶光菩薩과 離塵光菩薩과 焰光菩薩과 法光菩薩과 寂靜光菩薩과 日光菩薩과 自在光菩薩과 天光菩薩과 福德幢菩薩과 智慧幢菩薩과 法幢菩薩과 神通幢菩薩과 光幢菩薩과 華幢菩薩과 摩尼幢菩薩과 菩提幢菩薩과 梵幢菩薩과 普光幢菩薩과
대광보살·이구광보살·보광보살·이진광보살·염광보살·법광보살·적정광보살·일광보살·자재광보살·천광보살과 복덕당보살·지혜당보살·법당보살·신통당보살·광당보살·화당보살·마니당보살·보리당보살·범당보살·보광당보살과

[疏] 三, 十光者는 發聞持光하여 照法忍故라 四, 十이 又名幢者는 焰慧精進이 超世高出故며 又道品으로 伏惑하고 精進으로 伏慢故니라

■ 다) 열 가지 광명은 (3지를 표함이니) 듣고 지니는 광명을 내어서 법인(法忍)을 비추는 까닭이다. 라) 열 가지가 또 깃대라 이름한 것은 (4지를 표함이니) 불꽃지혜는 정진하고 세상을 초월한 까닭이며 뛰어난 까닭이다. 또한 (37가지) 도품은 미혹을 조복하고, 정진바라밀은 거만함을 조복한 까닭이다.

마) 소리는 5지를 표하다[音表五地] (五十 15上6)
바) 위는 6지를 표하다[上表六地] (六十)

梵音菩薩과 海音菩薩과 大地音菩薩과 世主音菩薩과 山相擊音菩薩과 徧一切法界音菩薩과 震一切法海雷音

菩薩과 降魔音菩薩과 大悲方便雲雷音菩薩과 息一切世
間苦安慰音菩薩과 法上菩薩과 勝上菩薩과 智上菩薩과
福德須彌上菩薩과 功德珊瑚上菩薩과 名稱上菩薩과 普
光上菩薩과 大慈上菩薩과 智海上菩薩과 佛種上菩薩과
범음보살 · 해음보살 · 대지음보살 · 세주음보살 · 산상격
음보살 · 변일체법계음보살 · 진일체법해뇌음보살 · 항마
음보살 · 대비방편운뇌음보살 · 식일체세간고안위음보살
과 법상보살 · 승상보살 · 지상보살 · 복덕수미상보살 · 공
덕산호상보살 · 명칭상보살 · 보광상보살 · 대자상보살 ·
지해상보살 · 불종상보살과

[疏] 五, 十音者는 禪定이 發生하여 難勝悅機故니라 六, 十上者는 般若現
前하여 最尊上故라

■ 마) 열 가지 소리는 (5지를 표함이니) 선정이 생겨나면 난승지로 (중생의) 근기를 기뻐하는 까닭이다. 바) 열 가지 위는 (6지를 표함이니) 반야가 앞에 나타나서 가장 높고 위인 까닭이다.

사) 승(勝)은 7지를 표하다[勝表七地] (七十 15下4)
아) 자재함은 8지를 표하다[自在表八地] (八有)

光勝菩薩과 德勝菩薩과 上勝菩薩과 普明勝菩薩과 法
勝菩薩과 月勝菩薩과 虛空勝菩薩과 寶勝菩薩과 幢勝
菩薩과 智勝菩薩과 娑羅自在王菩薩과 法自在王菩薩과
象自在王菩薩과 梵自在王菩薩과 山自在王菩薩과 衆自

在王菩薩과 速疾自在王菩薩과 寂靜自在王菩薩과 不動自在王菩薩과 勢力自在王菩薩과 最勝自在王菩薩과 광승보살·덕승보살·상승보살·보명승보살·법승보살·월승보살·허공승보살·보승보살·당승보살·지승보살과 사라자재왕보살·법자재왕보살·상자재왕보살·범자재왕보살·산자재왕보살·중자재왕보살·속질자재왕보살·적정자재왕보살·부동자재왕보살·세력자재왕보살·최승자재왕보살과

[疏] 七, 十勝者는 遠行方便이 有中殊勝行故라 八, 有十一自在王者는 相用이 不動이며 大願無礙故니라

■ 사) 열 가지 승(勝)은 (7지를 표함이니) 원행지는 방편이 중간에 있어서 뛰어난 행법인 까닭이다. 아) 11가지 자재왕은 (8지를 표함이니) 양상과 작용이 동요하지 않고 큰 서원으로 장애가 없는 까닭이다.

자) 음성은 9지를 표하다[音表九地] (九十 16上3)
차) 깨달음은 10지를 표하다[覺表十地] (十有)

寂靜音菩薩과 無礙音菩薩과 地震音菩薩과 海震音菩薩과 雲音菩薩과 法光音菩薩과 虛空音菩薩과 說一切衆生善根音菩薩과 示一切大願音菩薩과 道場音菩薩과 須彌光覺菩薩과 虛空覺菩薩과 離染覺菩薩과 無礙覺菩薩과 善覺菩薩과 普照三世覺菩薩과 廣大覺菩薩과 普明覺菩薩과 法界光明覺菩薩인

적정음보살・무애음보살・지진음보살・해진음보살・운음보살・법광음보살・허공음보살・설일체중생선근음보살・시일체대원음보살・도량음보살과 수미광각보살・허공각보살・이염각보살・무애각보살・선각보살・보조삼세각보살・광대각보살・보명각보살・법계광명각보살이니,

[疏] 九, 十이 又名音者는 善慧演法이니 自力生故라 十, 有九人이 同名覺者는 法雲受職하여 墮佛數故며 智覺諸法하여 無所遺故라 然其幢等도 亦有通義하니 類釋하면 可知니라
- 자) 열 가지가 또 음성인 것은 (9지를 표함이니) 좋은 지혜는 법을 연설하나니 힘에서부터 나온 까닭이다. 차) 아홉 사람으로 함께 깨달음이라 이름한 것은 (10지를 표함이니) 법운지는 직위를 받아서 부처님 숫자에 들어가는 까닭이며, 지혜로 모든 법을 깨달아서 버릴 것이 없는 까닭이요, 그런데 그 깃대 등은 또한 통한다는 뜻이 있으며, 유례하여 해석하면 알 수 있으리라.

(3) 숫자를 총합 결론하다[總結數] (三如 16上10)

如是等菩薩摩訶薩五百人으로 俱하시니라
이런 보살마하살 5백 사람과 함께 계시었다.

[疏] 三, 如是下는 結數라
- (3) 如是 아래는 숫자를 총합 결론함이다.

3) 공덕을 찬탄하다[歎德] 2.
(1) 총상으로 밝히다[總] (第三 16下9)
(2) 별상으로 밝히다[別] (餘十)

此諸菩薩이 皆悉成就普賢行願이라 境界無礙하니 普徧
一切諸佛刹故며 現身無量하니 親近一切諸如來故며 淨
眼無障하니 見一切佛神變事故며 至處無限하니 一切如
來의 成正覺所에 恒普詣故며 光明無際하니 以智慧光으
로 普照一切實法海故며 說法無盡하니 淸淨辯才가 無邊
際劫에 無窮盡故며 等虛空界하니 智慧所行이 悉淸淨故
며 無所依止하니 隨衆生心하여 現色身故며 除滅癡翳하
니 了衆生界가 無衆生故며 等虛空智하니 以大光網으로
照法界故니라

이 보살들이 다 보현의 행과 원을 성취하였는지라, (1) 경계가 걸림 없으니 모든 부처의 세계에 두루하는 연고라. (2) 몸을 나툼이 한량없으니 모든 여래에게 친근하는 연고라. (3) 깨끗한 눈이 장애가 없으니 모든 부처님의 신통변화하는 일을 보는 연고라. (4) 이르는 곳이 제한이 없으니 모든 여래의 바른 각을 이루는 곳에 항상 나아가는 연고라. (5) 광명이 끝이 없으니 지혜의 빛으로 모든 실상의 법 바다에 두루 비추는 연고라. (6) 법문 말함이 다함이 없으니 청정한 변재가 끝이 없는 겁에 다함이 없는 연고라. (7) 허공계와 같으니 지혜의 행하는 바가 다 청정한 연고라. (8) 의지한 데가 없으니 중생의 마음을 따라 육신을 나타내는 연고라.

(9) 어리석은 눈병을 제멸하였으니 중생계에 중생이 없음을 아는 연고라. (10) 허공과 같은 지혜니 큰 광명 그물로 법계를 비추는 연고라.

[疏] 第三, 此諸下는 歎德이 有十一句하니 初句는 爲總이니 上名은 以隨宜別顯일새 各以一德으로 立名하고 今德은 以據實內通일새 故言皆悉成就普賢行願하니라 餘十句는 別이라 於中에 前六은 明智用普周요 後四는 明21)智用離障이라 通爲五對니 一, 境徧身多對니 窮依近正故요 二, 見用詣實對니 十眼離障하여 不住而見하고 一念契實하여 身心普周요 三, 內照外演對요 四, 智淨色隨對요 五, 悲深智廣對니 以卽智之悲일새 故로 於生에 無翳요 無外之智일새 故로 照同虛空이라 前對虛空은 自取淨義오 今取廣義니라

■ 3) 此諸 아래는 공덕을 찬탄함이다. 11구절이 있으니 첫 구절은 총상이 된다. 위에서 밝혀서 마땅함을 따라 개별로 밝히려 한다면 각기 한 가지 덕으로 지금의 덕이란 명칭을 세웠으니 실법을 의거해서 안으로 통하는 연고로 '모두 보현보살의 행과 원을 성취한다'고 말하였다. (2) (境界 아래) 나머지 열 구절은 별상으로 밝힘이다. 그중에 가. 앞의 여섯 구절은 지혜의 작용이 널리 두루함을 밝힘이요, 나. 뒤의 (說法 아래) 네 구절은 지혜의 작용이 장애 여읨을 밝혔으니 다섯 대구로 통하였다. 가) 경계가 두루하고 몸은 여럿인 대구로 의보는 정보와 가까움을 궁구한 까닭이요, 나) 보는 작용이 실법에 참예하는 대구로 열 가지 눈이 장애를 여의고 가서 한 생각에 실법과 계합하여 몸과 마음이 널리 두루함을 보지 않음이요, 다) 안으로 비추고 밖으로

---

21) 明은 甲南續金本作名이라 하다.

연설하는 대구요, 라) 지혜가 청정하고 형색이 따르는 대구요, 마) 자비가 깊고 지혜가 넓은 대구이니, 지혜와 합치한 대비인 연고로 태어남에 가림이 없고, 밖이 없는 지혜인 연고로 허공과 같음을 비추나니 앞은 허공과 상대하여 스스로 청정한 이치를 취하였고, 지금은 넓은 이치를 취하였다.

2. 성문 대중[聲聞] 2.

1) 숫자를 표방하다[標數] (第二 17上10)
2) 공덕을 찬탄하다[歎德] 2.
(1) 적문에 나아감을 잡아 찬탄하다[約就迹] (今釋)

及與五百聲聞衆으로 俱하시니 悉覺眞諦하며 皆證實際하며 深入法性하며 永出有海하며 依佛功德하며 離結使縛하며 住無礙處하며 其心寂靜이 猶如虛空하며 於諸佛所에 永斷疑惑하며 於佛智海에 深信趣入하니라

5백의 성문들과 함께 있었으니, 다 참 이치를 깨닫고 진실한 경계를 증득하였다. 법의 성품에 깊이 들어가 영원히 생사의 바다에서 벗어났으며, 부처님의 공덕을 의지하여 얽매여 부림을 당하는 속박 번뇌를 떠났으며, 걸림 없는 곳에 머물러 마음이 고요하기 허공과 같으며, 부처님의 처소에서 의혹을 아주 끊고 부처의 지혜 바다에 깊은 믿음으로 들어갔다.

[疏] 第二, 及與下는 辨聲聞衆이라 文에 二니 初, 標數類요 後, 悉覺下는 歎德이니 文有十句니라 然此聲聞이 皆是菩薩이로대 欲顯深法하야 託 爲聲聞이니 故所歎德에 言含本迹이니라 今釋爲二門하니 一, 就迹約 小인대 十句가 皆聲聞德이라 一得現觀이니 於四眞諦를 善覺了故요 二, 入正性離生이니 無方便慧하야 已作證故요 三, 所學을 已窮일새 故云深入이라 法華에 云, 我等도 同入法性이라하니 卽三獸渡河에 理 無二故라 古人도 亦將上三하야 如次配見과 修와 無學하니라 四, 生 分已盡이니 由闕大悲일새 故自永出이니라 五, 有爲無爲之德을 依佛 成故니 卽逮得己利니라 六, 已盡有結이니 謂九結十使를 現行離故니 라 七, 無煩惱礙니 種子亡故니라 八, 心善解脫이니 故로 寂如虛空이 니라 九, 慧善解脫이니 故於佛에 無惑이니라 十, 明非定性이니 皆可廻 心이라 故로 信入佛智니라

■ 2. 及與 아래는 성문 대중을 밝힘이다. 경문에 둘이니 1) 숫자로 부류를 표방함이요, 2) 悉覺 아래는 공덕을 찬탄함이다. 경문에 열 구절이니 그런데 여기의 성문은 모두 보살인 것이다. 깊은 법을 밝히고자 하여 성문에 의탁한 연고로 찬탄한 바가 공덕이니 말 속에 근본과 자취를 포함하였다. 지금 해석에 두 문이 있으니 (1) 적문에 나아가 소승을 잡아 찬탄함이니 열 구절이 모두 성문의 공덕이다. 한 번 현관(現觀)을 얻어서 네 가지 진여 도리를 잘 깨달아 요달하는 까닭이요, (2) 바른 성품은 생사를 여의어 방편 없는 지혜에 들어가나니 이미 증득한 연고요, (3) 배울 바를 이미 궁구한 연고로 깊이 들어간다고 말하였다. 『법화경』(비유품)에 이르되, "우리들도 법의 성품에 함께 들었다"고 하였으니 곧 세 마리 짐승이 강을 건널 적에 이치가 둘이 없는 연고요, 고인도 또한 위의 셋을 가져서 순서대로 무학(無學)

의 지위를 닦음을 본 것에 배대하였다. (4) 중생의 부분이 이미 다하였으니 대비의 정신을 빠뜨림으로 인하여 스스로 영원히 내보인 것이다. (5) 유위와 무위의 공덕은 부처님에 의지하여 이루는 까닭이니 곧 자신의 이로움을 미쳐 얻은 것이다. (6) 존재의 결박을 이미 다하였으니 이른바 아홉 가지 결박과 십사(+使) 번뇌가 현행함을 여읜 까닭이요, (7) 번뇌의 장애가 없나니 종자가 없는 까닭이요, (8) 마음으로 잘 해탈한 연고로 고요하기 허공과 같음이요, (9) 슬기로 잘 해탈한 연고로 부처님에 대해 의혹이 없는 것이요, (10) 정성(定性)으로 모두 회향할 마음을 내지 못함을 밝힌 연고로 믿음으로 부처님 지혜에 들어가는 것이다.

[鈔] 一得現觀者는 大乘唯識에 有六現觀[22]하니 一, 思요 二, 信이요 三, 戒요 四, 智諦요 五, 智諦邊智諦[23]요 六, 究竟現觀이라 十地에 已辨하니라 小乘俱舍에 有三現觀하니 一, 見現觀이요 二, 緣現觀이요 三, 事現觀이니 今此는 正當見現觀也오 義兼後二라 二, 入正性離生者는 已見四地니라 無方便慧는 已見七地니 若有方便하면 不證實際니라 三, 所學已窮者는 謂於其自乘所學之法으로 名爲深入이요 非謂深入甚深法性이라 故로 引法華하니 卽三乘同入之法性耳니라 三獸渡河는 已見八地니라 古人이 亦將上三等者는 疏意에 云, 見修는 是前三果요 今是羅漢이니 正當無學이라 後必具前이라 理則可通일새 故不言非니라

● '한 번 현관(現觀)을 얻는다'는 것은 대승의 『성유식론』에 여섯 가지 현관이 있으니 (1) 사유의 현관 (2) 믿음의 현관 (3) 계율의 현관 (4)

---

22) 六現觀 : 여섯 가지 현관. (역경원 간 한글대장경 『성유식론』 제9권 p.374; 불교학대사전 p.1213-)
23) 上五字는 南續金本作爲智邊諦, 唯識論作現觀邊智諦라 하다.

현관지제현관(現觀智諦現觀, 근본지와 후득지의 무분별지혜) (5) 현관변지제현관(現觀邊智諦現觀, 현관지제현관 다음에 모든 비안립제를 반연하는 세·출세간의 지혜) (6) 구경현관(究竟現觀)이니 십지품에서 이미 밝힌 내용이다. 소승인『구사론』에는 "세 가지 현관이 있으니 (1) 보는 현관[見現觀]과 (2) 반연의 현관[緣現觀]과 (3) 사업하는 현관[事現觀]이다"라고 하였으니, 지금 여기서는 (1) 보는 현관에 해당하지만 이치로는 뒤의 둘을 겸한다. (2) '바른 성품은 생사를 여의어 (방편 없는 지혜에) 들어간다'는 것은 이미 제4지에 방편 없는 지혜를 보았고, 이미 제7지에 만일 방편이 있으면 실제를 증득하지 못한다. (3) '배울 바를 이미 궁구하였다'는 것은 이른바 그 자신의 교법에서 배울 바 법을 이름하여 '깊이 들어간다'고 한 것이지, 매우 깊은 법의 성품에 깊이 들어감을 말한 것이 아닌 연고로 법화경을 인용하였으니 삼승이 함께 법의 성품에 들어간 것일 뿐이다. '세 마리 짐승이 강을 건너는 것'은 제8지에서 이미 보았던 내용이다. '고인도 또한 위의 셋을 가진다'는 등은 소가의 주장에 이르되, "(법을) 보고 닦음은 앞의 세 가지 과위요, 지금은 아라한 과위이니 무학(無學)의 지위에 해당한다. 뒤는 반드시 앞의 이치를 갖추면 통할 수 있는 연고로 아니라고 말한 것이 아니다.

四, 生分已盡等者는 上은 卽我生已盡이라 若具大悲하면 留惑潤生하여 處有化物이어니와 今由闕悲일새 但自速出이 如麞透圍니라 五, 卽逮得己利者는 己利는 卽證涅槃이니 有餘依者는 名爲有爲요 無餘依者는 卽無爲耳니라 六, 已盡有結者는 經에 云, 離結使縛故로 以九結로 釋經結字라 亦已見上이어니와 今略示名하리라 一, 愛結이요 二, 恚結이요 三, 慢이요 四, 無明이요 五, 疑요 六, 見이요 七, 取요 八,

嫉이요 九, 慳이라 由此九種이 數數現起하여 損惱自他하여 招當苦增
일새 偏名爲結이니라 十使는 謂六根本과 開見成五니 此等이 以爲生
死因故로 名爲有結이니라 言現行離者는 故로 法華經論에 此句는 卽
諸漏已盡이니 論爲現行은 異後²⁴⁾煩惱가 是種子故니라

八, 心善解脫等者는 二種解脫이니 亦見上文이나 今略解云, 離定障
故로 名心解脫이요 離性障故로 名慧解脫이니라 又離無明貪愛等體
를 名慧解脫이요 彼相應心이 得離縛故로 名心解脫이니 由證此二하
여 獲得第五의 有爲無爲인 二種功德이니라 十, 明非定性者는 定性
二乘은 非此宗故니라 信入佛智者는 法華第二에 云, 汝舍利弗이 信
佛語故로 隨順此經이요 非已智分이라하니라 此經은 卽佛慧故니라

● (4) '중생의 부분이 이미 다한다'는 것은 위는 곧 나의 생은 이미 나함
이니, 만일 대비를 갖추면 미혹에 머물러도 생을 윤택하게 하고 유
(有)에 처해서도 중생을 교화하였고, 지금은 대비가 빠짐으로 인하였
다. 단지 자신이 속히 나온 것은 노루가 담장을 뚫는 것과 같음이요,
(5) 자신의 이로움을 이미 얻은 것에서 '자신의 이로움'은 곧 열반을
증득함이요, '남은 의지함이 있다'는 것은 유위법이라 이름하고, '남
은 의지함이 없다'는 것은 곧 무위법일 뿐이다. (6) '존재의 결박을 이
미 다하였다'는 것은 경문에서 '결박과 십사(十使) 번뇌가 현행함을 여
읜다'고 말한 연고로 아홉 가지 결박으로 경문을 해석하였으니 결(結)
자도 또한 위에서 보았고 지금은 이름을 간략히 보인 것이다. (1) 사
랑의 결박 (2) 성냄의 결박 (3) 거만함 (4) 무명 (5) 의심 (6) 그릇된
견해 (7) 집착 (8) 질투 (9) 인색함이다. 이런 아홉 종류로 말미암아
자주자주 나타나 일어나서 자신과 남을 손해나고 번거롭게 하고 당

---

24) 異後는 大作異得, 南續金本作要得, 嘉弘本作異後라 하다.

한 고통이 늘어남을 초래하므로 치우쳐 결박이라 이름한다. 십사(十使) 번뇌는 이른바 여섯 가지 근본 번뇌이니 소견을 전개하여 다섯 가지를 이룬다. 이런 등으로 생사의 원인이 된 연고로 존재[有]의 결박이라 이름한다. '현행을 여읜다'고 말한 것은 그러므로 『법화경론』에서 이 구절은 곧 모든 번뇌가 이미 다한 것이요, 논에서는 현행(現行)이라 하였으니 뒤의 번뇌는 종자(種子)인 것과 다르기 때문이다.

(2) 본문을 잡아 찬탄하다[約本門] (二約 19上8)

[疏] 二, 約本門인대 就菩薩歎이니 故로 如來不思議境界經에 云, 復有無量百千億菩薩이 現聲聞形하여 亦來會坐[25]하니 其名曰, 舍利弗과 大目揵連等이라하니라 廣如彼說이니 明皆是權이라 故로 下에 身子가 令海覺等으로 觀文殊德이니라 十中에 一, 覺第一義요 二, 方便已具하여 善能入於無際際故요 三, 二空眞理가 窮其源故요 四, 具足大悲하여 能入不染하여 方永出故요 五, 依十力等하여 離小見故요 六, 不斷不俱하여 方能離故요 七, 已淨所知하여 無二礙故요 八, 處亂恒寂하여 了本空故요 九, 佛不共德을 雖未證得이나 亦無疑故요 十, 一切種智에 證信入故니라

■ (2) 본문을 잡아 찬탄함은 보살에 입각하여 찬탄한 연고로 『여래부사의경계경(如來不思議境界經)』에 이르되, "다시 한량없는 백천억 보살이 성문의 형상을 나타내어 또한 모임에 와서 앉았으니 그 이름은 사리불과 대목건련 등이다"라고 하였으니 자세한 것은 저기서 설명한 내용과 같다. 皆是權故 아래는 사리불로 하여금 해각(海覺)비구 등

---

25) 坐는 南續金本作座, 經原本作坐라 하다.

으로 문수의 공덕을 관하게 한 것이다. 열 가지 중에 (1) 제일가는 이 치를 깨달음이요, (2) 방편을 이미 갖추어 능히 경계 없는 경계에 잘 들어가는 까닭이요, (3) 두 가지가 공한 진리로 그 근원을 궁구하는 까닭이요, (4) 대비를 구족하고 물들지 않음에 능히 들어가야만 바야흐로 영원히 나오는 까닭이요, (5) 십력 따위에 의지하여 소승의 견해를 여의는 까닭이요, (6) 끊어짐 없이 갖추지 않아야만 비로소 능히 여의는 까닭이요, (7) 이미 소지장(所知障)을 깨끗이 하여 두 가지 거리낌이 없는 까닭이요, (8) 산란한 곳에 있어도 항상 고요하나니 본래로 공함을 요달한 까닭이요, (9) 부처님과 함께하지 않는 공덕을 비록 증득하지 못한다 하더라도 또한 의심하지 않는 까닭이요, (10) 일체종지는 증득해야 믿고 들어가는 까닭이다.

[鈔] 如來不思議境界經者는 此是第一列衆之中이니 經에 云, 時有他方諸佛이 爲欲莊嚴毘盧遮那의 道場衆故로 示菩薩形하여 來入會坐하면 復有無量百千億菩薩下는 與疏全同이라 引此明實하여 彰前定迹이니라 善入無際際者는 深入無際實際故라 然皆反上에 聲聞之德이니 類例하면 可知니라 九, 佛不共德等者는 發心品에 云, 菩薩이 於佛十力中에 雖未證得이나 亦無疑故라하니라 十, 一切種智를 證信入者는 證信은 卽初地已上이니 揀異聲聞이 未得此信이라 十地가 皆依佛智海故니라

● 『여래부사의경계경(如來不思議境界經)』은 인용 부분에 제1. 대중의 명칭을 나열함이다. 경문에 이르되, "그때에 타방에서 온 모든 부처님이 있으니 비로자나 도량의 대중을 장엄하고자 하는 연고로 보살의 형상을 보여서 모임에 와서 들어가 앉는다"라 하였으며, 復有無量百

千億菩薩 아래는 소와 완전히 같나니 이것을 인용하여 실법을 밝혀서 앞의 선정의 자취를 밝혔다. '경계 없는 경계에 잘 들어간다'는 것은 경계 없는 실제에 깊이 들어간 까닭이다. 그러나 모두 위의 성문의 공덕과 반대이니 유례하면 알 수 있으리라. (9) '부처님과 함께하지 않는 공덕' 등이란 제17. 초발심공덕품에 이르되, "보살이 부처님의 열 가지 힘을 증득하지 못했으나 의심은 없네"라고 한 까닭이요, (10) '일체종지는 증득해야 믿고 들어간다'는 것에서 증득하여 믿음은 곧 초지(初地) 이상이니 성문은 아직 얻지 못하므로 믿음과 구분하나니, 십지(十地)에서는 모두 부처님의 지혜 바다에 의지하는 까닭이다.

3. 세상의 주인[世主] 2.
1) 숫자를 표방하다[標數] (第三 20上9)
2) 공덕을 찬탄하다[歎德] (後悉)

及與無量諸世主로 俱하시니 悉曾供養無量諸佛하며 常能利益一切衆生하며 爲不請友하며 恒勤守護하며 誓願不捨하며 入於世間殊勝智門하며 從佛敎生하여 護佛正法하며 起於大願하여 不斷佛種하며 生如來家하며 求一切智하니라

한량없는 세간 임금들과 함께 있으니, (1) 다 한량없는 부처님을 공양하였고 (2) 항상 일체중생을 이익하며, (3) 청하지 않은 벗이 되어 부지런히 수호하며 (4) 서원을 버리지 않고, (5) 세간의 훌륭한 지혜의 문에 들어갔으며, (6) 부처님의 가르침으로부터 나서 (7) 부처님의 바른 법을 보호하며,

(8) 큰 서원을 일으키고 (9) 부처의 종자를 끊지 않으려고 (10) 여래의 가문에 나서 온갖 지혜를 구하였다.

[疏] 第三, 及與無量下는 諸世主衆이라 亦先은 標數類요 後, 悉曾下는 歎德이라 十中에 初一, 歎福이요 次四, 歎悲라 於中에 初句는 總이요 餘三句는 別이니 一, 無緣普應이요 二, 護念初心이요 三, 誓不捨惡이라 次二句는 歎智德이니 一, 智入權門이요 二, 行護理敎라 正法은 兼理요 護兼行故라 上七은 皆行이요 八은 卽是願이니 願行具故라 第九는 入位니 上九는 自分이요 十은 卽勝進이라 上에 序分은 竟하다

■ 3. 及與無量 아래는 세상의 주인 대중이다. 또한 1) 앞은 숫자로 부류를 표방함이요, 2) 悉曾 아래는 공덕을 찬탄함이다. 열 구절 중에 (1) 처음 한 구절은 복을 찬탄함이요, (2) 다음 네 구절[常能利益一切衆生, 爲不請友恒勤守護, 誓願不捨, 入於世間殊勝智門]은 대비를 찬탄함이다. 그중에 가. 첫 구절은 총상이요, 나. 나머지 세 구절[爲不請友恒一]은 별상이다. 가) 인연 없이 널리 응함이요, 나) 초발심을 보호하고 염려함이요, 다) 버리지 않을 악을 서원함이다. (3) 다음 두 구절[從佛敎生 護佛正法]은 지혜의 덕을 찬탄함이니 가. 첫 구절은 지혜로 방편문에 들어감이요, 나. 둘째 구절은 이치의 가르침을 행하고 보호함이니, 정법이 이치와 겸하고 보호하여 행함을 겸한 까닭이다. 위의 일곱 구절은 모두 행법이요, (4) 여덟째[起於大願]는 곧 원함이니 원하는 행을 갖춘 까닭이요, (5) 아홉째[不斷佛種]는 지위에 들어감이다. 위의 아홉 구절은 자분행이요, (6) 열째[生如來家 求一切智]는 곧 승진행이다. 위의 (一) 서분(序分)은 마친다.

(二) 법문을 청하는 부분[請分] 2.

```
(二) 請分二 ─┬─ 1. 標衆念請
             └─ 2. 顯所請法二

┌─ 1. 念德難思二 ─┬─ 1. 分科      ┬─ 1. 所念果法
├─ 2. 請隨機演二 ─┴─ 2. 隨釋三    ├─ 2. 玄妙難思
│                                 └─ 3. 緣會可了
├─ 1. 請隨機宜   ┬─ 1. 所請二    ┬─ 1. 請往因
└─ 2. 請所說法二 └─ 2. 結請      └─ 2. 請果用
```

제1. 대중이 생각으로 청법하다[標衆念請] (大文 20下6)

時에 諸菩薩과 大德聲聞과 世間諸王과 幷其眷屬이 咸
作是念하되
이때 보살들과 대덕 성문과 세간 임금들과 그 권속들이 다
이렇게 생각하였다.

[疏] 大文第二, 時諸菩薩下는 請分이니 衆集이 本爲聞經故라 文分爲二
니 初, 標衆念請이요 二, 如來境下는 顯所請法이라 今初니 聲聞이 下
如聾盲[26]일새 此能念者를 釋有二義하니 一, 約本迹이니 就本에 能念
이요 就迹에 不知니라 二, 唯就迹說이니 意法師가 云, 理處不隔일새
故得同疑요 未積大心일새 故不厠其次라하니 此亦有理라 猶葉公이
好龍호대 眞龍을 難視니 同居法會하고 同仰法門이나 所現超倫일새
故如聾瞽니라

■ 큰 문단으로 (二) 時諸菩薩 아래는 법문을 청하는 부분이다. 대중이

---

26) 盲은 甲南續金本作等이라 하다.

모임은 본래로 경문을 듣기 위한 까닭이다. 경문을 둘로 나누리니 제1. 대중이 생각으로 청법함을 표방함이요, 제2. 如來境 아래는 청할 대상인 법을 밝힘이다. 지금은 제1.이니 聲聞 아래는 귀먹고 눈먼 이와 같으며, 여기서 생각하는 주체는 해석함에 두 가지 뜻이 있으니 1. 본문과 적문을 잡으면 본문에 입각하면 생각하는 주체요, 적문에 입각하면 알지 못한다. 2. 오직 적문에 입각하여 설함이니, 의(意)법사가 말하되, "이치의 처소는 사이함이 없으므로 함께 의심함을 얻음이요, 대승의 마음은 쌓지 않으므로 그 순서가 섞이지 않는다"라 하니, 이것 또한 이치가 있다. 엽(葉)법사가 용 중의 참된 용을 좋아함과 같고 보고 함께 살기 어려우며, 법회에서 법문을 함께 우러르고 나타낸 것이 인륜(人倫)을 초월한 연고로 귀멀고 눈먼 이와 같다.

[鈔] 其猶葉公好龍者는 事出莊子라 葉公의 姓沈이요 名은 諸梁이라 故春秋注에 云, 葉公子高沈諸梁이 食采[27]於葉하여 借以稱公이라하니라 亦有云호대 與楚로 同姓이니 楚姓은 羋이라(綿碑切로 弭音[28]이라) 卽子張이 見衛君한대 君不全待어늘 子張이 云, 公之好士는 猶葉公之好龍이로다 葉公이 好龍하여 井厠之間에 皆畵其像이러니 眞龍이 知其好하고 乃現其庭한대 葉公이 絶倒하여 不敢視하니 葉公之好는 好於似龍이요 非好眞龍이라 今君이 好士도 但好似士오 非好眞士也라하니라 今聲聞之請法은 若彼好龍이요 不覩希奇는 若不識眞物也니라

● '엽(葉)법사가 용 중의 참된 용을 좋아함과 같다'는 것은 사연이 『장자(莊子)』에 나온 내용이다. 엽(葉)법사는 성은 심(沈)이요, 이름은 제량(諸梁)이므로 『춘추(春秋)』의 주(注)에 이르되, "엽(葉) 공자는 고상

---

27) 采는 南續金本作采라 하다.
28) 上五字는 金本無, 南續本作綿碑反이라 하다.

하고 심제량(沈諸梁)은 나뭇잎을 캐어 먹고 간사하게 공(公)을 칭찬하였다." 또한 어떤 이가 말하되, "초(楚)와 성씨가 같고 초의 성은 미(羋)이니(면과 비를 끊으면 미라는 소리) 곧 자장(子張)이 위(衛) 임금을 뵈었으니 임금이 온전히 대접하지 않았다." 자장이 말하되, "공이 선비를 좋아함은 엽(葉) 공이 용을 좋아하여 우물이나 측간에 모두 그 형상을 그렸다. 참된 용은 그 상호를 알아보고 비로소 그 뜰 앞에 나타났다. 엽 공이 넘어져서 감당하여 보지 않나니, 엽 공은 용과 같은 것을 좋아하였지, 참된 용은 좋아하지 않는다. 지금의 임금은 선비를 좋아하지만 단지 선비 같은 이만 좋아하였지, 참된 선비는 좋아하지 않는다"라 하였다. 지금 성문이 법을 청함은 저 용을 좋아함과 같나니 희유하고 기특함을 보지 못하고 참된 물건을 알지 못함과 같다.

제2. 청할 대상인 법을 밝히다[顯所請法] 2.
1. 공덕이 사의하지 못함을 생각하다[念德難思] 2.
1) 과목 나누기[分科] (二所 21下2)

如來境界와 如來智行과 如來加持와 如來力과 如來無畏와 如來三昧와 如來所住와 如來自在와 如來身과 如來智를
"여래의 경계 · 여래의 지혜의 행 · 여래의 가지 · 여래의 힘 · 여래의 두려움 없음 · 여래의 삼매 · 여래의 머무르심 · 여래의 자재하심 · 여래의 몸 · 여래의 지혜를

[疏] 二, 所念中에 有六十句하니 初後三十句는 是所請法이요 中에 三十

句는 但是請儀라 其三十請法이 多同初會의 四十句法하니 以初會는 爲總이요 此說이 將終에 會同本故라 就文하여 分二니 前, 三十句는 念德難思요 後, 唯願下三十句는 請隨機演이라 以初十句는 明自體圓著하여 奇顯果海絶言이요 最後十句는 明化用普周하여 令寄言顯果니 由斯하여 文有影略이나 理實兼皆請示니 如初會辨이니라

■ 제2. 생각으로 청할 대상 중에 60구절이 있나니 처음과 나중의 30구절은 청할 대상인 법이다. 그중에 30구절은 단지 청법하는 광경뿐이요, 그 30가지 청할 법은 대부분 제1. 적멸도량법회의 40구절 법과 같으며, 제1회는 총상이 되나니 여기서 설함이 장차 끝날 적에 모임이 근본과 같은 까닭이다. 경문에 입각하여 둘로 나누리니 1. 30구절은 공덕이 사의하지 못함을 생각함이요, 2. 唯願 아래 30구절은 근기를 따라 연설할 것을 청함이다. (1) 열 구절은 (생각할 과위의 법이니) 자체가 원만하고 현저하여 과덕의 바다는 말이 끊어짐을 기특하게 나타낸다. 마지막 열 구절은 교화하는 작용이 널리 두루함을 밝힘이다. 기특한 말과 밝은 결과로 하여금 이로 인하여 경문에 비추어 생략함이 있나니 이치가 참됨은 겸하여 모두 청하여 보였으니 제1. 적멸도량법회에서 밝힌 내용과 같다.

[鈔] 以初十句明自體圓著下는 出所問法이 爲兩段所由니 以前三十句內에 唯初十句는 是所請法이니 謂佛境等은 是佛自體며 圓滿著明일새 故同果海絶言이라 最後十句化用普周者는 然後三十句가 請隨機演이나 有二十句가 是所請法이니 以前十은 是請說往因일새 故로 偏擧後十化用이니 正合開化故니라

● 以初十句明自體圓著 아래는 질문할 법을 보임으로 두 문단의 이유

를 삼은 것이다. 앞의 30구절 안에 오직 1. 열 구절은 청할 대상인 법이니 이른바 부처님 경계 등은 부처님의 자체이니 원만하고 저명한 연고로 과덕의 바다는 말이 끊어짐과 같다. '마지막 열 구절은 교화하는 작용이 널리 두루함'이란 그러나 2. 30구절은 근기를 따라 연설하기를 청함이다. 1) 20구절은 청할 법이니, (1) 앞의 열 구절은 과거의 원인을 청하여 설함인 연고로 치우쳐 (2) 뒤의 열 구절을 거론함이니 교화하는 작용을 열어 교화함과 바로 합하는 까닭이다.

2) 과목에 따라 해석하다[隨釋] 3.
(1) 생각할 과위의 법[所念果法] (今初 22上4)

[疏] 今初니 念德中에 初十句는 正明所念果法이요 次十은 明玄妙難思요 後十은 明緣會니 可了라 今初니 十中에 前八은 攝初會의 最初十句니 卽內行成滿德이니 以如來自在로 攝彼神通과 及無能攝取故라 一, 境界者는 卽所緣分齊故니 如出現等品辨이니라 二, 智行者는 悲智無礙하는 無功用行이니 亦如出現品辨이니라 三, 加持者는 謂勝力으로 任持하여 令有所作이니 如不思議法品辨이니라 四, 謂十力等이요 五, 卽四種과 十種의 無畏等이요 六, 卽師子奮迅等이요 七, 所住者는 卽初會의 佛地니 佛所住地故라 若別釋者인대 卽常住大悲等이니 如不思議品이니라 八, 謂十自在等과 及攝二句니 如向所辨이라 廣引諸文하여 釋義는 並如初會니라 後二句는 卽攝初會요 次十句의 體相顯著德이라 前에는 有六根三業하고 今에는 身合六根과 及於二業이요 智卽意業이라 心意를 俱不可知나 但以智知故라 所以合者는 欲顯身兼十身일새 故合六根이요 三業은 智導일새 故但云智니라

■ 지금은 1. 공덕이 사의하지 못함을 생각함 중에 (1) 열 구절은 생각할 과위의 법을 밝힘이요, (2) 열 구절은 현묘하고 생각하기 어려움을 밝힘이요, (3) 열 구절은 인연 있는 모임을 밝힘이니 알 수 있으리라. 지금은 (1)이니 열 구절 중에서 앞의 여덟 구절은 제1. 적멸도량법회를 섭수하였으니 제일 처음의 열 구절은 곧 내적 행법을 성만한 공덕이다. 여래가 자재하여 저 신통과 능히 포섭하여 가질 이 없음을 포섭한 까닭이다. (1) 경계는 곧 반연할 대상의 영역인 때문이니 제37. 여래출현품 등에서 밝힌 내용과 같다. (2) 지혜의 행은 자비와 지혜가 무애하고 공용 없는 행법도 또한 여래출현품에 밝힌 바와 같다. (3) 가피하여 가짐은 이른바 뛰어난 능력으로 맡겨 가져서 지을 대상이 있게 함이 제33. 불부사의법품에 밝힌 내용과 같다. (4) 십력(十力) 등을 말함이요, (5) 네 가지 두려움 없음과 열 가지 두려움 없음 따위요, (6) 사자빈신 등이요, (7) 머물 대상은 곧 제1. 적멸도량법회의 부처님 자리와 부처님이 머무는 땅인 까닭이다. 만일 개별로 해석함은 곧 대비에 항상 머무는 등이니 제33. 불부사의법품과 같다. (8) 이른바 열 가지 자재함 등과 두 구절을 섭수함은 앞에서 밝힌 내용과 같다. 모든 경문을 널리 인용하여 뜻을 해석하나니 아울러 제1. 적멸도량법회와 같다. 뒤의 두 구절[如來身, 如來智]은 다음의 열 구절은 자체와 양상이 현저한 덕이니 앞에는 육근과 삼업이 있고, 지금의 몸은 육근과 두 가지 업과 합하나니 지혜는 의업이요, 마음과 의미는 모두 알 수 없음이요, 단지 지혜로만 아는 까닭이다. 합하는 이유는 몸이 열 가지 몸을 겸하는 것을 밝히고자 하는 연고로 육근과 합하면 삼업이 지혜로 인도하는 연고로 다만 지혜만 말하였다.

(2) 현묘하고 사의하기 어렵다[玄妙難思] (二一 23上1)

一切世間의 諸天及人이 無能通達하며 無能趣入하며 無能信解하며 無能了知하며 無能忍受하며 無能觀察하며 無能揀擇하며 無能開示하며 無能宣明하며 無有能令衆生解了요
모든 세간의 하늘과 사람들이 통달함이 없으며 들어감이 없으며 믿고 이해함이 없으며 분명하게 앎이 없으며 참고 받음이 없으며 살펴봄이 없으며 가려냄이 없으며 열어 보임이 없으며 펴서 밝힘이 없으며 중생들로 하여금 알게 함이 없나니,

[疏] 二, 一切下十句는 明玄妙難思하여 人天莫測이라 於中에 初二句는 總明解行不及이니 謂智慧로 不能通暢하며 心行으로 不能詣證이라 次五句는 明三慧莫測일새 故不能成自利니 謂初三句는 聞慧莫測이니 一, 妙故로 不能印持於境이요 二, 深故로 不能曉了於心이요 三, 廣故로 不能忍可包納이니라 次句는 玄故로 修慧로 不能觀察委照요 後句는 融故로 思慧로 不能揀其優劣이라 故로 晉本에는 揀擇을 名思惟하여 在觀察上이라 後三句는 四辯으로 莫宣일새 故로 不能成利他니 謂法義로 不能大開曲示요 辭辯으로 不能宣明이요 樂說로 不能令他解了니라

■ (2) 一切 아래 열 구절은 현묘하고 사의하기 어려워서 인간과 천상은 측량하지 못함을 밝힘이다. 그중에 가. 처음 두 구절[無能通達, 無能趣入]은 이해와 행법이 미치지 못함을 총합하여 밝힘이다. 이른바

지혜는 능히 통틀어 펼치지 못하고 마음으로 행함은 능히 증득에까지 이르지 못함이다. 나. 다음 다섯 구절[無能信解, 無能了知, 無能忍受, 無能觀察, 無能揀擇]은 세 가지 지혜로 측량하지 못하는 연고로 능히 자리행을 이루지 못함이니, 이른바 앞의 세 구절은 문혜(聞慧)로 측량하지 못함이니 (1) 현묘한 연고로 능히 경계를 인장처럼 가지지 못함이요, (2) 깊은 연고로 능히 마음을 밝게 요달하지 못함이요, (3) 넓은 연고로 능히 싸서 들여놓지 못함이다. 다음 구절[無能觀察]은 현묘한 연고로 수혜(修慧)로 능히 관찰하여 자세히 비추지 못함이요, 다. 뒤 구절[無能揀擇]은 원융한 연고로 사혜(思慧)로 능히 그 우수하고 열등함을 구분하지 못한 연고로 진경(晉經)에서 '간택함을 사유함'이라 이름하였으니 관찰 위에 있다. 라. 뒤의 세 구절[無能開示, 無能宣明, 無有能令衆生解了]은 네 가지 변재로 선설하지 않으므로 능히 이타행을 성취하지 못함이다. 이른바 법과 이치로 능히 크게 전개하여 자세히 보이지 않고, 언사의 변재로 능히 베풀어 밝히지 못하고, 요설변재로 능히 다른 이로 하여금 알아서 요달하지 못하게 한다.

[鈔] 故晉本揀擇下는 釋上修在思前이니 晉經은 則聞思修가 不失次也니라

● 故晉本揀擇 아래는 위의 수혜(修慧)가 사혜(思慧)의 앞에 있다. 진경은 문혜, 사혜, 수혜는 순서를 잃지 않는다.

(3) 법회를 인연하여 요달할 수 있다[緣會可了] (三唯 23下4)

唯除諸佛加被之力과 佛神通力과 佛威德力과 佛本願力

과 及其宿世善根之力과 諸善知識攝受之力과 深淨信力과 大明解力과 趣向菩提淸淨心力과 求一切智廣大願力이니라

오직 부처님의 가피하신 힘 · 부처님의 신통하신 힘 · 부처님의 위덕의 힘 · 부처님의 본래 원하신 힘과 그 지난 세상의 착한 뿌리의 힘 · 선지식들의 거두어 주는 힘 · 깊고 깨끗하게 믿는 힘 · 크고 밝게 아는 힘 · 보리로 나아가는 청정한 마음의 힘 · 온갖 지혜를 구하는 광대한 서원의 힘은 제할 것이다.

[疏] 三, 唯除下의 十句는 緣會可了中에 前四는 佛力上加니 爲緣이요 後六은 自根堪受가 爲因이니 具此可知니라 前中에 初三은 現緣이요 後一은 宿願이라 後六中에 初一은 宿善이요 餘五는 現德이라 於上十句에 分有分知며 全有全知니라 又此十句가 通有二意하니 一, 成上顯深이요 二, 起後請說이니라

■ (3) 唯除 아래 열 구절은 법회를 인연하여 요달할 수 있음이다. 그중에 가. 앞의 네 구절[① 諸佛加被之力 ② 佛神通力 ③ 佛威德力 ④ 佛本願力]은 부처님 힘 위의 가피로 인연을 삼았고, 나. 뒤의 여섯 구절[⑤ 其宿世善根之力 ⑥ 諸善知識攝受之力 ⑦ 深淨信力 ⑧ 大明解力 ⑨ 趣向菩提淸淨心力 ⑩ 求一切智廣大願力]은 자신의 감관으로 감당하여 받음으로 원인이 됨이니 이를 갖추면 알 수 있으리라. 가. 중에 앞의 세 구절은 현재의 인연이요, 뒤의 한 구절[④ 佛本願力]은 숙세의 서원이다. 나. 뒤의 여섯 구절 중에 첫 구절은 숙세의 선근이요, 나머지 다섯 구절은 현재의 공덕이다. 위의 열 구절에서 부분으로 있고 부분으로 아는 것이요, 전

체로 있고 전체로 아는 것이다. 또한 이런 열 구절은 통틀어 두 가지 의미가 있으니 (1) 위의 뚜렷이 깊음을 성취함이요, (2) 뒤의 청법과 설법을 시작함이다.

[鈔] 又此十句가 通有二意等者는 謂旣唯諸佛加等에 方知明是顯深이요 佛加를 旣知일새 故로 請佛加而演說也라 非器면 難解요 有器에 可聞也니라

● '또한 이런 열 구절은 통틀어 두 가지 의미가 있다'는 것은 이른바 이미 모든 부처님의 가피 등뿐이라야 비로소 분명히 뚜렷하고 깊음을 아는 것이다. 부처님의 가피는 이미 아는 연고로 부처님 가피로 연설할 것을 청함이다. 그릇이 아니면 알기 어렵고, 그릇이 있으면 들을 수 있다는 뜻이다.

2. 근기를 따라 연설할 것을 청하다[請隨機演] 2.
1) 근기의 마땅함을 따라 청하다[請隨機宜] (第二 24上5)

唯願世尊은 隨順我等과 及諸衆生의 種種欲과 種種解와 種種智와 種種語와 種種自在와 種種住地와 種種根淸淨과 種種意方便과 種種心境界와 種種依止如來功德과 種種聽受諸所說法하사
오직 바라건대 세존께서 우리와 중생들의 갖가지 욕망 · 갖가지 이해 · 갖가지 지혜 · 갖가지 말 · 갖가지 자유자재함 · 갖가지 머무는 처지 · 갖가지 근의 청정함 · 갖가지 뜻의 방편 · 갖가지 마음의 경계 · 갖가지 여래의 공덕을 의지

함 · 갖가지 말씀하신 법을 들음을 따라서,

[疏] 第二, 請隨機演이라 中에 二니 初, 十一句는 請隨機宜요 後, 顯示下의 二十句는 請所說法이라 今初니 前에 云緣會는 可知라할새 今請以緣隨器라 於中에 初三은 約內心器殊요 次一은 約外類音異라 上四는 通於凡聖이요 後七은 多約菩薩이니 一, 財等有殊요 二, 地位優劣이요 三, 依根除障이요 四, 作業差異요 五, 緣境不同이요 六, 曾依何德而修오 七, 曾聽何法爲種이라 又六은 宜依何德以化요 七은 宜何廣略而說이라 種種不同을 皆請隨順이니라

■ 2. 근기를 따라 연설할 것을 청함이다. 그중에 둘이니 1) 11구절은 근기의 마땅함을 따라 청함이요, 2) 顯示 아래 20구절은 설할 법을 청함이다. 지금은 1)이니 앞에서 '인연으로 모임'이라 말함은 알 수 있으리라. 지금은 인연이 그릇을 따름을 청함이다. 그중에 (1) 세 구절 [① 種種欲 ② 種種解 ③ 種種智]은 안의 마음의 그릇이 다름을 잡은 해석이요, (2) 한 구절[④ 種種語]은 외부 종류가 음성이 다름을 잡은 해석이다. 위의 네 구절은 범부와 성인에 통한다. (3) 뒤의 일곱 구절[⑤ 種種自在 ⑥ 種種住地 ⑦ 種種根淸淨 ⑧ 種種意方便 ⑨ 種種心境界 ⑩ 種種依止如來功德 ⑪ 種種聽受諸所說法]은 대부분 보살을 잡은 해석이다. ① 재물 등이 다름이 있으며 ② 지위가 뛰어나고 열등함이요, ③ 근기에 의지해 장애를 없앰이요, ④ 짓는 업이 차이남이요, ⑤ 경계를 인연함이 같지 않음이요, ⑥ 일찍이 어떤 공덕에 의지하여 수행하는가? ⑦ 일찍이 어떤 법을 들음으로 종자를 삼는가? 또한 ⑥은 마땅히 어떤 공덕을 의지하여 교화하는가? ⑦은 마땅히 어떤 자세하고 간략함으로 설하는가? 갖가지로 같지 않나니 모두 수순할 것을 청함이다.

[鈔] 一財等有殊者는 卽十自在니 一, 財요 二, 命이요 三, 心이요 四, 業이요 五, 生이요 六, 解요 七, 願이요 八, 通이요 九, 智요 十, 法이라 廣如八地와 離世間品이니라

- ① '재물 등이 다름이 있음'은 곧 열 가지 자재함이다. ① 재물에 자재함 ② 목숨에 자재함 ③ 마음이 자재함 ④ 업이 자재함 ⑤ 태어남이 자재함 ⑥ 이해가 자재함 ⑦ 서원이 자재함 ⑧ 신통이 자재함 ⑨ 지혜가 자재함 ⑩ 법에 자재함이다. 자세한 것은 (십지품) 제8지와 제38. 이세간품의 내용과 같다.

2) 설할 법을 청하다[請所說法] 2.
(1) 청법할 대상을 열거하다[所請] 2.
가. 과거의 원인을 청하다[請往因] (第二 24下9)

顯示如來의 往昔趣求一切智心과 往昔所起菩薩大願과 往昔所淨諸波羅蜜과 往昔所入菩薩諸地와 往昔圓滿諸菩薩行과 往昔成就方便과 往昔修行諸道와 往昔所得出離法과 往昔所作神通事와 往昔所有本事因緣과
여래의 예전에 온갖 지혜를 구하시던 마음 · 예전에 일으키신 보살의 큰 서원 · 예전에 깨끗하게 하신 바라밀다들 · 예전에 들어가신 보살의 지위 · 예전에 원만하신 보살의 수행 · 예전에 성취한 방편 · 예전에 닦던 도 · 예전에 얻으신 벗어나는 법 · 예전에 지으신 신통한 일 · 예전에 행하신 전생의 일과 인연이며,

[疏] 第二, 請所說法이라 中에 二니 先, 列所請이요 後, 如是等下는 結請
이라 今初를 分二니 前十句는 請說往因이요 後十29)句는 請今果用이
라 今初니 此十句中에 七은 與初會로 名義全同이니 諸道는 卽彼助道
海요 此中方便은 卽前智海라 卽名異義同이니라 彼有乘海하고 無此
本事하니 則名義俱異라 以彼는 通請一切菩薩일새 故로 顯乘乘30)不
同이요 今約本師爲問일새 故加本事니 則乘通諸句요 爲成十故로 略
之니라 或本事는 卽是乘海니 昔所乘故라 餘如初會니라

■ 2) 설할 법을 청함이다. 그중에 둘이니 (1) 청법할 대상을 열거함이
요, (2) 如是等 아래는 청법을 결론함이다. 지금은 (1)을 둘로 나누
리니 가. 열 구절은 과거의 원인을 청함이요, 나. 뒤의 열 구절은 현재
의 결과와 작용을 청함이다. 지금은 (1)이니 이 열 구절 중에서 제7.
재회보광명전법회와 제1. 적멸도량법회는 명칭과 뜻이 완전히 같다.
모든 도는 곧 저기의 조도(助道)의 바다이다. 이 가운데 방편은 곧 앞
의 지혜 바다이니 곧 명칭과 뜻이 완전히 같다. 저기는 교법의 바다가
있지만, 여기는 본래 사연이 없나니, 명칭과 뜻이 모두 다르다. 저것
으로 온갖 보살을 전체로 청하는 연고로 교법과 교법이 다른 것이다.
지금은 본사(本師)를 잡아 질문하는 연고로 본래 사연을 더하면 교법
이 여러 구절과 통하여 열 가지를 이루는 연고로 생략하였으며, 혹은
본래 사연이 곧 교법의 바다이니 예전에는 교법의 대상인 까닭이니 나
머지는 제1. 적멸도량법회의 내용과 같다.

[鈔] 七與初會名義全同者는 則有二事가 名異義同하고 有一事가 此彼
互無니 故有三類라 第三類中에 乃有二意하니 後意도 亦是名異義

---

29) 十은 甲續金本作十一이라 하나 誤植이다.
30) 乘乘은 甲南續金本作乘이라 하다.

同이니라

● '제7. 재회보광명전법회와 제1. 적멸도량법회는 명칭과 뜻이 완전히 같다'는 것은 두 가지 사연이니 명칭은 다르고 뜻이 같은데 한 가지 사연이 있으니, 이것과 저것을 번갈아 없애는 연고로 세 부류가 있으며, 셋째 부류 가운데 비로소 두 가지 의미가 있고, 나중의 의미도 또한 명칭은 다르고 뜻이 같다.

나. 과위의 작용을 청하다[請果用] (後及 25下3)

及成等正覺과 轉妙法輪과 淨佛國土와 調伏衆生과 開一切智法城과 示一切衆生道와 入一切衆生所住와 受一切衆生所施와 爲一切衆生說布施功德과 爲一切衆生現諸佛影像하사

아울러 (1) 등정각을 이루고, (2) 묘한 법륜을 굴리고, (3) 부처의 국토를 청정하고, (4) 중생을 조복하고 (5) 온갖 지혜의 법성을 열고, (6) 일체중생의 길을 보이고, (7) 일체중생의 머무는 데 들어가고, (8) 일체중생의 보시를 받고, (9) 일체중생에게 보시의 공덕을 말하고, (10) 일체중생에게 부처님의 영상을 나타내시던

[疏] 後, 及成下의 十句는 請果用이라 中에 此十을 望初會第三十句에 義卽多同이나 而文多異는 欲顯果用無邊이라 故로 影略其文이니 一, 因圓果成은 卽佛海요 二, 成必演法은 卽演說海요 三, 法詮淨國은 卽世界海요 四, 皆爲調生은 卽名號海요 五, 雙開菩提涅槃之果城은 卽

涅槃이요 防非止惡故가 卽解脫海요 六, 示生行業이 爲至果之因이니 卽衆生海요 七, 徧入機處하여 隨機立壽가 卽壽量海요 八, 爲衆生田하여 令得常命이 卽波羅密海니 檀爲最初故요 九, 說諸度가 爲安立世界海之法式故오 十, 三輪變化가 猶水月과 鏡像이 卽變化海니라

■ 나. 及成 아래 열 구절은 과위의 작용을 청함이다. 그중에 여기의 열 구절은 제1. 적멸도량법회의 30번째 구절과 비교되나니, 뜻은 곧 대부분 같지만 경문이 많이 다르다. (왜냐하면) 과덕의 작용이 그지없음을 밝히고자 한 연고로 그 경문을 비추어 생략하였다. (1) 인행이 원만하여 과덕이 성취됨은 곧 부처님 바다요, (2) 성불하면 반드시 법을 연설함은 곧 연설의 바다요, (3) 법으로 표현하고 나라를 깨끗이 함은 곧 세계 바다요, (4) 모두 중생을 조복하기 위함은 곧 명호의 바다요, (5) 보리와 열반의 결과를 함께 전개하면 성(城)은 곧 열반이요, 잘못을 막고 악함을 그치는 연고로 곧 해탈의 바다요, (6) 중생의 행과 업을 보임으로 과덕에 이르게 하는 원인이니 곧 중생의 바다요, (7) 근기와 도량에 두루 들어가고 근기를 따라 수명을 세움은 곧 수명의 분량 바다요, (8) 중생의 밭이 되니 영원한 목숨을 얻게 함은 곧 바라밀의 바다이니 단나바라밀이 가장 처음이 됨이요, (9) 모든 바라밀을 설하여 세계 바다의 법식을 안립하기 위한 까닭이니, 13가지 법륜으로 변화함은 물속의 달과 거울의 영상과 같나니 곧 변화하는 바다이다.

[鈔] 一因圓果成卽佛海下는 上은 總明이요 此下는 別釋이라 每一句內에 皆有二意하니 一, 當句解釋이니 如云因果成은 卽經에 云, 往昔에 趣求一切智心이라하니 一切智는 卽果요 趣求之心은 卽因이니라 二는 云, 卽佛海者는 二는 卽會同初會十海라 下諸句도 皆然이라 而當句

釋은 皆躡前起니 如二에 云, 成必演法인 成必二字는 躡果成而起라 餘可思準이니라 九는 卽安立海[31]니라

- (1) 因圓果成卽佛海 아래는 위는 총상으로 밝힘이요, 이 아래는 별상으로 해석함이다. 매양 한 구절 안에 모두 두 가지 의미가 있나니, (1) 해당 구절을 해석함은 마치 인행과 과덕을 이룸과 같나니, 곧 경문에 이르되, "예전에 온갖 지혜의 마음에 나아가 구하나니 온갖 지혜는 과덕이요, 나아가 구하는 마음은 곧 인행이다"라고 하였고, (2)는 곧 '부처님 바다'라 하였다. 둘은 곧 모임은 제1. 적멸도량법회의 열 가지 바다와 같다. 아래 모든 구절도 다 그러하지만 해당 구절을 해석하면 모두 앞을 토대로 시작하나니 "(2)에서 성불하면 반드시 법을 연설한다"고 한 부분과 같나니 成必 두 글자는 과덕을 토대로 이루어 시작하였으니 나머지는 생각하여 준해 보면 알 수 있다. 아홉째는 곧 안립의 바다이다.

(2) 청법을 결론하다[結請] (二結 26上9)

如是等法을 願皆爲說하소서
그러한 법들을 말씀하여 주소서."

[疏] 二, 結請은 可知로다
- (2) 청법을 결론함은 알 수 있으리라.

(三) 삼매의 부분[三昧分] 2.

---

31) 上五字는 甲南續金本無라 하다.

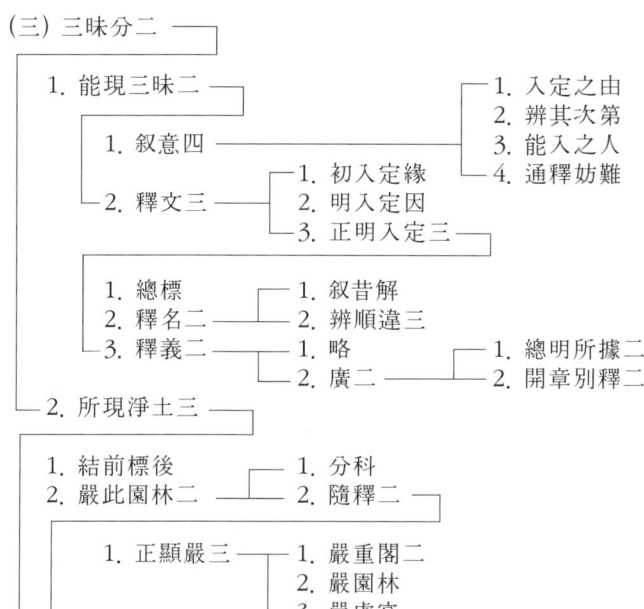

❖ 보현보살이 사자빈신삼매에 든 장면 변상도(제60권)

제1. 나타내는 주체의 삼매[能現三昧] 2.

1. 의미를 밝히다[敍意] 4.
1) 삼매에 들어가는 이유[入定之由] (大文 26上10)
2) 그 순서를 밝히다[辨其次第] (卽以)

[疏] 大文第三, 爾時世尊下는 三昧現相分이니 酬前念請하여 示相答故라 於中에 二니 先, 明三昧가 爲能現이요 二, 入此三昧下는 明所現淨土라 今初니 無方大用이 依體起故라 故로 先入定이니 卽以此義로 先는 明入定이요 後는 集衆海라 前來諸會는 爲明從相入實일새 前集코 後定이 與此로 不同이라

■ 큰 문단으로 (三) 爾時世尊 아래는 삼매로 모양을 나타내는 부분이다. 앞의 생각으로 청법에 대답함은 모양을 보여 대답한 까닭이다. 그중에 둘이니 1. 삼매로 나타내는 주체로 삼음을 밝힘이요, 2. 入此三昧 아래는 나타낼 대상인 정토를 밝힘이다. 지금 1.은 방소 없는 큰 작용이니 체성에 의지해 시작한 까닭이다. 그러므로 1) 삼매에 들어가는 이유이다. 곧 이런 뜻으로 먼저 삼매에 들어감을 밝히고, 뒤는 대중의 바다가 모임이다. 앞에서부터 모든 모임은 모양으로부터 실법에 들어감을 밝히기 위함이니 앞은 대중이 모임이요, 뒤는 삼매이니 이것과 같지 않다.

3) 들어가는 주체인 사람[能入之人] (佛自)
4) 비방과 힐난에 대해 통틀어 해명하다[通釋妨難] (不言)

[疏] 佛自入者는 表證法界가 唯佛窮故라 不言答者는 表證離言故며 又 令自擊而自證故니라
■ '부처님 자신이 들어간다'는 것은 법계를 증득함을 표하였으니 오직 부처님만이 궁구한 까닭이다. '대답한다고 말하지 않은 것'은 증득함은 말을 여읨을 표한 까닭이요, 또한 스스로 격발하게 하여 스스로 증득한 까닭이다.

[鈔] 今初無方大用下는 疏文有四하니 一, 明入定之由요 二, 卽以下는 辨次第요 三, 佛自入下는 辨能入人이요 四, 不言答者下는 通妨이니라
● 今初無方大用 아래는 소문에 넷이 있으니 1) 삼매에 들어가는 이유요, 2) 卽以 아래는 그 순서를 밝힘이요, 3) 佛自入 아래는 들어가는 주체인 사람이요, 4) 不言答者 아래는 비방과 힐난에 대해 해명함이다.

2. 경문 해석[釋文] 3.
1) 삼매에 들어가는 인연[入定緣] (文分 26下9)

爾時에 世尊이 知諸菩薩心之所念하시고 大悲爲身하시며 大悲爲門하시며 大悲爲首하시며 以大悲法으로 而爲方便하사 充徧虛空하사
그때 세존께서 보살들의 생각함을 아시고, 큰 자비로 몸이 되고, 큰 자비로 문이 되고, 큰 자비로 머리가 되고, 크게 자비한 법으로 방편을 삼아 허공에 충만하사

[疏] 文分爲三이니 初, 入定緣이니 領前念故라 二, 大悲下는 明入定因이요 三, 入師子下는 正明入定이라
- 경문을 셋으로 나누리니 1) 삼매에 들어가는 인연이니 앞의 생각을 안 까닭이요, 2) 大悲 아래는 삼매에 들어가는 원인을 밝힘이요, 3) 入師子 아래는 삼매에 들어감을 바로 밝힘이다.

2) 삼매에 들어가는 원인을 밝히다[明入定因] (就入 26下10)

[疏] 就入因中하여 有四種悲하여 以爲入定益物之本이라 各有二義하니 一, 身의 二義者는 一, 是入定所依之身이 悲所熏故요 二, 身者는 體義며 依義니 欲入深定에 全依大悲하여 而爲體故니라 二, 門二義者는 一은 佛有大智와 大定과 大悲等門이나 今欲益生에 唯依悲門하여 令物入故니라 二者는 定爲所入이요 悲爲能入故니라 三, 首二義者는 一者는 初義니 凡所益物에 皆以大悲로 爲先導故요 二者는 勝上義니 謂非不用智定之門이나 此增勝故니라 四, 方便二義者는 一, 悲智相導하여 互爲方便이나 今以悲로 爲入定益物之方便故요 二者는 以是卽智定之悲라 不滯愛見일새 故名方便이니 方能令物하여 普入法界니라 又此四悲가 亦是從佛向機之漸次矣라 此上四悲가 皆徧虛空이 亦有二義하니 一, 廣周故요 二, 無緣故니라
- 들어가는 원인 중에 입각하면 네 종류의 대비가 있으니 그것으로 삼매에 들어감은 중생을 이익하는 근본이다. 각기 두 가지 뜻이 있으니 (1) 몸의 두 가지 뜻이니, ① 삼매에 들어갈 때 의지할 대상인 몸이니 대비로 훈습한 까닭이요, ② 몸은 자체의 뜻이니 뜻에 의지하면 깊은 삼매에 들어가고자 하여 완전히 대비에 의지해서 체성을 삼은 까닭

이다. (2) 문의 두 가지 뜻은 ① 부처님께 큰 지혜와 큰 삼매와 큰 자비 등의 문이 있으니 지금은 중생을 이익하고자 함은 오직 대비의 문에만 의지하나니 중생이 들어가게 한 까닭이다. ② 삼매로 들어갈 대상을 삼은 까닭이며, 대비로 들어가는 주체로 삼은 까닭이다. (3) 머리의 두 가지 뜻은 ① 첫째라는 뜻이니, 무릇 이익할 대상인 중생들에게 모두 대비로써 앞서 인도하기 위한 까닭이요, ② 뛰어나다는 뜻이니 이른바 지혜와 삼매의 문을 쓰지 않음이 없나니 여기서 더욱 뛰어난 까닭이요, (4) 방편의 두 가지 뜻은 ① 자비와 지혜가 서로 인도하고 번갈아 방편을 삼았으니, 지금은 대비로써 삼매에 들어 중생에 이익하는 방편에 들어가기 위한 까닭이요, ② 지혜와 삼매와 합치한 대비로 애견(愛見)대비에 지체하지 않는 연고로 방편이라 이름해야만 비로소 능히 중생으로 하여금 법계에 널리 들어가게 한다. 또한 이런 네 가지 자비도 역시 부처님으로부터 근기에 향하는 점차이다. 이 위의 네 가지 대비도 모두 허공에 두루함도 역시 두 가지 이치이니 첫째, 널리 두루한 까닭이요, 둘째, 인연이 없는 까닭이다.

[鈔] 就入因中等者는 四悲卽因이니라 又此四悲가 亦是從佛向機之漸次者는 依悲之體하사 入悲之門하여 以悲向前하사 爲化生之方便也니라

● '들어가는 원인 중에 입각하면' 등은 네 가지 대비가 원인과 합치함이요, 또한 여기의 네 가지 자비도 역시 부처님으로부터 근기를 향하는 점차이다. 대비의 자체에 의지하여 여덟 가지 대비의 문은 대비가 앞으로 향하여 중생을 교화하는 방편이 된다.

3) 삼매에 들어감을 바로 밝히다[正明入定] 3.

(1) 총합하여 표방하다[總標] (第三 27下6)

入師子頻申三昧하시니라32)
사자의 기운 뻗는 삼매에 드시었다.

[疏] 第三, 正明入定者는 以定業用으로 從喩爲名이니라
- 3) 삼매에 들어감을 바로 밝힘은 삼매의 업과 작용으로 비유로부터 명칭을 삼은 것이다.

(2) 명칭 해석[釋名] 2.
가. 예전 해석[敍昔解] (言頻 27下6)

[疏] 言頻申者는 有人이 云, 梵音訛略이니 具正에 應云, 毘實㗚多니 此翻 爲自在無畏라 如師子王이 群獸之中에 自在無畏故니라
- '기운 뻗는다'고 말한 것은 어떤 사람이 말하되, "범음이 잘못 생략되었다"고 하였다. 바르게 응함을 갖추면 비실름다(毘實㗚多)라 하고 번역하면 '자재하여 두려움 없다'고 말한다. 사자왕이 많은 짐승 중에 자재하고 두려움이 없는 것과 같은 까닭이다.

나. 수순하고 위배함을 밝히다[辨順違] 3.
가) 당어와 범어가 부류가 아님을 밝히다[明唐梵非類] (然舊 27下8)
나) 두 경문을 인용하여 증명하다[引二文證成] (涅槃)

---

32) 頻申은 合本作頻伸, 嘉淸鼓纂本作嚬申, 明本準大正作顰申, 麗宋元綱續金本作頻申; 慧苑音義云 杜注左傳曰 頻急 申展也 四體之拘急 所以解於勞倦 故曰頻申也 表此三昧 能申展自在 無礙法界 解脫障礙拘急勞倦 故喩名耳 此或全是梵言 如刊定記也라 하다.

다) 예전 해석을 비판하다[結彈昔解] (但敵)

[疏] 然이나 舊經에 翻爲師子奮迅하시고 且頻과 毗二言은 小有相濫이나 奮迅之語는 殊不似於毘實廩多니라 涅槃二十五中에 旣云頻申欠呿하나니 明知頻申과 奮迅이 俱是此言이라 下에 婆須密女가 亦云, 見我頻申이라하니라 但敵對而翻하면 爲自在無畏나 從義而譯에 以爲頻申이 曾何訛略이리요

■ 그러나 구역경전[60화엄]에 사자분신(師子奮迅)이라 번역하나니 우선 빈비(頻毗)란 두 가지 말이 서로 잘못됨이 조금 있다. 분신(奮迅)이란 말은 비실름다(毘實廩多)와 같지 않음과는 다르다. 『열반경』 제25권 중에 이미 '빈신흠거(頻申欠呿)'라 말하였으니, 사자분신은 모두 당나라 말인 줄 분명히 안 것이요, 아래의 바수밀녀(婆須密女, 제26번째 선지식)에도 또한 "나의 빈신을 본다"고 하였다. 단지 원수만 상대하여 번역하면 '자재하고 두려움 없음'이 된다. 뜻으로부터 번역하여 이것으로 빈신(頻申)을 삼았으니 일찍이 어찌 잘못 생략하였겠는가?

[鈔] 言頻申者는 先, 叙昔[33]이니 卽刊定意라 然舊經下는 辨順違라 於中에 三이니 初, 明漢梵非類라 如云修多羅와 修妬路와 素怛覽이 雖則[34]不同이나 聲勢一類어니와 其奮迅과 毘實은 言勢天隔故라 二, 涅槃二十五下는 引二文證하여 明是此言이라 三, 但敵對下는 縱成引梵하여 爲自在義니라

● '기운 뻗음'이라 말한 것은 가. 예전 해석이니 곧 간정기의 주장이다.

---

33) 昔下에 南續金本有也字라 하다.
34) 則은 南續金本作聲이라 하다.

나. 然舊經 아래는 수순하고 위배함을 밝힘이다. 그중에 셋이니 가)
당어와 범어가 부류가 아님을 밝힘이니 수다라라 말함과 같다. 수투
로(修妬路)나 소달람(素怛覽)이니 비록 같지 않지만 음성의 세력 한 종
류는 그 분신비실(奮迅毘實)이니 말의 세력이 하늘만큼 떨어진 까닭이
다. 나) 涅槃二十五 아래는 두 경문을 인용하여 증명함이니 이런 말
씀이 분명하다. 다) 但敵對 아래는 (예전 해석을 비판함이니) 세로로 성취
함이니, 범어로 자재함의 뜻을 인용하였다.

(3) 의미 해석[釋義] 2.
가. 간략히 해석하다[略] (故依 28上8)

[疏] 故로 依古德이 用此方言하여 釋之인대 頻申과 奮迅이 俱是展舒四體
하여 通暢之狀이니라 總相釋者인대 卽用之體가 寂而造極에 則差別
萬殊가 無非法界요 卽體之用이 不爲而周라 故로 小大相參하여 緣
起無盡을 名曰頻申이며 自在之義니라

■ 그러므로 고덕에 의지하면 중국의 말을 사용하여 해석하였다. 빈신
과 분신은 모두 네 가지 체성을 펼침으로 양상을 통틀어 밝힌 것이
요, 총상으로 해석하면 작용과 합치한 체성이요, 고요하면서 끝까지
나아가면 차별함이 만 가지로 다르고 법계 아님이 없다. 체성과 합
치한 작용으로 두루함이 아닌 연고로 작고 큰 것이 서로 섞이고 그지
없이 인연으로 일어남을 빈신(頻申)이라 이름하였으니 자재(自在)함의
뜻이다.

나. 자세하게 해석하다[廣] 2.

가) 근거를 총합하여 밝히다[總明所據] 2.
(가) 열반경을 인용하여 해석하다[引涅槃] (若別 28下1)
(나) 해당 경문을 인용하다[引當經] (又離)

[疏] 若別解者는 涅槃師子吼品이라 明師子王이 自知身力하고 牙齒鋒鋩하고 乃至晨朝에 出穴而吼하여 爲十一事故로 廣有喻合이요 又離世間品에 顯菩薩師子王은 白淨法爲身等이라하고 合首足等함은 與涅槃復異하니 此文은 以大悲爲身일새 故로 知但取義似하고 未必楷定이니라

■ 만일 개별로 해석함은 『열반경』 사자후품이다. 사자왕이 스스로 몸의 힘을 알고 어금니가 칼처럼 뾰족하고 나아가 새벽과 아침으로 암혈(巖穴)에서 나와 포효하여 11가지 일을 하는 연고로 널리 비유와 합함이 있다. 또한 (제59권) 이세간품에 "보살사자왕은 희고 깨끗한 법 몸이 되었고" 등이라 밝히고, 머리와 발 등과 합한 등은 『열반경』과 또 다르다. 본 경문은 대비로 몸을 삼은 연고로 단지 뜻이 같음만 취하고 반드시 본보기로 정하지는 않는다.

[鈔] 故依古德下는 第三, 釋義니 先은 略이요 後는 廣이라 略中에 三[35]이니 初二句는 結前生後요 次, 頻申奮迅下는 就喻辨相이요 後, 總相釋下는 就法辨相이니라 若別解下는 第二, 廣釋이라 於中에 二니 先, 總明所據요 後, 開章正釋이라 前中에 引於二文[36]은 欲釋師子라 今初는 涅槃師子吼品이니 即南經二十五요 若準北經하면 當二十七이라 言廣有喻合者는 今當具出하리라 此是師子吼菩薩이 請問如來에 如

---

35) 上鈔는 南金本作故依已下 初略釋中이라 하다.
36) 上二十三字는 南金本作初引涅槃 前引三文이라 하다.

來가 對衆稱讚하사 令敬菩薩하사 卽說其得名之由니 故로 云, 今於我前에 欲師子吼니라 善男子여 如師子王이 自知身力과 牙齒鋒鋩하고 四足據地하여 安住[37]巖穴하고 振尾出聲하나니 若有能具如是諸相하면 當知是則能師子吼라하나니라 釋曰, 此下에 卽說이 爲十一事니 經一時合이어니와 今에 先은 別合師子하리라 經에 云, 善男子여 如來正覺이 智慧가 牙爪요 四如意가 足이요 六波羅蜜이 滿足之身이요 十力이 雄猛이요 大悲가 爲尾요 安住四禪淸淨窟宅이라하나니라 釋曰, 此는 卽具有喩合하여 合師子也니라

● (3) 故依古德 아래는 뜻을 해석함이니, 가. 생략함이요, 나. 자세히 해석함이다. 가. 생략함 중에 셋이니 가) 첫째와 둘째 구절은 앞을 결론하고 뒤를 시작함이요, 나) 頻申奮迅 아래는 비유에 입각하여 모양을 밝힘이요, 다) 總相釋 아래는 법에 입각하여 모양을 밝힘이다. 나. 若別解 아래는 자세히 해석함이다. 그중에 둘이니 가) 근거를 총합하여 밝힘이요, 나) 가름을 열고 바로 해석함이다. 가) 중에 두 경문을 인용하여 사자(師子)를 해석하려 함이다. 지금은 가)이니『열반경』사자후품은 곧『남본열반경』제25권의 내용이다. 만일『북본열반경』을 준하면 제27권에 해당한다. '자세함은 비유와 합함이 있다'고 말한 것은 지금 마땅히 갖추어 내보이면 여기서 사자후보살이 여래께 청하여 질문하였다. 여래가 무리를 상대하여 칭찬하고 보살을 공경케 하였으니, 곧 그 명칭을 얻은 이유를 말하였다. 그러므로 (경문에) 말하되, "지금은 내 앞에서 사자후하게 하나니 선남자여, 마치 사자왕이 스스로 자신의 위력을 알아서 이빨과 발톱을 날카롭고 뾰족하게 하고, 네 발을 땅에 쭈그리고, 바위 굴속에 안주하여, 꼬리를

---

37) 住는 甲纂續金本作在라 하나 誤植이다.

흔들어 소리를 지르는 것과 같으니라. 만약 능히 이렇게 여러 모습을 구족하는 일이 있으면 마땅히 이것은 곧 능히 사자후를 하려는 것임을 알아야 하느니라." 해석하자면 이 아래는 곧 11가지 일을 말하였으니 한 때를 지나서 합하였다. 지금에 먼저 별상은 사자와 합한다. 경문(북본열반경 제27권) 에 이르되, "선남자여, 여래는 바른 깨달음과 지혜의 이빨과 발톱, 네 가지 자유자재한 발[四如意足], 여섯 바라밀을 만족한 몸으로서 열 가지 힘[十力]의 웅맹함에 큰 자비를 꼬리로 삼아서 네 가지 선[四禪]의 청정한 굴속에 안주한다"라고 하였다. 해석하자면 이것은 곧 비유와 합함이 구비되어 있나니, 사자와 합함이다.

又離世間品下는 二, 引當經이라 言爲身等者는 等取下經이니 下經에 云, 四諦가 爲其足이요 正念이 以爲頸이요 慈眼이 智慧首요 頂髻解脫繒이요 勝義空谷中에 吼法怖羣魔라하니라 言未必楷定者는 生下喩合이 不全依於上二經文이니라 又如寶雲經의 第三에 亦云, 善男子여 復有十法이 譬如師子하니 何等爲十고 謂無所畏며 不畏大衆하며 去終不還하며 能師子吼하며 具足辨才하며 樂處林野하며 在於山窟하며 摧伏大衆하며 具勇猛力하며 菩薩을 善能守護라하여 彼廣釋之하나니라 故此師子가 與上二經으로 又復不同하니 明知不必楷定喩合이요 但取義便耳니라

● (나) 又離世間品 아래는 해당 경문을 인용함이다. '몸을 삼는 등'이라 말한 것은 아래 경문을 똑같이 취함이다. 아래 (이세간품 제59권) 경문에 이르되, "네 가지 참된 이치 발이 되고 바른 생각이 목이 됐으며 인자한 눈에 지혜의 머리 해탈의 비단 정수리에 매고 가장 나은 진리의 골짜기에서 사자후하는 법문 마가 놀라네"라고 하였다. '반드시

본보기로 정하지 않는다'는 것은 아래 비유와 합함을 생겨남이 완전하지 않나니 위의 두 경문에 의지하였다. 또한 『보운경(寶雲經)』제3권과 같나니, 또한 이르되, "선남자여, 다시 열 가지 법이 있으니 비유하자면 사자와 같나니 무엇을 열 가지라 하는가? 이른바 (1) 두려운 바가 없으며 (2) 대중을 두려워하지 않으며, (3) 끝까지 가서 돌아오지 않으며 (4) 능히 사자후하며 (5) 변재를 갖추며 (6) 임야에 즐겨 살며 (7) 산과 굴속에 있으며 (8) 대중을 꺾어 굴복하며 (9) 용맹한 힘을 갖추며 (10) 보살을 잘 수호한다"라고 하였으니 저기에 자세하게 해석하였다. 그러므로 이 사자가 위의 두 가지 경문과 또 다시 같지 않나니, 반드시 비유와 합함은 본보기로 정하지는 않나니, 단지 뜻만 편한 대로 취했을 뿐이다.

나) 가름을 열고 개별로 해석하다[開章別釋] 2.
(가) 열 가지 뜻으로 해석하다[以十義] (今會 29下8)

[疏] 今會에 取諸文하여 先, 以十義로 合彼師子하고 後, 依涅槃하여 爲十一事하리라 今初니 謂以同體大悲로 爲身하고 以增上大悲로 爲首하고 以卽智大慈로 爲眼하고 純以智慧로 爲牙爪하고 大悲方便으로 爲振尾니 悲爲方便하여 居其末故며 方便振動義故니라 總取四悲하여 爲足이니 依此立故오 以法界三昧로 爲窟이니 所入證故오 以無緣大悲로 爲窟門이니 入出이 由此故오 以體用無礙로 爲頻申이니 舒展自在故오 以演法界法門으로 爲哮吼니 決定宣說一切衆生이 本與如來로 同法界故라 如此師子가 隨一一毛하여 皆稱法界니라

■ 지금 법회에 모든 경문을 취하였으니 (가) 열 가지 뜻으로 저 사자와

합함이요, (나) 열반경에 의지하여 해석하면 11가지 일이 된다. 지금은 (가)이니 이른바 (1) 동체대비로 몸을 삼고 (2) 뛰어난 대비로 머리를 삼으며 (3) 지혜와 합치한 큰 자비로 눈을 삼으며 (4) 순수하게 지혜로 어금니와 발톱이 되고, (5) 대비방편으로 꼬리를 흔듦이요, (6) 대비를 방편으로 삼아서 그 끝에 둔 까닭이니, 방편과 진동한 뜻인 까닭이요, 총합하여 (7) 네 가지 대비를 취하여 발을 삼았으니 이것을 의지하여 세운 까닭이다. (8) 법계삼매(法界三昧)로 굴택을 삼았으니 들어갈 대상이 증명된 까닭이다. (9) 인연 없는 대비로 굴의 문을 삼았으니 들어가고 나옴이 이것을 말미암은 까닭이다. (10) 체성과 작용에 무애함으로 기운 뻗음을 삼았으니 거두고 전개함에 자재한 까닭이다. (11) 법계의 법문을 연설함으로 으르렁거림을 삼았으니 결정코 모든 중생이 여래와 법계가 같음을 선설하는 까닭이다. 마치 이런 사자가 낱낱 터럭을 따라서 모두 법계와 칭합한다.

(나) 열반경에 의지하여 해석하다[依涅槃] 2.
ㄱ. 11가지 일과 합하다[合十一事] (次言 30下1)

[疏] 次言爲十一事하여 而頻申者는 一, 摧破魔軍의 詐師子故요 二, 示衆神力이니 十力等力으로 爲十力故오 三, 淨法界土니 佛住處故요 四, 爲邪見凡夫하여 知歸處故요 五, 安撫生死하여 怖羣黨故요 六, 覺悟無明이 眠衆生故요 七, 爲行惡法獸하여 捨放逸故요 八, 令諸菩薩과 及邪見諸獸로 來歸附故요 九, 調諸外道와 及二乘香象하여 令如聾盲하여 捨憍慢故요 十, 敎諸菩薩子息하여 令頓證故요 十一, 莊嚴正見四部眷屬하여 俱增威勢니 不怖一切邪黨하고 一切邪黨이

皆怖畏故니라

- 다음에 '11가지 일로 기운 뻗음을 삼는다'고 말한 것은 (1) 마군을 꺾음은 사자를 속인 까닭이요, (2) 대중에게 신통력을 보임이니 열 가지 힘 등의 힘이 십력(十力)이 되는 까닭이요, (3) 청정한 법계의 흙은 부처님의 주처(住處)인 까닭이요, (4) 사견(邪見)을 가진 범부를 위하여 돌아갈 곳을 아는 까닭이요, (5) 생사를 편안히 어루만지나니 여러 무리를 두렵게 하는 까닭이요, (6) 무명이 중생을 잠들게 함을 깨달은 까닭이요, (7) 악한 법을 행하는 짐승을 위하여 방일함을 버리는 까닭이요, (8) 모든 보살과 사견 가진 여러 짐승으로 하여금 와서 귀의하고 붙이는 까닭이요, (9) 모든 외도와 이승의 향기로운 코끼리를 조복하여 귀머거리와 맹인과 같게 하여 교만함을 버리는 까닭이요, (10) 모든 보살의 자식을 가르쳐서 몰록 증득하게 하는 까닭이요, (11) 정견(正見)으로 사부대중의 권속을 장엄하여 모두 위세(威勢)를 더하나니 온갖 삿된 무리를 두려워하지 않고 온갖 삿된 무리가 두려워하게 하는 까닭이다.

ㄴ. 따라다님과 합하다[合隨逐] (又野 30下8)

[疏] 又野干이 隨逐師子百年이라가 不能作師子吼하나니 二乘이 安處法會하여도 如聾如盲이니라 五十七中의 十奮迅義도 亦應此說이니라

- 또한 여우[野干]가 사자를 백 년 동안 따라다녀도 능히 사자후를 하지 못하나니 이승은 법회에 편안히 머물게 함이 마치 귀머거리나 맹인과 같다. 제57권 (이세간품)의 경문 가운데 열 가지 분신(奮迅)의 뜻도 역시 이것에 응하여 말한다.

[鈔] 今會取諸文下는 第二, 開章正釋이니 先, 標二章이요 後, 今初謂下는 別釋이라 但取此中의 義便故로 總取諸意하여 會成一說이니라 結云, 如此師子가 隨一一毛하여 皆稱法界者는 卽金師子章意니 如金師子가 毛毛盡金하여 法界師子어니 何非法界리오 可知니라 次言爲十一事下는 釋第二章이라 於中에 又二니 先, 合十一事라 而又此中에 法喩雙辨호대 仍取涅槃之意하여 以就今經이니 今에 先具引涅槃之文하노니 未見彼文하면 難曉會故라 彼經에 喩云, 眞師子王이 晨朝出穴하여 頻申欠呿하고 四向顧望하여 發聲振吼가 爲十一事라 何等十一고 一, 爲欲壞實非師子인 詐作師子故요 二, 爲欲試自身力故요 三, 爲欲令住處淨故요 四, 爲諸師子가 知處所故요 五, 爲羣輩가 無怖心故요 六, 爲眠者가 得覺寤故요 七, 爲一切放逸諸獸가 不放逸故요 八, 爲諸獸가 來依附故요 九, 爲欲調大香象故요 十, 爲敎告諸子息故요 十一, 爲欲莊嚴自眷屬故라 一切禽獸가 聞師子吼하고 水性之屬은 潛沒深淵하고 陸行之類는 藏伏窟穴하고 飛者墮落하고 諸大香象은 怖走失糞이니라 諸善男子여 如彼野干이 雖逐師子하여 至於百年하야도 終不能作師子吼也[38]어니와 若師子子인대 始滿三年하면 則能哮吼가 如師子王이라하니라

● 나) 今會取諸文 아래는 가름을 열고 개별로 해석함이다. (가) 두 가름으로 표방함이요, (나) 今初謂 아래는 개별로 해석함이다. 단지 이 가운데 이치의 편의를 취한 연고로 모든 주장을 총합하여 취하고 모아서 한 가지 말씀을 이루었다. 결론하여 이르되, "마치 이런 사자가 낱낱의 터럭을 따라서 모두 법계와 칭합한다"고 말한 것은 곧 금사자장(金師子章)의 의미이니 "금사자와 같이 터럭마다 모두 금이니 법

---

38) 也는 南續金本無, 此下에 甲南續本有如字라 하나 誤植이다.

계의 사자가 어찌 법계가 아닐 것인가?"라고 하였으니 알 수 있으리라. (나) 次言爲十一事 아래는 『열반경』에 의지하여 해석함이다. 그 중에 또 둘이니 ㄱ. 11가지 일과 합하되, 또한 이 가운데 법과 비유를 함께 밝힘이다. 열반경의 주장을 취함으로 인하여 본경에 입각하면 지금은 ㄱ) 『열반경』의 경문을 갖추어 인용하였으니 저 경문을 보지 않으면 깨달아 알기 어렵기 때문이다. 저 (『북본열반경』 제27권 사자후보살품) 경문에 비유하여 이르되, "참으로 사자왕이 이른 새벽에 굴속에서 나와 자주 기지개를 켜면서 하품을 하며 입을 벌리고, 사방을 향하여 살펴보며 소리를 떨쳐 지르는 것은 11가지 일을 위함이니라. 어떤 것들이 그 11가지인가? 첫째는 실제로는 사자가 아닌 자가 거짓으로 사자 행세를 하는 것을 파괴하려고 하기 때문이요, 둘째는 자신의 위력을 시험하려고 하기 때문이요, 셋째는 거주하는 처소를 깨끗하게 하려고 하기 때문이요, 넷째는 모든 새끼들에게 처소를 알게 하려고 하기 때문이요, 다섯째는 무리들이 두려워하는 마음이 없게 하려고 하기 때문이요, 여섯째는 잠자는 사자를 깨우려고 하기 때문이요, 일곱째는 또 방일한 짐승들을 방일하지 않게 하려고 하기 때문이요, 여덟째는 모든 짐승들이 찾아와서 의지하여 따르게 하려고 하기 때문이요, 아홉째는 큰 향기 나는 코끼리를 조복하려고 하기 때문이요, 열째는 모든 자식들에게 가르쳐 고하려고 하기 때문이요, 열한째는 자신의 권속을 장엄하려고 하기 때문이니라. 일체의 짐승은 사자가 울부짖는 소리를 들으면, 물에서 사는 부류는 물속으로 깊이 침잠하여 버리고, 뭍에서 다니는 부류는 굴속으로 숨어 버리고, 날아다니는 무리는 떨어지고, 큰 향기 나는 코끼리들은 두려워 달리면서 넋을 놓고 똥을 싸느니라. 모든 선남자여, 저 여우 같은 것은 비록 사자를 백 년 동안이나 따라다니더라도 끝내 사자후를 할 수 없지만, 만약 사자의 새끼라면 겨우 3년만 되어도 곧 능히 사자왕처럼 으르렁거릴 수 있느니라"라고 하였다.

釋曰, 此下經에 合喩하사대 先合師子하시니 已如上引이요 次合爲十一事云하사대 一은 爲諸衆生하여 而師子吼하여 摧破魔軍이요 二는 示衆十力이요 三은 開佛行處요 四는 爲諸邪見하여 作歸依所[39]요 五는 安撫生死怖畏之衆이요 六은 覺悟無明睡眠衆生이요 七은 行惡法者가 爲作悔心이요 八은 開示邪見一切衆生하여 令知六師가 非師子故요 九는 破富蘭那等의 憍慢心故요 十은 爲令二乘으로 生悔心故며 爲敎五住諸菩薩等하여 生大力心故요 十一은 爲令正見四部之衆으로 於彼邪見四部徒衆에 不生怖畏故라 從聖行, 梵行, 天行窟宅하여 頻申而出은 爲欲令諸衆生等으로 破憍慢故오 欠呿는 爲令諸衆生等으로 生善法故요 四向顧望은 爲令衆生으로 得四無礙故요 四足據地는 爲令衆生으로 具足安住尸波羅蜜故요 師子吼者는 名決定說一切衆生이 悉有佛性이며 如來常住하여 無有變易이니라 善男子여 聲聞緣覺이 雖復隨逐如來世尊을 無量百千阿僧祗劫이나 而亦不能作師子吼어니와 十住菩薩이 若能修行是三行處하면 當知是則能師子吼라하니라 釋曰, 上兩節의 引經喩合이 一段義盡이라 旣知彼意하니 今當正合하리라
● 해석하자면 이 아래는 경문에서 비유와 합함이니 먼저 사자와 합함은 이미 위에서 인용함과 같고 다음에 11가지 일을 합하여 말하되, "(1) 모든 중생을 위하여 사자후하나니, 악마의 군대를 쳐부수고, (2) 대중에게 열 가지 힘을 보여서 (3) 부처님이 행하는 바를 나타내

---

39) 所는 南續金本作處, 經原本作所라 하다.

고, (4) 모든 삿된 견해를 가진 자의 귀의할 곳이 되고, (5) 태어나고 죽는 것을 두려워하는 대중을 편안히 어루만지고, (6) 무명에 잠들어 있는 중생을 깨어나게 하고, (7) 나쁜 법을 행하는 자로 하여금 참회하는 마음을 일으키게 함이요, (8) 삿된 견해를 가진 일체중생을 깨우치기 위하여, 육사(六師)는 사자후가 아니라는 것을 알게 하기 위함이요, (9) 부란나(富蘭那)들의 교만한 마음을 깨뜨리기 위함이요, (10) 이승(二乘)으로 하여금 참회하는 마음을 생기게 하기 위함이요, 오주(五住)의 모든 보살들을 가르쳐서 큰 위력을 지닌 마음을 생기게 하기 위함이요, (11) 바른 견해를 가진 사부대중으로 하여금 저 삿된 견해를 가진 사부대중에게 두려움이 생기지 않게 하기 위함이요, 성스러운 행[聖行]·청정한 행[梵行]·하늘의 행[天行]을 하는 굴속으로부터 자주 기지개하며 나오는 것이니라. 저 모든 중생들로 하여금 교만을 파괴하게 하기 위하여 하품하며 입을 벌리는 것이니라. 모든 중생들로 하여금 선한 법을 일으키게 하기 위하여 사방을 향하여 살펴보는 것이니라. 중생들로 하여금 네 가지 무애[四無礙]를 얻게 하기 위하여 네 발을 땅에 쭈그리고 앉는 것이니라. 중생들로 하여금 지계바라밀을 구족해서 안주하게 하기 위하여 사자후를 하는 것이니라. 사자후하는 것은 결정적으로 일체중생이 전부 부처님 성품이 있으며, 여래는 항상 머물러 변이하지 않는다고 말하는 것을 이름하느니라. 선남자여, 성문과 연각은 비록 다시 여래 세존을 한량없는 백천의 아승지겁 동안 따라다니더라도 또한 사자후를 할 수 없지만, 십주(十住) 보살이 만약 능히 그 세 가지 행을 수행한다면 마땅히 이것이 곧 능히 사자후를 하는 것임을 알아야 하느니라"라고 하였다. 해석하자면 위의 두 구절은 경문의 비유를 인용하여 한 문단의 이치를 다함과 합하면 이미 저 의미를 아는 것이니 지금은 마땅히 바로 합함이다.

今此疏文을 分二니 初, 合十一事요 二, 合隨逐이니 略不合頻申欠呿等이라 以彼經文으로 對觀今疏하면 則主客이 自分이라 如初에 摧破詐師子吼故는 即是喻文이요 若云, 摧破魔軍은 即是合文이라 此全同彼일새 故無別義니라 二, 示衆等者는 如云, 示身力故는 即是彼喻요 若云, 示衆[40]十力은 即是彼合이요 其神力과 及等力은 即是今經이니 是彼之例는 非同彼文이라 此中에는 正明如來가 入法界定하사 現神力故로 故加神力이라 而言等力者는 十力은 但明十種智力이요 今等力者는 謂法界力과 若三昧力과 若功德力이니 但有力義는 即是[41]身力耳오 下出所因中은 即是力相이라 三中에 彼經은 但以開佛行處로 合令住處淨이요 此經은 則以淨法界土니 則法合이 小異니라 餘七의 同異는 可以意得이니라 又野干下는 第二, 合隨逐師子를 可知[42]니라

● 지금 이 소문을 둘로 나누리니 ㄱ. 11가지 일과 합함이요, ㄴ. 따라 다님과 합함이다. 빈신흠거(頻申欠呿) 등과 합하지 않음은 생략하였다. 저 경문이 지금 소문과 상대하여 관찰하면 주인과 나그네의 자분행은 마치 (1)에 마군을 쳐부수려고 사자후를 잘못함과 같기 때문이다. 곧 비유한 경문은 마치 마군을 쳐부숨이 곧 합한 문장이니 이것이 저것과 완전히 같은 연고로 특별한 이치는 없다. 二示衆 등은 마치 '자신의 힘을 보인 연고로 곧 저렇게 비유한다'라 하였고, 마치 중생에게 십력을 보임은 곧 저 합함이다. '그 신력(神力)과 등의 힘'은

---

40) 衆은 甲南續金本作衆生이라 하다.
41) 是는 甲南續金本作示라 하다.
42) 知下에 甲南續金本有文略不合 嚬申欠呿等九字, 原本見前이라 하다.

곧 본경이니 저런 사례가 저 경문과 같지 않다. 이 가운데 여래가 법계삼매(法界三昧)에 들어감을 바로 밝혀서 신력을 나타낸 까닭이요, 그러므로 신력을 더하더라도 다 위의 힘을 말한 것에서 십력은 단지 열 가지 지혜의 힘을 밝힌 것일 뿐이다. 지금 따위의 힘은 법계의 힘을 말한다. 저 삼매의 힘과 저 공덕의 힘은 단지 힘의 뜻이 있으니 곧 몸의 힘일 뿐이다. 아래에 원인이 나온 중에 곧 힘의 모양이다. 셋 중에 저 경문은 단지 부처님의 행하신 곳만을 전개한 것이다. 주처(住處)를 청정케 함과 합함이다. 이 경문은 청정한 법계의 흙이니 법과 합함은 조금 다르다. 나머지 일곱 가지에 같고 다름은 의미를 얻을 수 있다. ㄴ. 又野干 아래는 사자를 따라다님과 합함이니 알 수 있으리라.

五十七中에 十奮迅等者는 經에 云, 佛子여 菩薩摩訶薩이 有十種奮迅하니 何等爲十고 所謂牛王奮迅은 映蔽一切天龍과 夜叉와 乾闥婆等인 諸大衆故오 象王奮迅은 心善調柔荷負一切諸衆生故요 龍王奮迅은 興大法密雲하고 曜解脫電光하며 震如實義雷하여 降諸根力, 覺分, 禪定, 解脫, 三昧인 甘露雨故요 大金翅鳥王奮迅은 竭貪愛水하고 破愚癡鷇하여 搏撮煩惱諸惡毒龍하여 令出生死大苦海故오 大師子王奮迅은 安住平等大智하여 以爲器仗하여 摧伏衆魔와 及外道故라 此五에 有喩하고 下但約法이니라 六은 勇健奮迅이요 七은 大智요 八은 陀羅尼요 九는 辯才요 十은 如來奮迅은 一切智[43]가 悉成滿等이니 廣如彼說이니라

● 제57권 (이세간품) 중에서 열 가지로 분신함 등은 경문에 이르되, "불자여, 보살마하살이 열 가지 기운 뻗음[奮迅]이 있으니 무엇이 열인가?

---

43) 智下에 南續金本有慧字라 하다.

이른바 (1) 소의 기운 뻗음이니, 모든 하늘·용·야차·건달바 따위의 무리들을 가리는 연고라. (2) 코끼리의 기운 뻗음이니, 마음이 잘 조복되어 모든 중생들을 짊어지는 연고라. (3) 용왕의 기운 뻗음이니, 큰 법 구름을 일으키고 해탈의 번개를 번쩍이며 진실한 이치의 우레를 진동하여, 근과 힘과 깨닫는 부분과 선정과 해탈과 삼매의 단 이슬비를 내리는 연고라. (4) 가루라왕의 기운 뻗음이니, 탐애의 물을 말리고 어리석은 껍데기를 깨뜨리며 번뇌의 나쁜 용을 차 내어 생사의 고통 바다에서 나오게 하는 연고라. (5) 큰 사자왕의 기운 뻗음이니, 두려움 없는 데 머물러서 평등한 큰 지혜로 병장기를 삼아 모든 마와 외도들을 굴복시키는 연고다"라고 하였다. 이런 다섯에 비유가 있고 아래는 다만 법만 잡았으니 "(6) 용맹하게 기운 뻗음 (7) 큰 지혜의 기운 뻗음 (8) 다라니의 기운 뻗음 (9) 변재의 기운 뻗음 (10) 여래의 기운 뻗음이니, 온갖 지혜의 지혜를 모두 성취한다"라고 하였으니, 자세한 것은 저기에 설한 내용과 같다.

제2. 나타낼 정토[所現淨土] 3.
1. 앞을 결론하고 뒤를 표방하다[結前標後] (第二 33下4)

入此三昧已에 一切世間이 普皆嚴淨하니
이 삼매에 들어가서는 모든 세간이 모두 깨끗하게 장엄하여지고,

[疏] 第二, 所現淨土者는 總相而言하면 卽前十一事中의 淨所住處오 別相而論하면 具前多義라 然此現相은 云何오 酬前諸問하사 令其目擊

하여 可現證故라 云何目擊고 此淨土分이 具答三十句問이어니와 且 從相顯컨대 此中에 答初果體十問이니 所現境界는 答境界問이요 四 種大悲로 爲衆生現은 卽答智行問이요 令衆으로 證見은 卽答加持問 이요 知是如來威力은 答佛力問이요 三昧之用은 答無畏問이요 正入 三昧는 答三昧問이요 淨法界土는 答住處問이요 令大小로 融攝은 答 自在問이요 見如來身이 徧於法界는 答佛身問이요 則見如來의 大悲 方便은 答智慧問이니라 餘二十句는 集衆中에 答하시니 衆集이 亦是 三昧力故라 是知能現과 所現인 種種境事가 無非敎體니라 又二聖 開顯中에 廣明無盡之用하시고 亦顯答相하나니 至文當知니라 就文하 여 分三이니 初, 結前標後요 二, 於時下는 嚴此園林이요 三, 如於此 下는 結通法界라

■ 제2. 나타낼 정토는 총상으로 말하였으니 곧 앞의 11가지 일 중에서 머물러 사는 곳을 깨끗이 함은 별상으로 논한다면 앞의 여러 뜻을 갖추게 된다. 그러나 여기의 나타난 양상은 어떠한가? 앞의 모든 질문에 대답하여 그 눈으로 본 것으로 하여금 증거를 나타낼 수 있기 때문이니 무엇을 눈으로 보았는가? 이런 정토의 부분은 30구절의 질문에 갖추어 대답함이다. (1) 우선 모양으로 나타냄은 이 가운데 첫째 수다원과의 체성인 열 가지 질문에 대답함이요, (2) 나타낼 경계는 경계에 대한 질문에 대답함이다. (3) 네 종류의 대비[44]로 중생을 위해 나타냄은 곧 지혜의 행법에 대한 질문에 대답함이요, (4) 중생으로 하여금 소견을 증명하게 함은 곧 가지(加持)에 대한 질문에 대답함이요, (5) 여래의 위력을 아는 것은 부처님 능력에 대한 질문에 대답함이요, (6) 삼매의 작용은 두려움 없다는 질문에 대답함이요, (7) 바

---

44) 四種慈悲 : 1. 愛見大悲 2. 衆生緣慈悲 3. 法緣慈悲 4. 無緣慈悲

로 삼매에 들어감은 삼매에 대한 질문에 대답함이요, (8) 법계의 국토를 청정케 함은 주처에 대한 질문에 대답함이요, (9) 대승과 소승을 융섭하게 함은 자재에 대한 질문에 대답함이요, (10) 여래의 몸이 법계에 두루함을 보는 것은 부처님 몸에 대한 질문에 대답함이요, (11) 여래의 대비방편을 보는 것은 지혜에 대한 질문에 대답함이다. 나머지 20구절은 대중을 모음 중의 대답이다. 대중을 모음도 또한 삼매의 힘인 까닭이요, 나타내는 주체와 나타낼 대상인 갖가지 경계의 일이 교법의 체성 아님이 없음을 알아라. 또한 두 성인이 열어서 밝힘 중에 다함없는 작용도 또한 대답한 모양을 설명함에 자세히 밝혔으니 경문에 가서 마땅히 알라. 경문에 입각하면 셋으로 나눈다. 1. 앞을 결론하고 뒤를 표방함이요, 2. 於時 아래는 이 세계의 원림(園林)을 장엄함이요, 3. 如於此 아래는 결론하여 법계와 통함이다.

2. 이 세계의 원림을 장엄하다[嚴此園林] 2.
1) 과목 나누기[分科] (二中 34上8)

[疏] 二中에 有二하니 先, 正顯嚴이니 即器世間嚴이요 後, 何以故下는 出嚴所因이니 顯智正覺世間嚴이라 今初에 有三하니 一, 嚴重閣이요 二, 嚴園林이요 三, 嚴虛空이라 從略之廣하여 說有此三은 表三緣起니 謂嚴閣은 顯自體緣起요 嚴林은 表有爲緣起요 嚴空은 表無爲緣起라

■ 2. 이 세계의 원림을 장엄함에 둘이 있으니 (1) 장엄에 대해 바로 밝힘이니 곧 기세간을 장엄함이요, (2) 何以故 아래는 장엄한 원인을 내보임이니 지정각세간을 장엄함이다. 지금은 (1)에 셋이 있으니 가. 중각(重閣)을 장엄함이요, 나. 원림(園林)의 장엄이요, 다. 허공의 장엄

이다. 간략함으로부터 자세함으로 가면 설함에 이런 세 가지가 있나니, 세 가지 연기법을 표하였다. 이른바 가. 중각을 장엄하여 자체 연기를 밝힘이요, 나. 원림을 장엄하여 유위(有爲)의 연기를 표함이요, 다. 허공을 장엄하여 무위(無爲)의 연기를 표하였다.

[鈔] 謂嚴閣은 顯自體緣起者는 法界體上에 緣起萬德이 依此自體의 有爲無爲中故라 此三緣起는 卽光統意니

- '이른바 중각을 장엄하여 자체 연기를 밝힘'이란 법계의 자체 위에 만 가지 덕을 인연으로 일어남이니, 이것에 의지하면 자체는 유위와 무위의 중간인 까닭이다. 이 세 가지 연기는 곧 광통(光統)율사의 주장이다.

2) 과목에 따라 해석하다[隨釋] 2.
(1) 장엄에 대해 바로 밝히다[正顯嚴] 3.

가. 중각을 장엄하다[嚴重閣] 2.
가) 도량에 대한 자세한 해석[廣處] (今初 34下5)
나) 장엄을 밝히다[顯嚴] (二今)

於時에 此大莊嚴樓閣이 忽然廣博하여 無有邊際하며 金剛爲地하고 寶王覆上하며 無量寶華와 及諸摩尼로 普散其中하여 處處盈滿하며 瑠璃爲柱에 衆寶合成하여 大光摩尼之所莊嚴이며 閻浮檀金과 如意寶王으로 周置其上하여 以爲嚴飾하며 危樓逈帶45)하고 閣道傍出하며 棟宇

---

45) 逈帶는 嘉平綱敼纂弘昭本作迴帶, 淸合卍綱枕續金本作逈帶; 案慧苑音義云 逈胡頃反 鄭注禮記云 危高也 爾雅曰 逈遠也 言高樓險絶 似空中之遠卦也 合論云 總言寶樓高遠映帶互嚴 以徧法界라 하다.

相承하고 窗闥交暎하며 階墀軒檻이 種種備足하여 一切皆以妙寶莊嚴하니 其寶가 悉作人天形象하여 堅固妙好가 世中第一이라 摩尼寶網으로 彌覆其上하며 於諸門側에 悉建幢幡하니 咸放光明하여 普周法界하며 道場之外에 階鄧欄楯이 其數無量하여 不可稱說이나 靡不咸以摩尼所成이러라

그때에 이 크게 장엄한 누각이 별안간에 넓어져서 끝닿은 데가 없으니, (1) 금강으로 땅이 되고 (2) 보배왕으로 위에 덮고, (3) 한량없는 보배 꽃과 마니보배들을 가운데 흩어서 곳곳에 가득하였으며, (4) 유리로 기둥이 되었는데 모든 보배가 합하여 된 대광 마니로 장엄하고, (5) 염부단금과 여의보배를 그 위에 얹어서 장엄하게 꾸몄으며, (6) 숯은 누각이 높이 어울리고, (7) 구름다리가 곁으로 뻗었으며, (8) 추녀와 지붕이 마주 닿았고 창문들이 서로 향하였으며, (9) 섬돌과 축대와 마루들을 모두 구비하였다. (10) 모든 것을 다 진기한 보배로 장식하였는데, (11) 그 보배들은 하늘이나 사람의 형상으로 되었으며, (12) 튼튼하고 훌륭하고 기묘하기 세상에서 제일이며, (13) 마니보배로 그물이 되어 그 위에 덮이었고, (14) 문마다 곁에 당기와 번기를 세웠는데, (15) 모두 광명을 놓아 법계와 도량 밖에 두루하였고, (16) 층층대와 난간들은 한량이 없어 이루 말할 수 없는데 모두 마니보배로 되었다.

[疏] 今初를 分二니 先, 明廣處니 謂破情顯法하며 卽事會眞故라 自內而

觀에 廣博無際나 然不壞事故오 自外而觀에 閣外有園하고 園外有 空하여 莊嚴各異하니 斯卽事理가 交徹하여 十方三際가 無不圓融이 요 林空도 例然이니라 二, 金剛爲地下는 正顯莊嚴하사 表緣起萬德이 無不備故라 其間表法은 以意로 消息이니라

- 지금은 (1)을 둘로 나누리니 가) 도량에 대한 자세한 해석이다. 이른 바 생각을 깨뜨리고 법을 밝힘은 일과 합치하여 진여를 아는 까닭이 요, 안으로부터 관찰하면 넓고 자세함이 끝이 없다. 그러나 일을 무 너뜨리지 않은 연고로 바깥부터 관찰하면 중각(重閣) 밖에 동산이 있고, 동산 바깥에 허공이 있나니, 장엄함이 각기 다르다. 이러면 현상과 이치가 서로 사무치고 시방과 삼제(三際)가 원융하지 않음이 없으니, 원림이 허공과 유례함이 그러하다. 나) 金剛爲地 아래는 장엄을 바로 밝힘이다. 만 가지 덕이 인연으로 일어남이 구비하지 않음이 없는 연고로 그 사이에 법을 표하여 의미로 해소하고 쉬는 것이다.

[鈔] 謂破情顯法者는 約心이요 卽事會眞은 約境이니라

- '이른바 생각을 깨뜨리고 법을 밝힘'이란 마음을 잡은 해석이요, '일과 합치하여 진여를 아는 것'은 경계를 잡은 해석이다.

나. 원림의 장엄[嚴園林] (第二 36上4)

爾時에 復以佛神力故로 其逝多林이 忽然廣博하여 與不 可說佛刹微塵數諸佛國土로 其量正等하며 一切妙寶로 間錯莊嚴하며 不可說寶로 偏布其地하며 阿僧祇寶로 以 爲垣牆하며 寶多羅樹로 莊嚴道側하고 其間에 復有無量

香河가 香水盈滿하여 湍激洄澓하며 一切寶華가 隨流右轉하여 自然演出佛法音聲하며 不思議寶인 芬陀利華가 菡萏芬敷하여 彌布水上하며 衆寶華樹를 列植其岸하며 種種臺榭의 不可思議가 皆於岸上에 次第行列하여 摩尼寶網之所彌覆며 阿僧祇寶가 放大光明하며 阿僧祇寶로 莊嚴其地하며 燒衆妙香하여 香氣氛氳하니라

復建無量種種寶幢하니 所謂寶香幢과 寶衣幢과 寶幡幢과 寶繒幢과 寶華幢과 寶瓔珞幢과 寶鬘幢과 寶鈴幢과 摩尼寶蓋幢과 大摩尼寶幢과 光明徧照摩尼寶幢과 出一切如來名號音聲摩尼王幢과 師子摩尼王幢과 說一切如來本事海摩尼王幢과 現一切法界影像摩尼王幢이 周徧十方하여 行列莊嚴이러라

그때에 또 (1) 부처님의 신통으로 서다림이 홀연히 커져서 말할 수 없는 부처님 세계의 티끌 수 국토들과 면적이 같았는데, (2) 묘한 보배들이 사이사이 장엄하고 (3) 말할 수 없는 보배가 땅에 깔렸으며, (4) 아승지 보배로 담이 되고 (5) 보배 다라수가 길 좌우로 장엄하였으며, (6) 그 사이에는 한량없는 내가 있는데 향수가 가득하여 출렁거리고 소용돌이치며, (7) 온갖 보배로 된 꽃이 물결을 따라 오른쪽으로 돌면서 저절로 불법의 음성을 내고, (8) 부사의 보배로 된 분타리 꽃은 봉오리와 활짝 핀 것들이 물 위에 가득히 퍼졌는데, (9) 여러 보배 꽃나무들이 언덕에 줄지어 섰으며, (10) 여러 가지 정자들은 헤아릴 수 없는 것이 언덕 위에 차례로 나열하여 있어 마니 그물로 덮었다. (11) 아승지 보배는 광

명을 놓고 (12) 아승지 보배로 땅을 장엄하였으며, (13) 여러 가지 향을 사르니 향기가 진동하였다.

다시 한량없는 갖가지 보배 당기를 세웠으니, 이른바 보배 향 당기 · 보배 옷 당기 · 보배 번 당기 · 보배 비단 당기 · 보배 꽃 당기 · 보배 영락 당기 · 보배 화만 당기 · 보배 방울 당기 · 마니보배 일산 당기 · 큰 마니보배 당기 · 광명이 두루 비추는 마니보배 당기 · 모든 여래의 이름과 음성을 내는 마니왕 당기 · 사자마니왕 당기 · 모든 여래의 본생 일을 말하는 바다마니왕 당기 · 일체 법계의 영상을 나타내는 마니왕 당기들이 시방에 두루하여 열을 지어 장엄하였다.

[疏] 第二, 爾時復以下는 明園林嚴이라
- 나. 爾時復以 아래는 원림의 장엄을 밝힘이다.

다. 허공을 장엄하다[嚴虛空] (第三 36下1)

時에 逝多林上虛空之中에 有不思議天宮殿雲과 無數香樹雲과 不可說須彌山雲과 不可說技樂雲이 出美妙音하여 歌讚如來하며 不可說寶蓮華雲과 不可說寶座雲이 敷以天衣어든 菩薩이 坐上하여 歎佛功德하며 不可說諸天王形像摩尼寶雲과 不可說白眞珠雲과 不可說赤珠樓閣莊嚴具雲과 不可說雨金剛堅固珠雲이 皆住虛空하여 周帀徧滿하여 以爲嚴飾하니라

그때 서다림 위의 허공에는 부사의한 하늘 궁전 구름 · 수

없는 향나무 구름·말할 수 없는 수미산 구름·말할 수 없는 풍류놀이 구름·미묘한 음성을 내어 여래를 찬탄하는 말할 수 없는 보배 연꽃 구름·말할 수 없는 보배 자리 구름·하늘 옷을 깔고 보살이 위에 앉아 부처님 공덕을 찬탄하는 말할 수 없는 천왕의 형상으로 된 마니보배 구름·말할 수 없는 백진주 구름·말할 수 없는 적진주 누각 장엄거리 구름·말할 수 없는 금강을 비 내리는 견고한 진주 구름이 허공에 가득하게 퍼져 있어 훌륭하게 장식하였다.

[疏] 第三, 時逝多林上虛空下[46]는 明虛空嚴이니 竝顯可知니라
- 다. 時逝多林上虛空 아래는 허공을 장엄함이니 함께 밝히면 알 수 있으리라.

(2) 원인을 내보이다[出所因] 2.
가. 질문하다[徵] (第二 37上3)
나. 해석하다[釋] (經/如來)

何以故오 如來善根이 不思議故며 如來白法이 不思議故며 如來威力이 不思議故며 如來가 能以一身으로 自在變化하여 徧一切世界가 不思議故며 如來가 能以神力으로 令一切佛과 及佛國莊嚴으로 皆入其身이 不思議故며 如來가 能於一微塵內에 普現一切法界影像이 不思議故며 如來가 能於一毛孔中에 示現過去一切諸佛이 不思

---

46) 下는 甲續金本作之中下라 하다.

議故며 如來가 隨放一一光明하여 悉能徧照一切世界가 不思議故며 如來가 能於一毛孔中에 出一切佛刹微塵數變化雲하여 充滿一切諸佛國土가 不思議故며 如來가 能於一毛孔中에 普現一切十方世界成住壞劫이 不思議故며 如於此逝多林給孤獨園에 見佛國土淸淨莊嚴하여 十方一切盡法界虛空界一切世界도 亦如是見하니 所謂見如來身이 住逝多林에 菩薩衆會가 皆悉徧滿하니라

왜냐하면 (1) 여래의 착한 뿌리가 부사의하며, (2) 여래의 선한 법이 부사의하며, (3) 여래의 위엄과 힘이 부사의하며, (4) 여래가 한 몸으로 자재하게 변화하여 모든 세계에 두루 하는 것이 부사의하며, (5) 여래가 신통한 힘으로써 모든 부처님과 부처님 극토의 장엄을 그 몸에 들어오게 함이 부사의하며, (6) 여래가 한 티끌 속에 모든 법계의 영상을 나타냄이 부사의하며, (7) 여래가 한 털구멍 속에 과거의 모든 부처님을 나타내심이 부사의하며, (8) 여래가 낱낱 광명을 놓는 대로 모든 세계에 두루 비침이 부사의하며, (9) 여래가 한 털구멍에서 모든 세계의 티끌 수 같은 변화하는 구름을 내어 여러 부처님 극토에 가득함이 부사의하며, (10) 여래가 한 털구멍 속에 모든 시방세계의 이루고 머물고 무너지는 겁을 두루 나타냄이 부사의한 연고이니라. 이 서다림 외로운 이 돕는 동산에서 부처님 극토가 청정하게 장엄한 것을 보듯이, 시방의 온 법계 허공계에 가득한 모든 세계에서도 이와 같이 보나니, 이른바 여래의 몸이 서다림에 계신데 보살 대중이 다 가득함을 보았다.

[疏] 第二, 出因이라 中에 先, 徵이요 後, 釋이라 釋은 即智正覺嚴이니 是前爲衆하사 示其身力과 佛力上加라 文有十句하니 一, 慈善根力이요 二, 無漏智力이니 以上二力으로 而加衆故라 三, 福威德力이요 餘皆自在神通力이라 於中에 一, 展이요 二, 卷이요 三, 橫包요 四, 竪攝이요 五, 一切即一이요 六, 一即一切요 七, 成壞相即이라 餘義準思니라

■ (2) 원인을 내보임이다. 그중에 가. 질문함이요, 나. 해석함이다. 나. 해석함은 곧 지정각세간을 장엄함이니, 여기 앞은 중생을 위하여 그 몸의 힘을 보임이요, 부처님 능력을 위에 더함이니 경문에 열 구절이 있다. (1) 인자한 선근의 힘이요, (2) 무루 지혜의 힘이다. 위의 두 가지 힘으로 중생에게 더하는 까닭이요, (3) 복과 위덕의 힘이니 나머지 [(4) ~ (10)]는 모두 자재한 신통력이다. 그중에 ① 전개함이요 ② 거둠이요 ③ 가로로 포섭함이요, ④ 세로로 포섭함이요, ⑤ 온갖 것이 하나와 합치함이요, ⑥ 하나가 모두와 합치함이요, ⑦ 이루고 무너짐이 서로 합치함이다. 나머지 뜻은 준하여 생각해 보라.

3. 결론하여 법계와 통하다[結通法界] 2.
1) 앞을 결론하고 뒤를 표방하다[結前標後] (第三 37下10)
2) 장엄하는 모습을 밝히다[正顯嚴相] (二所)

見普雨一切莊嚴雲하며 見普雨一切寶光明照曜雲하며 見普雨一切摩尼寶雲하며 見普雨一切莊嚴蓋彌覆佛刹雲하며 見普雨一切天身雲하며 見普雨一切華樹雲하며 見普雨一切衣樹雲하며 見普雨一切寶鬘瓔珞이 相續不絶하여 周徧一切大地雲하며 見普雨一切莊嚴具雲하며

見普雨一切如衆生形種種香雲하며 見普雨一切微妙寶
華網相續不斷雲하며 見普雨一切諸天女가 持寶幢旛하
고 於虛空中에 周旋來去雲하며 見普雨一切衆寶蓮華가
於華葉間에 自然而出種種樂音雲하며 見普雨一切師子
座가 寶網瓔珞으로 而爲莊嚴雲이러라

(1) 모든 장엄을 비 내리는 구름을 보며, (2) 모든 보배를 비 내려 광명이 밝게 비추는 구름을 보며, (3) 모든 마니보배를 비 내리는 구름을 보며, (4) 모든 장엄한 일산을 비 내려 세계를 뒤덮는 구름을 보며, (5) 모든 하늘의 몸을 비 내리는 구름을 보며, (6) 모든 꽃나무를 비 내리는 구름을 보며, (7) 모든 의복 나무를 비 내리는 구름을 보며, (8) 모든 보배 화만과 영락을 비 내려 끊이지 아니하여 온 땅 위에 두루하는 구름을 보며, (9) 모든 장엄거리를 비 내리는 구름을 보며, (10) 모든 중생의 형상 같은 가지가지 향을 비 내리는 구름을 보며, (11) 모든 미묘한 꽃 그물을 비 내려 계속하고 끊이지 않는 구름을 보며, (12) 모든 천녀를 비 내려 보배 당기·번기를 들고 허공 속에서 오고 가는 구름을 보며, (13) 모든 보배 연꽃을 비 내리는데 꽃과 잎 사이에서 가지가지 음악 소리가 저절로 나오는 구름을 보며, (14) 모든 사자좌를 비 내려 보배 그물과 영락으로 장엄하는 구름을 보는 것이다.

[疏] 第三, 結通法界라 中에 二니 先, 結前標後요 二, 所謂下는 正顯嚴相이라 言見如來身이 住逝多林者는 住彼彼十方界中之林이니 此明

一會가 徧一切處하니 如光明覺品이요 非是彼界가 遙見此佛이 住於
園林이라 下諸嚴事도 皆爾니라 現相分은 竟하다

■ 3. 결론하여 법계와 통함이다. 그중에 둘이니 1) 앞을 결론하고 뒤를 표방함이요, 2) 所謂 아래는 장엄하는 모습을 밝힘이다. '여래의 몸이 서다림에 머무는 것을 본다'고 말한 것은 저 저 시방세계 중의 숲에 머무나니 여기서 한 모임이 온갖 장소에 두루함을 밝혔으니 광명각품과 같으며 저 세계가 이 부처님이 원림에 머무는 것을 멀리서 보았다. 아래 모든 장엄하는 일도 모두 그러하니 (三) 삼매로 모양을 나타내는 부분은 마친다.

(四) 새로운 대중이 멀리서 모이는 부분[遠集新衆分] 2.

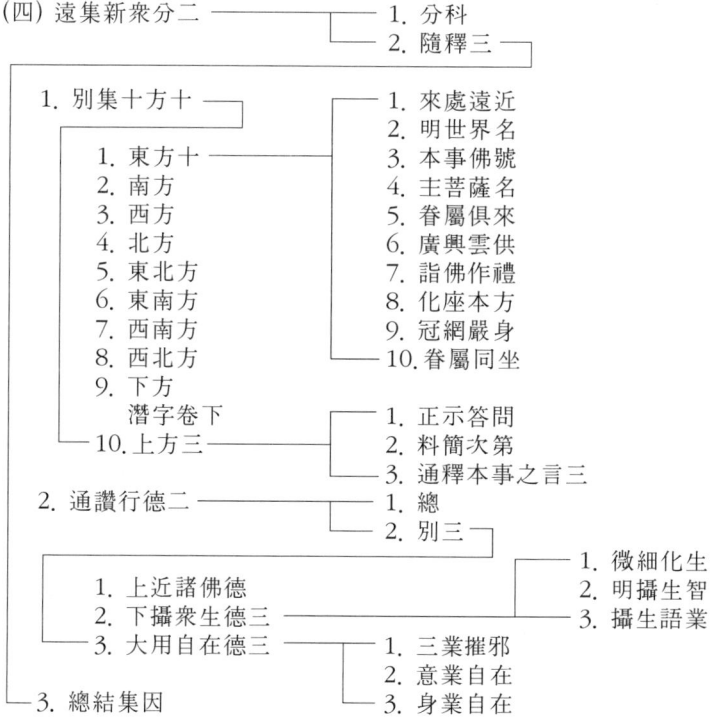

제1. 과목 나누기[分科] (大文 38上5)

[疏] 大文第四, 爾時東方下는 明遠集新衆分이니 卽遠集同證이며 亦三昧中에 令諸菩薩로 皆來歸附라 文中에 三이니 初, 別集十方이요 二, 通讚德行이요 三, 總結集因이라
■ 큰 문단으로 爾時東方 아래는 (四) 새로운 대중이 멀리서 모이는 부분이니 곧 멀리서 모여서 함께 증득함도 또한 (三) 삼매의 부분 중에서 모든 보살로 하여금 모두 돌아와서 기대게 함이다. 경문 중에 셋이니 1. 시방에서 모임을 구별함이요, 2. 덕행을 통틀어 찬탄함이요, 3. 모인 원인을 총합 결론함이다.

제2. 과목에 따라 해석하다[隨釋] 3.
1. 시방에서 모임을 구별하다[別集十方] 10.

1) 동방의 대중[東方] 10.
(1) 온 도량의 멀고 가까움[來處遠近] (今初 38上8)
(2) 세계의 명칭[明世界名] (二有)

爾時에 東方으로 過不可說佛刹微塵數世界海外하여 有世界하니 名金燈雲幢이요
그때 동방으로 말할 수 없는 부처님 세계의 티끌 수 세계해를 지나서 그 밖에 세계가 있으니, 이름이 금등운당이요,

[疏] 今初니 十方이 卽爲十段이니 段各有十이라 今初는 東方이니 一, 來處

遠近이라 然皆遠集者는 表證入甚深故라 唯初會와 及此가 皆遠集
者는 初爲所信이요 此爲證入이니 證入於初가 一合相故라 中間은 隨
位하여 深淺不同이 義似金剛矣니라 二, 有世界下는 明世界名別이니
可以義思니라

■ 지금은 1. (시방에서 모임을 구별함)이니 시방은 곧 열 문단이니 문단이 각
기 열 부분이다. 지금은 1) 동방의 대중이니, (1) 온 도량의 멀고 가
까움이다. 그러나 모두 멀리서 모인 것은 증득하여 들어감이 매우 깊
음을 표한 때문에 오로지 제1. 적멸도량법회와 이번 제9. 서다원림법
회가 모두 멀리서 모인 것이니 제1. 적멸도량법회는 소신(所信)인과
요, 여기의 제9. 서다원림법회는 증입(證入)인과이다. 제1. 적멸도량
법회에서 증입한 것이 하나로 합한 양상인 까닭이다. 중간에는 지위
가 깊고 얕음이 같지 않음을 따른 것이 뜻은 금강(金剛)과 같다는 뜻
이다. (2) 有世界 아래는 세계의 명칭이 다름을 밝힘이니 이치로 생
각하면 알 수 있으리라.

(3) 본래 섬기던 부처님 명호[本事佛號] (三本)
(4) 주된 보살의 명호[主菩薩名] (四主)
(5) 권속과 함께 오다[眷屬俱來] (五眷)
(6) 널리 구름을 일으켜 공양하다[廣興雲供] (六廣)

佛號는 毘盧遮那勝德王이어든 彼佛衆中에 有菩薩하니
名毘盧遮那願光明이라 與不可說佛刹微塵數菩薩로 俱
하여 來向佛所하사 悉以神力으로 興種種雲하시니 所謂
天華雲과 天香雲과 天末香雲과 天鬘雲과 天寶雲과 天

莊嚴具雲과 天寶蓋雲과 天微妙衣雲과 天寶幢旛雲과 天一切妙寶諸莊嚴雲이 充滿虛空이라

부처님 명호는 비로자나승덕왕이며, 그 부처님의 대중 가운데 보살이 있으니 이름이 비로자나원광명이라. 말할 수 없는 부처 세계의 티끌 수 보살들과 함께 부처님 계신 데 오면서 신통한 힘으로 여러 가지 구름을 일으키니, 이른바 하늘 꽃 구름 · 하늘 향 구름 · 하늘 가루향 구름 · 하늘 화만 구름 · 하늘 보배 구름 · 하늘 장엄거리 구름 · 하늘 보배 일산 구름 · 하늘의 미묘한 옷 구름 · 하늘 보배 당기 번기 구름 · 하늘의 모든 보배 장엄 구름이 허공에 가득하였다.

[疏] 三, 本事佛號니 勝德王者는 福德이 有於光明徧照니 所以爲勝이요 二嚴이 無礙自在를 稱王이라 四, 主菩薩名이 願光明者는 於徧照光中에 主此願光故요 上皆帶此佛號者는 顯是此佛의 勝德願力故니라 五, 眷屬俱來者는 對上하여 成主伴故니라 六, 廣興雲供은 表因嚴果故오 皆云天者는 自然成故니라

■ (3) 본래 섬기던 부처님 명호가 승덕왕(勝德王)인 것은 복덕이 있는 왕이 광명으로 두루 비춤이 있으므로 뛰어난 것이다. 두 가지로 장엄하여 무애하고 자재함을 왕이라 칭하였다. (4) 주된 보살의 명호가 '서원의 광명'인 것은 두루 비추는 광명 중에서 이 '서원하는 광명'이 주가 되는 연고요, 위에 모두 이런 부처님 명호를 수반한 것은 이 부처님의 뛰어난 공덕과 서원하는 힘 때문임을 밝히려는 것이다. (5) 권속과 함께 옴은 위와 상대하여 주인과 반려를 이루는 까닭이다. (6) 널리 구름을 일으켜 공양함은 인행으로 과덕을 장엄함을 표하기 위

함이요, 모두에 하늘을 말한 것은 자연으로 이룬 까닭이다.

(7) 부처님 참예하고 예배드리다[詣佛作禮] (七詣 39上7)
(8) 사자좌를 변화하여 만들다[化座本方] (八化)
(9) 보배 그물로 몸을 장엄하다[冠網嚴身] (九冠)
(10) 권속과 함께 앉다[眷屬同坐] (十眷)

至佛所已하여 頂禮佛足하고 卽於東方에 化作寶莊嚴樓閣과 及普照十方寶蓮華藏師子之座하사 如意寶網으로 羅覆其身하고 與其眷屬으로 結跏趺坐하나니라
부처님 계신 데 이르러 부처님 발에 절하고, 동방에서 보배로 장엄한 누각과 시방을 두루 비추는 보배 연화장 사자좌를 변화하여 만들고는, 여의주 보배 그물로 몸에 두르고 권속들과 함께 가부하고 앉았다.

[疏] 七, 詣佛作禮는 表因趣果故니라 八, 化座本方이니 本方者는 表參而不雜故라 座는 表法空이요 閣은 表空有重顯이니라 九, 冠網嚴身은 以顯勝德으로 嚴法身故라 有髻珠者는 表一乘圓旨가 居心頂故니라 十, 眷屬同坐는 表主伴同證故라 餘方十段도 倣此면 可知니라 其間의 刹佛과 菩薩之名은 本意難定이니 但可說者가 隨宜니라 初二와 及六에 無珠冠者는 蓋文略耳니라 又此等供具가 非唯表法이라 並是以人同法하여 依正因果가 無礙法界인 自在之德耳니라

■ (7) 부처님 참예하고 예배드림은 인행으로 과덕에 나아감을 표하는 까닭이다. (8) 사자좌를 변화하여 만듦에서 본래 방소[本方]란 섞여

도 혼잡하지 않음을 표하기 위함이니, 자리[座]는 법이 공함을 표하고, 누각[閣]은 공과 유가 거듭 드러남을 표한 것이다. (9) 보배 그물로 몸을 장엄하는 것은 뛰어난 덕을 드러내어 법신을 장엄하는 까닭이며, 상투 구슬[髻珠]이 있는 것은 일승원교(一乘圓教)의 종지가 마음 정수리에 있음을 표하는 까닭이다. (10) 권속과 함께 앉는 것은 주인과 반려가 함께 증득함을 표한 까닭이다. 나머지 방위의 열 문단은 여기에 비슷하게 알 수 있으리라. 그 사이의 국토의 부처님과 보살의 명호는 본래 의미를 정하기 어려워서 단지 설법하는 이는 마땅함을 따를 뿐이고, 첫째와 둘째, 여섯째 구절에 구슬과 모자가 없는 이유는 대개 경문이 생략되었을 뿐이다. 또한 이런 등의 공양거리는 오직 법을 표할 뿐만 아니라 아울러 사람이 법과 같기 때문이니 의보와 정보, 인행과 과덕이 무장애 법계의 자재한 공덕일 뿐이다.

2) 남방의 대중[南方] (二南 40下1)

南方으로 過不可說佛刹微塵數世界海外하여 有世界하니 名金剛藏이요 佛號는 普光明無勝藏王이어든 彼佛眾中에 有菩薩하니 名不可壞精進王이라 與不可說佛刹微塵數菩薩로 俱하여 來向佛所하사 持一切寶香網하며 持一切寶瓔珞하며 持一切寶華帶하며 持一切寶鬘帶하며 持一切金剛瓔珞하며 持一切摩尼寶網하며 持一切寶衣帶하며 持一切寶瓔珞帶하며 持一切最勝光明摩尼帶하며 持一切師子摩尼寶瓔珞하여 悉以神力으로 充徧一切諸世界海하여

到佛所已에 頂禮佛足하고 卽於南方에 化作偏照世間摩尼寶莊嚴樓閣과 及普照十方寶蓮華藏師子之座하사 以一切寶華網으로 羅覆其身하고 與其眷屬으로 結跏趺坐하나니라
남방으로 말할 수 없는 부처님 세계의 티끌 수 세계해를 지나서 그 밖에 세계가 있으니, 이름이 금강장이요, 부처님 명호는 보광명무승장왕이며, 그 부처님의 대중 가운데 보살이 있으니 이름이 불가괴정진왕이라. 말할 수 없는 부처 세계의 티끌 수 보살들과 함께 부처님 계신 데 오면서, 모든 보배 향 그물과 모든 보배 영락 그물과 모든 보배 꽃 띠와 모든 보배 화만 띠와 모든 금강 영락과 모든 마니보배 그물과 모든 보배 의대와 모든 보배 영락 띠와 모든 훌륭한 광명 마니 띠와 모든 사자 마니보배 영락을 가지고 신통한 힘으로 모든 세계해에 가득하였다.
부처님 계신 데 이르러 부처님 발에 절하고, 남방에서 세간에 두루 비추는 마니보배로 장엄한 누각과 시방을 두루 비추는 보배 연화장 사자좌를 변화하여 만들고는, 모든 보배 꽃 그물로 몸에 두르고 권속들과 함께 가부하고 앉았다.

[疏] 二, 南方이라 中에 供具를 皆云持者는 表修持故니라
- 2) 남방의 대중이다. 그중에 공양거리에 모두 '가진다'고 말한 것은 수행하여 지님을 표하는 까닭이다.

3) 서방의 대중[西方] (三西 41下1)

西方으로 過不可說佛刹微塵數世界海外하여 有世界하니 名摩尼寶燈須彌山幢이요 佛號는 法界智燈이어든 彼佛衆中에 有菩薩하니 名普勝無上威德王이라 與世界海微塵數菩薩로 俱하여 來向佛所하사 悉以神力으로 興不可說佛刹微塵數種種塗香燒香須彌山雲과 不可說佛刹微塵數種種色香水須彌山雲과 不可說佛刹微塵數一切大地微塵等光明摩尼寶王須彌山雲과 不可說佛刹微塵數種種光焰輪莊嚴幢須彌山雲과 不可說佛刹微塵數種種色金剛藏摩尼王莊嚴須彌山雲과 不可說佛刹微塵數普照一切世界閻浮檀摩尼寶幢須彌山雲과 不可說佛刹微塵數現一切法界摩尼寶須彌山雲과 不可說佛刹微塵數現一切諸佛相好摩尼寶王須彌山雲과 不可說佛刹微塵數現一切如來本事因緣하며 說諸菩薩所行之行摩尼寶王須彌山雲과 不可說佛刹微塵數現一切佛坐菩提場摩尼寶王須彌山雲하사 充滿法界하여 至佛所已에 頂禮佛足하고 卽於西方에 化作一切香王樓閣하사 眞珠寶網으로 彌覆其上하며 及化作帝釋影幢寶蓮華藏師子之座하사 以妙色摩尼網으로 羅覆其身하며 心王寶冠으로 以嚴其首하고 與其眷屬으로 結跏趺坐하나니라

서방으로 말할 수 없는 부처님 세계의 티끌 수 세계해를 지나서 그 밖에 세계가 있으니, 이름이 마니보등수미산당이요, 부처님 명호는 법계지등이며, 그 부처님의 대중 가운데 보살이 있으니 이름이 보승무상위덕왕이라. 세계해의 티끌 수 보살들과 함께 부처님 계신 데 오면서, 신통한 힘으로 말

할 수 없는 세계의 티끌 수 가지가지 바르는 향·사르는 향·수미산 구름과 말할 수 없는 세계의 티끌 수 갖가지 빛 향수 수미산 구름과, 말할 수 없는 세계의 티끌 수와 같은 모든 땅의 티끌과 같은 광명 마니왕 수미산 구름과, 말할 수 없는 세계의 티끌 수 갖가지 불꽃 바퀴로 장엄한 당기 수미산 구름과, 말할 수 없는 세계의 티끌 수 갖가지 빛 금강장 마니왕으로 장엄한 수미산 구름과, 말할 수 없는 세계의 티끌 수 모든 세계를 두루 비치는 염부단금 마니보배 당기 수미산 구름과, 말할 수 없는 세계의 티끌 수 모든 법계를 나타내는 마니보배 수미산 구름과, 말할 수 없는 세계의 티끌 수 모든 부처님의 잘생긴 모습을 나타내는 마니 보배왕 수미산 구름과, 말할 수 없는 세계의 티끌 수 모든 여래의 본생 일 인연을 나타내고 보살들의 행하던 행을 말하는 마니 보배왕 수미산 구름과, 말할 수 없는 세계의 티끌 수 모든 부처님이 보리도량에 앉으심을 나타내는 마니 보배왕 수미산 구름을 일으키어 법계에 가득하였다.

부처님 계신 데 이르러 부처님 발에 절하고, 서방에서 모든 향왕으로 된 누각을 변화하여 만드니, 진주 보배 그물이 위에 덮이었고, 또 제석의 그림자 당기 보배 연화장 사자좌를 변화하여 만들고는, 묘한 빛 마니 그물로 몸에 두르며 십왕 보배 관으로 머리를 장엄하고 권속들과 함께 가부하고 앉았다.

[疏] 三, 西方에 皆言須彌山雲者는 四德妙高하여 淸凉利物故니라

■ 3) 서방의 대중이다. 모두에 '수미산 구름'이라 말한 것은 네 가지 덕이 미묘하게 높고 시원하게 중생을 이롭게 하는 까닭이다.

4) 북방의 대중[北方] (四北 42上5)

北方으로 過不可說佛刹微塵數世界海外하여 有世界하니 名寶衣光明幢이요 佛號는 照虛空法界大光明이어든 彼佛衆中에 有菩薩하니 名無礙勝藏王이라 與世界海微塵數菩薩로 俱하여 來向佛所하사 悉以神力으로 興一切寶衣雲하니 所謂黃色寶光明衣雲과 種種香所熏衣雲과 日幢摩尼王衣雲과 金色熾然摩尼衣雲과 一切寶光焰衣雲과 一切星辰像上妙摩尼衣雲과 白玉光摩尼衣雲과 光明徧照殊勝赫奕摩尼衣雲과 光明徧照威勢熾盛摩尼衣雲과 莊嚴海摩尼衣雲이 充徧虛空하여 至佛所已에 頂禮佛足하고 卽於北方에 化作摩尼寶海莊嚴樓閣과 及毘瑠璃寶蓮華藏師子之座하사 以師子威德摩尼王網으로 羅覆其身하며 淸淨寶王으로 爲髻明珠하고 與其眷屬으로 結跏趺坐하나니라

북방으로 말할 수 없는 부처님 세계의 티끌 수 세계해를 지나서 그 밖에 세계가 있으니, 이름이 보의광명당이요, 부처님 명호는 조허공법계대광명이며, 그 부처님의 대중 가운데 보살이 있으니 이름이 무애승장왕이라. 세계해의 티끌 수 보살들과 함께 부처님 계신 데 오면서, 신통한 힘으로 모든 보배 옷 구름을 일으키니, 이른바 황색 보배 광명 옷 구

름·갖가지 향을 풍기는 옷 구름·해 당기 마니왕 옷 구름·금빛 치성한 마니 옷 구름·모든 보배 불꽃 옷 구름·모든 별 모양 훌륭한 마니 옷 구름·백옥 빛 마니 옷 구름·광명이 비추어 매우 찬란한 마니 옷 구름·광명이 비추어 위세가 치성한 마니 옷 구름·장엄 바다 마니 옷 구름들이 허공에 가득하였다.
부처님 계신 데 이르러 부처님 발에 절하고, 북방에서 마니보배 바다로 장엄한 누각과 비유리 보배 연화장 사자좌를 변화하여 만들고는, 사자 위덕 마니왕 그물로 몸에 두르며 청정한 보배왕으로 상투의 밝은 구슬로 삼고 권속들과 함께 가부하고 앉았다.

[疏] 四, 北方이라 皆言衣者는 寂忍慚愧로 嚴法身故니라
- 4) 북방의 대중이다. 모두에 옷을 말한 것은 적멸인과 부끄러워함으로 법신을 장엄하는 까닭이다.

5) 동북방의 대중[東北方] (五東 42下6)

東北方으로 過不可說佛刹微塵數世界海外하여 有世界하니 名一切歡喜淸淨光明網이요 佛號는 無礙眼이어든 彼佛衆中에 有菩薩하니 名化現法界願月王이라 與世界海微塵數菩薩로 俱하여 來向佛所하사 悉以神力으로 興寶樓閣雲과 香樓閣雲과 燒香樓閣雲과 華樓閣雲과 栴檀樓閣雲과 金剛樓閣雲과 摩尼樓閣雲과 金樓閣雲과

衣樓閣雲과 蓮華樓閣雲하사 彌覆十方一切世界하여 至
佛所已에 頂禮佛足하고 卽於東北方에 化作一切法界門大
摩尼樓閣과 及無等香王蓮華藏師子之座하사 摩尼華網으로
羅覆其身하며 着妙寶藏摩尼王冠하고 與其眷屬으로 結跏
趺坐하나니라

동북방으로 말할 수 없는 부처님 세계의 티끌 수 세계해를
지나서 그 밖에 세계가 있으니, 이름이 일체환희청정광명
망이요, 부처님 명호는 무애안이며, 그 부처님의 대중 가운
데 보살이 있으니, 이름이 화현법계원월왕이라. 세계해의
티끌 수 보살들과 함께 부처님 계신 데 오면서, 신통한 힘으
로 보배 누각 구름 · 향 누각 구름 · 사르는 향 누각 구름 ·
꽃 누각 구름 · 전단 누각 구름 · 금강 누각 구름 · 마니 누
각 구름 · 금 누각 구름 · 옷 누각 구름 · 연꽃 누각 구름을
일으켜 시방의 모든 세계를 덮었다.

부처님 계신 데 이르러 부처님 발에 절하고, 동북방에서 모
든 법계문 큰 마니 누각과 짝할 이 없는 향왕 연화장 사자좌
를 변화하여 만들고는, 마니 꽃 그물로 몸에 두르며 묘한 보
배광 마니 왕관을 쓰고 권속들과 함께 가부하고 앉았다.

[疏] 五, 東北方에 云樓閣者는 悲智二利相因顯故니라

- 5) 동북방의 대중이다. 누각을 말한 것은 자비와 지혜로 2리를 행함
  이 서로 인연하여 드러나는 까닭이다.

6) 동남방의 대중[東南方] (六東 43上8)

東南方으로 過不可說佛刹微塵數世界海外하여 有世界하니 名香雲莊嚴幢이요 佛號는 龍自在王이어든 彼佛衆中에 有菩薩하니 名法慧光焰王이라 與世界海微塵數菩薩로 俱하여 來向佛所하사 悉以神力으로 興金色圓滿光明雲과 無量寶色圓滿光明雲과 如來毫相圓滿光明雲과 種種寶色圓滿光明雲과 蓮華藏圓滿光明雲과 衆寶樹枝圓滿光明雲과 如來頂髻圓滿光明雲과 閻浮檀金色圓滿光明雲과 日色圓滿光明雲과 星月色圓滿光明雲하사 悉徧虛空하여 到佛所已에 頂禮佛足하고 卽於東南方에 化作毘盧遮那最上寶光明樓閣과 金剛摩尼蓮華藏師子之座하사 衆寶光焰摩尼王網으로 羅覆其身하고 與其眷屬으로 結跏趺坐하나니라

동남방으로 말할 수 없는 부처님 세계의 티끌 수 세계해를 지나서 그 밖에 세계가 있으니, 이름이 향운장엄당이요, 부처님 명호는 용자재왕이며, 그 부처님의 대중 가운데 보살이 있으니, 이름이 법혜광염왕이라. 세계해의 티끌 수 보살들과 함께 부처님 계신 데 오면서, 신통한 힘으로 금빛 원만한 광명 구름·한량없는 보배 빛 원만한 광명 구름·여래의 백호상 원만한 광명 구름·여러 가지 보배 빛 원만한 광명 구름·연화장 원만한 광명 구름·뭇 보배 나뭇가지 원만한 광명 구름·여래의 정수리 상투 원만한 광명 구름·염부단금 빛 원만한 광명 구름·햇빛 원만한 광명 구름·별과 달빛 원만한 광명 구름을 일으켜 허공에 가득하였다. 부처님 계신 데 이르러 부처님 발에 절하고, 동남방에서 비

로자나 최상 보배 광명 누각과 금강 마니보배 연화장 사자좌를 변화하여 만들고는, 뭇 보배 빛 불꽃 마니왕 그물로 몸을 두르고 권속들과 함께 가부하고 앉았다.

[疏] 六, 東南方에 云圓滿光者는 權實二智가 無闕行故니라
- 6) 동남방 대중이니 '원만한 광명'이라 말한 것은 방편과 실법의 두 가지 지혜가 빠짐 없이 행하는 까닭이다.

7) 서남방의 대중[西南方] (七西 43下10)

西南方으로 過不可說佛刹微塵數世界海外하여 有世界하니 名日光摩尼藏이요 佛號는 普照諸法智月王이어든 彼佛衆中에 有菩薩하니 名摧破一切魔軍智幢王이라 與世界海微塵數菩薩로 俱하여 來向佛所하사 於一切毛孔中에 出等虛空界華焰雲과 香焰雲과 寶焰雲과 金剛焰雲과 燒香焰雲과 電光焰雲과 毘盧遮那摩尼寶焰雲과 一切金光焰雲과 勝藏摩尼王光焰雲과 等三世如來海光焰雲하되 一一皆從毛孔中出하여 徧虛空界라
到佛所已에 頂禮佛足하고 卽於西南方에 化作普現十方法界光明網大摩尼寶樓閣과 及香燈焰寶蓮華藏師子之座하사 以離垢藏摩尼網으로 羅覆其身하며 着出一切衆生發趣音摩尼王嚴飾冠하고 與其眷屬으로 結跏趺坐하나니라
서남방으로 말할 수 없는 부처님 세계의 티끌 수 세계해를

지나서 그 밖에 세계가 있으니, 이름이 일광마니장이요, 부처님 명호는 보조제법지월왕이며, 그 부처님의 대중 가운데 보살이 있으니 이름이 최파일체마군지당왕이라. 세계해의 티끌 수 보살들과 함께 부처님 계신 데 오면서, 모든 털구멍에서 허공계와 같은 꽃·불꽃 구름·향 불꽃 구름·보배 불꽃 구름·금강 불꽃 구름·사르는 향 불꽃 구름·번개 빛 불꽃 구름·비로자나 마니보배 불꽃 구름·모든 금빛 불꽃 구름·승장마니왕 광명 불꽃 구름·세 세상 여래 바다와 같은 광명 불꽃 구름을 내니, 하나하나가 다 털구멍에서 나와 허공에 가득하였다.

부처님 계신 데 이르러 부처님 발에 절하고, 서남방에서 시방 법계의 광명 그물을 나타내는 큰 마니보배 누각과 향등 불꽃 보배 연화장 사자좌를 변화하여 만들고는, 때 여읜 광마니 그물로 몸에 두르며 일체중생을 떠나 나아가는 음성을 내는 마니왕으로 잘 꾸민 관을 쓰고 권속들과 함께 가부하고 앉았다.

[疏] 七, 西南方을 云燄者는 以淨智慧로 燒惑薪故며 亦表皆想所持不可取故라 上之七方은 興供表法하사 通答菩薩神通하시고 下之三段은 兼亦別答前來問中의 後二十句하니라

- 7) 서남방 대중이다. 불꽃을 말한 것은 청정한 지혜로 번뇌의 섶을 태우는 까닭이요, 또한 모두가 생각으로 가질 대상으로 취할 수 없음을 표하는 까닭이다. 위의 일곱 방위는 공양을 일으켜 법을 표하고 보살의 신통을 통틀어 대답한 것이다. 아래 세 문단은 또한 앞의 질

문 중에 그 중간과 뒤는 20구절을 개별로 대답함을 겸하였다.

[鈔] 下之三段은 兼亦別答前來問中의 後二十句者는 上來七方은 唯通答二十句中의 前十中一句요 此下三方은 通答二十句中의 三句호대 而上下二方은 兼別答耳니라

● '아래 세 문단은 또한 앞의 질문한 중에 뒤의 20구절을 겸한 것을 개별로 대답한 것은 여기까지 일곱 방위는 오직 20구절만 통틀어 대답한 중에 앞의 열 구절 중에 한 구절만 대답한 것이요, 이 아래의 세 방위는 20구절로 통틀어 대답한 중에 세 구절은 위와 아래 두 방위에 개별 대답을 겸하였을 뿐이다.

8) 서북방의 대중[西北方] (八西 44下9)

西北方으로 過不可說佛刹微塵數世界海外하여 有世界하니 名毘盧遮那願摩尼王藏이요 佛號는 普光明最勝須彌王이어든 彼佛衆中에 有菩薩하니 名願智光明幢이라 與世界海微塵數菩薩로 俱하여 來向佛所하사 於念念中에 一切相好와 一切毛孔과 一切身分에 皆出三世一切如來形像雲과 一切菩薩形像雲과 一切如來衆會形像雲과 一切如來變化身形像雲과 一切如來本生身形像雲과 一切聲聞辟支佛形像雲과 一切如來菩提場形像雲과 一切如來神變形像雲과 一切世間主形像雲과 一切淸淨國土形像雲하사 充滿虛空하여 至佛所已에 頂禮佛足하고 卽於西北方에 化作普照十方摩尼寶莊嚴樓閣과 及普照

世間寶蓮華藏師子之座하사 以無能勝光明眞珠網으로 羅覆其身하며 着普光明摩尼寶冠하고 與其眷屬으로 結跏趺坐하며

서북방으로 말할 수 없는 부처님 세계의 티끌 수 세계해를 지나서 그 밖에 세계가 있으니, 이름이 비로자나서원마니왕장이요, 부처님 명호는 보광명최승수미왕이며, 그 부처님의 대중 가운데 보살이 있으니, 이름이 원지광명당이라. 세계해의 티끌 수 보살들과 함께 부처님 계신 데로 오면서, 잠깐잠깐에 모든 잘생긴 모습·모든 털구멍·모든 몸의 부분에서, 세 세상 모든 여래의 형상 구름·모든 보살의 형상 구름·모든 여래의 대중 형상 구름·모든 여래의 변화한 몸 형상 구름·모든 여래의 본생 몸의 형상 구름·모든 성문과 벽지불의 형상 구름·모든 여래의 보리장 형상 구름·모든 여래의 신통변화 형상 구름·모든 세간 임금들의 형상 구름·모든 청정한 국토의 형상 구름을 내어 허공에 가득하였다.

부처님 계신 데 이르러 부처님 발에 절하고, 서북방에서 시방에 두루 비추는 마니보배로 장엄한 누각과 세간을 두루 비추는 보배 연화장 사자좌를 변화하여 만들고는, 이길 이 없는 광명 진주 그물로 몸에 두르며 보광명 마니보배 관을 쓰고 권속들과 함께 가부하고 앉았다.

[疏] 八, 西北方이라 十句는 皆答前最後爲一切衆生하여 現諸佛影像이라 若約表者인대 爲顯緣有가 似非眞故니라

■ 8) 서북방 대중이니 열 구절에 모두 앞의 마지막에 "일체중생을 위하여 부처님 영상을 나타낸다"고 대답하였다. 만일 표한 것을 잡는다면 인연으로 존재함은 진여가 아님과 같음을 밝히려는 까닭이다.

9) 하방의 대중[下方] 2.
(1) 총합하여 해석하다[總釋] (九下 45下7)

下方으로 過不可說佛刹微塵數世界海外하여 有世界하니 名一切如來圓滿光普照요 佛號는 虛空無礙相智幢王이어든 彼佛衆中에 有菩薩하니 名破一切障勇猛智王이라 與世界海微塵數菩薩로 俱하여 來向佛所하사 於一切毛孔中에 出說一切衆生語言海音聲雲하며 出說一切三世菩薩修行方便海音聲雲하며 出說一切菩薩所起願方便海音聲雲하며 出說一切菩薩成滿淸淨波羅蜜方便海音聲雲하며 出說一切菩薩圓滿行徧一切刹音聲雲하며 出說一切菩薩成就自在用音聲雲하며 出說一切如來의 往詣道場하여 破魔軍衆하고 成等正覺한 自在用音聲雲하며 出說一切如來轉法輪契經門名號海音聲雲하며 出說一切隨應敎化調伏衆生法方便海音聲雲하며 出說一切隨時隨善根隨願力하며 普令衆生證得智慧方便海音聲雲하사
到佛所已에 頂禮佛足하고 卽於下方에 化作現一切如來宮殿形像衆寶莊嚴樓閣과 及一切寶蓮華藏師子之座하며 着普現道場影摩尼寶冠하고 與其眷屬으로 結跏趺坐하나니라

하방으로 말할 수 없는 부처님 세계의 티끌 수 세계해를 지나서 그 밖에 세계가 있으니, 이름이 일체여래원만광보조요, 부처님 명호는 허공무애상지당왕이며, 그 부처님의 대중 가운데 보살이 있으니 이름이 파일체장용맹지왕이라. 세계해의 티끌 수 보살들과 함께 부처님 계신 데로 오면서, (1) 모든 털구멍 속으로 일체중생의 말 바다를 말하는 음성 구름을 내며, (2) 모든 세 세상 보살의 수행하는 방편 바다를 말하는 음성 구름을 내며, (3) 모든 보살이 일으킨 원과 방편 바다를 말하는 음성 구름을 내며, (4) 모든 보살이 청정한 바라밀다를 성취하는 방편 바다를 말하는 음성 구름을 내며, (5) 모든 보살의 원만한 행이 모든 세계에 두루함을 말하는 음성 구름을 내며, (6) 모든 보살이 자재한 작용 이룸을 말하는 음성 구름을 내며, (7) 모든 여래가 도량에 나아가 마의 군중을 파하고 정각을 이루는 자재한 작용을 말하는 음성 구름을 내며, (8) 모든 여래가 법륜을 굴리던 경전의 이름 바다를 말하는 음성 구름을 내며, (9) 모든 마땅한 대로 중생을 교화하고 조복하는 법의 방편 바다를 말하는 음성 구름을 내며, (10) 모든 때를 따르고 착한 뿌리를 따르고 원력을 따라서 중생들로 하여금 지혜를 증득하게 하는 방편 바다를 말하는 음성 구름을 내었다.

부처님 계신 데 이르러 부처님 발에 절하고, 하방에서 모든 여래의 궁전 형상을 나타내는 여러 보배로 장엄한 누각과 모든 보배 연화장 사자좌를 변화하여 만들고는, 도량의 그림자를 나타내는 마니보배 관을 쓰고 권속들과 함께 가부하고 앉았다.

[疏] 九, 下方에 毛孔中의 十句는 答前九問이라 十句에 皆言方便海는 則通答往昔成就方便이라
- 9) 하방의 대중이다. 털구멍 중의 열 구절은 앞의 아홉 가지 질문에 대답함이다. 열 구절에 모두 방편 바다를 말한 것은 예전에 성취한 방편에 대해 통틀어 대답한 내용이다.

[鈔] 九下方이라 毛孔中의 十句는 答前九問者는 以前十中에 神通一問을 前七方에 答竟故니라 據下釋中하면 旣五句는 答因의 五問이요 四句는 答果의 五問이어늘 何名答九오 以神通問을 重別顯故라 然則前已廣答일새 故但云九니라
- 9) 하방의 대중이니, 털구멍 중에 열 구절은 앞의 아홉 가지 질문에 대답함에서 앞의 열 구절 중에 신통이란 하나의 질문은 앞의 일곱 방위에 대답함은 마친다. 아래 해석을 의거한 중에 이미 다섯 구절은 인행인 다섯 가지 질문에 대답함이요, 네 구절은 과덕인 다섯 가지 질문에 대답한 내용일 텐데 어째서 아홉 가지 (질문)에 대답한다고 말했는가? 신통에 대한 질문에 대해 거듭 개별로 밝힌 까닭이다. 그렇다면 앞에서 이미 자세하게 대답한 연고로 단지 아홉 가지라고만 말하였다.

(2) 개별로 해석하다[別釋] (初一 46上3)

[疏] 初一句는 通顯所隨衆生言音이요 次五句는 答因中의 五問이라 謂二

는 答諸行이니 此句는 應顯趣求一切智心이니 以第五는 明行圓滿이
요 此爲行初故니라 三은 答所起菩薩大願이요 四는 答所淨諸婆羅密
이요 五는 正答圓滿諸菩薩行이요 六은 別答所作神通이라 然이나 問
就如來因中이어늘 此通一切菩薩하니 通別之異耳라 其助道와 及出
離問도 亦是通答이니 以諸句中이 皆是助道며 並卽出離故니라 餘四
句는 答果用中의 五問이니 謂七은 答第一의 正覺問이요 八은 答轉法
輪이요 九는 答調伏衆生이니 其國土一種은 現淨土分通答이니라 十은
答開示一切智法城과 及示一切衆生道니 以能證은 是道요 所證은
是智故라 而皆言音聲者는 表無言之法을 假言顯故니라

■ 가. 처음 한 구절[於一切-語言海音聲雲]은 따라야 할 중생의 말과 음성
을 통틀어 밝힌 내용이요, 나. 다섯 구절은 인행 중의 다섯 가지 질문
에 대답한 내용이니 이른바 가) 둘째 구절[說一切-方便海音聲雲]은 여러
행법에 대해 대답함이요, 이 구절은 온갖 지혜의 마음에 나아가 구함
을 응당히 밝힌 내용이요, 나) 다섯째 구절[出說一切-一切刹音聲雲]은
행법이 원만함이니, 이것이 행법의 처음인 까닭이다. 다) 셋째 구절[出
說一切-海音聲雲]은 일으킬 보살의 큰 서원에 대해 대답함이요, 라) 넷
째 구절[出說-成滿淸淨波羅蜜方便海音聲雲]은 청정케 할 모든 바라밀에
대해 대답함이요, 마) 다섯째 구절[出說-徧一切刹音聲雲]은 모든 보살
의 행법이 원만함을 바로 대답함이요, 여섯째 구절[出說一切-自在用音
聲雲]은 지을 신통에 대해 개별로 대답함이다. 그러나 여래의 인행을
질문한 중에 여기서 온갖 보살의 전체와 개별의 차이를 해명한 내용
일 뿐이니, 그 조도법과 나와서 여의는 질문에도 또한 통틀어 대답한
내용이다. 모든 구절 중에 모두 조도법이며 아울러 나와서 여읨의 뜻
인 까닭이다. 다. 나머지 네 구절은 과덕의 작용 중의 다섯 가지 질

문에 대답함이다. 이른바 가) 일곱째 구절[出說一切-破魔軍衆-]은 첫째 정각에 대한 질문에 대답함이요, 나) 여덟째 구절[出說一切-名號海音聲雲]은 법륜 굴림에 대한 질문에 대답함이요, 다) 아홉째 구절[出說-調伏衆生法-]은 그 국토의 한 종류인 중생을 조복함이요, 정토를 나타내는 부분은 전체로 대답한 내용이다. 라) 열째 구절[出說一切-隨願力-方便海音聲雲]은 온갖 지혜의 법성과 일체중생에게 보이는 도를 열어 보여서 증득하는 주체는 도요, 증득할 대상은 지혜인 까닭이다. 그런데 모두에 음성을 말한 것은 말이 없는 법을 표한 때문이니 말을 빌려서 밝히는 까닭이다.

[鈔] 此句應顯趣求者는 以文에 云, 出說一切三世菩薩이 行方便海音聲雲라할새 故로 標云答行이니 以五에 正答行故라 此一句는 義顯趣求一切智心이니 以是行始일새 言修行耳니라 然問就如來因中等者는 通將此中하여 對問辨異니라 其助道下는 出不答餘因句之相이니 上에 通答方便하시고 更加此助道出離라 則此下方은 通答三因하고 別答五因과 兼上의 方便이니라 又通答二問이니 一, 本事因緣이요 二, 所入諸地라 故로 具答十因이라 其上方中에는 婆羅密問이 義便故로 重이니라

- '이 구절은 (온갖 지혜의 마음에) 나아가 구함을 응당히 밝힌 내용'이란 경문에 이르되, "모든 세 세상 보살의 수행하는 방편 바다를 말하는 음성 구름을 낸다"라고 하였으므로 '행법에 대해 대답한다'고 한 것이다. 다섯째 구절은 행법에 바로 대답한 까닭이요, 여기 한 구절은 온갖 지혜의 마음에 나아가 구함을 이치로 밝혔으니 행법의 시작으로 수행을 말했을 뿐이다. 그러나 여래의 인행 등에 입각하여 질문한

것은 이런 중간에 질문에 상대하여 다름을 밝힌 것이요, 其助道 아래는 나머지 인행 구절의 모양을 대답하지 않음에서 나온 것이다. 위는 방편에 대해 통틀어 대답하고 다시 이 조도법으로 출리함을 더한다면 이쪽 아래 방위에 세 가지 원인을 통틀어 대답한 것이요, 다섯 가지 원인을 따로 대답하고 위의 방편을 겸하였다. 또한 두 가지 질문에 통틀어 대답하였으니 (1) 본래 모시던 인연이요, (2) 들어갈 대상이 모든 지(地)이므로 열 가지 인행을 갖추어 대답하고 그 상방 중에는 바라밀에 대한 질문은 이치가 편한 연고로 거듭인 것이다.

[潛字卷上 終]

大方廣佛華嚴經疏鈔 제60권의 ② 潛字卷下

10) 상방의 대중[上方] 3.
(1) 질문에 대답함을 바로 보이다[正示答問] (十上 2上7)

上方으로 過不可說佛刹微塵數世界海外하여 有世界하니 名說佛種性無有盡이요 佛號는 普智輪光明音이어든 彼佛衆中에 有菩薩하니 名法界差別願이라 與世界海微塵數菩薩로 俱하사 發彼道場하여 來向此娑婆世界釋迦牟尼佛所하사 於一切相好와 一切毛孔과 一切身分과 一切肢節과 一切莊嚴具와 一切衣服中에 現毘盧遮那等過去一切諸佛과 未來一切諸佛의 已得授記未授記者와 現在十方一切國土에 一切諸佛과 幷其衆會하며 亦現過去47)에 行檀那波羅蜜과 及其一切受布施者의 諸本事海하며 亦現過去에 行尸羅波羅蜜諸本事海하며 亦現過去行羼提波羅蜜에 割截支體하되 心無動亂諸本事海하며 亦現過去行精進波羅蜜에 勇猛不退諸本事海하며 亦現過去에 求一切如來禪波羅蜜海하여 而得成就諸本事海하며 亦現過去에 求一切佛의 所轉法輪과 所成就法에 發勇猛心하여 一切皆捨諸本事海하며 亦現過去에 樂見一切佛과 樂行一切菩薩道와 樂化一切衆生界諸本事海하며 亦現過去所發一切菩薩大願의 清淨莊嚴諸本事海하

---

47) 亦은 徑合卍合本作示, 寧合注云 亦明書藏作示라 하다.

며 亦現過去菩薩所成力波羅蜜의 勇猛淸淨諸本事海하며 亦現過去一切菩薩所修圓滿智波羅蜜의 諸本事海하사 如是一切本事海가 悉皆徧滿廣大法界하여 至佛所已에 頂禮佛足하고 卽於上方에 化作一切金剛藏莊嚴樓閣과 及帝靑金剛王蓮華藏師子之座하사 以一切寶光明摩尼王網으로 羅覆其身하며 以演說三世如來名摩尼寶王으로 爲髻明珠하고 與其眷屬으로 結跏趺坐하시니라

상방으로 말할 수 없는 부처님 세계의 티끌 수 세계해를 지나가서 그 밖에 세계가 있으니, 이름이 설불종성무유진이요, 부처님 명호는 보지류광명음이며, 그 부처님의 대중 가운데 보살이 있으니, 이름이 법계차별원이라. 세계해의 티끌 수 보살들과 함께 저 도량에서 떠나 이 사바세계의 석가모니 부처님 계신 데로 오면서, (1) 모든 잘생긴 모습과 모든 털구멍과 모든 몸의 부분과 모든 손·발가락과 모든 장엄거리와 모든 의복에서 비로자나 등 과거의 모든 부처님과 미래의 모든 부처님들로서 수기를 받기도 하고 못 받기도 한 이와 현재 시방 국토에 계신 모든 부처님과 그 대중들을 나타내며, (2) 또 과거에 단나바라밀다를 행하기도 하고 모든 보시를 받은 이의 본생 일들을 나타내며, (3) 또 과거에 시라바라밀다를 행하던 본생 일들을 나타내며, (4) 또 과거에 찬제바라밀다를 행하면서 온몸을 도려내어도 마음이 흔들리지 않던 본생 일들을 나타내며, (5) 또 과거에 정진바라밀다를 행하면서 용맹하게 물러나지 않던 본생 일들을 나타내며, (6) 또 과거에 모든 여래의 선정바라밀다를 구하여

성취하던 본생 일들을 나타내며, (7) 또 과거에 모든 부처님의 굴린 법들을 구하여 성취한 법과 용맹한 마음을 내어 온갖 것을 모두 버리던 본생 일들을 나타내며, (8) 또 과거에 모든 부처님 뵈옵기를 좋아하고 모든 보살의 도를 행하기를 좋아하고 모든 중생들을 교화하기를 좋아하던 본생 일들을 나타내며, (9) 또 과거에 내었던 보살의 큰 서원을 청정하게 장엄하는 본생 일들을 나타내며, (10) 또 과거에 보살이 이루던 힘바라밀다를 용맹하게 깨끗하게 하는 본생 일들을 나타내며, (11) 또 과거에 모든 보살이 지혜바라밀다를 닦아 원만하게 하던 본생 일들을 나타내어, 이와 같은 모든 본생 일 바다들이 광대한 법계에 모두 가득하였다.

부처님 계신 데 이르러 부처님 발에 절하고, 상방에서 모든 금강장으로 장엄한 누각과 제청금강왕으로 된 연화장 사자좌를 변화하여 만들고는, 모든 보배 광명 마니왕 그물로 몸에 두르며 세 세상 여래의 이름을 연설하는 마니 보배왕으로 상투에 빛나는 구슬을 삼고 권속들과 함께 가부하고 앉았다.

[疏] 十, 上方이라 相好等中十句는 通答因問中의 第十本事因緣하고 兼答波羅蜜과 及所入諸地니 以十度가 卽是別地所行故니라 別約컨대 初句는 答入一切衆生所住處와 及受一切衆生所施와 幷爲一切衆生하여 說布施功德이니 如文思之니라

■ 10) 상방의 대중이다. 상호 등 중에 열 구절이니 인행에 대해 질문함 중의 열째 본래 섬기던 인연으로 통틀어 대답하였고, 바라밀과 행할

바 모든 지위에 대해 겸하여 대답하였다. 십바라밀은 곧 십지에서 행할 바를 구분한 연고요, 개별로 첫 구절을 잡아서 일체중생의 머무는 곳과 일체중생에게 보시한 바를 받은 것에 대해 대답하였고, 아울러 일체중생을 위하여 보시 공덕을 설하는 것이니 경문과 같이 생각할 지니라.

[鈔] 別約初句는 答入一切衆生所住處等者는 上辨通答因中의 二句요 此下는 別答果中의 三句라 前下方에 有五句問答하고 此有三句하니 幷第八問答에 答第十影像과 及現相에 答國土故로 十問具矣니라
- 첫 구절을 개별로 잡아서 일체중생의 머무는 곳 등에 대해 대답한 것은 위는 인행 중의 두 구절에 통틀어 대답함을 밝혔고, 이 아래는 과덕 중의 세 구절에 대해 개별로 대답하였다. 앞의 9) 하방 대중에는 다섯 구절로 질문함과 대답함이 있고, 여기에 세 구절이 있으니 아울러 여덟째 질문과 대답함에서 열째 영상과 나타낸 모양에 대해 대답할 적에 국토에 대해 대답한 까닭이니 (결론적으로) 열 가지 질문이 갖추어졌다.

(2) 순서로 구분하다[料揀次第] (其答 2下5)

[疏] 其答問中에 或不次者는 以十方齊來하며 諸供齊現이며 文不累書일새 隨方異說이나 以問次로 往收하면 無不次矣니라
- 그 질문에 대답함 중에 혹은 순서대로가 아닌 것은 시방에서 함께 와서 모든 공양거리를 동시에 나타냄이니, 경문은 거듭 쓰지 않고 방위를 따라 다르게 말한 것이다. 질문한 순서는 가서 거둔 까닭에 순서대로가 아닌 것이다.

[鈔] 其答問中에 或不次者下는 料揀次第니라
- (2) 其答問中或不次者 아래는 순서로 구분함이다.

(3) 본래 섬긴다는 말을 통틀어 해석하다[通釋本事之言] 3.
가. 바로 해석하다[正釋] (又皆 2下8)

[疏] 又皆言本事者는 表三世之法이 體常住故요 由得體用이 非一異智
로 以用隨體하여 無不存故라 德相業用이 皆自在故니라
■ 또한 모두에 '본래 섬긴다'는 말을 한 것은 삼세의 법이 체성이 항상 머무는 것을 표하는 까닭이요, 체성과 작용이 하나도 아닌 것도 아닌 지혜를 얻음으로 말미암아 작용은 체성을 따라서 존재하지 않음이 없는 까닭이다. 덕스러운 모습은 업과 작용이 모두 자재한 까닭이다.

[鈔] 又皆言下는 通釋本事之言이니 此約法性宗釋이라 文中에 有三하니
初, 正釋이니 以法性은 常住라 相卽性故로 相亦常矣니 此卽與體로
非異요 不壞三世는 與體非一이라 性相本爾는 卽德相門이요 隨其
令48)見은 卽業用門이니 故로 雙結二가 皆得自在니 凡但理然이요 不
得德相이 成業用耳니라
- (3) 又皆言 아래는 본래 섬긴다는 말을 통틀어 해석함이다. 이것은 법성종(法性宗)을 잡은 해석이다. 경문 중에 셋이 있으니 가. 바로 해석함이요, 법의 체성이 항상 머물러서 모습이 체성과 합치한 연고로 모습도 또한 항상한 것이다. 이것은 곧 체성과 다르지 않고 삼세를

---
48) 令은 南續金本作今이라 하다.

무너뜨리지도 않았으니 체성과 함께 하나가 아닌 것이다. 체성과 양상이 본래 그러함은 곧 덕스러운 모습의 문이요, 그를 따라 보게 함은 업과 작용하는 문이니, 그러므로 둘이 모두 자재함을 얻음에 대해 함께 결론함이다. 무릇 단지 이치만 그러한 것이요, 덕스러운 모습이 업과 작용을 성취함을 얻은 것은 아닐 뿐이다.

나. 인용하여 증명하다[引證] (密嚴 3上5)

[疏] 密嚴第三에 云,49) 金剛藏菩薩이 現種種形하여 說種種法호대 乃至 云, 淨所依止하여 入50)於佛地의 如來蘊界가 常無變異故라하니라
- 『밀엄경(密嚴經)』제3권에 이르되, "금강장보살이 갖가지 형상을 나타내고 갖가지 법을 설한다"라 말하고 나아가 말하되, "청정함이 의지할 대상은 부처님 지위에 들어가면 여래의 오온(蘊)과 18계(界)가 항상 변하여 달라짐이 없기 때문이다"라고 하였다.

[鈔] 二, 密嚴下는 引證이니 先證業用하고 後, 乃至云淨所依止者는 證德相門이니라
- 나. 密嚴 아래는 인용하여 증명함이다. 가) 업과 작용을 증명함이요, 나) 나아가 '청정함이 의지할 대상'이라 말한 것은 덕스러운 모습의 문을 증명함이다.

다. 다른 종파와 다름을 구분하다[揀異他宗] (若理 3上9)

---

49) 案下所引 見地婆訶譯密嚴經卷上 妙身生品第二라 하다.
50) 入은 南續金本無, 經原本有라 하다.

[疏] 三, 若理事別修하면 則不得爾니 故不同餘處에 現法의 體用은 俱有하고 過未는 體用皆無는 況於小乘에는 三世有耶아 以彼過未는 有體無用故니라
■ 만일 이치와 현상을 개별로 수행하면 그러하지 않은 연고로 나머지 장소와 같지 않으면 현재 법의 체성과 작용이 함께 있고, 과거와 미래의 체성과 작용이 모두 없을 텐데 하물며 소승에서 삼세가 있는 것이겠는가? 저 과거와 미래에는 체성은 있는데 작용은 없기 때문이다.

[鈔] 三, 若理事別修下는 揀異他宗이라 現法의 體用俱有等은 卽大乘義요 況於小乘은 卽有宗義라 以彼過未는 有體無用者는 出異所以니 有宗에는 過去는 冥伏有하고 未來는 性有라할새 故로 有體也오 不同現法의 事有일새 故로 無用也어니와 今에는 以體性이 融故로 體用俱有라 斯卽有卽非有니 非有之有耳니라
● 다. 若理事別修 아래는 다른 종파와 다름을 구분함이다. '현재 법의 체성과 작용이 함께 있다'는 등은 곧 대승(大乘)의 이치를 소승(小乘)과 비교함이니 곧 유부종(有部宗)의 이치요, '저 과거와 미래에는 체성은 있는데 작용은 없기 때문'이란 다른 이유를 내보임이다. 유부종은 과거는 그윽하게 잠복하여 있고, 미래는 성품으로 있는 연고로 자체가 있는 것이다. 현재 법의 일이 있음과 같지 않은 연고로 작용이 없는 것이다. 지금은 자체와 성품이 융섭한 연고로 체성과 작용이 함께 있다. 이것은 유와 합치하고 유가 아님과 합치하나니, 유가 아닌 유일 뿐이다.

2. 행법과 공덕을 통틀어 찬탄하다[通讚行德] 2.

1) 총상으로 찬탄하다[總] (第二 4上2)
2) 별상으로 찬탄하다[別] 3.
(1) 위로 부처님을 친근하는 공덕[上近諸佛德] (後以)

如是十方一切菩薩과 幷其眷屬이 皆從普賢菩薩行願中生이라 以淨智眼으로 見三世佛하며 普聞一切諸佛如來所轉法輪修多羅海하며 已得至於一切菩薩自在彼岸하며 於念念中에 現大神變하여 親近一切諸佛如來하며 一身이 充滿一切世界一切如來衆會道場하니라

(1) 이러한 시방의 모든 보살과 그 권속들은 모두 보현보살의 행과 서원 가운데서 났으니, (2) 청정한 지혜 눈으로 세 세상 부처님을 보고, (3) 모든 부처님 여래의 굴리신 법륜인 경전의 바다를 모두 들었으며, (4) 모든 보살의 자유자재한 저 언덕에 이미 이르렀고, (5) 생각 생각마다 큰 신통변화를 나타내어 모든 부처님 여래에게 친근하며, (6) 한 몸이 모든 세계 모든 여래의 대중이 모인 도량에 가득하였다.

[疏] 第二, 如是十方下는 通讚德行이라 中에 二니 初, 總이요 後, 以淨智下는 別이라 就別讚中하여 三十四句를 分三이니 初, 五句는 明上近諸佛德이요 二, 於一塵中下의 十四句는 下攝衆生德이요 三, 一切菩薩神通下의 十五句는 大用自在德이라 亦名三種三業이니라 今初에 一, 淨眼見佛은 卽是意業이요 二, 聞如來法은 卽淨修語業이요 餘三

句는 並顯身業自在니라

- 2. 如是十方 아래는 행법과 공덕을 통틀어 찬탄함 중에 둘이니 1) 총상으로 찬탄함이요, 2) 以淨智 아래는 별상으로 찬탄함이다. 2) 별상으로 찬탄함에 입각한 중에서 34구절을 셋으로 나누리니 (1) 다섯 구절은 위로 부처님을 친근하는 공덕을 밝힘이요, (2) 於一塵中 아래 14구절은 아래로 중생을 포섭하는 공덕이요, (3) 一切菩薩神通 아래 15구절은 큰 작용이 자재한 공덕이며, 또한 세 가지 삼업이라 이름하기도 한다. 지금은 (1)이니 가. 깨끗한 눈으로 부처님을 친견함은 곧 의업이요, 나. 여래의 법을 들음은 곧 어업을 청정하게 수행함이니, 다. 나머지 세 구절[(4) (5) (6)]은 아울러 신업이 자재함을 밝힌 부분이다.

[鈔] 亦名三種三業者는 一, 名近佛三業이요 二, 攝化三業이요 三, 神通三業이니라

- '또한 세 가지 삼업이라 이름하기도 함'은 (1) 부처님을 친근하는 삼업이라 이름함이요, (2) 섭수하고 교화하는 삼업이요, (3) 신령스럽게 통하는 삼업이다.

(2) 아래로 중생을 포섭하는 공덕[下攝衆生德] 3.
가. 미세하게 중생을 교화하다[微細化生] (第二 4下1)

於一塵中에 普現一切世間境界하여 敎化成熟一切衆生하되 未曾失時하며 一毛孔中에 出一切如來說法音聲하며[51]
(7) 한 티끌 속에 모든 세간의 경계를 나타내어 모든 중생을

---

51) 成熟의 熟은 宋元明宮淸合綱杭鼓纂續金本作就, 麗本及晉譯貞元譯作熟이라 하다.

교화하고 성취하되 때를 놓치지 아니하며, (8) 한 털구멍에서 모든 여래의 법을 말하는 음성을 내며,

[疏] 第二, 下攝衆生德이라 中에 三이니 初, 微細化生이요
- (2) 아래로 중생을 포섭하는 공덕이다. 그중에 셋이니 가. 미세하게 중생을 교화함이요,

나. 중생을 포섭하는 지혜를 밝히다[明攝生智] (二知 4下6)

知一切衆生이 悉皆如幻하며 知一切佛이 悉皆如影하며 知一切諸趣受生이 悉皆如夢하며 知一切業報가 如鏡中像하며 知一切諸有生起가 如熱時焰하며 知一切世界가 皆如變化하여 成就如來十力無畏하며
(9) 모든 중생이 다 환상과 같음을 알며, (10) 모든 부처님이 그림자 같음을 알며, (11) 모든 길에 태어남이 꿈과 같음을 알며, (12) 모든 업을 지어 과보 받는 것이 거울 속의 영상과 같음을 알며, (13) 모든 생사의 일어남이 더울 적의 아지랑이 같음을 알며, (14) 모든 세계가 변화함과 같음을 알아, (15) 여래의 열 가지 힘과 두려움 없음을 성취하였고,

[疏] 二, 知一切衆生下의 七句는 明攝衆生之智라 故로 末句에 結云, 十力無畏라 前六은 別明이니 一, 緣集非眞故요 二, 隨機本質하여 映光이 有勝劣故요 三, 諸趣가 思所起故요 四, 隨照映質이 有姸媸故요

五, 想所持故요 六, 無而忽有라가 暫有還無故니라
- 나. 知一切衆生 아래 일곱 구절은 중생을 포섭하는 지혜를 밝힘이다. 그러므로 마지막 구절에 결론하여, '십력으로 두려움 없음'이라 하였다. 앞의 여섯 구절은 개별로 설명함이니 (1) 인연이 모임이 진실이 아닌 까닭이요, (2) 근기를 따르는 본질이니 광명으로 비춤은 뛰어나고 하열함이 있는 까닭이요, (3) 여러 갈래가 사유로 일어나는 까닭이요, (4) 비춤을 따라 바탕에 투영됨은 예쁘고 못남이 있는 까닭이요, (5) 생각으로 지탱하는 까닭이요, (6) 없다가 홀연히 있다가 잠시 있던 것이 도리어 없어지는 까닭이다.

다. 중생을 포섭하는 어업[攝生語業] (三勇 5上4)

勇猛自在하여 能師子吼하여 深入無盡辯才大海하며 得一切衆生言辭海諸法智하며 於虛空法界에 所行無礙하며 知一切法이 無有障礙하니라
(16) 용맹하고 자재하게 사자후하여 (17) 그지없는 변재 바다에 깊이 들어갔으며, (18) 모든 중생의 말을 아는 모든 법의 지혜를 얻었고, (19) 허공과 법계에 다님이 걸림 없으며 (20) 모든 법이 장애가 없음을 알았다.

[疏] 三, 勇猛下의 五句는 明攝生語業이라 於中에 初句는 總顯決定이요 下四는 倒52)明四辯이니라
- 다. 勇猛 아래 다섯 구절은 중생을 포섭하는 어업을 밝힘이다. 그중

---

52) 倒는 甲續金本作句別이라 하다.

에 가) 첫 구절은 결정함을 총합하여 밝힘이요, 나) 아래 네 구절은 네 가지 변재를 개별로 설명함이다.

[鈔] 下四는 倒明四辯者53)는 初句는 樂說無礙요 二, 得一切下는 辭無礙요 三, 於虛空法界下는 義無礙요 四, 知一切法下는 法無礙니라
- 나) 아래 네 구절은 네 가지 변재를 개별로 설명함에서 (가) 첫 구절 [深入無盡辯才大海]은 말하기 좋아함에 무애함이요, (나) 得一切 아래는 언사에 무애함이요, (다) 於虛空法界 아래는 이치에 무애함이요, (라) 知一切法 아래는 법에 무애함이다.

(3) 큰 작용이 자재한 공덕[大用自在德] 3.
가. 삼업으로 삿됨을 굴복시키다[三業摧邪] (第三 5上9)
나. 의업이 자재하다[意業自在] (二恒)
다. 신업이 자재하다[身業自在] (三以)

一切菩薩神通境界가 悉已淸淨하며 勇猛精進하여 摧伏魔軍하며 恒以智慧로 了達三世하며 知一切法이 猶如虛空하여 無有違諍하고 亦無取着하며 雖勤精進이나 而知一切智가 終無所來하며 雖觀境界나 而知一切有가 悉不可得하며 以方便智로 入一切法界하며 以平等智로 入一切國土하며 以自在力으로 令一切世界로 展轉相入하며 於一切世界에 處處受生하며 見一切世界의 種種形相하며 於微細境에 現廣大刹하며 於廣大境에 現微細刹하며

---
53) 四倒는 南續金本作之四句別이라 하다.

於一佛所一念之頃에 得一切佛威神所加하여 普見十方하여 無所迷惑하며 於刹那頃에 悉能往詣하나니라

(21) 모든 보살의 신통한 경계를 이미 청정히 하였고, (22) 용맹하게 정진하여 마의 군대를 꺾어 굴복하며, (23) 항상 지혜로 세 세상을 통달하며, (24) 모든 법이 허공과 같음을 알아 어김이 없고 집착이 없으며, (25) 비록 부지런히 정진하나 온갖 지혜가 마침내 온 데가 없음을 알고, (26) 비록 경계를 보나 온갖 것이 얻을 수 없음을 알며, (27) 방편의 지혜로 모든 법계에 들어가고 (28) 평등한 지혜로 모든 국토에 들어갔다. (29) 자유자재한 힘으로 모든 세계가 차례차례 서로 들어가게 하며, (30) 모든 세계의 곳곳마다 태어나서 (31) 여러 세계의 갖가지 형상을 보며, (32) 미세한 경계에 광대한 세계를 나타내고 (33) 광대한 경계에 미세한 세계를 나타내며, (34) 한 부처님 계신 데서 잠깐 동안에 모든 부처님의 위신력이 가피 되어, (35) 시방세계를 보는 데 미혹이 없이 잠깐 동안에 다 나아갈 수 있었다.

[疏] 第三, 大用自在德이라 中에 初句는 總明所得이요 餘는 別明通用이라 於中에 三이니 一, 三業摧邪니 勇과 進이 通三故라 二, 恒以智下의 六句는 明意業自在니 皆權實雙行故라 一, 智了三世事하고 慧達三世空이요 二, 知法如空하여 空無可諍이나 而不壞有일새 故不著空이요 三, 進無進相일새 故曰無來요 四, 卽有而空이요 五, 卽空而有일새 故云方便이요 六, 智入性土니라 三, 以自在力下의 七句는 身業自在니 可知니라

- (3) 큰 작용이 자재한 공덕이다. 그중에 첫 구절[一切菩薩- 悉已淸淨]은 얻은 바를 총합하여 설명함이요, 나머지 15구절[(22) ~ (35)]은 신통의 작용을 개별로 밝힘이다. 그중에 셋이니 가. 삼업으로 삿됨을 굴복하여 용맹정진으로 삼업을 통하는 까닭이다. 나. 恒以智 아래 여섯 구절[(23) ~ (28) 以平等智-]은 의업이 자재함을 밝힘이니, 모두 권교와 실교를 함께 수행하는 까닭이다. (1) 지혜로 삼세의 일을 요달하고 슬기로 삼세가 공함을 통달한 때문이요, (2) 법이 허공과 같아서 공을 가히 다툴 수 없음을 알았더라도 유를 무너뜨리지 못하므로 공에 집착하지 않는 것이요, (3) 정진함 없는 정진의 형상인 연고로 옴이 없다고 말하고, (4) 유와 합치한 공이요, (5) 공과 합치한 유이므로 방편이라 말함이요, (6) 지혜로 법성의 국토에 들어간다는 뜻이다. 다. 以自在力 아래 일곱 구절[(29) ~ (35)]은 신업이 자재함이니 알 수 있으리라.

3. 모인 원인을 총합 결론하다[總結集因] (第三 6上5)

如是等一切菩薩이 滿逝多林하니 皆是如來威神之力이러라
이러한 모든 보살이 서다림에 가득 찼으니, 이것은 모두 여래의 위엄과 신통한 힘이었다.

[疏] 第三, 如是等下는 總結集因이니라
- 3. 如是等 아래는 모인 원인을 총합 결론함이다.

(五) 잃은 것을 거론하여 얻음을 밝히는 부분[擧失顯得分] 3.

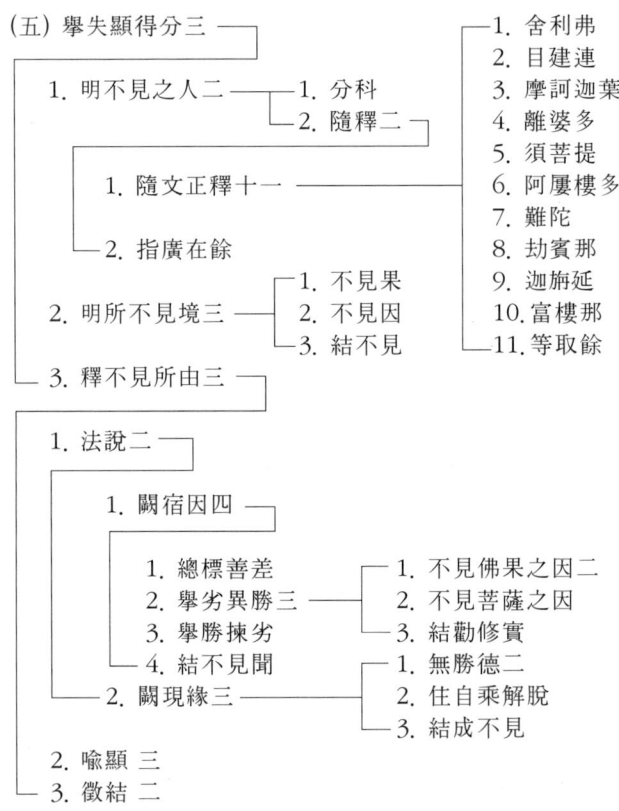

제1. 보지 못하는 사람을 밝히다[明不見之人] 2.
1. 과목 나누기[分科] (大文 6上9)

[疏] 大文第五, 於時上首下는 擧失顯得分이라 亦名擧劣顯勝이니 明不共故라 於中에 三이니 初, 明不見之人이요 二, 皆悉下는 明所不見境이요 三, 何以下는 釋不見所由라

■ 큰 문단으로 (五) 於時上首 아래는 잃은 것을 거론하여 얻음을 밝히는 부분이요, 또한 열등함을 거론하여 뛰어남을 밝힘이니 함께하지 못함을 밝히려는 까닭이다. 그중에 셋이니 제1. 보지 못하는 사람을 밝힘이요, 제2. 皆悉 아래는 보지 못하는 경계를 밝힘이요, 제3. 何以 아래는 보지 못하는 이유를 해석함이다.

2. 과목에 따라 해석하다[隨釋] 2.

1) 경문을 따라 해석하다[隨文正釋] 11.
(1) 사리불존자[舍利弗] (今初 6下1)

於時에 上首諸大聲聞인 舍利弗과 大目揵連과 摩訶迦葉과 離婆多와 須菩提와 阿㝹樓馱와 難陀와 劫賓那와 迦旃延과 富樓那等의 諸大聲聞이 在逝多林하되
이때에 큰 성문들의 우두머리인 사리불 · 대목건련 · 마하가섭 · 이바다 · 수보리 · 아누루타 · 난타와 겁빈나, 가전연 · 부루나 등 여러 큰 성문들이 서다림에 있었느니라.

[疏] 今初에 舍利는 此云鶖鷺이니 其母의 目睛明利가 似彼鳥故라 弗者는 子也니 從母立稱일새 故로 標子言이니라
■ 지금은 (1) 사리불존자이니 사리(舍利)는 '물새나 해오라기[鶖鷺]'라 번역한다. 그 어머니의 눈동자가 밝고 영리하여 저 새의 눈과 같은 까닭이다. 불(弗)은 아들이란 뜻이요, 어머니를 좇아 세운 명칭이므로 아들을 내세워 말한 것이다.

[鈔] 今初에 舍利弗이라 然諸弗弟子를 古今에 譯殊나 今多依羅什三藏이니라 言鶖鷺者는 大乘法師가 云, 是百舌鳥며 亦云春鶯이라하니라 古德이 引經하여 亦云, 其母辯才가 如彼鳥故라하니라 此中은 是舊梵語요 新云奢利弗怛羅니 弗怛羅는 即子也라 又舍利는 亦翻爲身이니 母好身品故라 或舍利는 云珠니 母之聰利相이 在眼珠故요 並從母之稱이니라 增一에 云, 我佛法中에 智慧無窮하여 決了諸疑者는 舍利弗 第一이라하니라 智論四十一에 稱爲如來左面弟子니 父名은 優婆提舍라하니라

● 지금은 (1) 사리불존자이다. 그러나 모든 부처님 제자가 예전과 현재의 번역이 다르나니 지금은 대부분 라집(羅什)삼장에 의지한다. '물새나 해오라기[鶖鷺]'라 말한 것은 대승(大乘, 자은규기)법사가 이르되, "백 개의 혀를 가진 새요, 또한 '봄 꾀꼬리[春鶯]'라 말한다"라고 하였다. 고덕이 경문을 인용하여 또한 그 어머니의 변재가 마치 저 꾀꼬리 새와 같은 까닭이다. 이 가운데 예전 범어를 새롭게 이르되 '사리푸트라[奢利弗怛羅]'라 말하였으니 푸트라[弗怛羅]는 곧 아들이란 뜻이다. 또 사리도 또한 몸이라 번역하기도 하나니 어머니가 몸을 좋아하는 품성인 까닭이다. 혹은 사리를 구슬이라 하고, 어머니가 총명하며 예리하고 모습은 눈에 있는 구슬과 같은 까닭이다. 아울러 어머니로부터 나온 호칭이니 『증일아함경』에 이르되, "우리 불법 중에 지혜가 다함이 없고 모든 의심을 결정코 요달한 사람은 사리불이 제일이다"라고 하였고, 『대지도론』 제41권에도 "여래의 왼쪽 제자라 칭하고, 아버지 이름은 우바제사(優婆提舍)라 한다"라고 하였다.

(2) 목건련존자[目建連] (目建 7上1)

[疏] 目犍連은 此云, 採菽氏니 上古에 仙人이 山居豆食하니 尊者母가 是
彼種이니 從外氏立名이라 有大神通이요 揀餘此姓일새 故復云大니라
■ (2) 목건련존자이니 번역하면 '콩잎 따는 사람'이다. 상고(上古)시대
에 신선으로 산에서 콩으로 밥을 삼고 살았으며, 존자의 어머니는 저
종족이요, 바깥 성씨로부터 세운 이름이다. 큰 신통력이 있고 이런 성
씨를 나머지와 구분하려고 다시 '크다'고 말한 것이다.

[鈔] 目連은 梵語니 卽古譯이요 義卽新譯이라 新梵語는 云摩訶沒特伽
羅니라 然疏約從母氏得名이라 若從父稱하면 此名俱利迦요 亦云俱
儷54)多며 亦云俱律陀니 此云吉占이라 智論에 云, 舍利弗은 以才明
으로 見貴하고 目連은 豪彦最重하고 智藝相比며 德行互同이라하며 增
一에 云, 我弟子中에 神通輕擧하여 飛到十方者는 大目連第一이라하
고 智論四十一에 稱爲右面弟子라하니라 焚得勝之殿하고 蹴耆域之
車하며 壓調達五百之徒하고 尋佛聲하여 過恒河沙界하니 德難稱也
니라
● 목련이란 범어는 곧 예전 해석이요, 뜻은 새로 번역한 내용이다. 새
범어에는 마하몰특가라(摩訶沒特伽羅)라 하였다. 그러나 소문에 어머
니의 성씨로부터 잡아서 얻은 이름이다. 만일 아버지 이름으로부터
일컬은 이름은 구리가(俱利迦)요 또한 구려다(俱儷多)라 하기도 하며,
또한 구율타(俱律陀)는 길상한 점괘[吉占]라 번역하기도 한다. 『대지
도론』(제11권)에도 "사리불은 재주가 높아서 존경을 받고, 목건련은
호협(豪俠)함으로써 귀중한 대접을 받았으니, 재주와 기예가 비슷하
고 덕과 행이 서로 같다"라고 하였고, 『증일아함경』에 이르되, "나의

---

54) 儷는 金本作灑, 南續本作洒; 按慧琳音義卷二十七云 從父本名俱利迦 云掬隸多 俱律陀 並訛也라 하다.

제자 중에서 신통으로 가벼이 들고 날아서 시방에 도달하는 이는 대목건련이 제일이다"라 하였고, 『대지도론』제41권에도 "오른쪽 제자라 칭한다"라 하였으니, 불에 태워서 훌륭한 법당을 얻었고, 오래된 구역의 수레를 밟고서 제바달다의 5백 제자를 제압하고, 부처님 음성을 찾아서 항하 모래 같은 세계를 지났으니 덕을 (모두) 칭찬하기 어렵다.

(3) 마하가섭존자[摩訶迦葉] (摩訶 7下1)

[疏] 摩訶迦葉은 此云大飮光이니 本族仙人이요 及尊者身에 並有光明하여 飮蔽日月이요 頭陀第一이라 揀餘迦葉일새 故云大也니라

■ 마하가섭은 대음광(大飮光)이라 번역한다. 본래 신선이고 존자의 몸인 종족이니, 아울러 광명이 있고 해와 달을 마셔 없애고 두타(頭陀)가 제일이다. 다른 가섭과 구분하려고 '크다'고 하였다.

[鈔] 此云飮光者는 眞諦等이 同譯爲飮光이라 上古에 譯云龜氏니 其先이 學道할새 靈龜가 負圖55)應之어늘 因以命族하니라 增一阿含에 云, 羅閱祇의 大富長者가 名迦毘羅요 婦名檀那요 子名은 畢鉢羅며 子婦名은 婆陀니 其家가 千倍勝甁沙王이라 十六大國에 無與爲鄰이라하니 畢鉢羅는 卽迦葉名也라 其父가 禱此樹而生故니라 付法藏傳에 云, 毘婆尸佛이 滅後에 其塔中像의 金色缺壞러니 時有貧女가 得金珠하고 請匠하여 打爲箔이어늘 金師歡喜하여 治瑩佛畢하고 立誓爲夫婦하여 九十一劫을 天上과 人中에 身恒金色이요 恒受快樂일새 最後에 爲

---

55) 圖下에 南續金本有而字라 하다.

迦葉하다 夫婦가 畏勝王得罪하여 減一犁하고 但用九百九十九雙牛
金犁라하니라 又經에 云, 其家有甄하니 最下品者도 直百千兩金이라
以釘으로 釘入地十尺호대 甄不穿破하여 如本不異오 六十庫金粟이니
一庫에 管三百四十斛이라하며 又經에 云, 以麥飯으로 供養辟支佛하고
恒趣忉利하여 各千返을 受樂하고 身三十二相이로대 但論金色耳라
剡浮那陀金이 在濁水底하면 光徹水上하고 在暗暗滅이나 迦葉의 身
光은 勝於此金光하여 照一由旬이라하니라 增一에 云, 佛法中에 行十
二頭陀하여 難行苦行은 大迦葉第一이라하니라 言揀餘迦葉者는 卽
如十力迦葉과 優樓頻螺 等이니라

● '대음광(大飮光)이라 번역한다'는 것은 진제(眞諦) 삼장 등이 음광(飮光)이라 똑같이 번역하였다. 상고시대 번역에 이르되, "구씨(龜氏)이니 그 조상이 도를 배우고 신령스러운 거북이 그림을 등에 지고 감응함으로 인하여 족성(族姓)으로 칭하였다"라고 하였다. 『증일아함경』에 이르되, "라열지(羅閱祇)국의 큰 부자인 장자니 이름은 가비라(迦毘羅)요, 부인의 이름은 단나(檀那)요, 아들 이름은 필발라(畢鉢羅)요, 며느리는 이름이 바타(婆陀)였다. 그 집안이 병사왕(甁沙王)보다 천 배나 뛰어나서 16개 큰 나라에서 짝할 데가 없었고, 필발라(畢鉢羅)는 곧 가섭의 이름이니, 그 아버지가 이 나무에 기도하여 태어난 까닭이다"라고 하였고, 『부법장전(付法藏傳)』에 이르되, "비바시(毘婆尸) 부처님 멸도 후에 그 탑묘 중에 형상이 금색(金色)이 모자라고 무너졌는데, 저 때에 가난한 여인이 금빛 구슬을 얻어서 장인(匠人)을 청하여 쳐서 금박이 되었다. 금 세공사가 기뻐하면서 옥빛 부처님을 다 만들었고, 부부가 되는 것으로 서원을 세우고 91겁이 지나도록 천상 사람 중에서 몸이 항상 금색이고 늘 쾌락함을 받아서 마지막에 가섭이 되었으

니 부부가 왕보다 뛰어난 걸 두려워해서 죄를 얻었고, 하나의 장기를 감소하였으니 단지 999쌍으로만 소가 끄는 금빛 쟁기를 사용한다"라고 하였다. 또한 경문에 이르되, "그 집안에 고운 모직이 있으니 최하품은 백천 냥의 금에 해당하고 못을 땅 속으로 박아서 열 자나 들어가고 모직을 뚫고 부수지 못함이 마치 본래와 같아 다르지 않다. 60개의 창고에 금과 곡식이 가득하고 창고 하나에 340개 그릇을 관리한다"라고 하였다. 또한 경문에 이르되, "맥반으로 벽지불에게 공양하고 항상 도리천에 나아갔다. 각기 천 번이나 돌아와 즐거움을 받고 몸은 32가지 대인상이니 (그중에) 단지 금색만 논했을 뿐이다. 섬부나타(剡浮那陀) 금은 흐린 물 밑에 있으면서 빛이 물 위까지 뚫어 비치나니 어둠 속에서 어둠이 없어지면 가섭의 몸의 광명이 이런 금빛 보다 뛰어나서 1유순을 비춘다"라고 하였고,『중일아함경』에 이르되, "불법 중에 12가지 두타의 난행(難行)과 고행(苦行)을 실천함은 대가섭이 제일이다"라고 하였다. '다른 가섭과 구분하려고'라 말한 것은 곧 십력(十力)가섭과 우루빈라(優樓頻螺)가섭 등의 경우와 같다.

(4) 이바다존자[離婆多] (離婆 8上10)

[疏] 離波多는 此云室星이니 祀之而生故라 或云所供養이며 或云假和合이니 卽智論의 二鬼가 食人之事니라

■ (4) 이바다존자는 '집안의 별'이라 번역하나니, 제사를 지내고 나서 태어난 까닭이다. 혹은 '공양할 대상'이라 말하기도 하고, 혹은 '가정적인 화합'이라 말함은 곧『대지도론』에서 '두 귀신이 사람을 잡아먹는 일'을 말한다.

[鈔] 離波多는 此云室星이라하니 其言은 卽古今同釋이니라 法華에 云, 離婆多라하고 新云頡麗伐多하니 皆梵音輕重이니라 或云所供養者는 卽音義釋也오 假和合은 古今同也니라 卽智論의 二鬼가 食人之事者는 謂此人이 行涉이라가 空亭에 止宿이러니 見二鬼가 爭屍하여 皆言我先持來라하며 二鬼共言호대 取其하여 分判이니라 此人은 實見小鬼가 持來러니 及被鬼問하여 竊自思惟호대 我隨言一持來하면 彼不得者가 必當見害어니와 我寧實語而死언정 終不虛誑而終이라하고 遂如實答호대 小者持來하여 被其大鬼가 拔其手足하여 隨而食之하니 得屍之鬼는 便取其死屍하여 手足隨安하다 彼鬼가 食竟하고 拭口而去하니라 及明에 憂惱하여 不測誰身하여 言假和合이라 初常疑云호대 若我本身인대 眼見拔去요 若是他身인대 復隨我行住라하여 疑惑猶豫하여 逢人卽問호대 汝見我身不아 衆僧[56]見之云호대 此人易度라하고 而語之云호대 汝身이 本是他[57]之遺體오 非己有也라한대 悟此假合하여 因卽得道라하니라 以常問故로 故[58]云, 常作聲也니라

● 이바다(離波多)는 '집안의 별'이라 번역하나니 그 말은 곧 예전과 현재가 같은 해석이다. 『법화경』에는 '이바다'라 말하였고, 새로 (번역하여) 이르되, "힐려벌다(頡麗伐多)이니 모두 범어 소리가 가볍고 무거운 차이다"라 하였고, 혹은 이르되 '공양할 대상'이란 곧 『음의(音義)』의 해석이다. '가정적인 화합'은 예전과 지금이 같다. '곧 대지도론에서 두 귀신이 사람을 잡아먹는 일'이란 "이른바 이 사람이 행하여 허공의 정자를 건너서 머물고 산다. 두 귀신이 시신을 다툼을 보는데 모두 내가 먼저 가져오리라고 말하였다. 두 귀신이 함께 말하되, '그것을 가져서 나누

---

56) 僧은 金本作生이라 하나 誤植이다.
57) 他는 南續金本作他人이라 하다.
58) 故는 南續金本作亦이라 하다.

어 판단하니 이 사람은 진실로 작은 귀신이 가져오거나 귀신에게 질문 받음을 보았다'라고 하였다. 가만히 스스로 사유하고 내가 하나를 가지고 온다고 따라서 말하였다. 저들이 얻지 못하는 것은 반드시 당연히 해침을 당할 것이니, 내가 차라리 진실하게 말하다가 죽을지언정 마침내 헛되게 속이면서 죽지 않겠다. 드디어 사실대로 대답하였으니 작은 이는 가져오고 그 큰 귀신이 그 손발을 빼오는 것을 당하고 따라서 먹었으니 시신을 얻은 귀신은 문득 그 죽은 시신을 가지고 손발이 편함을 따라 저 귀신들이 밥 먹기를 마치고는 입을 씻고 가고 나아가 근심과 번뇌를 밝혔다. 누구의 몸인지 추측하지 못하므로 그래서 '가정적으로 화합한다'고 말하였다. 처음에 항상 의심하여 말하되, '만일 내 본래 몸은 눈으로 보고 뽑아 가고 만일 다른 몸인 것은 다시 나를 따라 행하고 머문다'라 하였고, 의혹하고 우물쭈물하다가 사람을 만나면 곧 묻는다. '네가 나의 몸을 보았는가?' 대중 스님이 보고는 말하되, '이 사람이 제도하기 쉽지만 그러나 그에게 말하되 너의 몸은 본래 다른 사람이 남긴 몸이며 자신에게 있는 것이 아니다. 이것이 가정적으로 화합한 것임을 깨달음으로 인하여 곧 도를 얻는다'라고 말한 연고로, '항상 소리를 지른다'라고 하였다."

(5) 수보리존자[須菩提] (須菩 9上6)

[疏] 須菩提는 此云善現이니 生而室空이요 現善相故니라
- (5) 수보리존자이니 '잘 나타남[善現]'이라 번역한다. 태어나자 집이 텅 비고 좋은 상(相)이 나타난 까닭이다.

[鈔] 生而室空者는 相師가 占云호대 是善相故라하니라 亦云善吉이며 亦云⁵⁹⁾空生이니 其義는 一耳라 解空第一이요 得無諍三昧하시니 有供養者면 現與其福일새 故云⁶⁰⁾善吉이니라
- '태어나자 집이 텅 빈다'는 것은 점쟁이가 말하되, "좋은 상인 까닭이며, 또한 '좋고 길하다[善吉]'고 번역하기도 하고, 또는 '공에서 태어남[空生]'이라 말하나니, 그 뜻은 하나일 뿐이다. '공을 아는 데 제일'이라 하였으니, 다툼 없는 삼매를 얻어서 어떤 이가 공양하면 나타나서 그 복을 주는 연고로 '좋고 길하다'고 말하였다.

(6) 아누루다존자[阿㝹樓馱] (阿屢 9上10)

[疏] 阿㝹樓馱는 此云無滅이니 一食之施가 九十一反을 天上人間이요 不沒惡趣故니라
- (6) 아누루다존자는 '없어짐이 없다[無滅]'고 말한다. 한 그릇 밥으로 보시하면 91번 돌아오면 천상과 인간이요, 악한 갈래에 빠지지 않는 까닭이다.

[鈔] 阿㝹樓馱等者는 亦云阿泥㝹豆요 或云阿那律이며 亦云阿泥嚕多니 並梵音楚夏라 皆云無滅이요 亦曰無貧이라 言一食之施者는 賢愚經에 說弗沙佛末法⁶¹⁾에 時世饑饉이러니 有辟支佛하니 名利吒라 行乞호대 空鉢無獲이러니 有一貧人하여 見而悲憐하고 白言호대 勝士여 能受稗不아 即以所噉으로 奉之하니 食已에 作十八變하니라 後更採稗할새

---
59) 云은 南續金本作曰이라 하다.
60) 故云은 南續金本作亦曰이라 하다.
61) 法은 原本作世, 南金本無, 甲續本作法이라 하다.

有兔이 跳抱其背하여 變爲死人이어늘 無伴得脫하여 待暗還家하여 委之於地하니 卽成金人이어늘 拔指隨生하고 用却還出하여 取之無盡이라하니라 惡人告王하여 欲來奪之나 但見死屍오 而其所覩는 卽是金寶62)라 現報若是오 九十一反은 卽果報也니라 又其生已後63)에 家業豊溢하여 日夜增益하니 父母가 欲試之하여 盖空器皿往送이러니 撥看하니 百味具足하니라 而其門下에 日日에 常有一萬六千이 取債하고 一萬六千이 還直하다 出家已後에 隨所至處하여 人見歡喜하고 欲有所須에 如己家無異라 卽世尊之堂弟요 斛飯王之次子也니라

● (6) 아누루다존자 등은 또한 아니루두(阿泥甆豆)라 하기도 하고, 혹은 아나율(阿那律)이라 하기도 하고, 또한 아니로다(阿泥嚧多)라 하기도 한다. 아울러 범어 소리가 초(楚)와 하(夏)나라처럼 다르나니, 모두에 '멸함이 없다[無滅]'라고 말하거나 또한 '가난함 없음[無貧]'이라 번역한다. '한 그릇 밥으로 보시하면'이라 말한 것은 『현우경』에 설한 내용이니, "불사(弗沙) 부처님이 말법시대에 세상에 기근이 드는데 벽지불이 있으니 이름은 이탁(利吒)이라, 걸식을 행하여 빈 발우에 얻을 것이 없었다. 한 가난한 사람이 있다가 보고 어여삐 여겨서 뛰어난 선비에게 사뢰어 말하되 '피를 잘 받았는가?' 하니, 곧 먹을 것으로 받들어 올리니 밥을 먹고 나서 18가지로 변화하여 뒤에 다시 피를 캐내었다. 뛰거나 안을 것을 면함이 있으니 그의 등에 죽은 사람으로 변화하고 반려(伴侶)도 없이 떠나갔다. 어둠을 기다려 집으로 돌아와서 땅에 맡겼으니 곧 금빛 사람이 손가락을 뽑아 따라서 태어났는데, 쓰면 도리어 돌아 나오고 끝없이 가졌다. 악한 사람이 왕에게 고하여 와서 뺏으려 하였다. 단지 죽은 시신만 보더라도 그 본 것이 곧 금

---

62) 寶下에 原本有乃是二字, 南續金本無라 하다.
63) 後는 南纂續金本作復라 하다.

으로 된 보배가 되나니, 현재의 과보는 이것과 같이 91번 돌아오니 곧 과보인 것이다. 또 그가 태어난 이후에 가업이 풍부하여 넘치고 밤낮으로 더하나니 부모가 시험하려 해서 빈 그릇을 덮고 보내왔는데, 백미(百味)를 빼서 구족하더라도 그 문 아래는 나날이 항상 1만6천의 빚을 얻은 것이 있더니, 1만6천으로 돌아오니 출가한 이후에 이르는 곳을 따라 사람이 보고 기뻐하고 욕구하여 구하는 바가 있음이 마치 자기 집과 다름이 없나니 곧 세존의 당제(堂弟, 4촌 동생)이며 곡반왕(斛飯王)의 둘째 아들이다.

(7) 난타존자[難陀] (難陀 10上5)

[疏] 難陀는 此云歡喜니 性極聰敏하고 音聲絶倫故니라
- (7) 난타존자는 기뻐함이라 번역한다. 성품이 지극히 총명하고 민첩해서 음성이 인류보다 뛰어난 까닭이다.

[鈔] 難陀等者는 卽放牛難陀라
- (7) 난타존자 등은 곧 '소 먹이는 난타'이다.

(8) 겁빈나존자[劫賓那] (劫賓 10上7)

[疏] 劫賓那는 此云黃頭니 黃頭仙人之族故니라
- (8) 겁빈나존자는 '노란 머리'라고 번역하나니, 노란 머리 가진 신선의 족속(族屬)인 까닭이다.

[鈔] 劫賓那者는 疏釋은 即音義中이요 大乘法師와 及天台等은 舊譯爲 房宿하니라 然有二義하니 一, 以父母가 禱此宿星[64]하여 感此子生故 오 二는 云與佛로 同房宿故니 謂初出家時에 未[65] 見佛하고 始向佛 所러니 夜[66] 値雨하여 寄宿陶師房中하여 以草爲座러니 晚에 又一比丘 가 寄宿이어늘 即推草座與之하고 自在地坐하다 中夜에 相問호대 欲 何所之오 答云覓佛이니라 後에 比丘가 即說法辭去어늘 豁然得道하니 後比丘는 即佛也니라 增一阿含에 云, 我佛法中에 善知星宿日月者 는 劫賓那第一이라하니 則亦從所知하여 爲名하니라

● (8) 겁빈나존자는 소가의 해석이니 곧 『음의(音義)』중에서 대승법사 와 천태종(天台宗) 등이 구역(舊譯)으로 '방에서 잠잔다[房宿]'라 하였 다. 그러나 두 가지 뜻이니 (1) 부모가 이런 별에 기도하고 이 아들이 감응하여 태어난 까닭이다. (2)에 이르되, "부처님과 같은 방에서 잠 자는 까닭이다. 이른바 처음 출가할 때에 부처님을 뵙지 못하고 처 음 부처님 처소를 향하여 밤에 비를 만나고 도공(陶工)의 방에 의탁하 여 잠을 잔다. 풀로 자리를 만들어서 저녁에 또 한 비구가 의탁해 잠 자려 하니 곧 풀 자리를 밀어서 주었고, 자재한 지위에 앉아서 한밤 중에 서로 질문하되, '어떤 곳으로 가려 하는가?' 대답하여 말하되, '부처님을 찾습니다'라고 하였다. 뒤의 비구가 곧 법을 설하여 마치 고 가니 활연히 도를 얻었다. 뒤의 비구는 바로 부처님이다"라고 하 였다. 『증일아함경』에 이르되, "우리 불법 중에 별자리와 해와 달을 잘 아는 이는 겁빈나가 제일이다"라 하였다면 또한 아는 것으로부터 이름 지은 내용이다.

---

64) 宿星은 南續金本作星宿라 하다.
65) 未는 甲南續金本作未得이라 하다.
66) 夜는 南續金本作夜復라 하다.

(9) 가전연존자[迦旃延] (迦旃 10下6)

[疏] 迦旃延은 此云翦剃種이니라
- (9) 가전연존자는 번역하면 '머리카락을 자른 종족'이라 말한다.

[鈔] 迦旃延者는 卽大乘法師釋이라 謂上古에 多仙이 山中靜處러니 年歲旣久에 鬢髮稍長호대 無人爲剃라 婆羅門法에 要剃髮故라 一仙에 有子하여 兄弟二人이 俱來觀父러니 小者는 乃爲諸仙剃之하니 諸仙願護하여 後成仙道커늘 爾來此種을 皆稱翦剃하니라
- (9) 가전연존자는 곧 대승법사(慈恩窺基法師)의 해석이다. 이른바 상고(上古)시대에 신선이 많았는데 산중의 고요한 곳에 해와 나이가 이미 오래되었고 귀밑머리와 머리카락이 더욱 길어지며 사람이 자르지 않고 바라문 법으로 머리 깎기를 요구한 까닭이다. 한 신선에게 아들이 있고 형과 동생 두 사람은 함께 와서 아버지를 보았다. 어린 사람은 비로소 여러 신선이 되어 머리를 깎고, 여러 신선이 보호하기를 원하다가 뒤에 신선의 도를 이루었나니, 그렇게 와서 이런 종족은 모두 '머리를 깎은 이[翦剃]'라고 칭하였다.

(10) 부루나존자[富樓那] (富樓 11上1)

[疏] 富樓那는 此云滿願이니 具云滿慈子라 其母甚慈하며 亦從母稱이라
- (10) 부루나존자는 '서원이 만족함[滿願]'이라 번역한다. 갖추어 말하면 '자비가 가득한 이의 아들'이라 하니, 그 어머니가 매우 자비롭고 또한 어머니를 따라 이름하였다.

[鈔] 富樓那는 具云滿慈子者는 梵語에 云彌多羅尼子는 滿願이 是父名이니 父가 於江邊에 禱梵天求子할새 正値江滿이요 又夢에 七寶器에 盛滿中寶코 入母懷어늘 母遂懷子하니 父願獲滿일새 從此立名하니라 母名은 彌多羅尼니 此云慈行이라 亦云四圍陀中에 有此品名이어늘 其母誦之할새 以此爲名이라 尼者는 女聲也니 以母로 名子에 名爲慈子니라 增一에 云, 善能廣說하여 分別義理는 滿願子가 最第一이라하니라

- (10) 부루나존자는 갖추어 말하면 '자비가 가득한 아들[滿慈子]'이라 한 것은 범어에 이르되, '미다라니자(彌多羅尼子)'라 하나니 '서원이 만족함[滿願]'은 아버지의 이름이니, 아버지가 강가에서 범천에 기도하여 아들을 구하였는데 바로 강이 가득함을 만났다. 또한 일곱 개의 보배 그릇에 중간 보배를 가득 채우는 꿈을 꾸고 나서 어머니 배 속에 들어가서 어머니가 드디어 아들을 임신하였고, 아버지가 서원이 만족함을 얻어서 이로부터 명칭을 세웠다. 어머니의 이름인 미다라니(彌多羅尼)는 '자비로운 행'이라 번역하고, 또한 사베다(四圍陀) 중에 이런 품의 명칭이 있으니 그 어머니가 외우고 다녔다. 이로써 명칭이 되었으니 니(尼)는 여자 소리인데, 그 어머니가 아들이라 이름하니 '자비한 아들'이란 뜻이다. 『증일아함경』에 이르되, "뜻과 이치를 자세하게 분별하여 잘 설명하는 데는 만원자(滿願子)가 제일이다"라고 하였다.

(11) 나머지 존자를 똑같이 취하다[等取餘] (而言 11上9)

[疏] 而言等者는 等取五百이라
- 그러나 등이라 말한 것은 5백의 제자를 똑같이 취한다는 뜻이다.

2) 자세한 것은 나머지에 있다[指廣在餘] (廣辨 11上9)

[疏] 廣辨에 古今譯殊오 德行緣起는 如智論과 及音義中說이니라
- 예전과 현재의 번역이 다른 것을 널리 밝혔으니, 덕스러운 행과 연기법이 『대지도론』과 『음의』 중에 설한 해석과 같다.

[鈔] 如智論과 及音義說者는 音義에 略說은 已如上引이요 智論에 多說緣起는 卽引四阿含等經이라 然이나 其列名이 或從德行勝劣하며 或從出家先後하니 如法華에 阿若憍陣如가 在初等이라 故로 報恩經에 說初度五人하시고 次度耶舍門徒五十人하며 次度優樓頻螺門徒五百하시고 次度伽耶門徒三百하며 次度那提門徒二百하고 次度身子門徒一百하며 次度目連門徒一百이라하니 合擧大數하여 成一千二百五十人이니라 若十二遊經인대 兼出其年云, 佛成道第一年에 度五人하고 第二年에 度三迦葉하며 第五年에 度身子와 目連이라하니 則爾後에 更多라 故로 法華初에 有萬二千羅漢과 後二千學無學等이어늘 今此에 但擧五百은 以從勝劣로 列之라 卽法華第三周의 第一與記者가 體德大同故로 故成佛名號等이 亦皆同也이나 望今本門하면 卽皆大菩薩이니 故로 偏擧之니라

- '대지도론과 음의 중에 설한 해석과 같다'는 것은 『음의』에 간략히 설함은 이미 위에서 인용한 내용과 같다. 『대지도론』에서는 대부분 연기법을 설하였으니 곧 사아함경 등에 인용한 내용이요, 그러나 그 명칭을 나열함은 혹은 덕행이 뛰어나고 열등함을 따르기도 하고, 혹은 출가한 앞과 뒤를 따르기도 한다. 『법화경』의 "아야교진여가 처음에 있다"는 등인 연고로 『보은경』에 설하였으니, "처음에 다섯 사람을

제도하고, 다음에 야사의 문도 오십 인을 제도하고, 다음에 우루빈나가섭과 문도 5백 인을 제도하고, 다음에 가야가섭과 문도 3백 인을 제도하고, 다음으로 나제가섭과 2백 인을 제도하고, 다음으로 사리불과 문도 1백 인을 제도하고, 다음으로 목련과 문도 1백 인을 제도하였다"라 하였으니, 합하면 큰 숫자만 거론하여 1천250인이 되었다. 『12유경(十二遊經)』과 그 해를 겸하여 내보여 말하되, "부처님 성도한 제1년에 다섯 사람을 제도하고, 제2년에 삼가섭을 제도하고, 제5년에 사리불과 목련을 제도하나니, 그 뒤에 더욱 많아진 까닭에 『법화경』에는 처음에 일만이천 아라한이 있고, 뒤에 이천의 유학 무학 등이 있다. 지금 여기에서 단지 5백만 거론함은 뛰어나고 하열함부터 나열하였으니, 곧 법화경의 셋째 인연설주에서 제일로 수기를 준 것은 체성과 공덕이 크게는 같기 때문이다. 그러므로 성불한 명호 등은 또한 모두 같은 것이다. 지금의 본문과 바라보면 곧 모두가 대보살인 연고로 치우쳐 거론한 것이다.

제2. 보지 못하는 경계를 밝히다[明所不見境] 3.
1. 과덕을 보지 못하다[不見果] (第二. 12上6)
2. 인행을 보지 못하다[不見因] (次亦)
3. 보지 못함에 대한 결론[結不見] (後如)

皆悉不見如來神力과 如來嚴好와 如來境界와 如來遊戱와 如來神變과 如來尊勝과 如來妙行과 如來威德과 如來住持와 如來淨刹하나니라 亦復不見不可思議菩薩境界와 菩薩大會와 菩薩普入과 菩薩普至와 菩薩普詣와

菩薩神變과 菩薩遊戱와 菩薩眷屬과 菩薩方所와 菩薩莊嚴師子座와 菩薩宮殿과 菩薩住處와 菩薩所入三昧自在와 菩薩觀察과 菩薩頻申과 菩薩勇猛과 菩薩供養과 菩薩受記와 菩薩成熟과 菩薩勇健과 菩薩法身淸淨과 菩薩智身圓滿과 菩薩願身示現과 菩薩色身成就와 菩薩諸相具足淸淨과 菩薩常光衆色莊嚴과 菩薩放大光網과 菩薩起變化雲과 菩薩身徧十方과 菩薩諸行圓滿하나니라 如是等事를 一切聲聞諸大弟子가 皆悉不見하니

(1) 모두 여래의 신통한 힘·여래의 잘생긴 모습·여래의 경계·여래의 유희·여래의 신통변화·(6) 여래의 높으심·여래의 묘한 행·여래의 위덕·여래의 머물러 지니심·(10) 여래의 청정한 세계들을 보지 못하였다. 또 (11) 부사의한 보살의 경계·보살의 대회·보살의 두루 들어감·보살의 널리 모여 옴·보살의 널리 나아감·(16) 보살의 신통변화·보살의 유희·보살의 권속·보살의 방소·보살의 장엄한 사자좌·(21) 보배의 궁전·보살의 계신 곳·보살의 들어간 삼매가 자재함·보살의 관찰·보살의 기운 뻗음·(26) 보살의 용맹·보살의 공양·보살의 수기 받음·보살의 성숙함·보살의 건장함·(31) 보살의 청정한 법의 몸·보살의 원만한 지혜의 몸·보살의 원하는 몸으로 나타남·보살의 육신을 성취함·보살의 모든 모습이 구족히 청정함·(36) 보살의 늘 있는 광명이 여러 빛으로 장엄함·보살이 놓는 큰 광명의 그물·보살이 일으키는 변화하는 구름·보살의 몸이 시방에 두루함·(40) 보살의 행

이 원만함을 보지 못하였다. 이러한 일들을 모든 성문 제자들이 다 보지 못하였나니,

[疏] 第二, 明所不見境이라 中에 三이니 初, 不見果라 有十句하니 初, 總이요 餘, 別이라 多同念請果中의 初之十句라 重閣同空等은 卽是神變이요 不壞本相은 卽是遊戱라 餘可準思니라
次, 亦復下는 明不見因이니 卽諸菩薩이라 初, 總明이니 卽分齊境界요 次, 菩薩大會下는 別顯이니 會通新舊니라 入은 謂身徧刹塵과 智入諸法等이니라 普至는 卽新來요 普詣는 卽此往이라 皆言普者는 一, 橫竪徧故요 二, 一卽一切故라 餘句는 準上諸來菩薩作用中辨과 及上離世間品十十에 所明이니라 後, 如是等下는 總結不見이니라

■ 제2. 보지 못하는 경계를 밝힘이다. 그중에 셋이니 1. 과덕을 보지 못함에 열 구절이 있으니 첫 구절은 총상이요, 나머지 아홉 구절은 별상이다. 대부분 같은 생각으로 과덕을 청하는 중에 처음의 열 구절은 중각(重閣) 강당이 허공과 함께한 등은 바로 신통한 변화이다. 본래 모양을 무너뜨리지 않음이 바로 유희(遊戱)함이다. 나머지는 준하여 생각해 보라.
2. 亦復 아래는 인행을 보지 못함을 밝힘이니 곧 모든 보살을 말한다. 1) 총상으로 밝힘이니 곧 영역의 경계요, 2) 菩薩大會 아래는 별상으로 밝힘이니 새 것과 오래된 것을 회통함이다. 들어감은 이른바 몸이 티끌 수 불토에 두루하고 지혜로 모든 법에 들어가는 등이니 '널리 이름[普至]'은 곧 새로 온 대중이요, '널리 참예함[普詣]'은 곧 여기서 나간 대중이다. 모두에 '널리'라고 말한 것은 (1) 가로와 세로에 두루한 까닭이요, (2) 하나가 곧 모두인 까닭이요, 나머지 아홉 구절

은 위의 모두에서 온 보살의 작용한 중에 준하여 밝히고, 또한 위의 이세간품의 10과 10으로 밝힌 대상이다. 3. 如是等 아래는 보지 못함에 대한 결론이다.

[鈔] 多同念請果中의 初之十句者는 神力은 即前如來力이요 嚴好는 即前如來身이요 境界全同이요 遊戲는 即前自在요 神變도 亦是三昧니 三昧現故라 尊勝은 即如來智니 如來智가 最勝故라 妙行은 即前智行이요 威德은 即前無畏요 住持는 即前加持일새 故皆同也니라 前來에 心念이어늘 佛向示之하나 皆不見耳니라 重閣同空下는 略示向來神變과 及遊戲相이니라

● '대부분 같은 생각으로 과덕을 청하는 중에 처음의 열 구절'에서 신력(神力)은 곧 앞의 여래의 능력이요, 상호로 장엄함은 곧 앞의 여래의 몸이니 경계가 완전히 같다. 유희함은 곧 앞의 자재함이요, 신통한 변화도 또한 삼매를 뜻하나니 삼매로 나타나는 까닭이다. 높으심 [尊勝]은 곧 여래의 지혜이고 여래의 지혜가 가장 뛰어난 까닭이다. 묘한 행은 곧 앞의 지혜로운 행이요, 위덕은 곧 앞의 두려움 없음이요, 머물러 지님[住持]은 곧 앞의 가피하여 지니는 연고로 모두 같은 것이다. '앞에서 온 마음으로 생각함'은 부처님이 향하여 보였으니 모두 보지 못했을 뿐이다. 重閣同空 아래는 앞의 여래 신통변화와 유희한 모습을 간략히 보인 것이다.

제3. 보지 못하는 이유를 해석하다[釋不見所由] 3.
1. 의미를 말하다[敍意] (第三 13下1)
2. 과목 나누기[分科] (文中)

[疏] 第三, 不見所由者는 然皆廢本從迹하여 以顯一乘因果가 不共深玄하여 篤諸後學하여 令習因種이니라 文中에 二니 先, 徵이요 後, 釋이라

- 제3. 보지 못하는 이유를 해석함이란 그런데 모두가 근본을 폐하고 자취를 따르나니 일승의 인행과 과덕이 함께하지 않는 깊고 현묘함을 밝히고, 모든 후학을 돈독히 하여 하여금 인연 종자를 익히게 한다는 뜻이다. 경문 중에 둘이니 1) 질문함이요, 2) 해석함이다.

3. 경문을 해석하다[釋文] 2.
1) 질문하다[徵] (徵意 13下3)
2) 해석하다[釋] 2.
(1) 큰 의미를 총합하여 밝히다[總彰大意] (後釋)

何以故오 以善根不同故며
왜냐하면 (1) 착한 뿌리가 같지 않은 연고며,

[疏] 徵意에 云, 身厠祇園하여 目對尊會어늘 而莫覩神變하니 其故何耶아 後, 釋意에 云, 彼境殊勝이어늘 宿因과 現緣이 並皆闕故라 其猶日月麗天이나 盲者不覩하며 雷霆震地호대 聾者不聞이라 道契則隣이요 不在身近이니 故로 菩薩은 自遠而至요 聲聞은 在會不知라 文自廣釋을 分爲三別이니 初, 法이요 次, 喩요 後, 徵以結成이라

- 1) 질문한 의미를 말하되, "몸은 기원정사에 기울고 눈은 존자의 모임을 상대하지만 신비한 변화를 보지 못하나니 그러한 까닭이 무엇인가? 2) 해석함이다. 의미를 말하되, "저 경계가 수승하여 숙세의 인행과 현재의 인연이 아울러 모두 빠졌기 때문이다. 그것은 해와 달이

아름다운 하늘과 같아서 눈먼 이가 보지 못하여 뇌성벽력이 치고 귀머거리가 듣지 못하다가 도와 계합하면 이웃이 되나니 몸에 친근함이 있는 까닭이다. 보살이 멀리서부터 와서 성문이 모임에 있지만 알지 못한다. 경문은 자연히 자세히 해석하였으니 나누어 세 가지 별상이 되나니, 가. 법을 설함이요, 나. 비유로 밝힘이요, 다. 질문으로 결론함이다.

(2) 경문을 바로 해석하다[正釋文] 3.
가. 법을 설하다[法說] 2.

가) 숙세의 인행이 빠져 있다[闕宿因] 4.
(가) 선근의 차이를 총합하여 표방하다[總標善差] (今初 13下8)

[疏] 今初를 分二니 先, 明闕宿因故요 後, 復次下는 明闕現緣故라 今初를 分四니 初一, 總標大小善差요 二, 本不修下는 擧劣異勝이요 三, 如是皆是下는 擧勝揀劣이요 四, 以是因緣下는 結不見聞이라 今初에 有小善根하여 得廁嘉會나 大小善異일새 不覩希奇니라

■ 지금은 가.를 둘로 나누리니 가) 숙세의 인행이 빠져 있는 까닭이요, 나) 復次 아래는 현재의 인연이 빠져 있는 까닭이다. 지금은 가)를 넷으로 나누리니 (가) 한 구절은 선근의 차이를 총합하여 표방함이요, (나) 本不修 아래는 하열함이 뛰어남과 다름을 거론함이요, (다) 如是皆是 아래는 뛰어남을 거론하여 하열함과 구분함이요, (라) 以是因緣 아래는 보고 듣지 못함으로 결론함이다. 지금은 (가)이니 작은 선근이 있어서 아름다운 모임에 섞임을 얻은 것은 대승과 소승의

선근이 다르며, 희유하고 기특함을 보지 못한 까닭이다.

(나) 하열함이 뛰어남과 다름을 거론하다[擧劣異勝] 3.

ㄱ. 부처님 과덕을 보지 못하는 때문[不見佛果之因] 2.
ㄱ) 총상으로 밝히다[總] (二擧 14上4)
ㄴ) 별상으로 밝히다[別] 2.
(ㄱ) 과덕을 찬탄하지 않은 때문[不讚果] (由不)

本不修習見佛自在善根故니라 本不讚說十方世界一切佛刹清淨功德故며 本不稱歎諸佛世尊種種神變故며
(2) 부처님을 뵈옵는 자재한 착한 뿌리를 본래 익히지 않은 연고라. (3) 시방세계 모든 부처님 국토의 청정한 공덕을 찬탄하지 않은 연고라. (4) 부처님 세존들의 가지가지 신통과 변화를 본래 칭찬하지 않은 연고라.

[疏] 二, 擧劣中에 有十八句하니 前, 十二句는 釋不見佛果之因이요 後, 六句는 釋不見菩薩之因이라 前中에 初句는 總이요 餘句는 別이라 由不讚等은 即是不集見佛自在善根이라 於中에 二니 初二句는 不讚果故요

- (나) 하열함이 뛰어남과 다름을 거론함 중에 18구절이 있으니 ㄱ. 12구절은 부처님 과덕을 보지 못하는 때문이요, ㄴ. 여섯 구절은 보살의 눈으로 보지 못한 때문이다. ㄱ. 중에 ㄱ) 첫 구절은 총상으로 밝힘이요, ㄴ) 나머지 11구절은 별상으로 밝힘이다. (ㄱ) 과덕을 찬탄

하지 않은 등은 곧 부처님의 자재한 선근을 모으지 못한 까닭이다. 그중에 둘이니 a. 두 구절은 과덕을 찬탄하지 않은 때문이다.

(ㄴ) 인행을 수행하지 않은 때문[不修因] 2.
a. 자분 수행이 빠져 있다[闕自分] (後九 14下4)
b. 승진 수행이 빠져 있다[闕勝進] (後四)

本不於生死流轉之中에 發阿耨多羅三藐三菩提心故며 本不令他로 住菩提心故며 本不能令如來種性으로 不斷絶故며 本不攝受諸衆生故며 本不勸他하여 修習菩薩波羅蜜故니라 本在生死流轉之時에 不勸衆生하여 求於最勝大智眼故며 本不修習生一切智諸善根故며 本不成就如來出世諸善根故며 本不得嚴淨佛刹神通智故며

(5) 본래부터 생사하며 헤매는 가운데서 아눗다라삼약삼보디심을 내지 않은 연고라. (6) 본래부터 다른 이를 보리심에 머물게 하지 못한 연고라. (7) 본래부터 여래의 종자를 끊이지 않게 하지 못한 연고라. (8) 본래부터 중생들을 거두어 주지 못한 연고라. (9) 본래부터 다른 이를 권하여 보살의 바라밀다를 닦게 하지 못한 연고라. (10) 본래부터 생사에 헤매면서 중생에게 권하여 가장 훌륭한 큰 지혜의 눈을 구하게 하지 못한 연고라. (11) 본래부터 온갖 지혜를 내는 착한 뿌리를 닦지 아니한 연고라. (12) 본래부터 여래의 출세하는 착한 뿌리를 성취하지 못한 연고라. (13) 본래부터 부처님 세계를 장엄하는 신통과 지혜를 얻지 못한 연고라.

[疏] 後, 九句는 不修因故라 於中에 亦二니 前五句는 闕自分行이요 後四句는 闕勝進行이라 亦是前은 明狹心이요 後는 顯劣心이니 故不能見이니라

- (ㄴ) 아홉 구절은 인행을 수행하지 않은 때문이다. 그중에 또한 둘이니 a. 다섯 구절은 자분 수행이 빠져 있는 까닭이요, b. 네 구절은 승진 수행이 빠져 있기 때문이다. 또한 a) 앞은 좁은 마음 때문임을 밝힘이요, b) 뒤는 하열한 마음 때문임을 밝혔으므로 능히 보지 못하는 것이다.

ㄴ. 보살의 인행을 보지 못하는 때문[不見菩薩之因] (二本 15上4)
ㄷ. 결론하여 실법 수행할 것을 권유하다[結勸修實] (旣本)

本不得諸菩薩眼所知境故며 本不求超出世間不共菩提諸善根故며 本不發一切菩薩諸大願故며 本不從如來加被之所生故며 本不知諸法如幻하고 菩薩如夢故며 本不得諸大菩薩의 廣大歡喜故니라

(14) 본래부터 보살의 눈으로 아는 경계를 얻지 못한 연고라. (15) 본래부터 세간에서 뛰어나는 함께하지 않는 보리의 착한 뿌리를 구하지 않은 연고라. (16) 본래부터 모든 보살의 큰 서원을 내지 않은 연고라. (17) 본래부터 여래의 가피로조차 나지 아니한 연고라. (18) 본래부터 모든 법이 환상과 같고 보살이 꿈 같음을 알지 못한 연고라. (19) 본래부터 여러 큰 보살의 광대한 환희를 얻지 못한 연고라.

[疏] 二, 本不得菩薩眼下는 釋不見菩薩所因이니 一, 不見十眼所見無礙法界요 二, 闕無障礙智之因이라 若但修眞常離念하면 即共二乘菩提之善이니 法華에는 遊戲神通을 即聞而不樂이요 此中에는 樂而不聞이라 餘可思之니라 既本因中에 不修不見하니 願諸後學은 修見佛因하고 勿滯冥寂이니라

■ ㄴ. 本不得菩薩眼 아래는 보살의 인행을 보지 못한 때문임을 해석하였다. (1) 열 가지 눈으로 볼 대상인 무애법계를 보지 못함이요, (2) 장애 없는 지혜가 빠진 원인 때문이니 만일 단지 진실로 항상하여 생각을 여읨은 곧 이승과 함께하는 보리의 선근만 닦을 것이다. 『법화경』의 신통에 유희함은 곧 듣고도 즐거워하지 않음이니, 이 가운데는 즐거워하면서도 듣지 못함이니 나머지는 생각할 수 있으리라. 이미 본래 원인 중에 수행하지 않아서 보지 못하나니, 원컨대 모든 후학들은 부처님을 만나는 원인을 닦더라도 그윽하고 고요함에 지체하지 말지니라.

[鈔] 法華遊戲神通等者는 擧法華揀異요 亦是通妨이라 今云揀異者는 即法華信解品에 四大聲聞이 自敍云호대 世尊이 往昔에 說法旣久어늘 我時在座하여 身體疲懈하여 但念空無相無作하고 於菩薩法과 遊戲神通과 淨佛國土와 成就衆生에는 心不喜樂이라하니 即聞而不樂也니라 下偈에 兼出不樂所以云호대 一切諸法이 皆悉空寂하여 無生無滅하며 無大無小하며 無漏無爲라하여 如是思惟하여 不生喜樂이라하니라 釋曰, 旣了無生일새 故不喜樂이라 是以로 結云, 勿滯冥寂이라하니라 故로 八地에 云, 諸法은 眞常離心念이니 二乘도 於此에 亦能得也라하니라 言通妨者는 此何令其不聞하고 彼何令其得聞고 此義

는 至下釋之니라 旣本下는 結勸修實이니라

- '『법화경』의 신통에 유희함' 등은 법화경을 거론하여 다름을 구분한 내용이니 또한 비방을 해명함이다. 지금은 '다름을 구분한다'고 말한 것은 곧 『법화경』 신해품의 4대 성문이 스스로 말하되, "세존께서 옛 날부터 법을 설하신 지 오래이거늘, 저희가 그때 자리에 있으면서도 몸이 게을러서, 공하고 모양이 없고 지을 것이 없는 것만 생각했을 뿐, 보살의 법과 신통에 즐거워함과 부처님 국토를 깨끗이 함과, 중생을 성취하는 일에는 마음에 즐거워하지 않았나이다"라고 하였으니, 곧 듣고도 즐거워하지 않은 것이다. 아래 게송은 즐거워하지 않은 이유를 겸하여 내보였으니 이르되, "이 세간의 온갖 법은 모두가 고요하여 남도 없고 멸도 없고 작거나 큰 것 없고 무루며 무위라고 이렇게 생각하니 즐거운 맘 없나이다"라고 하였다. 해석하자면 이미 생사 없음을 요달한 연고로 기뻐하거나 즐거워하지 않나니 이런 연고로 결론하여 말하되, "그윽하고 고요함에 지체하지 말라"고 하였다. 그러므로 제8. 부동지에 이르되, "법의 성품 참되고 생각 여의어 2승들도 이런 것 능히 얻는다"라 하였고, 비방을 해명함이라 말한다면 이것은 무엇으로 하여금 듣지 못하게 하고, 저것은 무엇으로 하여금 들을 수 있게 하는가 하나니, 이런 이치는 아래에 가서 해석하겠다.

ㄷ. 旣本 아래는 결론하여 실법 수행할 것을 권유함이다.

(다) 뛰어남을 거론하여 하열함과 구분하다[擧勝揀劣] (第三 16上1)

(라) 보고 듣지 못함으로 결론하다[結不見聞] (第四)

如是가 皆是普賢菩薩智眼境界라 不與一切二乘所共일

새 以是因緣으로 諸大聲聞이 不能見하며 不能知하며 不能聞하며 不能入하며 不能得하며 不能念하며 不能觀察하며 不能籌量하며 不能思惟하며 不能分別하나니 是故로 雖在逝多林中이나 不見如來諸大神變이니라

이런 것이 다 보현보살의 지혜 눈의 경계로서 모든 이승과 함께하지 않는 것이니, 이런 인연으로 여러 큰 성문들이 보지도 못하고 알지도 못하고 듣지도 못하고 들어가지도 못하고 얻지도 못하고 기억하지도 못하고 관찰하지도 못하고 요량하지도 못하고 생각하지도 못하고 분별하지도 못하느니라. 그래서 비록 서다림에 있으면서도 여래의 여러 가지 큰 신통변화를 보지 못하였다.

[疏] 第三, 擧勝揀劣이라 言如是等者는 指前佛神通等인 所不見法이라 普賢智境은 卽是擧勝이요 不共二乘은 名爲揀劣이니라 第四, 以是因緣下는 結不見聞이니 以前에 闕因이며 境勝因緣일새 故不能見이라 於中에 初後는 總明이요 中十은 別顯이니 謂眼不見하며 心不知하며 耳不聞하며 本有不證하며 新成不獲하며 無方便하여 不能念觀하며 無後得하여 不能籌量淺深하며 思惟旨趣하며 分別事理니라

■ (다) 뛰어남을 거론하여 하열함과 구분함이다. 이러한 등이라 말한 것은 앞의 부처님 신통 등의 보지 못하는 법을 지적하였다. 보현의 지혜 경계는 곧 뛰어남을 거론함이니 이승과 함께하지 못하는 것을 하열함과 구분함이라 이름하였다. (라) 以是因緣 아래는 보고 듣지 못함으로 결론함이다. 앞의 인행을 빠뜨리고 경계가 뛰어난 인연인 연고로 능히 보지 못하는 것이다. 그중에 처음과 뒤는 총상으로 밝힘

이요, 가운데 열 구절은 별상으로 밝힘이다. 이른바 눈으로 보지 못하고 마음으로 알지 못하며 귀로 듣지 못하나니 본래 증득하지 못함이 있었지만 새롭게 성취함을 얻는 것이 아니다. 방편 없음으로 능히 생각하고 관찰하지 못하며 후득지로 능히 얕고 깊음을 헤아릴 수 없나니 사유함의 종지와 가르침은 현상과 이치를 분별하는 것이다.

나) 현재의 인연이 빠져 있다[闕現緣] 3.

(가) 뛰어난 공덕이 없다[無勝德] 2.
ㄱ. 뛰어난 공덕과 행법이 없다[無勝德行] (第二 16下7)
ㄴ. 능히 보지 못함을 밝히다[顯不能見] (是故)

復次諸大聲聞이 無如是善根故며 無如是智眼故며 無如是三昧故며 無如是解脫故며 無如是神通故며 無如是威德故며 無如是勢力故며 無如是自在故며 無如是住處故며 無如是境界故라 是故로 於此에 不能知하며 不能見하며 不能入하며 不能證하며 不能住하며 不能解하며 不能觀察하며 不能忍受하며 不能趣向하며 不能遊履하며 又亦不能廣爲他人하야 開闡解說하며 稱揚示現하며 引導勸進하야 令其趣向하며 令其修習하며 令其安住하며 令其證入이니

또 여러 큰 성문들은 이런 착한 뿌리가 없고 이런 지혜의 눈이 없고 이런 삼매가 없고 이런 해탈이 없고 이런 신통이 없고 이런 위덕이 없고 이런 세력이 없고 이런 자재함이 없고

이런 머물 곳이 없고 이런 경계가 없는 연고라. 그러므로 (1) 이것을 알지 못하고 보지 못하고 (2) 들어가지 못하고 증득하지 못하고 (3) 머물지 못하고 이해하지 못하고 (4) 관찰하지 못하고 견디어 받지 못하고 (5) 나아가지 못하고 다니지 못하며, (6) 또 다른 이들을 위하여 열어 보이고 해설하고 (7) 칭찬하고 나타내 보이고 (8) 인도하여 나아가게 하지 못하며, (9) 향하여 가게 하고 닦아 익히게 하고 (10) 편안히 머물게 하고 증득하게 하지 못하느니라.

[疏] 第二, 明闕現緣故로 不見이라 中에 三이니 初, 明無勝德行故로 不見이요 次, 何以故下는 明住自乘解脫故로 不見이요 後, 是故雖在下는 結成不見이니라 今初를 分二니 先, 十句는 明無勝德行이니 即是前所不見境이며 亦即是前宿因에 不修勝進四句라 不修故로 無요 無故로 不見이라 初는 總이요 餘는 別이라 勢力은 即是加持요 餘皆同前後니라 是故於此下十句는 顯不能見이라 入有二義하니 前文은 約證이요 今約了達이라 餘는 可知니라

■ 나) 현재의 인연이 빠졌으므로 보지 못함 중에 셋이다. (가) 뛰어난 공덕과 행이 없는 연고로 보지 못함을 밝힘이요, (나) 何以故 아래는 자신 교법의 해탈에만 머무는 연고로 보지 못함을 밝힘이요, (다) 是故雖在 아래는 보지 못함에 대한 결론이다. 지금은 (가)를 둘로 나누리니 ㄱ. 열 구절은 뛰어난 공덕과 행법이 없나니 곧 앞에서 보지 못한 경계요, 또한 곧 앞의 숙세의 인행으로 승진행을 닦지 못한 네 구절이다. 닦지 않은 연고로 없으며, 없으므로 보지 못하나니 첫 구절은 총상이요, 나머지 아홉 구절은 별상이다. 세력은 곧 가피하여

가짐이다. 나머지는 모두 앞뒤와 같다. ㄴ. 是故於此 아래 열 구절은 능히 보지 못함을 밝힘이다. 들어감에 두 가지 뜻이 있으니 앞의 경문은 증득을 잡은 해석이요, 지금은 깨달아 통달함을 잡은 해석이다. 나머지 구절은 알 수 있으리라.

(나) 자신 교법의 해탈에만 머무르다[住自乘解脱] 2.
ㄱ. 질문하다[徵] (第二 17上10)

何以故오 諸大弟子가 依聲聞乘하여 而出離故로 成就聲聞道하며 滿足聲聞行하며 安住聲聞果하며 於無有諦에 得決定智하며 常住實際하며 究竟寂靜하며 遠離大悲하며 捨於衆生하며 住於自事일새

왜냐하면 큰 제자들이 (1) 성문승을 의지하여 벗어났으므로 (2) 성문의 도를 성취하고 (3) 성문의 행을 만족하고 (4) 성문의 과보에 머무르며, (5) 없다 있다 하는 진리에 결정한 지혜를 얻고 (6) 실제에 항상 머물러서 끝까지 고요하며, (7) 크게 가엾이 여김을 떠나서 (8) 중생을 버리고 (9) 자기의 일에만 머무르고,

[疏] 第二, 明住自乘故로 不見이라 中에 先은 徵이요 後는 釋이라 以此二段이 反覆相成이라 故로 徵以釋之니 謂何以無如是善根等고 由住自乘하여 作證故라 亦應徵云호대 何以作證고 由無上善根故라 所無在前일새 故略不明耳니라 此段은 亦同法華에 自釋心不喜樂云호대 何以故오 世尊이 令我等으로 出於三界하여 得涅槃證故라하니라

■ (나) 자신 교법의 해탈에만 머무름을 밝힘 중에 ㄱ. 질문함이요, ㄴ. 해석함이다. 이런 두 문단으로 반복하여 서로 성립하는 연고로 질문하고 해석한 내용이다. 말하자면 무슨 까닭에 이러한 선근 등이 없는가? 자기 교법만으로 증득함으로 말미암은 까닭이요, 또한 질문에 응하여 말하되, "무슨 까닭으로 증득하는가?"라 하니, 위없는 착한 뿌리로 말미암은 까닭이요, 앞에는 있지 않던 것이므로 생략하고 밝히지 않았을 뿐이다. 이 문단도 또한 『법화경』에서 '스스로 마음으로 기뻐하고 즐거워하지 않음'을 해석하여 말하되, "왜냐하면 세존께서 저희들로 하여금 삼계에서 벗어나 열반을 얻도록 하였다"고 한 까닭이다.

[鈔] 所無在前者는 即前에 無如是善根故와 無如是智眼故等이니라 此段은 亦同法華에 自釋等者는 亦信解品이라 言自釋不喜樂者는 彼前文에 心不喜樂이라하고 後便云, 何以故等이라 如疏意에 云, 世尊이 昔說聲聞이 有究竟極果이라하니 我今已證故라 菩薩法은 非我所學일새 故不樂也라 旣已得證이 即住自乘故라 雖上根身子가 樂十力等이라도 而復自嗟我無此物이라하니라

● '앞에는 있지 않던 것'이란 곧 앞의 '이런 착한 뿌리가 없는 연고요, 이런 지혜의 눈이 없는 연고라'고 한 등이다. 여기 문단도 역시 『법화경』의 스스로 해석함은 또한 신해품과 같다. '스스로 마음으로 기뻐하거나 즐거워하지 않음'이라 말한 것은 저것이 앞의 경문에는 '마음에 기뻐하거나 즐거워하지 않음'이요, 뒤에는 문득 '왜냐하면' 등이라 말하였다. 마치 소가의 주장에 이르되, "세존께서 예전에는 '성문도 궁극의 지극한 과덕이 있다'고 하시고 나는 지금 이미 증득하였으므로

'보살의 법은 내가 배울 것이 아니다'라고 말한 연고로 즐거워하지 않은 것이다"라고 함과 같다. 이미 증득을 얻었으면 곧 자기 교법에 머무른 것이다. 비록 상근기인 사리불이 열 가지 힘 등을 즐거워하였지만 다시 스스로 '나에게 이런 물건이 없다'고 탄식한 것이다.

ㄴ. 경문을 해석하다[釋] 2.
ㄱ) 자기 교법에 머물러 증득하다[住自乘] (釋文 18上2)

[疏] 釋文亦二니 先, 明住自乘하여 作證이요 後, 於彼智慧下는 結成所無라 今初에 十句니 初는 總이요 餘는 別이라 別中에 一, 道者는 以見修等道로 斷惑集故로 不同菩薩의 無住道等이요 二三은 行과 果는 可知니라 四, 觀諦智가 別이니 謂我空法有코 不能我有法空일새 名無有諦67)오 以證現觀일새 名決定智니 故無菩薩의 中道第一義三諦之理라 亦如涅槃에 聲聞은 有諦而無眞實이니라 五, 已證理故요 六, 捨事故라 下三句는 成上聲聞行이니 一, 內無悲요 二, 外捨物이요 三, 但自調니라 又上十句가 總爲四失이니 一, 初句는 出麤而不出細니 但出分段故요 次, 四句는 得權失實이요 次, 三句는 滯寂失悲요 後, 二句는 捨生自度니라

■ ㄴ. 경문을 해석함도 또한 둘이니 ㄱ) 자기 교법에 머물러 증득함이요, ㄴ) 於彼智慧 아래는 없는 것을 결론함이다. 지금은 ㄱ)에 열 구절이니 (ㄱ) 첫 구절은 총상이요, (ㄴ) 나머지 아홉 구절은 별상이다. (ㄴ) 별상 중에 (1) 도(道)란 견도와 수도 등으로 미혹과 집제를 끊은 까닭이며, 보살의 '머물지 않는 도[不住道]' 등과는 같지 않다. (2)와

---

67) 無有는 甲南續金本作有無라 하나 誤植이다.

(3)은 행법과 과덕이니 알 수 있으리라. (4) 진리와 지혜가 다름을 관찰함이다. 이른바 나는 공하고 법은 존재함이요, 능히 나는 있고 법이 공함이 아니므로 '있고 없는 진리[無有諦]'라 이름한다. 현관을 중득함을 '결정한 지혜'라 말하는 연고로 보살의 중도제일의제와 삼제(三諦)의 이치도 또한 열반과 같음이 없고, 성문은 진리가 있지만 진실도 없음이요, (5) 이미 이치를 중득한 까닭이요, (6) 일을 버린 까닭이다. 아래 세 구절은 위의 성문행을 성취함이니 (7) 안으로 대비가 없음이요, (8) 밖으로 물건을 버림이요, (9) 다만 스스로 조복함이다. 또한 위의 열 구절은 총합하여 네 가지 과실이 되었으니 ① 첫 구절[(1)依聲聞乘 而出離故]은 육추(六麤)에서 나왔지만 삼세(三細)에서 나오지 못함이니 단지 분단생사(分段生死)에서만 나온 까닭이요, ② 네 구절[(2)成就聲聞道 (3)滿足聲聞行 (4)安住聲聞果 (5)於無有諦 得決定智]은 방편을 얻고 실법을 잃음이요, ③ 세 구절[(6)常住實際 (7)究竟寂靜 (8)遠離大悲]은 고요함에 지체하고 자비를 잃음이요, ④ 두 구절[(9)捨於衆生 (10)住於自事]은 중생을 버리고 자신만 제도함이다.

ㄴ) 없는 것을 결론하다[結所無] (二結 18下1)

於彼智慧에 **不能積集**하며 **不能修行**하며 **不能安住**하며 **不能願求**하며 **不能成就**하며 **不能淸淨**하며 **不能趣入**하며 **不能通達**하며 **不能知見**하며 **不能證得**이라
① 저 지혜는 쌓아 모으지도 못하고 ② 닦아 행하지도 못하고 ③ 편안히 머물지도 못하고 ④ 원하여 구하지도 못하고, ⑤ 성취하지도 못하고 ⑥ 청정히 하지도 못하고 ⑦ 들어가

지도 못하고 ⑧ 통달하지도 못하고 ⑨ 알고 보지도 못하고
⑩ 증하여 얻지도 못하였나니라.

[疏] 二, 結成所無니 卽由住自乘일새 故無前智等이라 亦有十句하니 但
於前一智에 有十不能이라 餘三昧等은 例此하면 可知니라

- ㄴ) 없는 것을 결론함은 곧 자기 교법에만 머무름으로 말미암은 연
고로 앞의 지혜 등이 없음도 또한 열 구절이 있다. 단지 앞의 한 가지
지혜에 열 가지 불능(不能)이 있으며, 나머지 삼매 등은 이것과 유례
하면 알 수 있으리라.

[鈔] 一, 道者는 卽釋經成就聲聞道라 言見修等者는 等取方便과 及無
學也니라 言斷惑集者는 集은 卽集諦니 通於業惑이라 菩薩無住等者
는 等取敎道, 證道와 一道, 二道와 乃至無量道라 而敎證等名은 二
乘亦有호대 特與異者는 卽無住道라 若約其義하면 敎證亦殊일새 故
云等也니라

- (1) 도(道)란 곧 경문의 '성문의 도를 성취함'을 해석함이다. '견도와
수도 등'이라 말한 것은 방편도와 무학도를 똑같이 취함이다. '미혹
과 집제를 끊음'이라 말한 것은 집(集)은 곧 집제이니 업과 번뇌에 통
한다. '보살의 머무름 없는 도' 등은 교도와 증도와 한 가지 도, 두 가
지 도와 나아가 한량없는 도를 똑같이 취하였지만 교도와 증도 등의
명칭은 이승에도 또한 있다. 특별히 다른 것은 곧 머무름 없는 도이
다. 만일 그 이치를 잡으면 교도와 증도도 또한 다르므로 '등(等)'이
라 말하였다.

(다) 보지 못함에 대한 결론[結成不見] (三結 18下10)

是故로 雖在逝多林中하여 對於如來나 不見如是廣大神變이니라
이런 까닭으로 비록 서다림 안에 있으면서도 여래를 대하여 이렇게 광대한 신통변화를 보지 못하였다.

[疏] 三, 結成不見이라
■ (다) 보지 못함에 대한 결론이다.

나. 비유로 밝히다[喩顯] 3.

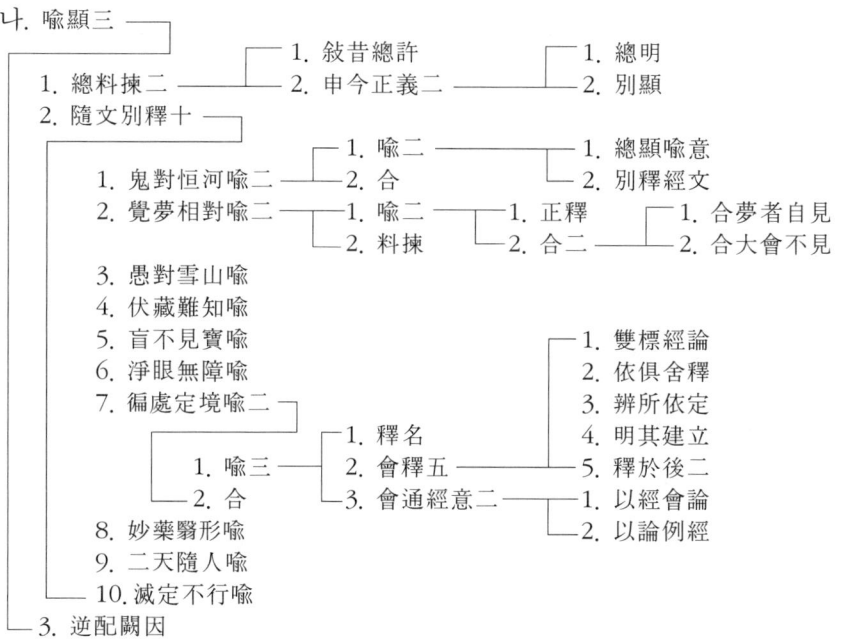

가) 총합하여 구분하다[總料揀] 2.
(가) 예전 해석을 허락하다[敍昔總許] (第二 19上1)

[疏] 第二, 佛子如恒河下는 喩顯이라 文有十喩하니 自古로 諸德이 皆將
　　 配前의 所迷佛果十句호대 唯第九의 二天一喩가 喩上第二如來嚴好
　　 오 餘皆如次하니 此亦有理로다
■ 나. 佛子如恒河 아래는 비유로 밝힘이다. 경문에 열 가지 비유가 있
　 나니, 예로부터 모든 공덕이 모두 장차 앞의 미혹할 대상인 부처님 과
　 덕의 열 구절에 배대하여 오직 제9회의 두 가지 하늘과 한 가지 비유
　 만으로 위의 제2. 여래의 상호로 장엄함에 비유하였다. 나머지는 모
　 두 순서대로이며, 이것도 또한 이치가 있다.

(나) 현재의 바른 이치를 밝히다[申今正義] 2.
ㄱ. 총합하여 설명하다[總明] (今解 19上3)
ㄴ. 개별로 모든 공덕에 비유하여 밝히다[別顯] (二者)

[疏] 今解에 有二하니 一者는 隨一一喩하여 總喩不見因果等境이니 以合
　　 文中에 亦言不見菩薩衆故라 又不喩菩薩之德이니 義不盡故라 又
　　 合文中에 多從總合하여 但言不見如來神變하여 明通諸句니라
　　 二者, 別喩諸德이라 若全不別하면 何俟多喩리요 然雖別喩가 亦通
　　 因果나 而前九는 約勝境爲喩니 謂恒河와 須彌等으로 喩佛德故라
　　 後一은 就劣法하여 爲喩니 入滅盡定으로 喩二乘故라 於前九中에
　　 配所迷菩薩之德은 其義則次로대 配所迷如來之德은 義少不次라
　　 所喩義別은 至文當知니라 又第一, 五와 十은 單喩聲聞不見이요 第

二, 三과 四와 七은 雙喩菩薩과 聲聞의 見不見別이요 餘三은 佛對聲聞하여 論見不見이라 有此三類者는 文影略耳니라 又唯約聲聞說者는 十喩가 皆喩彼無德故라 就中하여 初一은 兼喩有障故요 後一은 兼喩住自乘故라 且就前九하여 約勝境爲喩하여 顯九種勝德이요 其後一種은 總明不共하여 顯十無盡이라 前九德中에 一一皆具通別二意니라

■ 지금 해석에 둘이 있으니 ㄱ. 하나하나 비유를 따라서 총합하여 인행과 과덕 따위 경계를 보지 못함에 비유하였고, 합한 문장 중에 또한 보살 대중을 보지 못한다고 말한 까닭이요, 또한 보살의 공덕에 비유한 것은 아니니 이치가 다하지 않은 까닭이다. 또 합한 문장 중에 대부분 총합하여 합함을 따른 것이다. 단지 "여래의 신변을 보지 못한다"고 말함은 모든 구절에 통함을 밝힌다.

ㄴ. 개별로 모든 공덕에 비유하여 밝힘이다. 만일 완전히 구분하지 못한다면 많은 비유를 어찌 기다리겠는가? 그러나 비록 개별 비유도 또한 인행과 과덕에 통하겠지만 그러나 앞의 아홉 구절은 뛰어난 경계를 잡아서 비유하였고, 뒤의 한 구절은 하열한 법에 입각하여 비유하였다. 멸진정에 들어감으로 이승에 비유한 까닭이다. 앞의 아홉 구절 중에 보살의 공덕에 미혹한 바를 배대하였으니 그 이치는 순서대로이다. 미혹할 대상인 여래의 공덕에 배대하였으니 이치가 조금 순서가 맞지 않았다. 비유할 대상인 이치가 다르나니 경문에 가면 알게 되리라. 또한 첫째(鬼對恒河喩), 다섯째(盲不見寶喩)와 열째(滅定不行喩) 비유는 단순히 성문은 보지 못함에 비유함이요, 둘째(覺夢相對喩), 셋째(愚對雪山喩)와 넷째(伏藏難知喩), 일곱째(徧處定境喩) 비유는 보살과 성문이 보고 보지 못함이 다름을 함께 비유함이요, 나

머지 셋[여섯째(淨眼無障喩), 여덟째(妙藥翳形喩), 아홉째(二天隨人喩)]은 부처님이 성문에 상대하여 보고 보지 못함을 논하였다. 이런 세 부류가 있는데 경문은 비추어 생략했을 뿐이다. 또한 오직 성문만 잡아서 설한다면 열 가지 비유도 모두 저 공덕 없음에 비유한 때문이다. 중간에 나아가 처음 한 구절은 장애가 있음을 겸하여 비유한 것이요, 뒤의 한 구절은 자기 교법에 머무름을 겸하여 비유한 까닭이다. 우선 앞의 아홉 구절에 입각하여 뛰어난 경계를 잡아서 비유하였다. 아홉 가지의 뛰어난 공덕을 밝혔으니 그 뒤 한 종류는 이승과 함께 하지 않음을 총합하여 설명함이니 열 가지 다함없음을 밝혔으니 앞의 아홉 가지 공덕 중 하나하나에 모두 전체와 개별의 두 가지 의미를 갖추었다.

[鈔] 今解有二下는 申今正義니 便彈古義하고 以擧今正하여 揀昔成非故라 於中에 有二하니 先, 通中에 二니 一, 總辨標通이라 通有二義하니 一, 通因果요 二, 通喩諸句라 後, 以合文下는 引證辨通이라 文有三節하니 一, 正引文證하여 通於菩薩이요 二, 又不喩下는 反以義證하여 合通菩薩이요 三, 又合文中下는 正引文證하여 通喩諸德이라 二者, 別喩等者는 亦擧正하여 以揀昔非라 於中에 有八하니 一, 總出別喩之由니 卽反顯也오 二, 然雖別下는 揀異昔非요 三, 而前九下는 通明十喩異相이요 四, 於前九中下는 總示別喩德相이요 五, 又第一五十下는 約迷悟之人하여 揀其喩相이요 六, 又唯約聲聞下는 別示迷者異相이요 七, 且就前九下는 將欲釋文하여 重揀第三의 諸喩別相이요 八, 前九德中下는 通收通別二意[68]니라

---

68) 意는 甲南續本作難이라 하다.

● (나) 今解有二 아래는 현재의 바른 이치를 밝힘이다. 문득 고인들의 이치를 비판함이니 지금의 바른 이치를 거론하여 예전의 잘못됨을 구분한 까닭이다. 그중에 둘이 있으니 ㄱ. 전체를 설명함 중에 둘이니 ㄱ) 전체를 표방함을 밝힘이다. ㄱ)에 두 가지 뜻이 있으니 (ㄱ) 인행과 과덕에 통함이요, (ㄴ) 여러 구절을 전체로 비유함이요, ㄴ) 以合文 아래는 인증하여 전체를 밝힘이다. 경문에 세 절이 있으니 (ㄱ) 경문의 증거를 바로 인용함이니, 보살에 통함이요, (ㄴ) 又不喩 아래는 반대로 이치를 증명함이니 보살에 통합과 합함이요, (ㄷ) 又合文中 아래는 경문의 증거를 바로 인용함이니, 모든 공덕을 전체로 비유함이다. ㄴ. 개별로 비유함 등에도 또한 바른 이치를 거론하여 예전의 잘못을 구분함이다. 그중에 여덟이 있으니 (1) 총상으로 개별로 비유한 이유를 내보임이니 곧 반대로 밝힘이다. (2) 然雖別 아래는 예전의 잘못과 다름을 구분함이요, (3) 而前九 아래는 열 가지 비유가 다른 양상을 통틀어 밝힘이요, (4) 於前九中 아래는 개별로 공덕스러운 양상에 비유함을 총합하여 보임이요, (5) 又第一五十 아래는 미혹하고 깨닫는 사람을 잡아서 그 비유한 양상을 구분함이요, (6) 又唯約聲聞 아래는 미한 이의 다른 양상을 개별로 보임이요, (7) 且就前 아래는 장차 경문을 해석하려고 (3) 모든 비유의 별상을 거듭 구분함이요, (8) 前九德中 아래는 전체와 개별의 두 가지 의미를 통틀어 거둠이다.

나) 경문을 따라 개별로 해석하다[隨文別釋] 10.

❖ 鬼對恒河喩와 盲不見寶喩, 覺夢相對喩, 伏藏難知喩 등 비유로 밝힌 모습 변상도(제60권)

(가) 귀신이 항하강과 상대하는 비유[鬼對恒河喩] 2.

ㄱ. 비유로 밝히다[喩] 2.

ㄱ) 비유한 의미를 밝히다[總顯喩意] (今初 20下3)

佛子여 如恒河岸에 有百千億無量餓鬼가 裸形饑渴하며 擧體燋然하며 烏鷲豺狼이 競來搏撮하며 爲渴所逼하여 欲求水飮하며 雖住河邊이나 而不見河하며 設有見者라도 見其枯竭하나니 何以故오 深厚業障之所覆故인달하니라

불자여, 마치 항하의 언덕에 백천억 한량없는 아귀가 있으니, (1) 맨몸뚱이에 굶주리고 (2) 목마르고 (3) 온몸에 불이 타며, (4) 까마귀 (5) 독수리 (6) 승냥이 (7) 이리들이 다투

어 와서 할퀴며, (8) 기갈에 시달리어 물을 먹으려 하지마는, (9) 강가에 있으면서도 물을 보지 못하고 (10) 설사 보더라도 물이 말랐으니, 왜냐하면 두터운 업장이 덮인 탓이니라.

[疏] 今初는 鬼對恒河喩라 其恒河淸流는 通喩佛과 及菩薩의 潤益甚深德이며 別喩佛神力과 及菩薩境界德이니 以此二句가 爲初總故니라 鬼喩二乘이니 有所知障故요 不見은 亦喩不得諸法喜故니라

■ 지금은 (가) 귀신이 항하강과 상대하는 비유이다. 그 항하강이 맑게 흐름으로 부처님과 보살이 매우 깊은 공덕에 이익을 더함에 통틀어 비유하였고, 부처님의 신력과 보살 경계의 공덕에 개별로 비유하였다. 이런 두 구절에서 첫 구절로 총상이 된 까닭이다. 귀신은 이승을 비유하였으니 아는 바 장애가 있는 까닭이며, 보지 못함도 또한 모든 법의 기쁨을 얻지 못함에 비유한 까닭이다.

ㄴ) 경문을 개별로 해석하다[別釋經文] (言餓 20下7)

[疏] 言餓鬼等者는 生分已盡이 爲鬼요 未得無生忍衣가 爲裸形이요 不得法界行食이 爲飢요 不得眞解脫味가 爲渴이라 由此故로 稱爲餓니라 此上은 並無眞道니 卽是業餘요 行苦所遷이 爲擧體焦然이니 卽是苦餘라 空見이 爲烏鷲오 有見이 爲豺狼이요 於斯에 作決定解가 爲搏撮이요 內含大機하여 有眞脫分이 名爲渴所逼하여 欲求水飮이요 身在法會가 名住河邊이요 不覩神變이 名不見河요 雖覩世尊이나 但見丈六이 爲見枯渴이요 無明瞖膜이 名爲業障이며 卽煩惱餘니라

■ '아귀 등'이라 말한 것은 태어나는 부분이 다함으로 귀신을 삼고, 무생법인(無生法忍)의 옷을 얻지 못함으로 벌거벗은 형상을 삼고, 법계행의 음식을 얻지 못함으로 배고픔을 삼고, 참된 해탈의 맛을 얻지 못함으로 기갈을 삼았으니 이로 말미암아 기갈이라 칭한 것이다. 이 위도 아울러 진실함 없는 도가 곧 남은 업이요, 행고(行苦)로 변천해서 전체가 그을림을 삼았으면 곧 남은 고통이요, 공(空)하다는 소견은 새나 독수리를 삼으며, 유(有)라는 소견은 승냥이와 이리를 삼고, 여기서 결정한 이해를 짓는 것은 다투어 와서 할큄을 삼았다. 안으로 대승의 근기를 포함하고 진실한 해탈분이 있음은 기갈로 핍박함을 삼을 적에 물 마시기를 욕구함이다. 몸이 법회에 있는 것을 강가에 머문다고 이름함이요, 신통한 변화를 보지 못함을 물을 보지 못함이라 이름한다. 비록 세존을 뵈었지만 단지 장육의 몸을 보는 것이 고갈됨을 봄이요, 무명에 덮힌 막을 '업의 장애'라 이름하나니 곧 남은 번뇌이다.

[鈔] 言餓鬼等下는 牒釋經文이니 十喩가 皆然이라 言生分已盡이 爲鬼者는 如鬼가 已捨生人故니라 卽是業餘者는 三餘之義가 已見上文이어니와 然總相說컨대 以無漏有分別業이 名爲業餘니 今未得無生하고 未得法界하고 未證眞解脫이 皆[69] 分別也니라 行苦所遷者苦餘는 卽變易生死와 意生身이니 此約已入無餘者오 今約未入無餘니 已得有餘코 餘[70] 苦依身이 卽行苦也니라 空見이 爲烏鷲下는 皆是煩惱餘라 然煩惱餘는 通是無明住地니 卽是所知障이라 所知障이 有二하니 一, 所知之障이니 卽以業障으로 喩所知之障일새 故云蔽其眼故라 二, 所

---

69) 皆는 甲南續金本作皆有라 하다.
70) 餘는 南續金本作以라 하다.

知卽障이니 故로 經에 云, 智障이 甚盲冥이라하나니 謂眞俗別執이라 今於有無에 作決定解는 卽眞俗別執이니 故是智障이니라 鳥歸虛空일새 故喩空見이오 獸依於地일새 故喩有見이오 不同法華에 鵄梟鵰鷲 等을 喩界內煩惱니라

雖覩世尊下는 此明二乘이 但見自分境界耳라 五俱鄰[71]等이 最初에 受道나 豈見世尊의 始成正覺하사 身徧十方하고 智入三際等이리요

● ㄴ) 言餓鬼等 아래는 경문을 따와서 해석함이니, 열 가지 비유가 모두 그러하다. '태어나는 부분이 다함으로 귀신을 삼는다'고 말한 것은 마치 귀신은 산 사람을 버림과 같은 까닭이다. 곧 남은 업에서 세 가지 남음의 뜻은 이미 위의 경문에서 보았다. 그러나 총상으로 말하면 무루(無漏)는 분별이 있는 업이므로 남은 업이라 이름한 것이다. 지금은 생사 없음을 얻지 못하고, 법계를 얻지 못하고, 진실한 해탈을 증득하지 못함은 모두 분별하는 지혜 때문이다. '행고(行苦)로 변천한다'는 것은 남은 고통이니 곧 변역생사(變易生死)의 '뜻대로 태어난 몸[意生身]'이다. 이것은 '이미 남은 번뇌 없음에 들어감'이란 지금은 무여열반(無餘涅槃)에 들어가지는 못했지만 유여열반(有餘涅槃)은 이미 얻은 것을 뜻한다. 남은 고통이 몸을 의지함은 곧 행고(行苦)이다. 空見爲鳥鷲 아래는 모두 남은 번뇌이다. 그러나 남은 번뇌는 통틀어 '무명이 머무는 지위[無明住地]'이니 바로 소지장이다. 소지장(所知障)에 둘이 있으니 (1) 소지장은 곧 업의 장애로 알 대상의 장애에 비유한 연고로 '그 눈을 막기 때문'이라 말한다. (2) 아는 것이 곧 장애이므로 경문에 이르되, "지혜의 장애가 극히 어둡고 깜깜하다는 것은 진과 속이 다르다는 집착을 말한다"[72]라 하였으니, 지금은 유와 무에

---

71) 鄰은 南續金本作輪이라 하다.
72) 인용문은 경문이 아니라 世親釋 眞諦譯의 『15권 섭론석』 제1권 게송이다. (대정장 권31 p.153-)

서 결정한 이해를 짓는 것은 곧 진과 속이 다르다는 집착이므로 지적인 장애이고, 새가 허공으로 돌아가는 연고로 공(空)이란 소견에 비유함이요, 짐승이 땅을 의지하는 연고로 유(有)라는 소견에 비유함이요, 『법화경』(비유품)의 '소리개·올빼미·부엉이·독수리 등'은 18계 안의 번뇌에 비유하였다.

雖觀世尊 아래는 여기서 이승은 단지 자분경계만 볼 뿐임을 밝힌 내용이다. 다섯이 모두 가장 먼저 도를 받음과 가깝나니, 어찌 세존께서 처음 정각을 이루시고 몸이 시방에 두루하고 지혜로 삼제(三際)에 들어감을 보는 등이겠는가?

ㄴ. 법과 비유를 합하다[合] (後彼 22上2)

彼大聲聞도 亦復如是하여 雖復住在逝多林中이나 不見如來廣大神力하나니 捨一切智하여 無明翳瞙이 覆其眼故며 不曾種植薩婆若地諸善根故니라
저 성문들도 그와 같아서 서다림에 있으면서도 여래의 광대한 신통의 힘을 보지 못하고, 온갖 지혜를 버리었으니 무명의 어두운 막이 눈을 덮은 탓이며, 일찍이 온갖 지혜의 착한 뿌리를 심지 못한 탓이니라.

[疏] 後, 彼大下는 合이라 中에 先, 合業障이요 不曾已下는 合裸形等이니라
■ ㄴ. 彼大 아래는 법과 비유를 합함이다. 그중에 ㄱ) 업의 장애와 합함이요, 不曾 아래는 나형과 합함 등이다.

[鈔] 不曾已下는 合裸形等者는 無生忍衣와 法界行食이 皆一切智의 諸
　　善根也니라
● 不曾 아래는 나형과 합함 등에서 생사 없는 인욕의 옷은 법계에서 행
　하는 음식이니 모두 온갖 지혜와 모든 선근이다.

(나) 깼을 때와 꿈꿀 때를 상대한 비유[覺夢相對喩] 2.

ㄱ. 비유로 밝히다[喩] 2.
ㄱ) 바로 해석하다[正釋] (第二 22下2)

譬如有人이 於大會中에 昏睡安寢이라가 忽然夢見須彌山
頂에 帝釋所住善見大城의 宮殿園林이 種種嚴好하며 天子
天女의 百千萬億이 普散天花하여 徧滿其地하며 種種衣樹
가 出妙衣服하며 種種華樹가 開敷妙華하며 諸音樂樹가 奏
天音樂하며 天諸采女가 歌詠美音하며 無量諸天이 於中戲
樂하고 其人이 自見着天衣服하고 普於其處에 住止周旋하
되 其大會中一切諸人은 雖同一處나 不知不見하나니 何以
故오 夢中所見이 非彼大衆의 所能見故인달하니라
비유컨대 어떤 사람이 여럿이 모인 데서 편안히 자다가 꿈
을 꾸는데, 수미산 꼭대기에 제석천왕이 있는 선견성을 보
니, 궁전과 동산 숲이 가지가지로 훌륭하고 천자와 천녀 백
천만억 인들이 하늘 꽃을 뿌려 땅에 가득하며, 여러 가지 의
복 나무에서는 묘한 의복이 나오고, 갖가지 꽃나무에는 아
름다운 꽃이 피고, 음악 나무에서는 하늘 음악을 연주하고,

하늘 아씨들은 아름다운 음성으로 노래하고 한량없는 하늘
들이 즐겁게 놀며, 자신도 하늘 옷을 입고 그곳에서 오고 가
는 것을 보지마는, 회중에 있는 사람들은 비록 한자리에 있
으나 알지도 못하고 보지도 못하나니, 왜냐하면 꿈에 보는
것은 그 대중들의 볼 수 있는 것이 아닌 연고이니라.

[疏] 第二, 覺夢相對喩라 夢遊天宮은 通喩佛과 及菩薩의 高顯廣大德이
요 別喩如來遊戱神變二句와 及菩薩大會已下의 十一句니 喩甚相
似라

■ (나) 깼을 때와 꿈꿀 때를 상대한 비유이다. 꿈에 천궁에서 노는 것
으로 부처님과 보살의 높게 나타나는 광대한 덕을 통틀어 비유함이
요, 개별로 여래의 유희함과 신통한 변화함의 두 구절에 비유하였고,
또 菩薩大會 아래의 11구절은 매우 비슷함에 비유하였다.

[鈔] 及菩薩大會下十一句者는 謂一, 菩薩大會요 二, 菩薩普入이요 三,
菩薩普至요 四, 普詣요 五, 神變이요 六, 遊戱요 七, 眷屬이요 八, 方
所요 九, 莊嚴師子座요 十, 宮殿이요 十一, 菩薩住處라 今文에 夢往
須彌⁷³⁾는 卽普至와 普詣와 普入⁷⁴⁾이요 善見大城等宮殿은 卽菩薩宮
殿이요 城池와 園林은 卽是住處요 天子天女는 卽眷屬이요 開華奏樂
은 卽是神變이요 歌詠戱樂은 卽是遊戱요 住止周旋은 卽有⁷⁵⁾座矣니라

● 及菩薩大會 아래 11구절은 이른바 (1) 보살의 대회요 (2) 보살의 두
루 들어감 (3) 보살의 널리 모여 옴 (4) 보살의 널리 나아감 (5) 보살

---

73) 彌下에 甲南續金本有山字라 하다.
74) 普入은 南續金本作入이라 하다.
75) 有는 甲南續金本作是라 하다.

의 신통변화 (6) 보살의 유희 (7) 보살의 권속 (8) 보살의 방소 (9) 보살의 장엄한 사자좌 (10) 보살의 궁전 (11) 보살의 계신 곳이다. 지금 경문에 꿈속에 수미산으로 가나니 곧 (3) 보살의 널리 모여 옴 (4) 보살의 널리 나아감과 (2) 보살의 두루 들어감이다. (제석천왕이 있는) 선견성(善見城) 등 궁전은 곧 (10) 보살의 궁전이요, 성과 연못과 동산 숲은 곧 (11) 보살의 머무는 곳이다. 천자와 천녀는 곧 (7) 보살의 권속이요, 꽃 피고 음악 연주함은 곧 (5) 보살의 신통변화요, (하늘 아씨들이) '아름다운 음성으로 노래함과 하늘들이 즐겁게 노는 것'은 곧 (6) 보살의 유희함이요, 그곳에서 오고 가는 것은 곧 (9) 보살의 자리에 있는 것이다.

ㄴ) 구분하다[料揀] (然此 23上1)

[疏] 然이나 此下八喩는 約二乘하여 喩明其無德이라 亦有通別하니 通則 於一一德을 不了가 皆由前闕因緣故요 別則各喩無德이 不同이니 此 一喩는 無如是神通故며 又不知菩薩이 如夢故라 然이나 合文中에 明 無如是智眼故者는 從通相合이니 故下數段이 皆合無眼이니라 文中 에 先, 喩요 後, 一切菩薩下는 合이라

- 然此 아래 여덟 가지 비유는 이승의 비유를 잡아서 그 공덕 없음을 밝힘도 또한 전체와 개별이 있다. 전체는 낱낱 공덕을 요달하지 않으면 모두 앞의 인연이 빠짐을 말미암은 까닭이요, 개별은 각기 공덕이 같지 않음에 비유하였다. 여기 한 가지 비유는 이런 신통이 없는 까닭이요, 또한 보살이 꿈과 같음을 알지 못하는 까닭이다. 그러나 합한 경문 중에 이런 지혜 눈이 없기 때문임을 밝힌 것은 전체 양상부터 합한

연고로 아래 문단을 헤아림도 모두 눈이 없음과 합한다. 경문 중에
ㄱ. 비유로 밝힘이요, ㄴ. 一切菩薩 아래는 법과 비유를 합함이다.

[鈔] 然이나 此下八喩는 亦[76]約二乘하여 料揀이니 以初一은 喩聲聞이 但有不得法喜之一德耳라 故로 此下八에 具於通別이니라
● 然此 아래 여덟 가지 비유는 이승을 잡아 구분함이다. 처음 하나는 성문에 비유하였으니 단지 법의 기쁨을 얻지 못한 한 가지 덕일 뿐이다. 그러므로 이 아래 여덟 가지 비유는 전체와 개별을 갖추었다.

ㄴ. 법과 비유를 합하다[合] 2.
ㄱ) 꿈꾸는 이가 스스로 봄과 합하다[合夢者自見] (合中 23下5)
ㄴ) 대중 모임은 보지 못함과 합하다[合大會不見] (後一)

一切菩薩世間諸王도 亦復如是하여 以久積集善根力故며 發一切智廣大願故며 學習一切佛功德故며 修行菩薩莊嚴道故며 圓滿一切智智法故며 滿足普賢諸行願故며 趣入一切菩薩智地故며 遊戲一切菩薩所住諸三昧故며 已能觀察一切菩薩智慧境界無障礙故라 是故로 悉見如來世尊의 不可思議自在神變하되 一切聲聞諸大弟子는 皆不能見하며 皆不能知하나니 以無菩薩淸淨眼故니라
모든 보살과 세간의 임금들도 그와 같아서 본래부터 (1) 착한 뿌리를 쌓은 힘과, (2) 온갖 지혜의 광대한 원을 내었음과, (3) 모든 부처의 공덕 닦음과, (4) 보살의 장엄하는 도를

---

76) 亦은 南續金本作六이라 하나 誤植이다.

수행함과, (5) 온갖 지혜의 지혜 법을 원만함과, (6) 보현의 행과 원을 만족함과, (7) 모든 보살의 지혜에 들어감과, (8) 모든 보살의 머무는 삼매에 유희함과, (9) 모든 보살의 지혜의 경계를 관찰하여 (10) 걸림이 없는 연고로, 여래 세존의 부사의한 자유자재하는 신통변화를 모두 보거니와, 성문인 제자들은 보지 못하고 알지 못하나니, 보살의 청정한 눈이 없는 연고이니라.

[疏] 合中에 二니 先, 合夢者의 自見이요 後, 一切聲聞下는 合大會不見이니 並可思也니라

■ ㄴ. 법과 비유를 합함 중에 둘이니 ㄱ) 꿈꾸는 이가 스스로 봄과 합함이요, ㄴ) 一切聲聞 아래는 대중 모임은 보지 못함과 합함이니 함께하면 생각할 수 있으리라.

(다) 우법 소승은 설산에 있으면서도 알지 못하는 비유[愚對雪山喩]

(第三 24上2)

譬如雪山에 具衆藥草하니 良醫詣彼하여 悉能分別이어니와 其諸捕獵放牧之人은 恒住彼山하되 不見其藥인달하여 此亦如是하여 以諸菩薩은 入智境界하여 具自在力일새 能見如來廣大神變이어니와 諸大弟子는 唯求自利하고 不欲利他하며 唯求自安하고 不欲安他일새 雖在林中이나 不知不見이니라

마치 설산에는 여러 가지 약초가 많이 있거든, 의사가 거기

가면 모두 잘 알지마는 사냥꾼이나 목동들은 그 산에 항상 있으면서도 약초를 보지 못하느니라. 이것도 그와 같아서 보살들은 지혜의 경계에 들어가서 자유자재한 힘을 갖추었으므로 여래의 광대한 신통변화를 보지마는, 큰 제자들은 자기만 이익하고 다른 이는 이익하려 하지 않으며, 자기만 편안하려 하고 다른 이는 편안하게 하려 하지 않으므로, 서다림 속에 있으면서도 알지도 못하고 보지도 못하느니라.

[疏] 第三, 愚對雪山喩라 雪山良藥은 通喩幽邃難見德이요 別喩에 亦喩佛境界니 所悲境故요 喩菩薩所住處니 悲救衆生이 爲所住故라 其捕獵等은 喩聲聞이 無大悲救衆生病이요 亦是無如是境界故니라

■ (다) 우법 소승은 설산에 있으면서도 알지 못하는 비유이다. 설산의 좋은 약이 전체로는 그윽하여 보기 어려운 공덕에 비유하였고, 개별로는 비유함도 또한 부처님 경계가 대비의 대상 경계를 비유한 까닭이다. 보살이 머무는 곳이 중생을 대비로 구제하기 위하여 머무는 곳임을 비유한 까닭이다. 그 사냥꾼 등은 성문에 비유하였으니 대비로 중생을 구제함 없는 병통도 또한 이러한 경계가 없는 까닭이다.

(라) 묻힌 보물 창고를 알지 못하는 비유[伏藏難知喩] (第四 24下5)

譬如地中에 有諸寶藏하여 種種珍異가 悉皆充滿이어든 有一丈夫가 聰慧明達하여 善能分別一切伏藏하며 其人이 復有大福德力하여 能隨所欲하여 自在而取하여 奉養父母하고 賑卹親屬하며 老病窮乏에 靡不均贍하되 其無

智慧無福德人은 雖亦至於寶藏之處나 不知不見하여 不
得其益인달하여 此亦如是하여 諸大菩薩은 有淨智眼하여
能入如來不可思議甚深境界하며 能見佛神力하며 能入
諸法門하며 能遊三昧海하며 能供養諸佛하며 能以正法
으로 開悟衆生하며 能以四攝으로 攝受衆生이어니와 諸大
聲聞은 不能得見如來神力하며 亦不能見諸菩薩衆이니라
마치 땅속에 여러 가지 묻힌 보물과 귀중한 보배가 가득 찼
는데, 어떤 사람이 총명하고 지혜가 있으며 모든 묻힌 보물
을 잘 알고, 또 큰 복력도 있으므로 마음대로 가져다가 부모
를 봉양하고 친족들에게 나누어 주고 병들고 늙고 곤궁한
이들을 구제하지마는, 지혜가 없고 복덕이 없는 사람은 비
록 보물이 묻힌 데 가더라도 알지 못하고 보지 못하여 이익
을 얻지 못하느니라. 이것도 그와 같아서 큰 보살들은 깨끗
한 지혜의 눈이 있으므로 여래의 부사의한 깊은 경계에 들
어가서 부처의 신통한 힘을 보며 여러 가지 법문에 들어가
삼매의 바다에 놀면서 부처님께 공양하고 바른 법으로 중
생들을 깨우치고 네 가지 거두어 주는 법으로 중생들을 거
두어 주거니와 큰 성문들은 여래의 신통한 힘을 보지도 못
하고 보살 대중을 보지도 못하느니라.

[疏] 第四, 伏藏難知喩라 藏則通喩秘密難知德이요 別喩如來尊勝이니
可寶重故오 喩菩薩의 所入三昧와 及觀察과 頻申과 勇猛과 供養이니
如喩思之니라 薄福은 喩聲聞이니 無如是威德故니라
- (라) 묻힌 보물 창고를 알지 못하는 비유이다. 창고는 전체로는 비밀

하여 알기 어려운 공덕에 비유하였고, 개별로는 여래가 높고 뛰어나서 보물처럼 존중할 만함에 비유한 까닭이다. 보살이 들어갈 곳인 삼매와 기운 뻗어 용맹하게 공양함을 관찰함에 비유하였다. 비유와 같이 생각한다면, 박복한 이는 성문에 비유함이니 이러한 위덕이 없는 까닭이다.

[鈔] 喩菩薩下는 如喩思之者는 然이나 合文自具어니와 若約喩者인대 伏藏은 猶如三昧오 聰慧分別은 卽是觀察이요 隨欲而取는 卽是頻申이요 有大福力은 卽當勇猛이요 奉養父母는 卽供養也니라

● 喩菩薩 아래는 비유와 같이 생각함이다. 그러나 합한 문장이 자연히 갖추어지고 만일 비유를 잡는다면 묻힌 보물은 삼매와 같고 지혜 총명한 분별은 곧 관찰함이요, 욕심을 따라 취함은 곧 기운 뻗음이요, 큰 복력이 있음은 곧 용맹함에 해당하고, 부모를 봉양함은 곧 공양에 해당한다.

(마) 맹인이 보물 창고를 보지 못하는 비유[盲不見寶喩] (第五 25上7)

譬如盲人이 至大寶洲하여 若行若住하며 若坐若臥하되 不能得見一切衆寶하나니 以不見故로 不能採取하며 不得受用인달하여 此亦如是하여 諸大弟子가 雖在林中하여 親近世尊이나 不見如來自在神力하며 亦不得見菩薩大會하나니 何以故오 無有菩薩無礙淨眼하여 不能次第悟入法界하며 見於如來自在力故니라

마치 눈먼 사람이 보배가 많은 섬에 가서 다니고 서고 앉고

누우면서도 모든 보배를 보지 못하며, 보지 못하므로 가져다가 사용하지 못하느니라. 큰 제자들도 그와 같아서 서다림 속에서 세존께 친근하면서도 여래의 자유자재한 신통을 보지 못하며, 보살 대중도 보지 못하나니, 왜냐하면 보살의 걸림 없는 깨끗한 눈이 없어서 차례차례로 법계에 깨달아 들어가지 못하고 여래의 자재한 힘을 보지 못하는 탓이니라.

[疏] 第五, 盲不見寶喩라 寶洲는 通喩逈絶難測德이요 別喩如來妙行이니 積行圓妙故요 喩菩薩受記가 成熟勇猛이니 可知니라 盲喩二乘이니 無如是善根故니라

■ (마) 맹인이 보물 창고를 보지 못하는 비유이다. 보물섬은 전체로는 멀리 떨어져 측량하기 어려운 공덕에 비유하였고, 개별로는 여래의 묘한 행에 비유하였으니 쌓은 수행이 원만하고 묘한 연고로 보살의 수기 받음에 비유하였다. 성숙하고 용맹함은 알 수 있으리라. 맹인을 이승에 비유한 것은 이러한 선근이 없는 까닭이다.

[鈔] 喩菩薩受記等者는 不能採取는 卽無勇猛이요 不得受用은 卽無授記成就義也니라

● 보살의 수기 받음에 비유한 등에서 능히 채취하지 못함은 곧 용맹함이 없는 것이요, 받아 사용하지 못함은 곧 수기 받음이 없음이니, (수기는 곧) 성취한다는 뜻이다.

(바) 청정한 눈은 장애가 없는 비유[淨眼無障喩] (第六 25下9)

譬如有人이 得淸淨眼하니 名離垢光明이니 一切暗色이 不能爲障이라 爾時彼人이 於夜暗中에 處在無量百千萬億人衆之內하여 或行或住하며 或坐或臥할새 彼諸人衆의 形相威儀는 此明眼人이 莫不具見이어니와 其明眼者의 威儀進退는 彼諸人衆이 悉不能覩인달하여 佛亦如是하여 成就智眼淸淨無礙하사 悉能明見一切世間이니 其所示現神通變化와 大菩薩衆의 所共圍遶는 諸大弟子가 悉不能見이니라

비유컨대 어떤 사람이 때가 없는 광명이라는 청정한 눈을 얻으면 모든 어두움이 장애하지 못하므로, 참참한 밤중에 백천만억 사람이 있는 곳에서 가고 서고 앉고 누우면서 여러 사람의 형상과 위의를 이 눈 밝은 사람은 능히 보지마는 이 눈 밝은 이의 오고 가는 행동을 저 여러 사람들은 보지 못하느니라. 부처님도 그와 같아서 지혜 눈을 성취하여 청정하고 걸림이 없으므로 모든 세상 사람들을 보지마는, 부처님이 나투시는 신통변화와 큰 보살들이 둘러 모시는 것을 큰 제자들은 보지 못하느니라.

[疏] 第六, 淨眼無障喩라 通喩智照難量德이요 別喩如來威德과 菩薩法身已下의 五句라 不覩威儀는 喩二乘이니 無如是自在故니라

■ (바) 청정한 눈은 장애가 없는 비유이니, 전체로는 지혜로 비추어 헤아리기 어려운 공덕에 비유하였고, 개별로는 여래의 위덕에 비유하였다. 菩薩法身 아래 다섯 구절은 위의를 보지 못함으로 이승이 이러한 자재함이 없음에 비유한 까닭이다.

[鈔] 喻菩薩法身下五句者는 即菩薩法身淸淨과 菩薩智身圓滿과 願身示現과 色身成就와 菩薩諸相具足이니라 釋曰, 五句가 不出菩薩形相威儀故니라

● 喻菩薩法身 아래 다섯 구절은 곧 보살의 법신이 청정하고 보살의 지혜 몸이 원만하여 원력의 몸을 나타내고 형색의 몸을 성취하여 보살의 모든 상호를 구족함이다. 해석하자면 다섯 구절은 보살의 형상과 위의에서 벗어나지 않는 까닭이다.

(사) 온갖 곳에 두루한 선정의 경계에 비유하다[徧處定境喻] 2.

ㄱ. 비유로 밝히다[喻] 3.
ㄱ) 명칭 해석[釋名] (第七 26上9)

譬如比丘가 在大衆中하여 入徧處定하나니 所謂地徧處定과 水徧處定과 火徧處定과 風徧處定과 靑徧處定과 黃徧處定과 赤徧處定과 白徧處定과 天徧處定과 種種衆生身徧處定과 一切語言音聲徧處定과 一切所緣徧處定이라 入此定者는 見其所緣하나니 其餘大衆은 悉不能見이요 唯除有住此三昧者인달하니라

비유컨대 어떤 비구가 대중들 가운데서 온갖 곳에 두루한 선정에 들었으니, 이른바 (1) 땅 온갖 곳에 두루한 선정 · (2) 물 온갖 곳에 두루한 선정 · (3) 불 온갖 곳에 두루한 선정 · (4) 바람 온갖 곳에 두루한 선정 · (5) 푸른 온갖 곳에 두루한 선정 · (6) 누른 온갖 곳에 두루한 선정 · (7) 붉은 온갖

곳에 두루한 선정 · (8) 흰 온갖 곳에 두루한 선정 · (9) 하늘 온갖 곳에 두루한 선정 · (10) 갖가지 중생의 몸 온갖 곳에 두루한 선정 · (11) 모든 말과 음성 온갖 곳에 두루한 선정 · (12) 모든 반연할 온갖 곳에 두루한 선정이라. 이 선정에 든 이는 그의 반연함을 보지마는, 다른 대중은 모두 보지 못하나니, 오직 이 삼매에 머무른 이는 제하느니라.

[疏] 第七, 徧處定境喩니 通喩周徧難思德이요 別喩如來淨刹과 菩薩常光과 衆色莊嚴과 菩薩放大光明網이라 不見定境은 喩聲聞이니 無如是三昧故라 喩中에 言徧處者는 於一切處에 周徧觀察하여 無有間隙일새 故名徧處니라

■ (사) 온갖 곳에 두루한 선정의 경계에 비유함이니 전체로는 주변으로 생각하기 어려운 공덕에 비유하였고, 개별로는 여래의 청정한 국토에 비유하였다. 보살의 항상한 광명은 많은 색깔로 장엄하고 보살이 큰 광명의 그물을 놓아서 선정 경계를 보지 않음이니, 성문에게는 이런 삼매가 없음에 비유한 까닭이다. 비유한 중에 '두루한 곳'이라 말한 것은 온갖 곳에서 주변으로 관찰하여 사이한 간극이 없는 연고로 두루한 곳이라 이름하였다.

[鈔] 言徧處等者는 疏文이 有三하니 初, 釋名이요 二, 會釋이요 三, 會通經意라 今初니 俱舍頌에 云, 徧處가 有十種하니 八은 如淨解脫이요 後二는 淨無色이니 緣自地四蘊이라하니라 論에 云, 謂八自性은 皆是無貪[77]으로 若幷助伴하면 五蘊爲性이라하며 又云, 有餘師說호대 唯

---

77) 貪下에 甲南續金本有爲性二字, 論原本無라 하다.

風徧處는 緣所觸中의 風界爲性이라하니라 言八者는 卽靑黃赤白과 地水火風이니 如今經辨이니라 論에 云, 依第四靜慮[78]하여 緣欲의 可見色이 如淨解脫이요 後二는 如次하여 空識二處라 若無色으로 爲其自性인대 各緣自地의 四蘊爲性이라 應知[79]此中에 修行者가 從諸解脫하여 入諸勝處요 入此徧處하야는 以後後智가 勝前前故라하니 謂修解脫에는 但於所緣에 總取淨相이요 未能分別靑黃赤白이어니와 後四勝處는 雖能分別靑黃赤白이나 而未能作無邊行相이니라 前四徧處는 謂觀靑等이 一一無邊이라 餘如疏辨이니라 言勝處者는 頌에 云, 勝處가 有八種하니 二는 如初解脫이요 次二는 如第二요 後四는 如第三이라하니 謂前二解脫이 各分多少하여 有四하고 後四는 卽靑黃赤白이라 能制伏心緣境[80]處[81]일새 故名勝處니라

● '두루한 곳'이라 말한 것은 소문에 셋이 있으니, ㄱ) 명칭 해석이요, ㄴ) 모아서 해석함이요 ㄷ) 경문의 의미를 회통함이다. 지금은 ㄱ)이니『구사론』(제29권) 게송에 이르되, "변처(徧處)에는 열 가지가 있으니 여덟은 청정한 해탈과 같으며, 위의 둘은 청정한 무색(無色)으로서 제 경지의 사온(四蘊)에 반연하네"라고 하였고, 논에 이르되, "이른바 여덟 가지의 자체 성품은 모두 탐욕 없음이요, 만일 돕는 반려와 함께 하면 오온(五蘊)으로 체성을 삼는다"라 하였고, 또 이르되, "나머지 논사의 설함은 오직 바람이 두루한 곳이요, 인연으로 닿을 바 중에 바람 세계로 성품을 삼는다"라고 하였다. '여덟'이라 말한 것은 곧 푸르고 누르고 붉고 흰 것과 땅과 물, 불, 바람이니 본경에서 밝힌 내용과 같다. 논에 이르되, "제4 정려에 의하여 욕심 세계의 볼 수 있는 물

---

78) 慮下에 原續本有者字, 論南金本無라 하다.
79) 知는 南金本作如誤, 論原續本作知라 하다.
80) 緣境은 南續金本作境緣이라 하다.
81) 上七字는 論作能制伏境 心勝境處라 하다.

질에 반연한다"라고 하였으니, 청정한 해탈과 같으며, 뒤의 두 변처(徧處)는 차례대로 공(空)과 식(識)의 두 청정한 무색(無色)으로 그 자성이 되었는데 각각 제 경지의 사온(蘊)에 반연하여 대상을 삼는다. 응당 알아야 할 것은 이 중에서 관행(觀行)을 닦는 이가 모든 해탈로부터 모든 승처(勝處)에 들어가며, 모든 승처로부터 모든 변처(徧處)에 들어가나니, 뒤로 갈수록 일으킨 것이 앞과 앞의 것보다 수승하기 때문이다. 이른바 해탈을 닦음이니 단지 반연할 대상에 총합하여 청정한 모양을 취하지만 청황적백을 능히 분별하지 못한다. 뒤의 넷은 뛰어난 곳이니 비록 청황적백을 능히 분별하더라도 아직 능히 그지없는 행법의 모양을 짓지 못한 것이요, 앞의 넷은 두루한 곳이니 이른바 푸른 등의 하나하나가 그지없음을 관찰함이며, 나머지는 소에서 밝힌 내용과 같다. '뛰어난 곳'이라 말한 것은 게송에 이르되, "승처에도 여덟 가지가 있으니 둘은 첫째 해탈과 같으며 다음의 둘은 제2 해탈과 같고 뒤의 넷은 제3 해탈과 같네"라고 하였으니, 이른바 앞의 두 가지 해탈이다. 각기 많고 적음을 나누면 넷이 있고, 뒤의 넷은 곧 청황적백이다. 마음이 반연하는 경계의 처소를 능히 제어하고 조복한 연고로 뛰어난 곳이라 말한다.

ㄴ) 모아서 해석하다[會釋] 5.
(ㄱ) 경과 논을 함께 표방하다[雙標經論] (然瑜 27上7)
(ㄴ) 구사론에 의지한 해석[依俱舍釋] (先觀)

[疏] 然이나 瑜伽와 智度와 俱舍等論에는 皆說有十이어늘 今有十二하니 前八은 同彼요 彼中의 九는 名空徧處요 十은 名識徧處라 先, 觀靑等이

普徧하고 次, 觀靑等이 爲何所依하여 知由地等하고 次, 思所觀이 由
何廣大하여 知由於空하고 次, 思能觀하여 知由依識하나니
- 그러나『유가사지론』과『대지도론』과『구사론』등에서 모두 열 가지
가 있다고 설하였고, 본경에는 12가지가 있다. 앞의 여덟은 저와 같
고 저 가운데 아홉은 공이 두루한 곳이요, 열째는 인식이 두루한 곳
이다. 앞에서 푸른 등이 널리 두루함을 관찰하고, 다음에 푸른 등은
어떤 곳을 의지함이 되는가? 땅 등을 인하여 안다. 다음은 관찰할 대
상을 생각함은 무엇으로 인해 광대한가? 공으로 인해 안다. 다음에
관찰할 주체를 생각함은 인식에 의지함으로 인해 안다.

(ㄷ) 의지하는 선정을 밝히다[辨所依定] (前八 27上10)
(ㄹ) 그 건립한 것을 밝히다[明其建立] (瑜伽)
(ㅁ) 뒤의 둘을 해석하다[釋於後二] (無色)

[疏] 前八은 依第四靜慮하여 觀欲의 可見色이요 後二는 依無色定이니라
瑜伽十二에 云, 何故로 徧處에 唯說色觸二處建立고 由此二種이 共
自他身하여 徧有色界하여 常相續故오 眼等根色은 唯屬自身하고 香
味二塵은 不徧一切하고 聲塵82)은 有間일새 是故不說이오 無色界中
에 空徧一切處며 識所行境도 亦徧一切일새 故立此二라하니라
- 앞의 여덟 가지는 제4 정려를 의지하여 욕심 세계의 볼 수 있는 물질
을 관찰함이요, 뒤의 둘은 무색계의 선정에 의지한다.『유가사지론』
제12권에 이르되, "어찌하여 십변처는 빛깔[色]과 닿임[觸]의 두 가지
처소만에 나아가서 세웠느냐 하면, 이 두 가지는 자기와 다른 이의

---

82) 聲塵은 瑜伽論에 聲聲이라 하다. (譯者注)

몸에 공통하고 두루하게 빛깔 있는 경계[有色界]에 있으면서 언제나 계속하기 때문이며, 눈[眼] 따위 감관의 빛깔은 자기 몸에만 소속되고 냄새·맛[香味]의 두 가지 티끌[二塵]은 온갖 것에 두루하지 않으며 소리와 소리는 간단이 있나니, 그러므로 말하지 않았다"라고 하였다. 무색계 중에 공이 온갖 곳에 두루하고 인식이 행할 대상인 경계도 또한 모두에 두루하므로 이런 둘을 세운 것이다.

[鈔] 前八依第四下는 三, 辨所依定이니 已如上引이니라 瑜伽十二云下는 四, 明其建立이라 於中에 有二니 先, 問이요 後, 由此二種下는 答이라 問言色觸者는 問意에 云, 何以十二處中에 唯依二處아 謂靑黃赤白은 是色處요 地水火風은 是觸處니 以堅濕煖動은 是身所觸故라 答中에 二⁸³⁾니 先, 明立二之由라 此有三義하니 次下當知니라 後, 從眼等下는 明於十處에 不立徧處所以라 亦有三節이야 次第對上하니 一, 眼等根色이 唯屬自身者는 對上通自他身이요 二, 香味二塵은 不徧一切者는 對上徧有色界니 以二禪已上은 無鼻舌識故며 亦無香味二塵이니라 三, 聲塵은 有間⁸⁴⁾者는 對上常相續故니 聲發에 卽⁸⁵⁾聞하고 不發에 不聞이니 故有間斷이니라 言是故로 不說者는 通結上三節 於十色處中에 不說八色處하야 爲徧處也니라 五, 無色界下는 釋於後二를 可知니라

● (ㄷ) 前八依第四 아래는 의지하는 선정을 밝힘이니 이미 위에서 인용함과 같다. (ㄹ) 瑜伽十二云 아래는 그 건립한 것을 밝힘이다. 그중에 둘이 있으니 a. 질문함이요, b. 由此二種 아래는 대답함이다. 빛

---

83) 二는 南續金本作亦二라 하다.
84) 塵은 南金本作聞이라 하다.
85) 卽은 南續金本作則이라 하다.

깔에 닿은 곳이라 질문하여 말한 것은 질문한 의미를 말하면, "어째서 12처 중에 오직 두 곳만 의지하는가? 이른바 청황적백은 곧 색처(色處)요, 지수화풍은 촉처(觸處)요, 굳고 습하고 따뜻하고 움직임은 '몸이 닿는 곳[身所觸]'인 까닭이다. b. 대답함 중에 둘이니 a) 둘을 세운 이유를 밝힘이요, 여기에 세 가지 뜻이 있으니 다음 아래에 알게 되리라. b) 眼 等 아래는 열 군데에서 변처를 세우지 않은 이유를 밝힘도 또한 세 절(節)이 있으니 순서대로 앞과 상대하는 것인가? (1) 눈 따위 감관과 빛깔은 오직 자신에만 속한다면 위는 자신과 타인에 통함과 상대함이요, (2) 냄새와 맛의 두 가지 경계는 모두에 두루하지 않는다면 위의 유색계에 두루함과 상대하였다. 이선(二禪) 이상에 코와 혀의 식이 없는 까닭이며 또한 냄새와 맛이 없다. (3) '소리의 경계에 간단함이 있다'는 것은 위에서 항상 상속함과 상대한 연고로 소리가 나면 듣는 것이요, 나지 않으면 듣지 못하는 연고로 간단함이 있다. '그러므로 말하지 않았다'고 말한 것은 위의 세 절로 통틀어 결론함이다. 열 군데 색처 중에 여덟 가지 색처로 변처를 삼지 않는다고 말함이요, (ㅁ) 無色界 아래는 뒤의 둘을 해석함이니 알 수 있으리라.

ㄷ) 경문의 의미를 회통하다[會通經意] 2.
(ㄱ) 경문으로 논서를 회통하다[以經會論] (今以 28上8)
(ㄴ) 논문으로 경문과 유례하다[以論例經] (例此)

[疏] 今以宗別일새 合空識二하여 爲天徧處하고 前論에 所揀을 皆容假想하여 稱性周徧일새 加於三事라 十, 名種種衆生身徧處者는 卽前에 所揀眼等根色이요 十一의 語言音聲은 卽前聲塵이요 十二의 一切所

緣은 卽六塵境이니 則收前香味와 及法塵境이라 例此에 天徧處言이 亦可通於諸天이니라

■ 지금은 종지가 다름으로 공무변처와 식무변처 둘을 합하여 하늘의 변처가 됨이요, 앞의 논에서 구분한 대상은 모두 가정적인 생각을 허용하면 성품과 칭합하게 두루하여 세 가지 일을 더하였다. (10) 갖가지 중생의 몸 온갖 곳에 두루한 선정이란 앞에서 구분한 눈 따위 감관과 빛깔이요, (11) 모든 말과 음성 온갖 곳에 두루한 선정은 말과 음성은 곧 앞의 소리 경계이고, (12) 모든 반연할 (온갖 곳에 두루한 선정)이 곧 육진경계이면 앞의 냄새와 맛과 법의 경계를 거둔다는 뜻이다. 이런 하늘에 두루한 곳과 유례하여 말함도 또한 모든 하늘에 통할 수 있다.

[鈔] 例此下는 以論으로 例經하여 重釋前의 天徧處니 謂上論에 所揀을 今皆取之라 例天徧處컨대 亦可通所揀이니라

● (ㄴ) 例此 아래는 논문으로 경문과 유례하여 앞의 하늘의 변처를 거듭 해석하였으니, 이른바 위의 논에서 구분한 것을 지금 모두 취한다는 뜻이다. 하늘의 변처와 유례함도 역시 구분할 대상과 통할 수 있다.

ㄴ. 법과 비유를 합하다[합] (次如 28下7)

如來所現不可思議諸佛境界도 亦復如是하여 菩薩은 具見하되 聲聞은 莫覩니라
여래가 나타내는 부사의한 부처님의 경계도 그와 같아서 보살들은 보지마는 성문은 보지 못하느니라.

[疏] 次, 如來所現下는 合文을 可知니라
- ㄴ. 如來所現 아래는 법과 비유를 합함이니 알 수 있으리라.

(아) 몸을 숨기는 묘한 약의 비유[妙藥翳形喩] (第八 29上2)

譬如有人이 以翳形藥으로 自塗其眼하고 在於衆會하여 去來坐立에 無能見者로되 而能悉觀衆會中事인달하여 應知如來도 亦復如是하여 超過於世하사 普見世間하나니 非諸聲聞의 所能得見이요 唯除趣向一切智境諸大菩薩이니라

비유컨대 어떤 사람이 몸 숨기는 약을 눈에 바르면, 대중 가운데서 오고 가고 앉고 서고 하여도 보는 이가 없지마는, 대중의 하는 일은 모두 보느니라. 여래도 그와 같아서 세간을 초월하고서도 세간 일을 두루 보거니와, 성문들은 보지 못하나니, 온갖 지혜의 경계에 나아가는 대보살들은 제하느니라.

[疏] 第八, 妙藥翳形喩니 通喩隱顯超世德이요 別喩如來住持며 喩菩薩이 起變化雲德이라 不覩者는 喩聲聞이니 無如是解脫故니라
- (아) 몸을 숨기는 묘한 약의 비유이니, 전체로는 숨고 나타남이 세상을 초월하는 공덕에 비유하였고, 개별로는 여래가 머물러 가짐에 비유하여 보살이 변화의 구름을 일으키는 공덕에 비유하나니 보지 못한 것은 성문은 이런 해탈이 없음에 비유한 까닭이다.

(자) 두 하늘이 사람을 따라다니는 비유[二天隨人喩] (第九 29上8)

如人이 生已에 則有二天이 恒相隨逐하나니 一曰同生이요 二曰同名이라 天常見人하되 人不見天인달하여 應知如來도 亦復如是하여 在諸菩薩大集會中하사 現大神通하되 諸大聲聞은 悉不能見이니라

마치 사람이 태어나면 두 하늘이 항상 따라다니나니, 하나는 같이 남이요, 하나는 같은 이름이라. 이 하늘은 항상 사람을 보아도 사람은 이 하늘을 보지 못하느니라. 여래도 그와 같아서 보살들 가운데서 큰 신통을 나타내는 것을 큰 성문들은 모두 보지 못하느니라.

[疏] 第九, 二天隨人喩니 通喩微妙難壞德이요 別喩如來嚴好가 菩薩身徧十方과 諸行圓滿德이라 不覩二天은 喩二乘이니 無如是勢力故오 亦喩無悲니 捨衆生故니라

- (자) 두 하늘이 사람을 따라다니는 비유이니, 전체로는 미묘하여 무너뜨리기 어려운 공덕에 비유하였고, 개별로는 여래가 상호로 장엄함에 비유하였다. 보살의 몸이 시방에 두루하여 모든 행법을 원만하는 공덕을 두 하늘은 보지 못하나니 이승들은 이런 세력이 없음에 비유한 연고며, 또한 대비가 없어서 중생을 버림에 비유하였다.

[鈔] 第九二天隨人을 可知니라
- (자) 두 하늘이 사람을 따라다님은 알 수 있으리라.

(차) 멸진정에 들면 행하지 않는 비유[滅定不行喩] (第十 29下5)

譬如比丘가 得心自在하여 入滅盡定에 六根作業이 皆悉不行하며 一切語言을 不知不覺하되 定力持故로 不般涅槃인달하여 一切聲聞도 亦復如是하여 雖復住在逝多林中하여 具足六根이나 而不知不見不解不入如來自在菩薩衆會諸所作事하나니라

비유컨대 어떤 비구가 마음이 자유자재함을 얻어 식이 없어진 선정에 들면 여섯 감관으로 짓는 업이 모두 행하지 않고 모든 말을 알지도 못하고 깨닫지 못하지마는, 선정의 힘으로 유지되는 연고로 열반에 들지 않느니라. 모든 성문도 그와 같아서 비록 서다림 속에 있으면서 여섯 감관을 갖추었지마는 여래의 자재하심과 보살 대중들이 짓는 일을 알지 못하고 보지 못하고 이해하지 못하고 들어가지 못하느니라.

[疏] 第十, 滅定不行喩는 唯喩聲聞이니 安住自乘하여 證實際故라 亦總喩無德이니라

■ (차) 멸진정에 들면 행하지 않는 비유로 오직 성문은 자기 교법에만 안주함에 비유하였고, 실제를 증득한 연고로 또한 총합하여 공덕 없음에 비유하였다.

[鈔] 第十滅定不行喩者는 然滅定之義를 六地에 已略明이어니와 今當更說하리라 薩婆多宗에는 此定이 唯依有頂地起오 以下諸地는 皆名有想이니 行相麤動하여 難可止息이어니와 此有頂地는 名爲非想이니 行相微細하여 易可止息이라 故로 唯有頂에 有滅盡定이라하니라 俱舍頌에 云, 滅盡定의 名體는 爲淨住有頂이라하니 謂滅盡定이 以二十二法

으로 爲體라 謂修定前에 有二十一心所와 及心王故라 言二十一心所者는 謂大地十과 大善地十과 欣厭隨一이 爲滅定이라 故有二十二法이 不相應行替處를 名爲滅定이니 隨滅爾許心心所法하여 爲定體也니라 若成實論第十六滅定品에 云인대 問日, 若此中意가 以泥洹으로 爲滅者인대 是汝先言九次第定中에 滅定은 心과 心數滅이니 是則相違로다 答曰, 滅定이 有二하니 一, 諸煩惱盡이요 二, 煩惱未盡이라 煩惱盡者는 在解脫中이요 煩惱未盡은 在次第中이니 一, 滅煩惱故로 名滅定이요 二, 滅心心數法일새 故名滅定이라 滅煩惱는 是第八解脫이니 亦名阿羅漢果라하니라

● (차) 멸진정에 들면 행하지 않는 비유는 그런데 멸진정의 뜻은 제6지에 이미 간략히 밝혔다. 지금은 당래에 다시 말할 것이니 살바다종(薩婆多宗)은 이 선정이 오직 유정천(有頂天)의 땅에 의지하여 일으키고, 아래 모든 지에도 모두 생각 있음[有想]이라 이름하고, 행법의 양상은 거칠게 움직이나니 가히 멈추기 어렵다. 이런 유정천의 땅은 생각 아님[非想]이라 이름함이요, 행법의 양상은 미세하지만 쉽게 멈추는 연고로 오직 유정천에만 멸진정이 있다.『구사론』게송에 이르되, "멸진정은 체성이라 이름하고 유정천에 청정하게 머무른다"라고 하였으니, 이른바 멸진정은 22가지 법으로 체성을 삼기 때문이다. 말하자면 선정을 닦기 전에는 21가지 심소와 심왕이 있는 까닭이다. '21가지 심소'라 말한 것은 이른바 대지법(大地法)이 열 가지요, 대선지법(大善地法)이 열 가지이다. 좋고 싫음인 하나를 따름으로 멸진정이 되는 연고로 22가지 법이 있으니 불상응행법이 교체하는 곳을 멸진정이라 이름한다. 없음을 따라서 그 정도의 심왕과 심소법으로 선정의 체성이 되었다. 만일『성실론』제16. 멸정품(滅定品)에 이르되, "묻는다. '만일

이 가운데 의미로 열반으로 없앰을 삼나니 너희가 먼저 9차제정(九次第定) 가운데 멸진정이요, 심왕과 심소법을 멸함은 그렇다면 서로 위배되는가?' 대답한다. '멸진정에 둘이 있으니 (1) 모든 번뇌가 다한 선정, (2) 번뇌가 다하지 않은 선정이다. 번뇌가 다한 선정은 해탈함 중에 번뇌가 다하지 않은 선정 다음에 있으니 첫째, 번뇌를 멸한 연고로 멸진정이라 이름하고, 둘째, 심왕과 심소의 법을 멸한 연고로 멸진정이라 이름한다. 번뇌를 없애는 것이 바로 제8식에서 해탈함 또는 아라한과라 이름한다.'"

若唯識第七에 云, 滅盡定者는 謂有無學과 即羅漢과 及獨一[86]辟支也라 或有學이 即三果가 身證阿那含이라 已伏或離[87]無所有貪과 謂無所有已下의 諸貪滅이라 上貪이 不定호대 已上貪未滅也라 由止息想作意로 爲先하여 令不恒行과 六識恒行[88]染汚는 染汚第七이라 心心所滅하며 令上二識으로 俱不行故라 令身安和故로 亦名定이요 謂有心定은 令身[89]心으로 平等하여 安怗[90]和悅로 爲安和어니와 今無心定은 由定前心力하여 能令身心으로 平等和悅함이 如有心定일새 故亦名定이니라 由偏厭想受하여 亦名滅彼定也라하며 即加行心이라 顯揚第一에 云, 滅盡定者는 謂已離無所有處欲하고 或入非非想處定하며 或復上進하여 入無想定하며 或復上進하며 由起暫息想作意前方便故로 止息所緣하여 不恒行諸心心法과 及恒行一分諸心心法滅[91]이라하니라 餘文은 可知니라

---

86) 一은 南本作覺, 甲續金本作一; 案述記云 有獨覺不得滅定 即部行中 乃至亦有不得通者 獨一者 必得故라 하다. 또 아래의 支下에 南續金本有 也字라 하다.
87) 或離는 原南續金本作惑障 據論改正이라 하다.
88) 恒行은 南金本無, 論原續本有라 하다.
89) 身은 原本作身令, 南金本無; 茲從續藏이라 하다.
90) 怗은 南續金本作帖, 案帖音帖 靜也 見玉篇이라 하다.

● 저『성유식론』제7권에 이르되, "멸진정(滅盡定)은 이른바 무학[92]이라 함"은 곧 아라한과 독각(獨覺)인 벽지불이다. 혹은 유학은 곧 세 가지 과위의 몸으로 아나함(阿那舍)을 증득한다. '무소유처(無所有處)[93]까지의 탐욕을 이미 조복하거나 혹은 떠난 것'은 이른바 무소유 아래에 모든 탐욕이 없어짐을 뜻하고, '상계의 탐심은 일정하지 않다는 것'은 이미 상계의 탐심이 없어지지 않은 것을 말한다. '생각을 그쳐 멈추게[止息] 하는 미세한 심소[94]를 우선으로 함으로써, 항상 작용하지 않는 것'은 6식이요, '항상 작용하는 것의 염오'는 7식을 물들게 함이다. '심왕과 심소를 멸하게 함'은 상계의 두 가지 식(識)으로 하여금 모두 현행하지 않게 하는 까닭이다. '몸을 평안하고 조화롭게 하기 때문에 역시 선정이라고 이름하는 것'은 말하자면 유심(有心)으로 정하여 몸과 마음이 평등하고 편안하고 조화되어 기뻐하게 하므로 '편안하고 조화롭다[安和]'고 이름한다. '집중적으로 수(受)와 상(想)을 싫어함에 의거해서,[95] 역시 그것[受와 想의 심소]을 멸하는 선정[滅受想定]이라고 이름한다'는 것은 곧 가행하는 마음이다.

『현양성교론』제1권에 이르되, "멸진정이란 무소유처의 욕망을 이미 떠나서 혹은 비상비비상처정에 들기도 하며, 혹은 다시 올라 승진하기도 하며, 혹은 무상정(無想定)에 들기도 하며. 혹은 다시 올라 승진하기도 하나니, 잠깐 생각을 쉬는 작의(作意)하는 전방편(前方便)을 일으킴으로 말미암기 때문에 반연하는 것을 그쳐 쉬고서 모든 심왕과 심소법이 항상 현행(現行)하지 아니하며, 그리고 일부분이 모든 심왕

---

91) 滅 下에 南續金本有也字라 하다.
92) 無學은 俱解脫을 이룬 사람, 즉 煩惱障과 所知障을 떠나서 지혜와 선정에 있어서 자재를 얻은 아라한을 말한다.
93) 無所有處는 무색계 4천 중의 제3천이다.
94) 二乘은 6식의 유루의 思慮함을 싫어하거나 혹은 무루심이 두드러지게 작용하는 것을 관찰한다. 보살은 또한 무심적정의 열반에 비슷한 공덕을 발생하고자 하기 때문에 그것을 일으킨다.
95) 특히 강하게 싫어하는 것에 의거해서 滅受想定으로 이름하며, 사실은 다른 심왕과 심소도 멸한다.

과 심소법이 사라지는 성질이 항상 행하고 있음을 뜻한다"라고 하였
다. 나머지 경문은 알 수 있으리라.

다) 빠진 원인을 반대로 배대하다[逆配闕因] (又上 31上3)

[疏] 又上十喩가 從後逆次하여 配前闕因과 後之十句니 謂一, 喩無法喜
요 二, 喩不知菩薩如夢이요 三, 喩不從如來加被之所生等이니 如理
思之니라 其前十句는 但通爲不見之因이니라
- 또한 위의 열 가지 비유는 뒤로부터 순서를 거슬러 앞의 빠진 원인 다음의 열 구절을 배대하였다. 이른바 (1) 법의 기쁨이 없음에 비유함이요, (2) 보살이 꿈과 같음을 알지 못함에 비유함이요, (3) 여래의 가피로부터 태어나지 않음을 비유함 등이니 이치대로 생각해 보라. 그 앞의 열 구절은 단지 통틀어 보지 못하는 원인이 된 것이다.

[鈔] 又上十喩가 從後逆次하여 配前闕因과 後之十句者는 疏但出三이니
謂一, 鬼對恒河喩는 喩無法喜니 法喜爲食故라 二, 夢遊天宮喩는
喩不知菩薩이 如夢幻故니 此相甚顯이니라 三, 愚對雪山喩는 喩不
從如來加被之所生故니 彼[96]合經에 云, 以諸菩薩은 入智境界하여
具自在力일새 得見如來의 神變自在라하니 卽如來加被之力이라 其
捕獵者는 卽無加被也니라 四, 伏藏難知喩는 喩本不發一切菩薩의
諸大願力故니 謂無福力은 卽闕大願이니라 五, 盲不見寶喩는 喩本
不求超出世間과 不共菩提[97]諸善根故니 無眼하여 不見於寶가 卽闕
不共善根이니라 六, 淨眼無障喩[98]는 喩本不得諸菩薩眼의 所知境

---
96) 彼는 南續金本作其라 하다.
97) 提는 南續金本作薩이라 하나 誤植이다.

故니 此喩更顯이니라 諸人不見은 喩於二乘이 不見淨眼境故니라 七,
徧處定境喩는 喩本不得嚴淨佛刹하야는 神通智故니 青等徧淨이 卽
淨刹也니라 八, 妙樂翳形喩는 喩本不成就如來의 出世諸善根故니
翳形99)藥이 卽出世善根이니라 九, 二天隨人喩는 喩本不修習生一
切智하는 諸善根故니 二天見人은 卽一切智요 人不見天일새 故無
此也니라 十, 滅定不行喩는 喩本在生死流轉之時에 不勸衆生하여
求於最勝大智眼故니 諸識不行커니 豈當有眼이리요 故於六境에 都
不見知니라 是故로 十喩가 對前十因하여 文相甚顯하니 令如理思니
라 其前十句는 但通爲不見之因者는 卽前의 本不修習見佛自在善
根故며 本不讚說十方世界의 一切諸佛刹淸淨功德等이라 別相에 不
顯코 逆順配之하야도 俱不全似니 故로 但通爲不見之因이라하니 欲顯
具於通別義故니라

● '또한 위의 열 가지 비유는 뒤로부터 순서를 거슬러 앞의 빠진 원인 다음의 열 구절을 배대함'에서 소에는 단지 세 가지만 내보였다. 말하자면 (가) 귀신이 항하강과 상대하는 비유[鬼對恒河喩]로 법의 기쁨이 없음을 비유하였으니, 법의 기쁨으로 음식이 된 까닭이다. (나) 깼을 때와 꿈꿀 때를 상대한 비유[覺夢相對喩]로 보살이 꿈과 허깨비와 같은 연고로 이런 양상이 매우 밝음에 비유하였다. (다) 우법 소승은 설산에 있으면서도 알지 못하는 비유[愚對雪山喩]로 여래의 가피로부터 태어남에 비유한 까닭이다. 저기에 경문과 합하여 이르되, "모든 보살이 지혜 경계에 들어가서 자재한 능력을 갖추면 여래의 신통변화가 자재함을 보는 것은 곧 여래가 가피한 힘 때문이다. 그렇게 사냥한 것은 곧 가피가 없음을 뜻한다. (라) 묻힌 보물 창고를 알지 못하

---

98) 喩下에 南續金本有喩字라 하나 誤植이다.
99) 藥은 南續金本作之藥이라 하다.

는 비유[伏藏難知喩]로 본래 모든 보살의 모든 대원력을 발하지 않음에 비유한 까닭이니 이른바 복력이 없음은 곧 대원이 빠졌다는 뜻이요, (마) 맹인이 보물 창고를 보지 못하는 비유[盲不見寶喩]로 본래로 세간을 초월하여 함께하지 않는 보리의 모든 선근을 구하지 않은 연고로 눈이 없어서 보배를 보지 못한 것이니 곧 함께하지 않는 선근이 빠진 때문이다. (바) 청정한 눈은 장애가 없는 비유[淨眼無障喩]로 본래 모든 보살의 눈으로 알 경계를 얻지 못함에 비유한 까닭이다. 이런 비유로 더욱 밝아진 것은 모든 사람이 보지 못하는데, 이승의 청정한 눈으로 보지 못하는 경계에 비유하였다. (사) 온갖 곳에 두루한 선정의 경계에 비유함[徧處定境喩]으로 본래로 불국토 장엄과 신통한 지혜를 얻지 못함에 비유한 까닭이니, 푸른 따위가 두루 깨끗함은 곧 청정한 국토를 말한다. (아) 몸을 숨기는 묘한 약의 비유[妙藥翳形喩]로 본래로 여래가 출세간의 모든 선근을 성취하지 못함에 비유한 까닭이니, 몸을 숨기는 묘한 약은 곧 출세간 선근이란 뜻이다. (자) 두 하늘이 사람을 따라다니는 비유[二天隨人喩]로 본래로 온갖 지혜의 모든 선근을 수습하지 않음에 비유한 까닭이니, 두 하늘이 사람을 보는 것은 곧 온갖 지혜 때문이고, 사람이 하늘을 보지 못하는 것은 이것이 없기 때문이다. (차) 멸진정에 들면 행하지 않는 비유[滅定不行喩]로 본래 생사에 유전할 때에 중생이 아주 뛰어나고 큰 지혜 눈을 구하기를 권하지 않는 연고로 모든 인식이 현행하지 않나니, 어찌 눈이 있더라도 육진(六塵) 경계를 도무지 보고 알지 못할 것인가? 이런 연고로 열 가지 비유는 앞의 열 가지 원인과 상대함이니, 경문의 양상이 매우 밝아서 이치대로 생각하게 하려는 것이다. 그 앞의 열 구절은 단지 통틀어 보지 못하는 때문이니, 곧 앞에서 본래 부처님의 자재한 선근을 수습하지 않기 때문이며, 본래 시방세계의 온갖 모든 불국토의 청정한 공덕 따위를 찬탄하지 않은 까닭이다. 개별 양상은 밝히지 못하고 순서를 거슬러 배대하였으니 모두 완전히 같지는 않으므로 단지 통틀어 원인을 보지 못하고 전체와 개별 이치를 밝히려고 한 것이다.

다. 묻고 결론하다[徵結] 2.
가) 바로 해석하다[正釋] (第三 32下3)

何以故오 如來境界가 甚深廣大며 難見難知며 難測難量이며 超諸世間이며 不可思議며 無能壞者며 非是一切二乘境界일새 是故如來의 自在神力과 菩薩衆會와 及逝多林이 普徧一切淸淨世界한 如是等事를 諸大聲聞이 悉不知見이니 非其器故니라

왜냐하면 여래의 경계는 (1) 매우 깊고 (2) 광대하여 (3) 보기 어렵고 (4) 알기 어렵고 (5) 측량하기 어렵고 (6) 헤아리기 어려우며 (7) 모든 세간을 초월하여 (8) 부사의하고 (9) 파괴할 이가 없어서 (10) 모든 이승의 경계가 아니니라. 그러므로 여래의 자유자재하신 신통한 힘과 보살 대중의 모임과 서다림이 모든 청정한 세계에 두루하였지마는, 이러한 일을 여러 큰 성문은 모두 알고 보지 못하나니, 그 그릇이 아닌 탓이니라.

[疏] 第三, 何以故下는 徵以結成이라 文有十句하여 結前十喩호대 唯第

七八이 爲順前合일새 故有前却이요 餘皆如次니라

- 다. 何以故 아래는 묻고 결론함이다. 경문에 열 구절이 있어서 앞의 열 가지 비유를 결론하였다. 오직 (7) 모든 세간을 초월함과 (8) 부사의함은 앞의 비유(제7. 徧處定境喩와 제8. 妙藥翳形喩)와 합함을 따르기 위한 연고로 앞과 반대가 되었고, 나머지는 모두 순서대로이다.

[鈔] 餘皆如次者는 一, 如來境界甚深은 結鬼對恒河喩요 二, 廣大는 結夢遊天宮喩요 三, 難見은 結愚對雪山喩요 四, 難知는 結伏藏難知喩요 五, 難測은 結盲不見寶喩요 六, 難量은 結淨眼無障喩요 七, 超諸世間은 結徧處定境喩요 八, 不可思議는 結妙藥翳形喩요 九, 無能壞者는 結二天隨入喩요 十, 非是一切二乘境界는 結滅定不行喩라 六根作業이 皆不行故라 其間의 文意가 極相順故니라

● '나머지는 모두 순서대로'란 것은 (1) 여래의 경계가 매우 깊음을 (가) 귀신이 항하강과 상대하는 비유로 결론하고, (2) 광대함을 (나) 깼을 때와 꿈꿀 때를 상대한 비유로 결론하고, (3) 보기 어려움을 (다) 우법 소승은 설산에 있으면서도 알지 못하는 비유로 결론하고, (4) 알기 어려움을 (라) 묻힌 보물 창고를 알지 못하는 비유로 결론하고, (5) 측량하기 어려움을 (마) 맹인이 보물 창고를 보지 못하는 비유로 결론하고, (6) 헤아리기 어려움을 (바) 청정한 눈은 장애가 없는 비유로 결론하고, (7) 세간을 초월함을 (사) 온갖 곳에 두루한 선정의 경계에 비유함으로 결론하고, (8) 불가사의함을 (아) 몸을 숨기는 묘한 약의 비유로 결론하고, (9) 파괴할 수 없음을 (자) 두 하늘이 사람을 따라다니는 비유로 결론하고, (10) 모든 이승의 경계가 아님을 (차) 멸진정에 들면 행하지 않는 비유로 결론한다는 뜻이다. 육근(六

根)으로 업을 지음이 모두 행하지 않는 연고로 그 중간의 경문의 의미는 지극히 서로 따르는 까닭이다.

나) 비방을 해명하다[通妨] 3.
(가) 앞의 경문으로 힐난의 근본이라 결론하다[結前文以爲難本]
(上來 33上2)
(나) 힐난한 의미를 바로 말하다[正申難意] (問般)

[疏] 上來의 法과 喩가 廣顯聲聞의 不見聞等이라 問이라 般若經에 明聲聞의 若智와 若斷이 皆是菩薩의 無生法忍이라하니 若是其忍인대 何以上文에 皆言無菩薩德耶아 又文殊巡行經中에 五百聲聞이 聞而不信이라하고 法華에는 不輕이 亦令其聞이어늘 何得此中에 不令聞耶아

■ 여기까지 법으로 설함과 비유로 성문이 보고 듣지 못함 등을 자세히 밝힌 내용이다. 묻는다. 『대품반야경』에 "성문이 지혜와 끊음이 모두 보살의 무생법인인데, 저 그 법인은 무슨 까닭으로 위의 경문에서 모두 보살의 공덕이 없다고 말한다"라고 밝혔는가? 또한 『문수순행경(文殊巡行經)』 중에 5백 성문이 듣고도 믿지 않았고, 『법화경』의 상불경보살품에도 또한 그로 하여금 듣게 하였는데, 어째서 여기서는 하여금 듣지 못하게 하였는가?

(다) 본문을 회통하여 해석하다[會釋本文] 5.
ㄱ. 이승과 함께하지 않는 반야[不共般若] (答爲 33上6)

[疏] 答이라 爲顯不共故라 故로 智論에 明般若가 有共不共하니 指此不思

議經은 不共二乘說故라하니라
- 대답한다. "함께하지 않음을 밝히려고 하는 까닭이다. 그러므로『대지도론』에서 반야가 함께하고 함께하지 않음이 있으니, 여기『부사의경(不思議經)』에서 이승과 함께하지 않음을 말하는 까닭이다."

[鈔] 問般若下는 二, 申難也니 引於三經호대 而有二難하니 一, 引大品하여 難無現緣이라 言若智若斷者는 彼經에 具云, 須陀洹의 若智若斷은 皆是菩薩의 無生法忍이요 斯陀含의 若智若斷이 皆是菩薩의 無生法忍이요 阿那含의 若智若斷이 皆是菩薩無生法忍이요 阿羅漢과 辟支佛을 皆別之하여 若智若斷이 皆是菩薩의 無生法忍이라하고 下에 結難은 可知니라

- (나) 問般若 아래는 힐난한 의미를 말함이다. 세 가지 경전을 인용하였지만 두 가지 힐난이 있으니 (1)『대품반야경』을 인용하여 현재의 인연이 없다고 힐난하였다. '지혜와 끊음'이라 말한 것은 저 경문에 갖추어 말하되, "수다원의 지혜와 끊음은 모두 보살의 무생법인이요, 사다함의 지혜와 끊음도 모두 보살의 무생법인이요, 아나함의 지혜와 끊음도 모두 보살의 무생법인이요, 아라한과 벽지불도 모두 분별하면 지혜와 끊음도 모두 보살의 무생법인이다"라 하였다. 아래의 힐난을 결론함은 알 수 있으리라.

又文殊巡行經下는 後는 引二經하여 難[100)]不令聞이라 今此一經을 略以義引耳니 若具引者인대 名文殊利師巡行經이니 以經說文殊가 徧巡五百比丘房하여 皆見寂定일새 因以爲名이라 最後에 難舍利弗하사 以

---

100) 難은 南纂金本無, 原續本有라 하다.

顯甚深般若하나니 問舍利弗言하사대 我時에 見汝가 獨處一房하여 結
跏趺坐하여 折伏其身하니 汝爲當坐禪耶아 不耶아 答云호대 坐니다 難
云하사대 爲當[101]欲令未斷者를 斷故로 坐禪耶等하여 因此하여 廣顯性
空無得之理하나니 時에 五百比丘가 從座而起하여 於世尊前에 高聲唱
言호대 從今已去로 更不須見文殊身이며 不須聞其名字오 如是方處를
速應捨離하며 所有文殊의 一切住處는 亦莫趣向이니다 所以者何오 文
殊가 煩惱解脫을 一相說故等이라 舍利弗이 令文殊로 爲決了한대 文
殊言호대 實無文殊를 而可得故라 若實無文殊를 可得者인대 彼亦不
可見等이라하여 廣爲說法하시니 四百比丘는 漏盡得果하고 一百은 更
謗하여 陷入地獄이라가 後還得道[102]하니 廣如彼說이니라

● (2) 又文殊巡行經 아래는 뒤에 두 경전을 인용하여 듣지 못하게 함을 힐난함이다. 지금 여기 한 경전이 대략 이치로 인용했을 뿐이다. 만일 갖추어 인용한다면 이름이 『문수사리순행경(文殊師利巡行經)』이다. 경문에 말하되, "문수가 5백 비구의 방을 두루 순행하여 모두 적정함을 보고 인하여 이름 지으며, 가장 뒤에 사리불을 힐난하여 매우 깊은 반야를 밝혔다. 사리불에게 질문하여 말하되, '내가 그때 너희가 유독 한 방에 있을 적에 가부좌를 맺어서 그 몸을 꺾어서 항복받나니 너희가 마땅히 좌선할 것인가, 안 할 것인가?'라고 하였다. 대답해 말하되, '앉는다.' 힐난하되 '아니면 마땅히 끊지 못한 이는 끊게 하려는 연고로 좌선하는가?'" 등이라 하였으니 이로 인하여 성품이 공하여 얻을 것 없는 이치를 널리 밝혔다. 그때에 5백 비구가 자리로부터 일어나서 세존 앞에서 높은 소리로 부르짖어 말하되, "지금부터 이후로 다시 모름지기 문수의 몸을 보지 않는다. 그 이름을 모름

---

101) 當은 甲南續金本無, 經原本有라 하다.
102) 案上引豆那崛多譯文殊尸利行經이라 하다.

지기 듣지 못하고 이런 방소의 처소에 속히 응하여 버리고 여의며 가지고 있던 문수보살의 온갖 머무는 곳도 또한 취향하지 않는다. 왜냐하면 문수는 번뇌에서 해탈한 한 가지 모양으로 말한 때문 등이다." 사리불이 문수로 하여금 결정해 요달케 하니 문수가 말하되, "실제로 문수는 가히 얻을 수 없는 까닭이다. 만일 진실로 문수가 얻을 수 있다면 저것도 역시 볼 수 없다는 등이다. 널리 법을 설하니 4백 비구는 누진통으로 과덕을 얻었으니 1백은 다시 비방하고 지옥에 빠져 들어가며 뒤에 도리어 도를 얻었으니 자세한 것은 저기에 설한 내용과 같다.

故로 云, 五百比丘는 聞而不信이라하니라 意에 云, 何以此會에는 不令其聞而不信耶아 法華에 不輕은 亦令其聞者는 引意同前이니 卽第六經인 常不輕菩薩品에 不輕이 徧禮四衆云하되 我不輕汝等하노니 汝等이 行菩薩道하여 皆當作佛이라하니 卽宣一切衆生이 皆有佛性如來知見平等之理하여 爲令聞也라 衆人이 或以杖木瓦石으로 而打擲之하고 復於千劫에 入阿鼻地獄하여 受大苦惱라가 從地獄出하여 還遇常不輕敎化하니 卽跋陀婆羅等菩薩이라하니라 旣[103]二經之中에 皆令其聞하며 一時之謗도 後皆成益이어늘 今何不爾也오
答爲顯不共下는 第三, 會釋이라 於中有五하니 一, 顯不共般若요 二, 顯化儀不同이요 三, 明通局有殊요 四, 約開顯有異요 五者, 結成緣起니라 今初니 不共般若는 已如前引이니라 若準天台意한대 前은 以通敎로 難於圓別이요 今에는 以圓別로 揀異於通이니라

● 그러므로 말하되, "5백 비구가 듣고도 믿지 않는다"고 하였으니, 의

---

103) 旣는 南續金本作卽이라 하다.

미로 말하면, '어째서 이 모임에서 그로 하여금 듣고도 믿지 못하게 하지 않았는가?'라는 뜻이다. '법화경의 상불경품에도 또한 그로 하여금'이라 한 것은 의미가 앞과 같음을 인용함이니 곧 『법화경』 제6권의 상불경보살품이다. 상불보살이 사부대중에게 두루 예배하고 말하되, "나는 그대들을 경만하게 생각하지 않나니 그대들이 보살의 도를 행하여 반드시 성불하기 때문입니다"라고 하였다. 곧 온갖 중생이 모두 불성이 있음을 선언하고, 여래 지견이 평등한 이치를 하여금 듣게 한다는 뜻이다. "혹은 여러 사람들이 막대기나 기와, 돌로 때리었고, 다시 천 겁 동안을 아비지옥 속에서 큰 고통을 받고, 지옥에서 나와서는 다시 상불경보살의 교화를 만났으니 곧 발타바라(跋陀婆羅) 등 보살이다"라 하였으니, 이미 두 경전 중에 모두 그로 하여금 일시적인 비방을 듣더라도 뒤에 모두 이익을 이루나니 지금은 어찌 그렇지 않겠는가!

(다) 答爲顯不共 아래는 본문을 회통하여 해석함이다. 그중에 다섯이 있으니 ㄱ. 이승과 함께하지 않는 반야를 밝힘이요, ㄴ. 교화하는 모양새가 같지 않음을 밝힘이요, ㄷ. 통하고 국한함에 다름이 있음이요, ㄹ. 열어서 밝힘을 잡으면 다름이 있음이요, ㅁ. 연기법으로 결론함이다. 지금은 ㄱ.이니 이승과 함께하지 않는 반야는 앞에서 인용한 내용과 같다. 만일 천태종지에 준하면 앞에는 통교는 원교와 다름을 힐난하였고, 지금은 원교와 다른 것을 통교와 구분함이다.

ㄴ. 교화하는 모양새가 같지 않다[化儀不同] 4.
ㄱ) 위의 질문을 해석하여 해명하다[釋通上問] (又大 34下8)
ㄴ) 외부의 비방이 교화한 모양새와 구분하다[揀外謗顯化儀] (或以)

[疏] 又大聖化儀는 其類不等이라 或令聞不信하여 以爲遠種이니 如上所
引이요 或以威力으로 令其出會하니 如法華中에 五千拂席이요
- 또한 대성인의 교화하는 모양새가 그 부류가 같지 않다. 혹은 듣고
도 믿지 않는 이로 하여금 종자와 멀리하게 하나니 위에서 인용한 내
용과 같다. 혹은 위력으로써 그로 하여금 모임에서 나오게 함이 마치
『법화경』(방편품)의 5천 명이 자리를 떨치고 일어남과 같다.

ㄷ) 앞의 힐난을 거듭 해명하다[重通前難] (或令 34下10)
ㄹ) 두 경전을 회통하여 해석하다[會釋二經] (然法)

[疏] 或令在會하여 使其不聞하니 卽如今經이니라 然이나 法華는 漸敎之終
이라 將收敗種일새 故加令其去하여 篤勵在會하사 使其로 信受오 此
經은 頓敎之始니 爲顯深勝하사 留使不聞하여 令諸後學으로 修見聞
種이니라
- 혹은 모임에 있는 이들이 그로 하여금 듣지 못하게 하나니 곧 본경의
내용과 같다. 그러나 『법화경』은 점교(漸敎)의 끝이다. 패배한 종자
를 가져서 거두는 연고로 더하여 그로 하여금 가게 하나니, 모임에서
두텁게 힘쓰고 그로 하여금 믿고 받게 하였으니, 본 『화엄경』은 돈교
(頓敎)의 시작이다. 깊고 뛰어남을 밝히기 위하고 머물러 하여금 듣지
못하게 하나니, 모든 후학들이 보고 듣는 종지를 수행하게 한다.

[鈔] 又大聖化儀下는 第二, 化儀不同也라 於中에 有四니 一, 通上巡行과
法華之問이요 二, 或以威力下는 揀外謗顯이니 彼經에 云, 衆中之糟
糠이 佛威德故去라하니라 三, 或令在會下는 卽通前所難이요 四, 然

法華下는 會釋二經이라 此依化儀漸頓二教하여 通釋經意라 法華是漸者는 化儀漸故라 先說三乘하사 引導衆生하시고 然後에 但以大乘으로 而度脫之하나니 故云漸也오 非法門이 爲漸이라 言將收敗種者는 義如前引이니 謂二乘結斷이 如根敗士가 無利五欲이 如焦穀子가 不能生芽하니 卽昔教意요 今至法華하야는 三根聲聞이 皆得記別하고 不在此會하야도 亦爲宣陣하나니 則焦穀이 生芽하며 盲聾이 視聽하며 死屍再起하며 寒灰重熱이로되 而言將收者는 尙[104]未廣說하시고 先且斥之하사 使在會者로 自欣多幸일새 故云篤[105]勵라 是以로 經에 云, 此衆無枝葉하고 唯有諸貞實[106]이라하나라 關[107]中에 云, 繁柯가 旣亡에 則貞幹이 存焉이라하나라 廣說之後에 方復收之일새 故不在會하야도 亦合爲說이니라 言此經頓教之始者는 初成頓說故로 未有滯權하니 不須引斥이요 直彰不共하사 顯法難思니라 在會不聞은 由無因種이니 若修因種하면 於何不聞이리요 故云, 令修見聞種[108]이라하나라

● ㄴ. 又大聖化儀 아래는 교화하는 모양새가 같지 않음이다. 그중에 넷이 있으니 ㄱ) 위의 법화경에 돌아간 질문에 대해 해명함이요, ㄴ) 或以威力 아래는 외부의 비방과 구분하여 밝힘이다. 저『법화경』(방편품) 경문에 이르되, "찌꺼기 같은 그 무리들 위덕에 눌려 갔다"고 하였고, ㄷ) 或令在會 아래는 앞에서 힐난한 바에 해명함이요, ㄹ) 然法華 아래는 두 경전을 회통하여 해석함이다. 여기서 교화하는 모양새인 돈교와 점교인 두 교법에 의지하여 경문의 의미를 통틀어 해석하였다. '법화경은 점교(漸教)의 끝'이란 교화하는 모양새가 점법인 까닭

---

104) 尙은 南續金本作當이라 하다.
105) 篤은 南續金本作激이라 하다.
106) 貞은 金本作眞, 與經明本合, 原南續本作貞, 與經麗宋元本合이라 하다.
107) 關은 南纂金本作故彼疏라 하다.
108) 種下에 南續金本有也字라 하다.

이요, 먼저 삼승을 말하여 중생을 인도하고 그런 뒤에 단지 대승만으로 제도하여 해탈하므로 점법이라 하였지만 법문은 점법이 아니다. '패배한 종자를 가져서 거둔다'고 말한 것은 이치는 앞에서 인용한 내용과 같다. 말하자면 이승이 (번뇌) 단절을 결론함이 마치 감관을 패배한 사람과 같고, 이익 없는 오욕(五欲)은 마치 곡식에서 능히 새싹이 생기지 않음과 같나니, 곧 예전 교법의 의미이다. 지금은 법화경의 세 종류 근기의 성문도 모두 수기를 얻게 하나니, 이 모임에 있지 않고도 또한 진용을 베풀면 그을린 곡식에서 새싹이 생겨나고 눈멀고 귀멀어도 보고 들으며, 죽은 시신이 다시 일어나며, 차가운 재가 거듭 뜨거워져도 '가져서 거둔다'고 말한 것은 오히려 아직 널리 설하지 않았다. 먼저 우선 배척하여 모임에 있는 이로 하여금 자연히 다행함을 좋아하므로 '두텁게 힘쓴다'고 말하였다. 이런 까닭으로 (법화경 방편품) 경문에 이르되, "대중에는 지엽 없고 알맹이만 남았어라"라고 하였으니 관중(關中, 道生법사의) 소에 이르되, "번성한 자루가 없어지고 나면 곧은 줄기는 남는다. 자세히 말한 뒤라야 비로소 다시 거두는 연고로 모임에 있지 않고도 또한 합하여 말한다"라고 하였다. '본 화엄경은 돈교의 시작이다'라고 말한 것은 처음 몰록 설함을 성취한 연고로 아직 방편에 지체하지 않나니, 모름지기 이끌어 배척하고 바로 함께하지 않음을 밝혔고, 법이 사의하기 어려움은 모임에 있어도 듣지 못함을 밝힌 것이다. 원인과 종자가 없음으로 인하여 만일 원인과 종자를 닦으면 어디서든 듣지 못할까 하는 연고로 "하여금 닦고 보고 듣는 종자를 닦게 한다"라고 말하였다.

ㄷ. 통하고 국한함에 다름이 있다[通局有殊] (又復 35下9)

[疏] 又復大乘은 該於小乘하니 則其智斷이 皆是菩薩法忍이어니와 小智는 不知大智일새 故로 此에 云, 於有無諦에 作決定解하여 不見不聞이라 하니라

■ 또한 다시 대승이 소승을 포섭하면 그 지혜로 끊나니 모두 보살의 법인이요, 소승의 지혜는 대승의 지혜를 알지 못하는 연고로 여기서 말하되, "유와 무의 진리에 결정된 이해를 지으므로 보지 않고 듣지 않는다"라고 하였다.

[鈔] 又復大乘該於小乘下는 第三, 通局有殊也라 小乘은 猶於百川이 不攝大海이요 大乘은 猶如大海가 必攝百川이라 言小智가 不知大智者는 卽莊子意니 彼云, 小智가 不測大智하고 小年은 不測大年하며 朝菌은 不知晦朔하고 蟪蛄은 不知春秋라하니라 小乘螢光이 豈知日照리요

● ㄷ. 又復大乘該於小乘 아래는 통하고 국한함에 다름이 있음을 밝힘이다. 소승은 마치 백 개의 강물이 큰 바다를 포섭하지 못함과 같고 대승은 마치 큰 바다가 반드시 백 개의 강을 포섭함과 같다. '소승의 지혜는 대승의 지혜를 알지 못한다'고 말한 것은 곧『장자(莊子)』의 주장이다. 저기[逍遙遊編]에 이르되, "작은 지혜는 큰 지혜에 미치지 못하고, 단명한 이는 장수하는 이에 미치지 못한다. 아침나절에만 사는 버섯은 그믐과 초승을 알지 못하고, 쓰르라미는 봄과 가을을 알지 못한다"라고 하였으니, 소승과 개똥벌레의 불빛이 어찌 태양이 비춤을 알겠는가?

ㄹ. 다름이 있음을 열어서 밝히다[開顯有異] 3.

ㄱ) 법에 바로 입각하여 말하다[直就法說] (又若 36上6)
ㄴ) 거듭 비유로 견주다[重以喩況] (其猶)
ㄷ) 법과 비유를 함께 밝히다[法喩雙明] (是以)

[疏] 又若已開顯인대 卽權爲實漸이니 故로 法華에 云, 汝等所行이 是菩薩道라하니라 若權實相對인대 則如聾盲이니 非其器故니라 其猶黎庶를 以對於王에 貴賤懸隔이어니와 以王收人에 則率土之內가 莫非王人이니라 是以로 若約普收인대 卽一切衆生이 無不具有如來智慧온 況於二乘無漏因果아 若按優劣인대 則權敎에 久行菩薩도 尙不信聞이온 況於二乘가 二乘上首도 尙如聾盲이언정 況凡夫外道아

■ 또한 만일 이미 열어서 밝힘은 곧 권교(權敎)로 진실한 점법이 되는 연고로 『법화경』(약초유품)에 이르되, "너희 오직 행할 바는 보살도뿐이다"라고 하였으니, 만일 방편과 실법으로 상대하면 마치 귀머거리나 눈먼 이와 같나니 법의 그릇이 아닌 까닭이다. 그 마치 검고 많은 것으로 왕을 상대함과 같다. 귀하고 천함이 현격히 다르니 왕이 사람을 거두면 다스리는 국토 안에 왕 하는 사람 아님이 없으리라. 이런 까닭으로 만일 널리 거둠을 잡으면 일체중생이 여래의 지혜를 갖추고 있지 않음이 없지만 하물며 이승의 번뇌 없는 인과이겠는가? 만일 우수함과 열등함으로 비교하면 방편교로 오래 수행한 보살은 오히려 믿고 듣지 못하지만 하물며 이승과 이승의 상수이겠는가? 오히려 귀먹고 눈먼 이와 같나니 하물며 범부나 외도이겠는가?

[鈔] 又若已開顯下는 第四, 開顯有殊라 法華는 對昔하여 以權覆實일새 故今開顯하여 萬行同歸어니와 華嚴은 直顯一實深玄하여 須對權令

知일새 故如聾啞니라 於中에 三이니 初, 法說이요 二, 其猶下는 喩況이요 三, 是以若約下는 法合이니라

- ㄹ. 又若已開顯 아래는 다름이 있음을 열어서 밝힘이다. 법화경을 예전과 상대하여 권교로 실법을 덮으므로 지금은 열어서 밝힌 것이다. 만행으로 함께 돌아가며 화엄경은 바로 하나의 실법이 깊고 현묘함을 밝히지만 모름지기 권교와 상대하여 알게 하는 연고로 귀먹고 벙어리와 같은 것이다. 그중에 셋이니 ㄱ) 법으로 설함이요, ㄴ) 其猶 아래는 비유로 견줌이요, ㄷ) 是以若約 아래는 법과 비유를 합함이다.

ㅁ. 연기법이 성립함으로 결론하다[結成緣起] (旣非 36下5)

[疏] 旣非其器일새 本不合列는 爲顯法勝이니 大權菩薩이 示爲聾盲이라 是知聾盲은 於勝有力에 能顯勝故라 勝劣相望에 力用交徹하여 成大緣起하야사 方是深玄이니라

- 이미 그 그릇이 아니라서 본래로 합하고 나열하지 않는다면 법이 뛰어남을 밝힌 것인가? 대승의 권교보살이 귀먹고 눈먼 이를 위하여 보여야 비로소 귀먹고 눈먼 줄 아는 것이다. 뛰어난 이에게 힘이 있으면 뛰어남을 능히 밝힌 연고로 뛰어나고 하열함을 서로 비교하고, 힘과 작용이 서로 철저하여 큰 연기법이 성립해야만 비로소 깊고 현묘함이 되는 것이다.

[鈔] 旣非其器下는 第五, 結成緣起니 卽是華嚴圓敎의 別來之意也니라
  - ㅁ. 旣非其器 아래는 연기법이 성립함으로 결론함이니 곧 화엄의 원

교의 종지에서 별도로 오게 된다는 의미이다.

(六) 게송으로 공덕을 찬탄하는 부분[偈頌讚德分] 2.

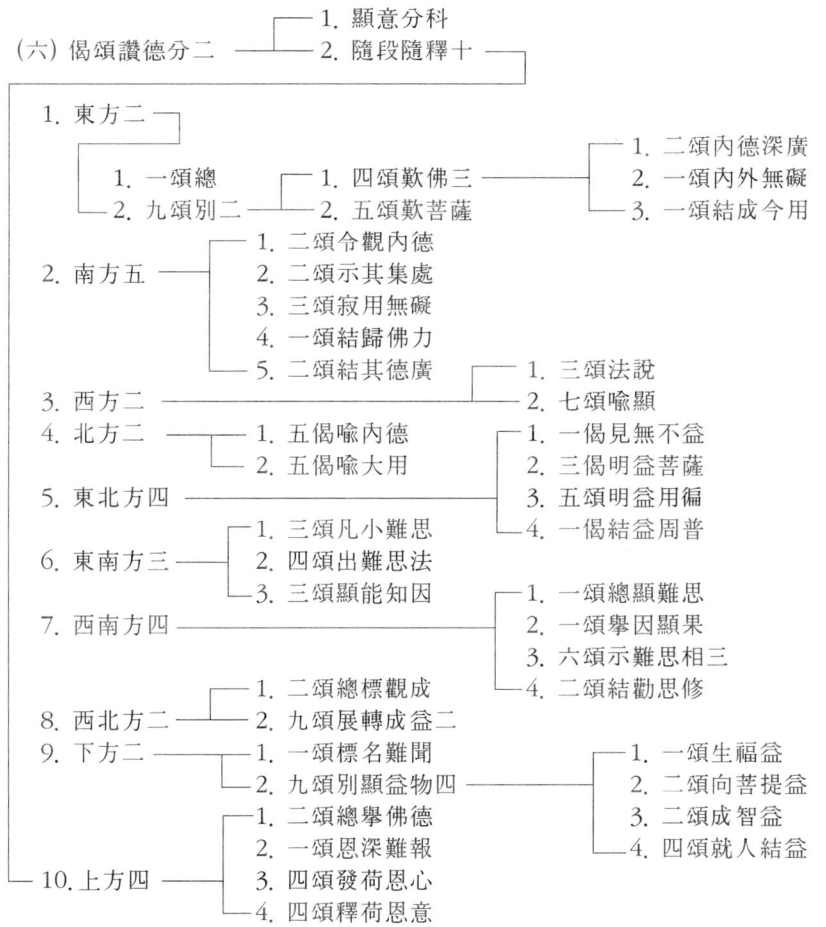

제1. 의미를 밝히고 과목 나누다[顯意分科] (大文 37上2)

[疏] 大文第六, 爾時下는 偈頌讚德分이니 旣至詠德하여 顯所證故라 文中에 十方菩薩을 卽爲十段이니 初二는 讚道場三昧等用이요 餘八은 通讚佛德이라

■ 큰 문단으로 (六) 爾時 아래는 게송으로 공덕을 찬탄하는 부분이다. 이미 공덕을 노래함에 이르렀으니 증득할 대상을 밝힌 까닭이다. 경문 중에 시방의 보살이 곧 열 문단이 된다. 첫째와 둘째 방위는 도량의 삼매 따위 작용을 찬탄함이요, 나머지 여덟 방위는 부처님 공덕을 통틀어 찬탄함이다.

제2. 문단을 따라 해석하다[隨段隨釋] 10.
1. 동방 비로자나원광명보살의 공덕 찬탄[東方] 2.

1) 한 게송은 총상으로 밝히다[一頌總] (今初 37上7)

爾時에 毘盧遮那願光明菩薩이 承佛神力하사 觀察十方하고 而說頌言하시되
이때에 비로자나원광명보살이 부처님의 신력을 받들어 시방을 살펴보고 게송으로 말하였다.

汝等應觀察　　　　　佛道不思議하라
於此逝多林에　　　　示現神通力이로다
그대들은 마땅히 살펴보라.
부처님의 도는 부사의하여
이 서다림에서

신통한 힘을 보이시네.

[疏] 今初니 東方은 總讚一會라 十頌을 分二니 初, 總이요 餘, 別이라
■ 지금은 1.이니 동방에서 한 법회를 총합하여 찬탄함이다. 열 게송을 둘로 나누리니 1) 총상으로 밝힘이요, 2) 아홉 게송은 별상으로 밝힘이다.

2) 아홉 게송은 별상으로 밝히다[九頌別] 2.

(1) 네 게송은 부처님을 찬탄하다[四頌歎佛] 3.
가. 두 게송은 내부의 공덕이 깊고 광대하다[二頌內德深廣]

(別中 37上10)

善逝威神力으로　　　所現無央數라
一切諸世間이　　　　迷惑不能了로다
잘 가신 이의 위신의 힘
나타내심이 다함이 없어
모든 세간들이
미혹하여 알지 못하며

法王深妙法이　　　　無量難思議라
所現諸神通을　　　　擧世莫能測이로다
법왕의 깊고 묘한 법
한량이 없고 헤아릴 수 없어

이 나타내시는 여러 가지 신통
온 세상이 측량할 이 없고

[疏] 別中에 亦二니 前四는 歎佛이라 於中에 初二는 歎內德이니 一, 廣이요 二, 深이요
- 2) 별상으로 밝힘 중에도 또한 둘이니 (1) 네 게송은 부처님을 찬탄함이다. 그중에 가. 두 게송은 내부의 공덕을 찬탄함이니, 가) 광대함이요, 나) 깊음이다.

나. 한 게송은 안과 밖이 장애가 없다[一頌內外無礙] (次一 37下1)

以了法無相일새 是故名爲佛이나
而具相莊嚴하니 稱揚不可盡이로다
법이 모양 없음을 알았으므로
부처라 이름하거니와
모양으로 장엄하심을
칭찬하여도 다할 수 없나니

[疏] 次一은 歎內外無礙요
- 나. 한 게송은 안과 밖이 장애가 없음을 찬탄함이다.

다. 한 게송은 부분의 작용을 성취함으로 결론하다[一頌結成分用]
(後一 37下1)

今於此林內에 　　示現大神力이
甚深無有邊하여 　　言辭莫能辯이로다
지금 이 서다림 속에서
큰 신통의 힘 보이시는 일
깊고 깊어 가이없으며
말로는 분별할 수 없어

[疏] 後一은 結成分用이라
■ 다. 한 게송은 부분의 작용을 성취함으로 결론함이다.

(2) 다섯 게송은 보살을 찬탄하다[五頌歎菩薩] 5.
가. 구름처럼 모임을 총합하여 밝히다 (後五 37下7)

汝觀大威德 　　無量菩薩衆하라
十方諸國土에 　　而來見世尊이로다
큰 위덕을 갖춘
한량없는 보살 대중을 보라.
시방의 여러 국토로부터
와서 세존을 뵈옵고

나. 서원의 행법이 깊다

所願皆具足하며 　　所行無障礙하니
一切諸世間이 　　無能測量者로다

소원이 다 구족하고
행하시는 일 장애 없으매
모든 세간 사람들
아무도 측량할 이 없어

다. 아래 지위를 초월하다

一切諸緣覺과　　　　　　　及彼大聲聞은
皆悉不能知　　　　　　　　菩薩行境界로다
모든 연각이나
큰 성문들은
보살의 행하는 경계를
누구도 알지 못하네.

라. 지혜의 경지가 높음을 노래하다

菩薩大智慧가　　　　　　　諸地悉究竟하고
高建勇猛幢하니　　　　　　難摧難可動이로다
보살의 큰 지혜
모든 지위를 끝까지 마치고
용맹한 당기 높이 세우니
꺾을 수도 흔들 수도 없으며

마. 선정의 작용이 광대함을 노래하다

諸大名稱士의
所現諸神變이
소문이 널리 퍼진 보살들
한량없는 삼매의 힘으로
나타내는 신통과 변화
법계에 가득히 차네.

無量三昧力으로
法界悉充滿이로다

[疏] 後五는 歎菩薩이니 一은 總顯雲集이요 二는 願行深이요 三은 超下位요 四는 智地高요 五는 定用廣이니라

- (2) 다섯 게송은 보살의 공덕을 찬탄함이다. 가. 구름처럼 모임을 총합하여 밝힘이요, 나. 서원의 행법이 깊음이요, 다. 아래 지위를 초월함이요, 라. 지혜의 경지가 높음이요, 마. 선정의 작용이 광대함이다.

2. 남방 불가괴정진왕보살의 공덕 찬탄[南方] 5.

1) 두 게송은 내부의 공덕을 관찰하게 하다[二頌令觀內德] (第二 38上3)

爾時에 不可壞精進王菩薩이 承佛神力하사 觀察十方하고 而說頌言하시되
이때 불가괴정진왕보살이 부처님의 신력을 받들어 시방을 살펴보고 게송을 말하였다.

汝觀諸佛子하라
究竟菩提行으로
智慧功德藏과
安隱諸世間이로다

모든 불자들의 지혜와
공덕의 광을 그대는 보라.
보리행을 끝까지 갖추고
온 세간을 편안하게 하나니

其心本明達하여　　　　　善入諸三昧하며
智慧無邊際하니　　　　　境界不可量이로다

그 마음 본래 통달하였고
모든 삼매에도 잘 들어가
지혜는 가이없고
경계는 측량 못하네.

[疏] 第二, 南方은 唯歎菩薩이라 然이나 旣結歸佛力하니 亦爲歎佛이라 十頌을 分五니 初二는 令觀內德이니 於中에 初偈는 二嚴究竟이요 後偈는 定智廣深이니라

■ 2. 남방 불가괴정진왕보살의 공덕 찬탄이다. 오직 보살만 찬탄하였으니 그러나 이미 부처님의 십력(十力)으로 결론해 돌아감도 또한 부처님을 찬탄한 내용이다. 열 게송을 다섯으로 나누리니 1) 두 게송은 내부의 공덕을 관찰하게 함이니, 그중에 (1) 첫 게송은 두 가지로 장엄함이 완전함이요, (2) 뒤 게송은 선정 지혜가 넓고 깊음이다.

2) 두 게송은 그 모인 곳을 보이다[二頌示其集處] (次二 38上8)

今此逝多林이　　　　　種種皆嚴飾하니

菩薩衆雲集하여　　　　親近如來住로다
지금 이 서다림이
가지가지로 장엄되었고
보살 대중이 구름처럼 모여 와
여래를 친근히 모시나니

汝觀無所着인　　　　無量大衆海하라
十方來詣此하여　　　坐寶蓮華座로다
집착이 없고 한량이 없는
대중 바다를 그대가 보라.
시방으로부터 여기 와서
연꽃 자리에 앉았으나

[疏] 次二는 示其集處요

■ 2) 두 게송은 그 모인 곳을 보여 줌이요,

3) 세 게송은 고요함과 작용이 장애가 없다[三頌寂用無礙]

(次三 38下2)

無來亦無住하며　　　無依無戲論하며
離垢心無礙하여　　　究竟於法界로다
온 데도 없고 머무름도 없고
의지함도 없고 희론도 없으며
때를 여읜 마음 걸림이 없어

법계의 끝까지 이르네.

建立智慧幢하여　　　　堅固不動搖하며
知無變化法하되　　　　而現變化事로다
지혜의 당기 세우니
견고하여 동요할 수 없고
변화가 없는 법을 알지만
변화하는 일을 나타내며

十方無量刹　　　　　　一切諸佛所에
同時悉往詣하되　　　　而亦不分身이로다
시방의 한량없는 세계
모든 부처님 계신 데를
한꺼번에 모두 나아가지만
몸은 나누지 아니해.

[疏] 次三은 明寂用無礙니 初, 一偈半은 卽寂이요 後, 一偈半은 起用이니라
■ 3) 세 게송은 고요함과 작용이 장애가 없음을 밝힘이다. (1) 한 개 반의 게송은 고요함과 합치함이요, (2) 한 개 반의 게송은 작용을 일으킴이다.

4) 한 게송은 부처님 능력으로 돌아가다[一頌結歸佛力] (次一 38下5)

汝觀釋師子의　　　　　自在神通力하라

能令菩薩衆으로　　　一切俱來集이로다
그대가 또 석가 사자의
자재하신 신통을 보라.
여러 보살들을
모두 모여 오게 하나니

[疏] 次一은 結歸佛力이요
■ 4) 한 게송은 부처님 능력으로 결론하여 돌아감이요.

5) 두 게송은 그 공덕이 광대함으로 결론하다[二頌結其德廣]

(後二 38下8)

一切諸佛法이　　　法界悉平等하되
言說故不同을　　　此衆咸通達이로다
모든 부처님 법은
법계가 다 평등하거니와
말로 하는 것이 같지 않음을
이 대중이 모두 통달하며

諸佛常安住　　　法界平等際나
演說差別法에　　　言辭無有盡이로다
모든 부처님 언제나
법계에 평등하게 머물러
차별한 법을 연설하시니

그 말씀 다하지 않네.

[疏] 後二는 結其德廣이니 同諸佛故니라
- 5) 두 게송은 그 공덕이 광대함으로 결론함이니 모든 부처님과 같은 까닭이다.

3. 서방 보승무상위덕왕보살의 공덕 찬탄[西方] 2.

1) 세 게송은 법으로 설하다[三頌法說] (第三 39上4)

爾時에 普勝無上威德王菩薩이 承佛神力하사 觀察十方하고 而說頌言하시되
이때 보승무상위덕왕보살이 부처님의 신력을 받들어 시방을 살펴보고 게송을 말하였다.

汝觀無上士의　　　　　廣大智圓滿하라
善達時非時하여　　　　爲衆演說法이로다
그대가 보라, 보살의
광대한 지혜가 원만하여
때와 때 아닌 것 잘 알고
대승에게 법을 말하며

摧伏衆外道와　　　　　一切諸異論하고
普隨衆生心하여　　　　爲現神通力이로다

모든 외도의 여러 가지 희론
꺾어 굴복시키고
중생의 마음을 따라
신통한 힘을 나투네.

正覺非有量이며　　　　　亦復非無量이니
若量若無量을　　　　　　牟尼悉超越이로다
바른 깨달음 한량이 있지도 않고
한량이 없는 것도 아니니
한량 있는 것 한량없는 것을
모니께서 모두 초월해.

[疏] 第三, 西方下는 唯歎佛德이라 然雖通諸德이나 隨多顯名이니 今此는 歎智用應時德이라 十頌을 分二니 初三은 法說이니 一, 內德이요 二, 外用이요 三, 總結離言이니라

- 3. 西方 아래는 부처님 공덕만 찬탄함이다. 그러나 비록 모든 공덕을 통하더라도 많은 것을 따라 이름을 밝힌다. 지금 여기는 지혜로 작용하여 응할 때의 공덕을 찬탄함이다. 열 게송을 둘로 나누리니 1) 세 게송은 법으로 설함이니 (1) 내부의 공덕이요, (2) 외부의 작용이요, (3) 말을 여읨을 총합 결론함이다.

2) 일곱 게송은 비유로 밝히다[七頌喩顯] (後七 39下4)
(1) 앞의 광대함에 비유하다

如日在虛空에 　　　　照臨一切處인달하여
佛智亦如是하여 　　　　了達三世法이로다
해가 허공에 떠서
온갖 곳에 비치듯
부처님 지혜 그와 같아서
세 세상 법을 통달하며

(2) 원만함에 비유하다

譬如十五夜에 　　　　月輪無減缺인달하여
如來亦復然하여 　　　　白法悉圓滿이로다
마치 보름달이
조금도 모자람 없듯이
여래도 그와 같아서
흰 법이 가득 둥글어

(3)과 (4)는 신통을 나타냄에 비유하다

譬如空中日이 　　　　運行無暫已인달하여
如來亦如是하여 　　　　神變恒相續이로다
마치 허공에 뜬 해가
굴러가고 쉬지 않듯이
여래도 그와 같아서
신통과 변화 항상 계속해.

譬如十方刹이 　　　　　於空無所礙인달하여
世燈現變化도 　　　　　於世亦復然이로다
마치 시방의 세계가
허공에 걸림 없듯이
세간 등불이 변화를
세상에 나툼도 역시 그러해.

(5) 법을 연설함에 비유하다

譬如世間地가 　　　　　群生之所依인달하여
照世燈法輪도 　　　　　爲依亦如是로다
세간에 있는 땅덩이
모든 생물이 의지했듯이
세상을 비추는 등불
법륜을 의지함도 그러해.

(6) 삿됨을 꺾음에 비유하다

譬如猛疾風이 　　　　　所行無障礙인달하여
佛法亦如是하여 　　　　速徧於世間이로다
마치 맹렬한 바람이
부는 데 장애 없듯이
부처님 법도 그와 같아서
온 세상에 빨리 두루해

(7) 앞의 공덕이 삼세 부처님에게 함께 의지함을 비유하다

譬如大水輪이 世界所依住인달하여
智慧輪亦爾하여 三世佛所依로다
마치 큰 물 둘레를
세계가 의지했듯이
지혜 바퀴도 그와 같아서
세 세상 부처님 의지했네.

[疏] 後七은 喩顯이니 一, 喩前廣大요 二, 喩圓滿이요 三四, 喩現通이니 一, 長時요 二, 無礙니라 五, 喩演法이요 六, 喩摧邪요 七, 總喩前德이 諸佛同依니라

- 2) 일곱 게송은 비유로 밝힘이다. (1) 앞의 광대함에 비유함이요, (2) 원만함에 비유함이요, (3)과 (4)는 신통을 나타냄에 비유함이니 하나는 오랜 시간이요, 둘은 장애 없음이다. (5) 법을 연설함에 비유함이요, (6) 삿됨을 꺾음에 비유함이요, (7) 앞의 공덕이 모든 부처님에게 함께 의지함에 총합하여 비유함이다.

4. 북방 무애승장왕보살의 공덕 찬탄[北方] 2.

1) 다섯 게송은 내부의 공덕을 비유하다[五偈喩內德] 5.
(1) 은덕에 비유하다 (第四 40上4)

爾時에 無礙勝藏王菩薩이 承佛神力하사 觀察十方하고

而說頌言하시되
이때 무애승장왕보살이 부처님의 신력을 받들어 시방을 살펴보고 게송을 말하였다.

譬如大寶山이　　　　　　饒益諸含識인달하여
佛山亦如是하여　　　　　普益於世間이로다
비유컨대 큰 보배 산이
여러 중생을 이익하게 하듯이
부처님 지혜도 그와 같아서
세간을 두루 이익하게 하고

(2) 단덕에 비유하다

譬如大海水가　　　　　　澄淨無垢濁인달하여
見佛亦如是하여　　　　　能除諸渴愛로다
비유컨대 큰 바닷물이
깨끗하고 때가 없듯이
부처님을 뵈옴도 그와 같아서
목마른 애정을 덜어 주시고

(3) 세 게송은 비유로 지덕에 비유하다 2.
가. 한 게송은 높고 먼 공덕

譬如須彌山이　　　　　　出於大海中인달하여

世間燈亦爾하여　　　　　從於法海出이로다
비유컨대 수미산이
큰 바다에 솟았듯이
세간 등불도 그와 같아서
법 바다 가운데서 나왔으며

나. 두 게송은 깊고 광대한 공덕

如海具衆寶에　　　　　求者皆滿足인달하여
無師智亦然하여　　　　見者悉開悟로다
마치 바다에는 보배가 많아
구하는 이가 모두 만족하듯이
스승 없는 지혜도 그와 같아서
보는 이는 모두 깨달아

如來甚深智가　　　　　無量無有數일새
是故神通力으로　　　　示現難思議로다
여래의 깊고 깊은 지혜
한량이 없고 수가 없나니
그래서 신통한 힘을
나타내는 일 부사의하네.

[疏] 第四, 北方의 十偈九喩는 歎三德深廣이라 於中에 二니 前五偈의 四喩는 喩內德이니 一, 恩이요 二, 斷이요 次三, 喩는 喩智니 前一은 高

遠이요 次二는 深廣이니라

- 4. 북방 무애승장왕보살의 공덕 찬탄이다. 열 게송은 아홉 가지 비유이니 세 가지 공덕이 깊고 광대함을 찬탄함이다. 그중에 둘이니 1) 다섯 게송은 네 가지 비유로 내부 공덕에 비유함이니 (1) 은덕에 비유함이요, (2) 단덕에 비유함이요, (3) 세 게송은 비유로 지덕에 비유함이다. 가. 한 게송은 높고 먼 공덕이요, 나. 두 게송은 깊고 광대한 공덕이다.

2) 다섯 게송은 큰 작용을 비유로 밝히다[五偈喻大用]
(1) 교묘하게 보임을 노래하다 (後五 40下2)

譬如工幻師가　　　　　示現種種事인달하여
佛智亦如是하여　　　　現諸自在力이로다
마치 공교한 요술쟁이가
여러 가지 술법을 나타내듯이
부처의 지혜도 그와 같아서
자유자재한 힘 나타내 보이고

(2) 욕심을 따름에 비유하다

譬如如意寶가　　　　　能滿一切欲인달하여
最勝亦復然하여　　　　滿諸淸淨願이로다
마치 여의주 보배가
모든 욕구를 채워 주듯이

가장 훌륭한 이 그와 같아서
　　청정한 소원을 채워 주고

(3) 근기를 비춤에 비유하다

　　譬如明淨寶가　　　　　　普照一切物인달하여
　　佛智亦如是하여　　　　　普照群生心이로다
　　마치 밝고 깨끗한 보배
　　모든 물건을 두루 비추듯
　　부처의 지혜도 그와 같아서
　　중생들의 마음 두루 비추고

(4) 이치와 합함에 비유하다

　　譬如八面寶가　　　　　　等鑒於諸方인달하여
　　無礙燈亦然하여　　　　　普照於法界로다
　　마치 팔면으로 된 보배
　　여러 방위를 평등히 비추듯
　　걸림 없는 등불도 그와 같아서
　　온 법계에 두루 비추고

(5) 이익으로 결론함에 비유하다

　　譬如水淸珠가　　　　　　能淸諸濁水인달하여

見佛亦如是하여　　　　　諸根悉淸淨이로다
마치 물을 맑히는 구슬이
흐린 물을 능히 맑히듯
부처님 뵈옴도 그와 같아서
여러 감관이 깨끗해지네.

[疏] 後五, 喩大用이니 一, 巧示요 二, 隨欲이요 三, 照機요 四, 合理요 五, 結益이니라

■ 2) 다섯 게송은 큰 작용을 비유로 밝힘이다. (1) 교묘하게 보임에 비유함이요, (2) 욕심을 따름에 비유함이요, (3) 근기를 비춤에 비유함이요, (4) 이치와 합함에 비유함이요, (5) 이익으로 결론함이다.

5. 동북방 화현법계원보살의 공덕 찬탄[東北方] 4.

1) 한 게송은 소견이 모두에 이익되다[一偈見無不益] (第五 40下7)

爾時에 化現法界願月王菩薩이 承佛神力하사 觀察十方하고 而說頌言하시되
이때 화현법계원월왕보살이 부처님의 신력을 받들어 시방을 살펴보고 게송을 말하였다.

譬如帝靑寶가　　　　　能靑一切色인달하여
見佛者亦然하여　　　　悉發菩提行이로다
비유컨대 제청 보배가

모든 빛을 푸르게 하듯이
부처님 뵈온 이도 그와 같아서
보리의 행을 내게 되나니

[疏] 第五, 東北方의 法界願月王十頌은 歎普益衆生德이라 分四니 初偈
는 總喻見無不益이요
■ 5. 동북방 화현법계원월왕보살의 공덕 찬탄이다. '법계원을 화현으
로 나투는 달 왕 보살'은 열 게송이니 널리 중생을 이익하는 공덕을
찬탄함이다. 넷으로 나누리니 1) 한 게송은 소견이 모두에 이익됨을
총합하여 비유함이요,

2) 세 게송은 보살을 이익함을 밝히다[三偈明益菩薩] (次三 41上2)

一一微塵內에　　　　　佛現神通力하사
令無量無邊한　　　　　菩薩皆淸淨이로다
하나하나 티끌 속마다
부처님이 신통을 나투어
한량이 없고 그지없는
보살들을 청정케 하고

甚深微妙力을　　　　　無邊不可知라
菩薩之境界니　　　　　世間莫能測이로다
깊고 깊은 미묘한 힘
그지없어 알 수 없나니

보살의 경계도
　　세상에서 측량 못하며

　　如來所現身이　　　　　　清淨相莊嚴하사
　　普入於法界하여　　　　　成就諸菩薩이로다
　　여래의 나투시는 몸
　　청정한 모양으로 장엄하시고
　　법계에 두루 들어가
　　보살들을 성취하누나.

[疏] 次三은 別明益菩薩이니 初一, 淨이요 二, 障이요 後二, 成妙力이니라
■ 2) 세 게송은 보살을 이익함을 개별로 밝힘이다. (1) 한 게송은 청정함을 노래함이요, (2) 장애됨을 노래함이요, (3) 두 게송은 미묘한 능력 이룸을 노래함이다.

3) 다섯 게송은 이익된 작용이 두루함을 밝히다[五頌明益用徧] 5.
(1) 성도함이 두루함을 노래하다 (三有 41上8)

　　難思佛國土에　　　　　　於中成正覺하시니
　　一切諸菩薩과　　　　　　世主皆充滿이로다
　　헤아릴 수 없는 부처님 국토
　　거기서 정각을 이루시니
　　모든 보살들과
　　세간 임금들 가득히 차고

(2) 신통이 두루함을 노래하다

　　釋迦無上尊이　　　　　　於法悉自在하사
　　示現神通力하시니　　　　無邊不可量이로다
　　위없는 석가모니 부처님
　　모든 법에 자유자재해
　　신통한 힘을 나타내는 일
　　끝이 없어 헤아릴 수 없고

(3) 행을 보임이 두루함을 노래하다

　　菩薩種種行이　　　　　　無量無有盡하니
　　如來自在力으로　　　　　爲之悉示現이로다
　　보살들의 갖가지 행
　　한량없고 끝이 없건만
　　여래의 자재하신 힘으로
　　모두 다 나타내시며

(4) 법을 요달함이 두루함을 노래하다

　　佛子善修學　　　　　　　甚深諸法界하여
　　成就無礙智하여　　　　　明了一切法이로다
　　불자들이 깊은 법계를
　　잘 닦아 배우고

걸림 없는 지혜 이루어
온갖 법을 분명히 알고

(5) 법륜 굴림이 두루함을 노래하다

善逝威神力으로　　　　　爲衆轉法輪하시니
神變普充滿하여　　　　　令世皆淸淨이로다
잘 가신 이의 위신의 힘
대중에게 법륜 굴리니
신통과 변화 두루 충만해
세상을 모두 청정케 하며

[疏] 三, 有五頌은 明益周徧이니 一, 成道徧이요 二, 神通徧이요 三, 示行徧이요 四, 了法徧이요 五, 轉法徧이요.

- 3) 다섯 게송은 이익된 작용이 두루함을 밝힘이다. (1) 성도가 두루함을 노래함이요, (2) 신통이 두루함을 노래함이요, (3) 행을 보임이 두루함을 노래함이요, (4) 법을 요달함이 두루함을 노래함이요, (5) 법륜 굴림이 두루함을 노래함이다.

4) 한 게송은 이익됨이 주변에 두루함을 결론하다[一偈結益周普]

(四有 41下1)

如來智圓滿하며　　　　　境界亦淸淨하니
譬如大龍王이　　　　　　普濟諸群生이로다

여래는 지혜 원만하고
경계도 청정하여
마치 큰 용왕이
중생을 건지는 듯하네.

[疏] 四, 有一偈는 結益周普니라
■ 4) 한 게송은 이익됨이 주변에 두루함을 결론함이다.

6. 동남방 법혜광염왕보살의 공덕 찬탄[東南方] 3.

1) 세 게송은 범부와 소승은 생각하지 못하다[三頌凡小難思]
(第六 41下7)

爾時에 法慧光焰王菩薩이 承佛神力하사 觀察十方하고 而說頌言하시되
이때 법혜광염왕보살이 부처님의 신력을 받들어 시방을 살펴보고 게송을 말하였다.

三世諸如來의　　　　　　聲聞大弟子가
悉不能知佛의　　　　　　擧足下足事하며
세 세상 여래의
성문인 큰 제자들
부처님이 발 들고 내리는 일
모두들 알지 못하고

去來現在世에　　　　　一切諸緣覺도
亦不知如來의　　　　　擧足下足事이든
과거·미래·현재의
여러 연각들도
여래의 발 들고 내리는 일
모두들 알지 못하는데

況復諸凡夫는　　　　　結使所纏縛이며
無明覆心識이어니　　　而能知導師아
하물며 범부들이
번뇌에 속박되고
무명이 덮였거늘
부처님을 어찌 알리.

[疏] 第六, 東南方은 十頌이니 歎大用難思德이라 分三이니 初三은 明凡小難思요

■ 6. 동남방 법혜광염왕보살의 공덕 찬탄에 열 게송이니 큰 작용은 생각으로 헤아리기 어려운 공덕을 찬탄함이다. 셋으로 나누리니 1) 세 게송은 범부와 소승은 생각하기 어려움을 밝힘이다.

2) 네 게송은 생각하기 어려운 법을 내보이다[四頌出難思法]
(次四 42上3)

正覺無礙智가　　　　　超過語言道하여

其量不可測이니 孰有能知見가
정각의 걸림 없는 지혜
말로 할 길 초월하여
얼마인지 모르거든
뉘라서 알고 보리.

譬如明月光을 無能測邊際인달하여
佛神通亦爾하여 莫見其終盡이로다
비유컨대 밝은 달빛
그 끝을 측량 못하나니
부처님 신통도 그러하여
그 끝을 볼 수 없고

一一諸方便과 念念所變化를
盡於無量劫토록 思惟不能了로다
하나하나 모든 방편
잠깐잠깐 변화함을
한량없는 겁이 끝나도록
생각하여도 알지 못하며

思惟一切智의 不可思議法하니
一一方便門이 邊際不可得이로다
헤아려서 알 수 없는
온갖 지혜를 생각하는

낱낱 방편문
끝닿은 데를 알 수 없나니

[疏] 次四는 出難思之法이요
- 2) 네 게송은 생각하기 어려운 법을 내보임이요.

3) 세 게송은 아는 주체의 인행을 밝히다[三頌顯能知因] (後三 42上7)

若有於此法에　　　　　而興廣大願이면
彼於此境界에　　　　　知見不爲難이로다
누구나 이 법에 대하여
광대한 서원만 일으키면
그 사람은 이런 경계를
알고 보기 어렵지 않고

勇猛勤修習　　　　　　難思大法海하면
其心無障礙하여　　　　入此方便門이로다
생각하기 어려운 법 바다
용맹하게 닦아 익히면
그 마음은 장애가 없어
이 방편문에 들어가리니

心意已調伏하며　　　　志願亦寬廣하면
當獲大菩提의　　　　　最勝之境界로다

마음은 이미 조복되었고
소원도 크고 넓어서
큰 보리의
가장 좋은 경계 얻으리.

[疏] 後三은 顯能知之人이니라
■ 3) 세 게송은 아는 주체의 인행을 밝힘이다.

7. 서남방 파일체마군보살의 공덕 찬탄[西南方] 4.

1) 한 게송은 생각하기 어려움을 총합하여 밝히다[一頌總顯難思]

(第七 42下1)

爾時에 破一切魔軍智幢王菩薩이 承佛神力하사 觀察十方하고 而說頌言하시되
그때 파일체마군지당왕보살이 부처님의 신력을 받들어 시방을 살펴보고 게송을 말하였다.

智身非是身이라　　　　　　無礙難思議니
設有思議者라도　　　　　　一切無能及이로다
지혜의 몸은 몸이 아니니
걸림도 없고 생각하기 어려워
설사 생각하는 이 있어도
모든 것 믿기 어렵고

[疏] 第七, 西南方의 十頌은 歎智身難思德이라 分四니 初一은 總顯難思요
- 7. 서남방 파일체마군보살의 공덕 찬탄에 열 게송이니 지혜 몸이 생각하기 어려운 공덕임을 찬탄함에 넷으로 나누리니 1) 한 게송은 생각하지 못함을 총합하여 밝힘이요,

2) 한 게송은 인행을 거론하여 과덕을 밝히다[一頌擧因顯果] (次一 42下4)

從不思議業하여　　　　　起此淸淨身하니
殊特妙莊嚴이　　　　　　不着於三界로다
부사의한 업으로부터
청정한 이 몸 생기었으니
유난히 묘하게 장엄
세 세계에 집착이 없어

[疏] 次一은 擧因顯果요
- 2) 한 게송은 인행을 거론하여 과덕을 밝힘이요,

3) 여섯 게송은 생각하지 못하는 양상을 보이다[六頌示難思相] 3.
(1) 세 게송은 지혜로 비추어 장애를 정화하다[三頌智照淨障]
(次三 43上1)

光明照一切하여　　　　　法界悉淸淨하니
開佛菩提門하여　　　　　出生衆智慧로다
밝은 광명 온갖 것에 비치니

법계가 모두 청정해
부처의 보리문 열고
여러 가지 지혜를 내고

譬如世間日하여　　　　普放慧光明하사
遠離諸塵垢하고　　　　滅除一切障이로다
마치 세간의 햇빛이
지혜의 광명을 놓아
모든 때와 티끌 멀리 여의고
온갖 장애 없애 버리며

普淨三有處하며　　　　永絶生死流하고
成就菩薩道하여　　　　出生無上覺이로다
삼계를 모두 깨끗이 하여
생사의 물결 영원히 끊고
보리의 도를 성취하여
위없는 깨달음 내나니

[疏] 次三은 別示難思之相이요 於中에 三이니 初三은 智照淨障이요
■ 3) (여섯 게송은) 생각하지 못하는 양상을 개별로 보임이다. 그중에 셋이니 (1) 세 게송은 지혜로 비추어 장애를 정화함이요,

(2) 한 게송은 깊고 광대함을 보이고 밝히다[一頌示顯深廣]
　　　　　　　　　　　　　　　(次一 43上1)

示現無邊色하니　　　　　此色無依處라
所現雖無量이나　　　　　一切不思議로다
그지없는 빛깔 나타내니
이 빛이 의지한 데 없어
한량없는 것을 나투지만
모든 것을 생각할 수 없고

[疏] 次一은 示現深廣이요
■　(2) 한 게송은 깊고 광대함을 보이고 밝힘이요,

(3) 두 게송은 생각하는 지혜가 원융함을 밝히다[二頌念智圓融]
(後二 43上2)

菩薩一念頃에　　　　　能覺一切法이어니
云何欲測量　　　　　　如來智邊際리오
보살이 잠깐 동안에
온갖 법 깨닫지마는
여래의 지혜의 끝 간 데를
어떻게 측량하려나.

一念悉明達　　　　　　一切三世法일새
故說佛智慧가　　　　　無盡無能壞로다
온갖 세 세상 법을
한 생각에 통달하올세

그러므로 부처님 지혜는
끝도 없고 파괴할 수도 없어

[疏] 後二는 念智圓融이니라
■ (3) 두 게송은 생각하는 지혜가 원융함을 밝힘이요,

4) 두 게송은 사혜와 수혜를 결론하여 권하다[二頌結勸思修]

(四有 43上5)

智者應如是   專思佛菩提니
此思難思議라   思之不可得이로다
지혜 있는 이 이렇게
부처의 보리 생각하나니
이 생각 말할 수 없어
생각으로 찾지 못하네.

菩提不可說이라   超過語言路니
諸佛從此生일새   是法難思議로다
보리는 말할 수 없고
말로 할 길을 뛰어넘어서
부처님들 여기서 났으매
이 법은 불가사의해

[疏] 四, 有二頌은 結勸이니 謂從不思議하여 生佛智身이니 令絶思議之念

케함이 是思佛矣니라

- 4) 두 게송은 (사혜와 수혜를) 결론하여 권함이다. 이른바 불가사의함에서 부처님 지혜 몸이 생겼으니 하여금 사의할 수 있는 생각을 단절케 함이 바로 부처님을 생각함이다.

8. 서북방 원지광명당왕보살의 공덕 찬탄[西北方] 2.

1) 두 게송은 관법으로 성취함을 표방하다[二頌總標觀成] (第八 43上9)

爾時에 願智光明幢王菩薩이 承佛神力하사 觀察十方하고 而說頌言하시되
이때 원지광명당왕보살이 부처님의 신력을 받들어 시방을 살펴보고 게송을 말하였다.

若能善觀察　　　　　　菩提無盡海하면
則得離癡念하여　　　　決定受持法이로다
보리의 끝없는 바다
누구나 잘 생각하면
어리석은 생각 여의고
결정코 법을 받으리.

[疏] 第八, 西北方의 十頌은 歎佛이니 成就菩薩德을 分二니 初, 總標니 觀成決定이요
- 8. 서북방 원지광명당왕보살의 공덕 찬탄이다. 열 게송은 부처님을

찬탄함이다. 보살의 공덕을 성취함을 둘로 나누리니 1) 두 게송은 총
합하여 관법으로 성취함을 표방함이다.

2) 아홉 게송은 전전이 이익을 성취하다[九頌展轉成益] 2.
(1) 일곱 게송은 한 가지 행법을 각기 밝히다[七頌各明一行]

(餘九 43下8)

若得決定心하면 　　　　則能修妙行하여
禪寂自思慮하여 　　　　永斷諸疑惑이로다
결정한 마음 얻기만 하면
묘한 행 능히 닦아서
고요한 경계 생각하고
모든 의혹 아주 끊나니

其心不疲倦하면 　　　　亦復無懈怠하여
展轉增進修하여 　　　　究竟諸佛法이로다
그 마음 피로하지 않고
게으른 생각도 없이
점점 더 닦아 나아가
부처님 법을 끝마치리라.

信智已成就하고 　　　　念念令增長하여
常樂常觀察 　　　　　　無得無依法이로다
믿음과 지혜 성취하였고

생각 생각에 더욱 증장해
항상 즐겁고 항상 살피나
얻을 것 없고 의지할 법도 없어

無量億千劫의　　　　　所修功德行을
一切悉廻向　　　　　　諸佛所求道로다
한량없는 억천 겁에
닦은 공덕의 행
여러 부처님 구하던 도에
모든 것을 회향하리라.

雖在於生死나　　　　　而心無染着하고
安住諸佛法하여　　　　常樂如來行이로다
비록 생사 속에 있기는 하나
마음이 물들지 않고
불법에 편안히 머물러
여래의 행을 항상 즐기네.

世間之所有　　　　　　蘊界等諸法을
一切皆捨離하고　　　　專求佛功德이로다
이 세상에 있는
오온 · 18계 모든 법들
온갖 것을 모두 버리고
오로지 부처의 공덕 구함이로다.

凡夫嬰妄惑하여　　　　　　於世常流轉일새
菩薩心無礙하여　　　　　　救之令解脫이로다
범부는 의혹에 얽혀
세상에 헤매는 것을
보살의 마음 걸림이 없어
구원하여 해탈하게 하고

[疏] 餘九는 展轉成益이라 於中에 前七偈는 各一行이요
- 2) 아홉 게송은 전전이 이익을 성취함이다. 그중에 (1) 일곱 게송은 각기 한 가지 행법을 노래함이요,

(2) 두 게송은 깊고 광대함을 결론하다[二頌總結深廣] (後二 44上1)

菩薩行難稱이라　　　　　　擧世莫能思니
徧除一切苦하고　　　　　　普與群生樂이로다
보살의 행은 말할 수 없고
모든 세상이 생각도 못하나
온갖 괴로움 두루 없애고
중생들에게 즐거움 주네.

已獲菩提智하고　　　　　　復愍諸群生일새
光明照世間하여　　　　　　度脫一切衆이로다
보리의 지혜 이미 얻었고
모든 중생들 가엾이 여겨

밝은 빛으로 세간에 비추어
모든 무리를 건져 내나니.

[疏] 後二는 總結深廣이니라
- (2) 두 게송은 깊고 광대함을 총합 결론함을 노래함이다.

9. 하방의 파일체장용맹보살의 공덕 찬탄[下方] 2.

1) 한 게송은 명칭을 듣기 어려움을 표방하다[一頌標名難聞]

(第九 44下4)

爾時에 破一切障勇猛智王菩薩이 承佛神力하사 觀察十方하고 而說頌言하시되
이때 파일체장용맹지왕보살이 부처님의 신력을 받들어 시방을 살펴보고 게송을 말하였다.

無量億千劫에 佛名難可聞이어든
況復得親近하여 永斷諸疑惑가
한량없는 억천 겁 동안
부처님 이름 듣지도 못하거든
하물며 친근히 모시고
모든 의혹 끊을 수 있으랴.

[疏] 第九, 下方菩薩은 歎佛難見聞德이라 分二니 初一은 標名難聞이니

近必斷疑요
- 9. 하방의 파일체장용맹보살의 공덕 찬탄이다. 부처님의 보고 듣기 어려운 공덕을 찬탄함을 둘로 나누리니 1) 한 게송은 명칭을 듣기 어려움을 표방하는데 가깝게는 반드시 의심을 끊음이다.

2) 아홉 게송은 중생을 이익하는 양상에 대해 개별로 밝히다
 [九頌別顯益物] 4.
(1) 한 게송은 중생을 복되고 이익함을 노래하다[一頌生福益]
(餘別 44下5)

如來世間燈이　　　　　通達一切法하사
普生三世福하여　　　　令衆悉淸淨이로다
여래는 세간의 등불
모든 법 통달하시고
세 세상 복을 두루 내어
중생들을 청정케 하며

[疏] 餘는 別顯益物之相이니 於中에 初一은 生福益이요
- 2) 아홉 게송은 중생을 이익하는 양상에 대해 개별로 밝힘이다. 그중에 (1) 한 게송은 중생을 복되고 이익함이요,

(2) 두 게송은 보리로 향하는 이익[二頌向菩提益] (次二 44下6)

如來妙色身을　　　　　一切所欽歎이라

億劫常瞻仰하되　　　　　其心無厭足이로다
여래의 미묘한 육신
모든 이의 존경하는 대상
오랜 세월에 항상 앙모하여도
마음에 만족한 줄 몰라

若有諸佛子가　　　　　觀佛妙色身하면
必捨諸有着하고　　　　廻向菩提道로다
만일 어떤 불자가
부처님의 육신을 본다면
모든 집착을 버리고
보리의 길에 회향하오리.

[疏] 次二는 向菩提益이요
■ (2) 두 게송은 보리로 향하는 이익이요,

(3) 두 게송은 부처님 지혜의 이익을 성취하다[二頌成智益] (次二 44下6)

如來妙色身이　　　　　恒演廣大音하시니
辯才無障礙하여　　　　開佛菩提門이로다
여래의 미묘한 육신
광대한 음성 항상 내며
변재가 걸림이 없어
부처님의 보리 문 열고

曉悟諸群生이　　　　　　無量不思議라
令入智慧門하여　　　　　授以菩提記로다
한량없고 부사의한
모든 중생 깨우쳐
지혜의 문에 들게 하고
보리의 수기 주시네.

[疏] 次二는 成智益이요
■ (3) 두 게송은 부처님 지혜의 이익을 성취함이요,

(4) 네 게송은 사람에 입각하여 이익을 결론하다[四頌就人結益]
(餘四 44下6)

如來出世間이　　　　　　爲世大福田이라
普導諸含識하여　　　　　令其集福行이로다
여래가 세간에 나시어
세상에 큰 복 밭 되시고
모든 중생 인도하여
복덕의 행 모으게 하며

若有供養佛이면　　　　　永除惡道畏하여
消滅一切苦하고　　　　　成就智慧身이로다
누구나 부처님께 공양하면
나쁜 길의 두려움 없어지고

모든 괴로움 소멸하여
지혜의 몸 성취하며

若見兩足尊하고　　　　　能發廣大心이면
是人恒值佛하여　　　　　增長智慧力이로다
누구나 두 발 높은 이 뵈옵고
광대한 마음 내기만 하면
이 사람 부처님 항상 만나
지혜의 힘이 증장하고

若見人中勝하고　　　　　決意向菩提하면
是人能自知　　　　　　　必當成正覺이로다
만일 인간에서 수승한 이 보고
뜻을 결단코 보리에 향하면
이 사람 장래에 정각 이룰 것을
스스로 알게 되리라.

[疏] 餘四는 就人結益이니라
■ (4) 네 게송은 사람에 입각하여 이익을 결론함이다.

10. 상방의 법계차별원보살의 공덕 찬탄[上方] 4.

1) 두 게송은 부처님 공덕을 총합하여 거론하다[二頌總擧佛德]

(第十 45上1)

爾時에 法界差別願智神通王菩薩이 承佛神力하사 觀察十方하고 而說頌言하시되
이때 법계차별원지신통왕보살이 부처님의 신력을 받들어 시방을 살펴보고 게송을 말하였다.

釋迦無上尊이 　　　　　具一切功德하시니
見者心淸淨하여 　　　　廻向大智慧로다
석가모니 위없는 세존
모든 공덕 갖추시니
보는 이의 마음이 청정
큰 지혜에 회향하고

如來大慈悲로 　　　　　出現於世間하사
普爲諸群生하여 　　　　轉無上法輪이로다
여래의 크신 자비
세간에 출현하시어
중생들을 위하여
위없는 법륜 굴리시며

[疏] 第十, 上方菩薩은 歎佛恩深重德이라 分四니 初二는 總擧佛德이니 意在於恩이라

- 10. 상방의 법계차별원보살의 공덕 찬탄이다. 부처님 은혜가 깊고 무거운 공덕을 찬탄함을 넷으로 나누리니 1) 두 게송은 부처님 공덕을 총합하여 거론함이니 의미는 은덕에 있다.

2) 한 게송은 은혜가 깊은데 보답하기 어렵다[一頌恩深難報]
(次一 45上4)

如來無數劫에　　　　　　勤苦爲衆生하시니
云何諸世間이　　　　　　能報大師恩이리오
여래께서 수없는 겁 동안
중생을 위해 애쓰시는데
세상 사람들 어떻게 하면
대사의 은혜 갚사오리까.

[疏] 次一은 恩深難報요
■ 2) 한 게송은 은혜가 깊은데 보답하기 어려움을 노래함이요,

3) 네 게송은 은혜를 갚으려는 마음을 내다[四頌發荷恩心] (次四 45上9)

寧於無量劫에　　　　　　受諸惡道苦언정
終不捨如來하고　　　　　而求於出離로다
차라리 한량없는 겁 동안
나쁜 길에서 고통받을지언정
여래를 버리고
벗어나기를 구하지 않으리.

寧代諸衆生하여　　　　　備受一切苦언정
終不捨於佛하고　　　　　而求得安樂이로다

차라리 중생을 대신하여
온갖 고통 받을지언정
부처님을 버리고
안락을 구하지 않으리.

寧在諸惡趣하여　　　　　　恒得聞佛名이언정
不願生善道하여　　　　　　暫時不聞佛이로다
차라리 나쁜 길에 있으면서
부처님 이름 항상 들을지언정
선한 길에 태어나 잠깐이라도
부처님 듣지 못함을 원하지 않으리.

寧生諸地獄하여　　　　　　一一無數劫이언정
終不遠離佛하고　　　　　　而求出惡趣로다
차라리 지옥에 태어나
날날이 수없는 겁 지낼지언정
부처님을 멀리 여의고
나쁜 길에서 벗어나지 않으리.

[疏] 次四는 發荷恩之心이요
　■ 3) 네 게송은 은혜를 갚으려는 마음을 냄이요,

4) 네 게송은 은혜를 갚으려는 의미를 해석하다[四頌釋荷恩意]
(後四 45下4)

何故願久住	一切諸惡道오
以得見如來하여	增長智慧故로다
모든 나쁜 길에
오래 있기를 어째서 원하는가.
여래를 뵈옵고
지혜를 늘리려 함이니

若得見於佛하면	除滅一切苦하고
能入諸如來	大智之境界로다
만일 부처님 뵈오면
모든 고통 없애고
여래의 지혜 경계에
들어가게 되나니

若得見於佛하면	捨離一切障하고
長養無盡福하여	成就菩提道로다
만일 부처님 뵈오면
온갖 장애 떠나고
무진한 복덕 길러서
보리를 성취하오리.

如來能永斷	一切衆生疑하고
隨其心所樂하여	普皆令滿足이로다
여래께서는 영원히

중생들의 의심을 끊고
그들의 좋아하는 마음 따라서
모두 다 만족하게 하시네.

[疏] 後四는 釋成荷恩之意니라
- 4) 네 게송은 은혜를 갚으려는 의미를 해석함이다.

[鈔] 大文第六, 偈頌分을 可知니라
- 큰 문단으로 (六) 게송으로 공덕을 찬탄하는 부분은 알 수 있으리라.

[潛字卷下 終]

大方廣佛華嚴經 제61권

大方廣佛華嚴經疏鈔 제61권 羽字卷上

제39 入法界品 ②

제39. 법계에 증득해 들어가는 품[入法界品] ②
(七) 보현보살이 열고 시작하는 부분[普賢開發分]

이렇게 근본법회를 마무리하고, 문수사리동자는 부처님께 공양 올리고는 남쪽으로 만행의 길을 떠난다. 선재는 그가 살고 있던 복성에서도 가장 복이 많은 동자였으니 태어나기 전부터 곳간마다 보배가 가득 쌓이기 시작해서 선재(善財)라는 이름이 되었다. 이때 문수보살은 복성(福城) 동쪽 장엄당(莊嚴幢) 사라(紗羅) 숲에서 5백 명의 복성 사람들을 교화하고 계시면서, 그중에 선재동자(善財童子)가 과거의 여러 부처님께 선근공덕을 많이 지어 대승의 불법을 잘 이해할 근기임을 알아보신다. 여기서 문수보살은 온갖 지혜를 구족하는 인연은 선지식을 친근하고 공양하는 것이라 하며 드디어 선지식을 찾아서 구법 여행을 떠나는 선재동자에게 당부한다.

"착한 남자여, 온갖 지혜의 지혜를 성취하려거든, 결정코 선지식을 찾아야 하느니라. 착한 남자여, 선지식을 찾는 일에 고달프고 게으른 생각을 내지 말고, 선지식을 보고는 싫어하는 마음을 내지 말고, 선지식의 가르치는 말씀은 그대로 순종하고, 선지식의 교묘한 방편에 허물을 보지 말라."

大方廣佛華嚴經 제61권
大方廣佛華嚴經疏鈔 제61권 羽字卷上

제39. 법계에 증득해 들어가는 품[入法界品] ②

(七) 보현보살이 열고 시작하는 부분[普賢開發分] 2.

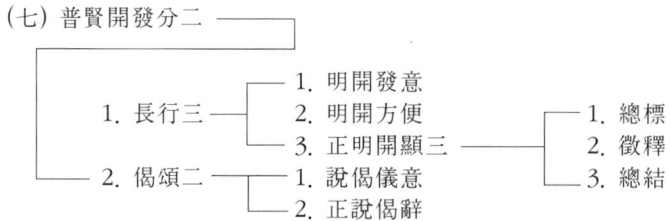

제1. 장항으로 밝히다[長行] 3.
1. 열고 시작하는 의미를 밝히다[明開發意] (大文 1上6)

爾時에 普賢菩薩摩訶薩이 普觀一切菩薩衆會하고
그때 보현보살마하살은 모든 보살들의 모임을 두루 관찰하고,

[疏] 大文第七, 爾時普賢下는 普賢開發分이라 現土가 顯於法界니 普賢이 主此하사 方能開故라 於中에 長行과 與偈라 前中에 三이니 初, 明開發意요 二, 能開方便이요 三, 正明開顯이라 今初觀衆會者는 上에는 佛入定現相하사 令衆覩親證하시고 今은 假言開顯하사 使尋言契

實이니라

- 큰 문단으로 (七) 爾時普賢 아래는 보현보살이 열고 시작하는 부분이다. 국토를 나타냄은 법계를 밝힘이니, 보현보살이 이곳에서 주재해야만 비로소 능히 열기 때문이다. 그중에 제1. 장항으로 밝힘과 제2. 게송으로 노래함이다. 제1. 중에 셋이니 1. 열고 시작하는 의미를 밝힘이요, 2. 방편을 여는 것에 대해 밝힘이요, 3. 열고 밝힘에 대해 설명함이다. 지금은 1.이니 '대중 모임을 두루 관찰함'이란 위는 부처님이 선정에 들어가 양상을 나타내어 대중으로 하여금 친히 증득함을 보게 하고, 지금은 열고 밝힘을 가정적으로 말하여 하여금 잠시 실법과 계합하게 함을 말하였다.

2. 방편을 여는 것에 대해[明開方便] (二以 1下5)

以等法界方便과 等虛空界方便과 等衆生界方便과 等三世와 等一切劫과 等一切衆生業과 等一切衆生欲과 等一切衆生解와 等一切衆生根과 等一切衆生成熟時와 等一切法光影方便으로

(1) 법계와 같은 방편과 (2) 허공계와 같은 방편과 (3) 중생계와 같은 방편과 (4) 세 세상과 같고 (5) 모든 겁과 같고 (6) 모든 중생의 업과 같고 (7) 모든 중생의 욕망과 같고 (8) 모든 중생의 이해와 같고 (9) 모든 중생의 근성과 같고 (10) 모든 중생의 성숙한 때와 같고 (11) 모든 법의 그림자와 같은 방편으로써

[疏] 二, 以等法界下는 明能開方便이니 有十一句라 初句는 總이니 以含事理深廣故라 句初의 以字로 貫下十句니 謂頻申三昧의 業用深廣일새 要以此十無分齊之方便으로 方能開顯이온 況十이 復表無盡가 餘句는 別이라 虛空은 明其廣無際限이요 餘八은 顯其多無分齊라 光影一種은 兼顯深義니 如光影清淨故니라 又映光之影이 隨機別故니 揀異水鏡이 似本質故니라

■ 2. 以等法界 아래는 능히 방편을 여는 것에 대해 밝힘이다. 11구절이 있으니 (1) 첫 구절[等法界方便]은 총상이니 현상과 이치가 깊고 광대함을 포함한 까닭이다. 구절 첫 부분에 이(以) 자로 아래 열 구절을 관통하였다. 말하자면 '기운 뻗는 삼매[頻申三昧]'는 업과 작용이 깊고 광대하므로 이런 열 가지 영역이 없는 방편을 중요하게 써야만 비로소 능히 열고 밝힐 수 있을 텐데 하물며 '열 번의 다시[十復]'로 그지없음을 표함이겠는가? (2) 나머지 열 구절은 별상이다. 허공은 그 광대하여 제한이 없음을 밝힘이요, 나머지 여덟 구절은 그 다분히 영역이 없음을 밝힘이요, 광영(光影)의 한 종류는 깊은 이치를 겸하여 밝힘이니 마치 광영이 청정함과 같은 까닭이다. 또한 광명의 그림자를 비춤이 근기를 따라 다른 연고로 물과 거울을 구분함은 본질과 같은 까닭이다.

3. 열고 밝힘에 대해 설명하다[正明開顯] 3.
1) 총합하여 표방하다[總標] (三爲 2上3)

爲諸菩薩하사 以十種法句로 開發顯示照明演說此師子頻申三昧하시니라109)

---

109) 頻申은 合本作頻伸, 明清鼓篆本作嚬申, 宮本作頻由誤, 麗宋元綱續金本作頻申 下同이라 하다.

여러 보살들을 위하여 열 가지 법의 글귀로 이 사자의 기운 뻗는 삼매를 열어 보이며 밝혀 연설하였다.

[疏] 三, 爲諸菩薩下는 正明開顯이라 分三이니 初, 總標요 次, 徵釋이요 後, 總結이라 今初에 以十法句者는 此法을 望前方便에 卽是所用이요 望三昧境界에 卽是能開니라
- 3. 爲諸菩薩 아래는 열고 밝힘에 대해 설명함을 셋으로 나누니 1) 총합하여 표방함이요, 2) 묻고 해석함이요, 3) 총합 결론함이다. 지금은 1)이니 열 가지 법의 글귀란 여기서 법은 앞의 방편과 비교할 적에는 곧 작용할 대상이요, 삼매의 경계를 바라볼 적에는 곧 여는 주체를 뜻한다.

[鈔] 此法句를 望前方便에 卽是所用者는 此有三重能所하니 一, 普賢은 是能有요 方便은 是所有니라 二, 方便은 是能用이요 法句는 是所用이니라 三, 法句는 是能開요 三昧境은 爲所開니라
- '이런 법의 글귀는 앞의 방편과 비교할 적에는 곧 작용할 대상'이란 여기에 세 번의 주체와 대상이 있다. (1) 보현은 존재하는 주체요, 방편은 존재할 대상이다. (2) 방편은 작용하는 주체요, 법의 글귀는 작용할 대상이다. (3) 법의 글귀는 여는 주체요, 삼매의 경계는 열 대상이 된다.

2) 묻고 해석하다[徵釋] (二何 3上4)

何等爲十고 所謂演說能示現等法界一切佛刹微塵中에

諸佛出興次第와 諸刹成壞次第法句하며 演說能示現等 虛空界一切佛刹中에 盡未來劫토록 讚歎如來功德音聲 法句하며 演說能示現等 虛空界一切佛刹中에 如來出世 가 無量無邊하여 成正覺門法句하며 演說能示現等虛空 界一切佛刹中에 佛坐道場菩薩衆會法句하며 演說於一 切毛孔에 念念出現等三世一切佛變化身하여 充滿法界 法句하며 演說能令一身으로 充滿十方一切刹海하여 平 等顯現法句하며 演說能令一切諸境界中에 普現三世諸 佛神變法句하며 演說能令一切佛刹微塵中에 普現三世 一切佛刹微塵數佛의 種種神變하여 經無量劫法句하며 演說能令一切毛孔으로 出生三世一切諸佛大願海音하 여 盡未來劫토록 開發化導一切菩薩法句하며 演說能令 佛師子座로 量同法界하여 菩薩衆會와 道場莊嚴이 等無 差別하여 盡未來劫토록 轉於種種微妙法輪法句니라

무엇이 열인가? 이른바 (1) 법계와 같은 모든 부처 세계의 티끌 속에서 부처님이 나시는 차례와 세계가 이루어지고 무너지는 차례를 나타내는 법의 글귀를 연설하며, (2) 허공계와 같은 모든 부처 세계에서 오는 세월이 끝나도록 여래의 공덕을 찬탄하는 음성을 나타내는 법의 글귀를 연설하며, (3) 허공계와 같은 모든 부처 세계에서 여래가 나시어서 한량없고 그지없는 바른 깨달음을 이루는 문을 나타내는 법의 글귀를 연설하며, (4) 허공계와 같은 모든 부처 세계에서 부처님은 도량에 보살들이 모인 가운데 앉으셨음을 나타내는 법의 글귀를 연설하며, (5) 모든 털구멍에 잠깐잠깐마다

세 세상 부처님의 변화한 몸을 나타내어 법계에 가득한 법의 글귀를 연설하며, (6) 한 몸이 시방의 모든 세계 바다에 가득하게 평등히 나타내게 하는 법의 글귀를 연설하며, (7) 모든 경계 가운데 세 세상 부처님들의 신통변화를 나타내게 하는 법의 글귀를 연설하며, (8) 모든 부처 세계의 티끌 속에 세 세상 모든 부처 세계의 티끌 수와 같은 부처님의 가지가지 신통변화를 나타내어 한량없는 겁을 지나게 하는 법의 글귀를 연설하며, (9) 모든 털구멍에서 세 세상 모든 부처님의 큰 서원 바다에 음성을 내어 오는 세월이 끝나도록 모든 보살을 열어 교화하고 인도하는 법의 글귀를 연설하며, (10) 부처님의 사자좌의 크기가 법계와 같으며 보살들의 모임과 도량의 장엄이 평등하고 차별이 없는데, 오는 세월이 끝나도록 가지가지 미묘한 법륜을 굴리는 법의 글귀를 연설함이니라.

[疏] 二, 何等下는 徵釋이라 釋中에 一一法句가 皆用前來十種方便이요 一一方便이 皆能演斯十句라 然此十句의 所開가 卽前所現이요 亦念請中의 果用十句라 文少開合이 不次나 而義는 無闕이니라 初二는 卽淨佛國土니 一, 依正淨이요 二, 法流布淨이라 刹成壞는 卽土니 佛이 於中興은 明是佛土라 前에 念欲知佛土之相일새 今에 明一切佛刹塵中에 皆有佛土하나니 土無邊矣요 皆佛所淨이라 下諸句도 例然이며 皆一毛와 一塵이 卽含攝無盡故니라 次二는 卽成等正覺이니 一主와 一伴이니라 五는 卽爲一切衆生하사 現諸佛影像이요 六은 卽入一切衆生의 所住處요 七八二句는 通顯能現神通이니 卽開智城이로되 而

境麤塵細가 爲別이니라 九는 卽含前의 調伏衆生等四句요 十은 卽轉法輪이니라

■ 2) 何等 아래는 묻고 해석함이다. 해석함 중에 하나하나의 법의 글귀는 모두 앞에서부터 열 종류의 방편을 사용함이니, 하나하나 방편이 모두 이런 열 구절을 능히 연설한다. 그러나 이런 열 구절은 열 대상이 곧 앞의 나타낼 대상이다. 또한 생각으로 청법함 중에 결과적으로 열 구절을 사용하나니, 경문이 조금은 열고 합함이 순서는 아니지만 이치에는 빠짐이 없다. (1) 첫째와 둘째 구절[(1) 演說能示現等法界-諸刹成壞次第法句 (2) 演說能示現等虛空界- 讚歎如來功德音聲法句]은 불국토를 청정히 함이니 하나는 의보와 정보가 청정함이요, 둘은 법을 유포함이 청정함이다. 국토를 이루고 무너짐은 곧 땅이요, 부처님이 그중에 나타나심이 부처님 국토인 것은 분명하다. 앞의 생각은 불국토의 양상을 알려고 함이요, 지금에 온갖 불국토의 미진수 중에 모두 부처님 국토가 있고, 국토가 그지없음이 분명하다. 아래 모든 구절에도 유례하면 마찬가지이다. 모두 한 터럭과 한 티끌은 곧 포함하고 섭수함이 그지없기 때문이다. (2) 다음 두 구절[(3) 演說能示現等虛空界-成正覺門法句 (4) 演說能示現等虛空界- 佛坐道場菩薩衆會法句]은 등정각을 성취함이니 하나는 주인이요, 하나는 반려이다. (3) 다섯째 구절[(5) 演說於一切毛孔- 一切佛變化身充滿法界法句]은 곧 일체중생을 위하여 모든 부처님 영상을 나타냄이다. (4) 여섯째 구절[(6) 演說能令一身充滿十方-平等顯現法句]은 곧 일체중생이 머물 곳에 들어감이요, (5) 일곱째와 여덟째 구절[(7) 演說能令一切諸境界- 諸佛神變法句 (8) 演說能令一切佛刹微塵中 - 微塵數佛種種神變 經無量劫法句]은 나타나는 주체인 신통이 곧 지혜의 성을 열지만 경계가 거칠고 티끌이 미세함으로 별상을 삼는 것을 통

틀어 밝혔다. (6) 아홉째 구절[(9) 演說能令一切毛孔- 盡未來劫開發化導一切菩薩法句]은 곧 앞의 중생을 조복하는 등의 네 구절을 포함한다. (7) 열째 구절[(10) 演說能令佛師子座 量同法界- 轉於種種微妙法輪法句]은 곧 법수레를 굴림이다.

3) 총합 결론하다[總結] (三佛 3下7)

佛子여 此十爲首하여 有不可說佛刹微塵數法句하니 皆是如來智慧境界니라
불자여, 이 열 가지가 머리가 되어 열 가지 말할 수 없는 부처 세계의 티끌 수 법의 글귀가 있으니, 다 여래의 지혜 경계이니라.

[疏] 三, 佛子下는 總結이니라
■ 3) 佛子 아래는 총합하여 결론함이다.

제2. 게송으로 거듭 밝히다[偈頌] 2.

1. 게송을 설하는 광경과 의미[說偈儀意] (第二 4上3)

爾時에 普賢菩薩이 欲重宣此義하여 承佛神力하사 觀察如來하며 觀察衆會하며 觀察諸佛難思境界하며 觀察諸佛無邊三昧하며 觀察不可思議諸世界海하며 觀察不可思議如幻法智하며 觀察不可思議三世諸佛이 悉皆平等

하며 觀察一切無量無邊諸言辭法하고 而說頌言하시되
그때 보현보살이 이 뜻을 다시 펴려고 부처님의 신력을 받자와 (1) 여래를 관찰하고, (2) 모인 대중을 관찰하고, (3) 부처님들의 생각하기 어려운 경계를 관찰하고, (4) 부처님들의 그지없는 삼매를 관찰하고, (5) 부사의한 세계 바다를 관찰하고, (6) 부사의한 환상과 같은 법의 지혜를 관찰하고, (7) 부사의한 세 세상 부처님들이 다 평등함을 관찰하고, (8) 모든 한량없고 그지없는 여러 가지 말하는 법을 관찰하고 게송으로 말하였다.

[疏] 第二, 爾時普賢下는 偈頌이라 中에 二니 先은 說儀意라 有十句하니 初四句는 說儀요 後六은 觀其所說이라 然多同前念請의 果德難思라 餘如前辨이니라

■ 제2. 爾時普賢 아래는 게송으로 거듭 밝힘이다. 그중에 둘이니 1. 게송을 설하는 광경과 의미이다. 열 구절이 있으니 1) 네 구절은 게송 설하는 광경이요, 2) 뒤의 여섯 구절은 그 설하는 내용을 관찰함이다. 그러나 대부분 앞의 생각으로 청법함과 같고, 과덕이 생각하기 어려움이니 나머지는 앞에서 밝힌 내용과 같다.

2. 게송의 언사를 바로 설하다[正說偈辭] 9.
1) 첫 구절의 불국토를 청정히 함을 노래하다[頌初句] (二正 4下6)

一一毛孔中　　　　　　微塵數刹海에
悉有如來坐하사　　　　皆具菩薩衆이로다

하나하나 털구멍 속에
티끌 수의 세계 바다가 있어
부처님들이 앉으셨는데
모두 보살 대중이 모이었고

2) 셋째 구절의 등정각 성취함을 노래하다[頌第三句]

一一毛孔中   無量諸刹海에
佛處菩提座하사   如是徧法界로다
하나하나 털구멍 속에
한량없는 세계 바다가 있어
부처님이 보리좌에 앉으셨는데
이와 같이 법계에 두루하였고

3) 둘째 구절의 법을 유포함이 청정함을 노래하다

一一毛孔中에   一切刹塵佛이
菩薩衆圍遶어든   爲說普賢行이로다
하나하나 털구멍 속에
모든 세계 티끌의 부처님을
보살 대중이 둘러 모시었는데
보현의 행을 말씀하시네.

4) 넷째 구절의 보살 대중 모임을 노래하다

佛坐一國土하사　　　　充滿十方界하시니
無量菩薩雲이　　　　　咸來集其所로다
부처님은 한 국토에 앉으사
시방세계에 가득하신데
한량없는 보살 구름이
그곳으로 다 모여들고

5) 다섯째 구절의 중생을 위하여 부처님 영상을 나타내다

億劫微塵數의　　　　　菩薩功德海가
俱從會中起하여　　　　徧滿十方界로다
억만 세계의 티끌 수 같은
보살의 공덕 바다가
모인 속에서 일어나
시방세계에 가득하였고

6)과 7) 두 게송은 여섯째 구절의 중생이 사는 곳에 들어감을 노래하다

悉住普賢行하여　　　　皆遊法界海하며
普現一切刹하여　　　　等入諸佛會로다
모두 보현의 행에 머물러
법계 바다에 노닐면서
모든 세계를 두루 나타내어
평등하게 부처님 회상으로 들어와서

安坐一切刹하며	聽聞一切法하여
一一國土中에	億劫修諸行이로다

모든 세계에 편안히 앉아
모든 법문을 들으면서
낱낱 국토에서
억겁 동안 행을 닦나니

8) 아홉째 구절의 중생을 조복하는 등 네 구절을 노래하다

菩薩所修行이	普明法海行이라
入於大願海하여	住佛境界地로다

보살들의 닦는 행은
두루 밝은 법 바다의 행으로
큰 서원 바다에 들어가
부처의 경계에 머무르면서

9) 거꾸로 일곱째, 여덟째 구절의 부처님 신통이 곧 지혜의 성을 열지만 경계가 거칠고 미세함을 노래함과 합하다

了達普賢行하여	出生諸佛法하며
具佛功德海하여	廣現神通事로다

보현의 행을 잘 통달하고
부처님의 법을 내어
부처의 공덕 바다를 구족하고

신통한 일을 널리 나투며

10) 열째 구절의 전법륜을 노래하다

　　身雲等塵數하여　　　　充徧一切刹이라
　　普雨甘露法하여　　　　令衆住佛道로다
　　몸 구름이 티끌 수 같아
　　모든 세계에 가득하게
　　감로의 법을 널리 비 내려
　　대중들을 부처의 도에 머물게 하네.

[疏] 二, 正偈中에 頌十法句로되 而開合不次라 初偈는 頌初句요 二, 頌第三이요 三, 頌第二요 四, 頌第四요 五, 頌第五요 其六七二頌은 同頌第六이요 八, 頌第九句요 九, 却合頌第七八句요 十, 頌第十이라 文並이면 可知니라

■ 2. 게송의 언사를 바로 설함 중에 열 가지 법의 글귀를 노래하지만 열고 합함이 순서가 아니다. 1) 첫 게송은 첫 구절을 노래함이요, 2) 셋째 구절을 노래함이요, 3) 둘째 구절을 노래함이요, 4) 넷째 구절을 노래함이요, 5) 다섯째 구절을 노래함이요, 6) 7) 두 게송은 여섯째 구절을 함께 노래함이요, 8) 아홉째 구절을 노래함이요, 9) 거꾸로 일곱째 여덟째 구절을 노래함과 합함이요, 10) 열째 구절(의 전법륜)을 노래함이다. 경문과 함께하면 알 수 있으리라.

(八) 백호광명으로 이익을 보이는 부분[毫光示益分] 4.

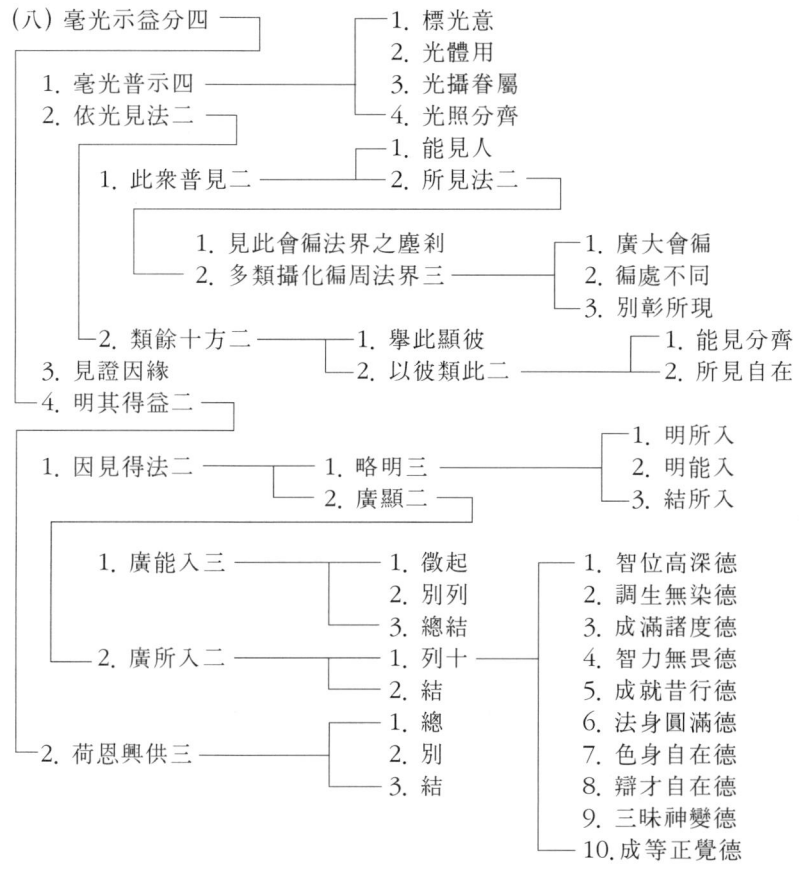

제1. 백호광명을 널리 보이다[毫光普示] 4.

1. 광명의 의미를 표방하다[標光意] (大文 5上2)

2. 광명의 체성과 작용[光體用] (二從)

3. 광명에 포섭된 권속[光攝眷屬] (三以)

4. 광명이 비치는 영역[光照分齊] (四普)

爾時에 世尊이 欲令諸菩薩로 安住如來師子頻申廣大三昧故로 從眉間白毫相하여 放大光明하시니 其光이 名普照三世法界門이라 以不可說佛刹微塵數光明으로 而爲眷屬하여 普照十方一切世界海諸佛國土하시니라

이때 세존께서 모든 보살들을 여래의 사자 기운 뻗는 광대한 삼매에 들게 하려고 미간의 흰 털로부터 큰 광명을 놓으니 광명의 이름은 보조삼세법계문이라, 말할 수 없는 부처세계의 티끌 수 광명으로 권속을 삼아 시방의 모든 세계해의 여러 부처님 국토에 두루 비추었다.

[疏] 大文第八, 爾時世尊下는 毫光示益分이니 令尋智光하여 爲能證故라 文中에 四니 初, 毫光普示요 二, 時逝多林下는 依光見法이요 三, 其有見者下는 顯見證因緣이요 四, 是故皆得下는 明其得益이라 今初에 有四하니 一, 標光意요 二, 從眉間下는 主光體用이니 表卽法界中道의 無漏正智라야 方能證前所現之法界故라 三世는 是相이요 相卽法界니 法界體用이 互爲其門이라 又通皆爲門이니 若見法界之性相하면 卽入三昧之體用故니라 三, 以不可下는 光攝眷屬이니 差別之智가 皆入法界故니라 四, 普照下는 明光分齊니라

■ 큰 문단으로 (八) 爾時世尊 아래는 백호광명으로 이익을 보이는 부분이다. 지혜 광명을 찾아서 증득하는 주체로 삼게 하는 까닭이다. 경문 중에 넷이니 제1. 백호광명을 널리 보임이요, 제2. 時逝多林 아래는 광명에 의지해 법을 봄이요, 제3. 其有見者 아래는 증득한 인연을 봄이요, 제4. 是故皆得 아래는 그 얻은 이익을 밝힘이다. 지금은 제1.에 넷이 있으니 1. 광명의 의미를 표방함이요, 2. 從眉間 아래는

부처님 광명의 체성과 작용이다. 법계와 합치한 중도의 번뇌 없는 바른 지혜를 표하여야 비로소 앞의 나타낼 대상인 법계를 능히 증득하는 까닭이다. 삼세는 모양이요, 백호상은 법계와 합치한다. 법계의 체성과 작용을 번갈아 그 문으로 삼는다. 또한 통틀어 모두 문이 되었으니 만일 법계의 체성과 양상을 보면 곧바로 삼매의 체성과 작용에 들어가는 까닭이다. 3. 以不可 아래는 광명에 포섭된 권속이니 차별된 지혜로 모두 법계에 들어가는 까닭이다. 4. 普照 아래는 광명이 비치는 영역이다.

제2. 광명에 의지해 법을 보다[依光見法] 2.
1. 여기 보살 대중이 널리 보다[此衆普見] 2.

1) 보는 주체인 사람[能見人] (第二 5下6)
2) 볼 대상인 법[所見法] 2.
(1) 이 법회에 두루한 법계의 티끌 수 국토를 보다[見此會徧法界之塵刹]

(後悉)

時에 逝多林菩薩大衆이 悉見一切盡法界虛空界一切佛刹一一微塵中에 各有一切佛刹微塵數諸佛國土의 種種名과 種種色과 種種淸淨과 種種住處와 種種形相이어든 如是一切諸國土中에 皆有大菩薩이 坐於道場師子座上하여 成等正覺하여 菩薩大衆이 前後圍遶하고 諸世間主가 而爲供養하니라

이때에 서다림에 있는 보살 대중이 모두 보니 온 법계 허공

계에 있는 모든 세계의 낱낱 티끌 속에, 각각 모든 부처 세계의 티끌 수 같은 부처님 국토들이 있는데, 가지가지 이름·가지가지 빛·가지가지 청정·가지가지 머무는 곳·가지가지 형상이며, 이러한 모든 국토마다 큰 보살들이 도량의 사자좌에 앉아서 등정각을 이루니, 보살 대중이 앞뒤로 둘러싸고 여러 세간 임금들이 공양하였다.

[疏] 第二, 依光見法이라 中에 二니 先, 明此衆이 普見이요 後, 如此會下는 類通十方이라 前中에 亦二니 先, 能見人이니 通新舊衆이요 後, 悉見下는 明見法이라 亦二니 先, 見此會가 徧法界之塵刹이요

■ 제2. 광명에 의지해 법을 봄이다. 그중에 둘이니 1. 여기 대중이 널리 봄이요, 2. 如此會 아래는 유례하여 시방과 통함이다. 1. 중에도 또한 둘이니 1) 보는 주체인 사람이니 새로 온 대중과 오래된 대중에 통한다. 2) 悉見 아래는 볼 대상인 법에도 역시 둘이니 (1) 이 법회에 두루한 법계의 티끌 수 국토를 보는 것이요,

(2) 여러 부류가 섭수하고 교화함이 법계에 두루하다
[多類攝化徧周法界] 3.
가. 넓은 대중 모임이 두루하다[廣大會徧] (後或 6上7)
나. 두루한 처소가 같지 않다[徧處不同] (二或)
다. 나타날 대상을 개별로 밝히다[別彰所現] (三現)

或見於不可說佛刹量大衆會中에 出妙音聲하여 充滿法界하여 轉正法輪하며 或見在天宮殿과 龍宮殿과 夜叉宮

殿과 乾闥婆와 阿修羅와 迦樓羅와 緊那羅와 摩睺羅伽와 人非人等의 諸宮殿中하며 或在人間村邑聚落王都大處하여 現種種姓과 種種名과 種種身과 種種相과 種種光明하여 住種種威儀하고 入種種三昧하고 現種種神變하며 或時에 自以種種言音하며 或令種種諸菩薩等으로 在於種種大衆會中하여 種種言辭로 說種種法하나라

또 보니, 말할 수 없는 부처 세계의 넓이와 같은 대중의 모임 가운데 (1) 아름다운 음성을 내어 법계에 가득 차게 바른 법륜을 굴리기도 하고, (2) 혹은 하늘 궁전·용의 궁전·야차의 궁전과 건달바·아수라·가루라·긴나라·마후라가·사람인 듯 아닌 듯한 여러 궁전 속에 있기도 하고, (3) 인간의 마을과 도시와 도성 같은 대처에 있기도 하며, (4) 갖가지 성·갖가지 이름·갖가지 몸·갖가지 모양·갖가지 광명을 나타내며, (5) 가지가지 위의에 머물고, (6) 가지가지 삼매에 들어, (7) 가지가지 신통변화를 나타내며, (8) 어떤 때에는 스스로 가지가지 말을 내기도 하고, (9) 또는 여러 가지 보살들로 하여금 여러 가지 대중의 모인 데 있어서 가지가지 말을 하게도 하여, (10) 가지가지 법을 말하였다.

[疏] 後, 或見於不可說下는 多類攝化가 徧周法界라 於中에 分三이니 初, 明廣大會徧이요 二, 或見在天宮下는 明徧處不同이니 並在前塵刹之內니라 三, 現種種姓下는 別彰所現이니 亦通答前의 諸所念請일새 故云種種이니라

■ (2) 或見於不可說 아래는 여러 부류가 섭수하고 교화함이 법계에 두

루함이다. 그중에 셋으로 나누리니 가. 넓은 대중 모임이 두루함이요, 나. 或見在天宮 아래는 두루한 처소가 같지 않음을 밝힘이다. 아울러 앞의 티끌 수 국토 안에 있음이요, 다. 現種種姓 아래는 나타날 대상을 개별로 밝힘도 역시 앞의 모든 생각으로 청법함과 통하는 연고로 '갖가지'라 하였다.

2. 나머지 시방과 유례하다[類餘十方] 2.
1) 사바세계를 거론하여 저 세계를 밝히다[擧此顯彼] (第二 7上2)

如此會中菩薩大衆이 見於如是諸佛如來甚深三昧大神通力하여
이 회중에 있는 보살 대중이 이러한 부처님 여래의 깊은 삼매와 큰 신통의 힘을 보는 것과 같이,

[疏] 第二, 類顯十方이니 則十方衆會가 同見이라 於中에 二니 先, 擧此顯彼요
- 2. 나머지 시방과 유례함이니 시방의 대중 모임이 똑같이 본다는 뜻이다. 그중에 둘이니 1) 사바세계를 거론하여 저 세계를 밝힘이요,

2) 저 세계로 이 사바세계와 유례하다[以彼類此] 2.
(1) 보는 주체의 영역을 거론하다[能見分齊] (後 見 7下3)
(2) 볼 대상이 자유자재함을 밝히다[所見自在] (後 皆)

如是盡法界虛空界東西南北과 四維上下의 一切方海中

에 依於衆生心想而住하여 始從前際로 至今現在一切國
土身과 一切衆生身과 一切虛空道히 其中一一毛端量處
에 一一各有微塵數刹의 種種業起하여 次第而住하여 悉
有道場菩薩衆會어든 皆亦如是見佛神力으로 不壞三世
하고 不壞世間하여 於一切衆生心中에 現其影像하며 隨
一切衆生心樂하여 出妙言音하며 普入一切衆會中하고
普現一切衆生前하여 色相有別이나 智慧無異하며 隨其
所應하여 開示佛法하여 敎化調伏一切衆生하되 未曾休
息하니라

온 법계 허공계의 동서남북과 네 간방과 상방·하방 모든 방향의 바다 가운데서 중생의 마음을 의지하여 머무르면서, 비롯함 없는 과거로부터 현재에 이르는 모든 국토나 모든 중생의 몸이나 모든 허공 가운데 한 털끝만 한 곳마다 낱낱이 티끌 수 같은 세계가 있어 가지가지 업으로 생기어 차례로 머물거든, 그 세계마다 도량에 모인 보살 대중이 있었다.

이 보살들도 (1) 이렇게 부처님의 신력을 보되, (2) 세 세상을 헐지도 않고 세간을 헐지도 않으면서, (3) 모든 중생의 마음에 그 영상을 나타내며, (4) 모든 중생의 마음을 따라 미묘한 음성을 내고, (5) 모든 대중의 모인 데 들어가서 모든 중생의 앞에 나타나는데, (6) 빛과 모양은 다르나 지혜는 다르지 않으며, (7) 그들에게 마땅한 대로 불법을 보이며, (8) 모든 중생을 교화하고 조복하기를 잠깐도 쉬지 아니하였다.

[疏] 後, 如是盡下는 以彼類此라 於中에도 亦二니 先, 擧能見分齊니 謂

彼十方微細大會가 並同此會之見이요 後, 皆亦如是下는 明其所見
自在니 謂雖廣現이나 而不壞本相故니라
- 2) 如是盡 아래는 저 세계로 이 사바세계와 유례함이다. 그중에도 또한 둘이니 (1) 보는 주체의 영역을 거론함이니 이른바 저 시방의 미세한 대중 모임도 똑같이 이 모임에서 보는 것과 같다. (2) 皆亦如是 아래는 볼 대상이 자유자재함을 밝힘이다. 이른바 비록 널리 나타나더라도 본래 모양을 무너뜨리지 않는 까닭이다.

제3. 증득한 인연을 보다[見證因緣] (第三 8上1)

其有見此佛神力者는 皆是毘盧遮那如來가 於往昔時에
善根攝受며 或昔曾以四攝所攝이며 或是見聞憶念親近
之所成熟이며 或是往昔에 教其令發阿耨多羅三藐三菩
提心이며 或是往昔에 於諸佛所에 同種善根이며 或是過
去에 以一切智善巧方便으로 教化成熟이니라

이 부처님의 신력을 보는 이들은 (1) 다 비로자나여래께서 지난 옛적에 착한 뿌리로 거두어 준 이며, (2) 네 가지 거두어 주는 법으로 붙들어 주신 이거나, (3) 보고 듣고 생각하고 친근하여서 성숙한 이거나, (4) 옛적에 그를 교화하여 아뇩다라삼먁삼보리심을 내게 하였거나, (5) 과거에 부처님들 계신 데서 착한 뿌리를 함께 심었거나, (6) 과거에 온갖 지혜와 교묘한 방편으로 교화하여 성숙하게 한 이들이다.

[疏] 第三, 明見證因緣이니 謂頓爾證見이 非無宿因이라 然이나 成前爲見

因하며 順下爲證因이 皆是如來의 所攝受故니 可知니라
- 제3. 증득한 인연을 봄이다. 이른바 몰록 그렇게 증명하고 보는 것이 숙세의 인연 아님이 없다. 그러나 앞을 성취함은 원인을 봄이 되고, 아래를 따름은 증득한 원인이 된다. 모두 여래가 섭수한 바인 까닭이니 알 수 있으리라.

제4. 그 얻은 이익을 밝히다[明其得益] 2.
1. 봄으로 인하여 법을 얻다[因見得法] 2.

1) 간략히 설명하다[略明] 3.
(1) 들어갈 대상을 밝히다[明所入] (第四 8上8)

是故로 皆得入於如來不可思議甚深三昧의 盡法界虛空界大神通力하며 或入法身하며 或入色身하며 或入往昔所成就行하며 或入圓滿諸波羅蜜하며 或入莊嚴淸淨行輪하며 或入菩薩諸地하며 或入成正覺力하며 或入佛所住三昧無差別大神變하며 或入如來力無畏智하며 或入佛無礙辯才海하나니라

그러므로 다 여래의 부사의한 깊은 삼매와 온 법계 허공계의 큰 신통한 힘에 들어갔으니, (1) 혹은 법의 몸에 들기도 하고, (2) 혹은 육신에 들기도 하고, (3) 혹은 옛적에 성취한 행에 들기도 하고, (4) 혹은 원만한 여러 바라밀다에 들기도 하고, (5) 혹은 장엄하고 청정한 행에 들기도 하고, (6) 혹은 보살의 여러 지위에 들기도 하고, (7) 혹은 정각을 이루는 힘

에 들기도 하고, (8) 혹은 부처님이 머무는 삼매와 차별 없는 큰 신통변화에 들기도 하고, (9) 혹은 여래의 힘과 두려움 없는 지혜에 들기도 하고, (10) 혹은 부처님의 걸림 없는 변재 바다에 들기도 하느니라.

[疏] 第四, 明其得益이라 中에 二니 初, 明因見得法이요 二, 爾時諸菩薩下는 荷恩興供이라 前中에 二니 先, 略明이요 後, 廣顯이라 前中에 三이니 一, 明所入이라 初句爲總이니 言是故者는 是前宿因之故니라 或入下는 別列十門[110]하여 以顯無盡이라

■ 제4. 그 얻은 이익을 밝힘이다. 그중에 둘이니 1. 봄으로 인하여 법을 얻음이요, 2. 爾時諸菩薩 아래는 은혜를 갚으려고 공양 올림이다. 1. 중에 둘이니 1) 간략히 설명함이요, 2) 자세히 밝힘이다. 1) 중에 셋이다. (1) 들어갈 대상을 밝힘인데 가. 첫 구절은 총상이요, '이런 까닭으로'라 말한 것은 앞은 숙세의 인행이 되는 까닭이며, 나. 或入 아래는 개별로 열 문을 나열하여 그지없음을 밝혔다.

(2) 들어가는 주체를 밝히다[明能入] (二彼 8下5)
(3) 들어갈 대상을 결론하다[結所入] (三入)

彼諸菩薩이 以種種解와 種種道와 種種門과 種種入과 種種理趣와 種種隨順과 種種智慧와 種種助道와 種種方便과 種種三昧로 入如是等十不可說佛刹微塵數佛神變海方便門이니라

---

110) 門은 甲南續金本作名이라 하다.

저 보살들이 가지가지 이해와 가지가지 도와 가지가지 문과 가지가지 들어감과 가지가지 이취와 가지가지 따라 줌과 가지가지 지혜와 가지가지 도를 도움과 가지가지 방편과 가지가지 삼매로 이러한 열 가지 말할 수 없는 부처 세계의 티끌 수 부처님 신통변화 바다의 방편문에 들어가느니라.

[疏] 二, 彼諸菩薩下는 顯前能入이니 亦列十門이라 一, 解者는 鑒達分明이니 種種不同은 如發心品이니라 二, 道는 謂一道와 二道와 乃至無量正道니라 三, 門은 謂無常門과 夢境界門等이니라 四, 入은 謂所證差別이니라 五, 理趣는 謂意旨不同이오 六, 機法萬差일새 並皆隨順이니라 餘四는 可知니 即此能入이 亦是所益이니라

三, 入如是等下는 結其所入이니 謂用前解等하여 入前法身等이니라 前에 略列十이나 實有不可說塵數等이니라

(2) 彼諸菩薩 아래는 앞의 들어가는 주체를 밝힘이니 또한 열 문으로 나열하였다. 가. 이해[解]는 비추어 통달함이 분명하나니 갖가지로 같지 않음은 제17. 초발심공덕품의 내용과 같다. 나. 도(道)이니 이른바 한 가지 도와 두 가지 도, 나아가 한량없고 바른 도를 말한다. 다. 문(門)이니 이른바 무상한 문과 꿈의 경계 문 따위이다. 라. 들어감[入]이니 이른바 증득할 대상이 차이남이요, 마. 이치적인 가르침[理趣]이니 이른바 의지가 같지 않다는 뜻이다. 바. 근기와 법이 만 가지로 차이남[機法萬差]이니 아울러 모두 수순한다는 뜻이다. 나머지 넷[사. 種種智慧 아. 種種助道 자. 種種方便 차. 種種三昧]은 알 수 있으리니, 곧 이런 들어가는 주체도 역시 이익될 대상이다.

(3) 入如是等 아래는 들어갈 대상을 결론함이다. 말하자면 앞의 가.

이해 등을 사용하여 앞의 법신 따위에 들어가나니, 앞은 열 가지로 간략히 나열하였지만 실제로는 '말할 수 없는 티끌 수 등'이 있다.

[鈔] 卽此能入亦是所益者는 此有兩重能所하니 一, 遮那光照는 是其能益이요 得解等十은 卽是所益이요 二, 此解三昧等은 是其能入이요 法身과 色身等은 卽是所入이라 不因佛光이면 不得能入이요 不得能入하면 安得所入이리요 故로 能所入이 皆是成益也니라

● '곧 이런 들어가는 주체도 역시 이익될 대상'이란 여기서 두 겹의 주체와 대상이 있나니 (1) 비로자나의 광명으로 비춤은 그 이익하는 주체요, 이해 따위 열 가지를 얻음은 곧 이익할 대상이요, (2) 이런 이해와 삼매 따위는 그 들어가는 주체요, 법신과 색신 등은 곧 들어갈 대상이다. 부처님 광명을 말미암지 않으면 능히 들어가지 못하며, 능히 들어가지 못하면 어찌 들어갈 대상을 얻을까 하는 연고로 들어가는 주체와 대상이 모두 이익을 이룬다는 뜻이다.

2) 자세히 밝히다[廣顯] 2.
(1) 들어가는 주체를 자세히 밝히다[廣能入] 3.
가. 질문으로 시작하다[徵起] (二云 12上2)

云何種種三昧오 所謂普莊嚴法界三昧와 普照一切三世無礙境界三昧와 法界無差別智光明三昧와 入如來境界不動轉三昧와 普照無邊虛空三昧와 入如來力三昧와 佛無畏勇猛奮迅莊嚴三昧와 一切法界旋轉藏三昧와 如月普現一切法界하여 以無礙音으로 大開演三昧와 普淸淨

法光明三昧와 無礙繒法王幢三昧와 一一境界中에 悉見一切諸佛海三昧와 於一切世間에 悉現身三昧와 入如來無差別身境界三昧와 隨一切世間하여 轉大悲藏三昧와 知一切法無有跡三昧와 知一切法究竟寂滅三昧와 雖無所得이나 而能變化하여 普現世間三昧와 普入一切刹三昧와 莊嚴一切佛刹하여 成正覺三昧와 觀一切世間主色相差別三昧와 觀一切衆生境界無障礙三昧와 能出生一切如來母三昧와 能修行入一切佛海功德道三昧와 一一境界中에 出現神變하여 盡未來際三昧와 入一切如來本事海三昧와 盡未來際토록 護持一切如來種性三昧와 以決定解力으로 令現在十方一切佛刹海로 皆清淨三昧와 一念中에 普照一切佛所住三昧와 入一切境界無礙際三昧와 令一切世界로 爲一佛刹三昧와 出一切佛變化身三昧와 以金剛王智로 知一切諸根海三昧와 知一切如來同一身三昧와 知一切法界所安立이 悉住心念際三昧와 於一切法界廣大國土中에 示現涅槃三昧와 令住最上處三昧와 於一切佛刹에 現種種衆生差別身三昧와 普入一切佛智慧三昧와 知一切法性相三昧와 一念普知三世法三昧와 念念中에 普現法界身三昧와 以師子勇猛智로 知一切如來出興次第三昧와 於一切法界境界에 慧眼圓滿三昧와 勇猛趣向十力三昧와 放一切功德圓滿光明하여 普照世間三昧와 不動藏三昧와 說一法이 普入一切法三昧와 於一法에 以一切言音으로 差別訓釋三昧와 演說一切佛無二法三昧와 知三世無礙際三昧와

무엇을 가지가지 삼매라 하는가? 이른바 (1) 법계를 두루 장엄하는 삼매 · (2) 모든 세 세상의 걸림 없는 경계를 널리 비추는 삼매 · (3) 법계의 차별이 없는 지혜 광명 삼매 · (4) 여래의 경계에 들어가 흔들리지 않는 삼매 · (5) 그지없는 허공을 두루 비추는 삼매 · (6) 여래의 힘에 들어가는 삼매 · (7) 부처의 두려움 없는 용맹으로 기운 뻗고 장엄하는 삼매 · (8) 모든 법계의 구르는 광 삼매 · (9) 달처럼 모든 법계에 나타나서 걸림 없는 음성으로 크게 연설하는 삼매 · (10) 두루 청정한 법계의 광명 삼매와, (11) 걸림 없는 비단 법왕 당기 삼매 · (12) 낱낱 경계 속에서 모든 부처님 바다를 보는 삼매 · (13) 모든 세간에서 몸을 나타내는 삼매 · (14) 여래의 차별 없는 몸의 경계에 들어가는 삼매 · (15) 모든 세간을 따라 크게 가엾이 여기는 광을 굴리는 삼매와, (16) 모든 법에 자취가 없음을 아는 삼매 · (17) 모든 법이 끝까지 고요함을 아는 삼매 · (18) 얻는 것은 없으나 능히 변화하여 세간에 두루 나타나는 삼매 · (19) 모든 세계에 두루 들어가는 삼매 · (20) 모든 부처 세계를 장엄하고 정각을 이루는 삼매와, (21) 모든 세간 임금의 모양이 차별함을 보는 삼매 · (22) 일체중생의 경계를 보는 데 장애가 없는 삼매 · (23) 모든 여래의 어머니를 내는 삼매 · (24) 행을 닦아 모든 부처님의 공덕의 길에 들어가는 삼매 · (25) 낱낱 경계마다 신통변화를 나타내어 오는 세월이 끝나도록 모든 여래의 옛적 일의 바다에 들어가는 삼매 · (26) 오는 세월이 끝나도록 모든 여래의 종자 성품을 보호하는 삼매 · (27) 결정한 지혜의 힘으로 지금 시방에 있는 부처의 세계 바다가 다 청정하여지는 삼매 · (28) 잠깐 동안에 모든 부처님의 머무신 데를 두루 비추는 삼매 · (29) 모든 경계의 걸림 없는 경계에 들어가는 삼매와, (30) 모든 세계로 한 부처의 세계를 만드는 삼매 · (31) 모든 부처님의 변화한 몸을 내는 삼매 · (32) 금강왕 지혜로 모든 근성 바다를 아는 삼매 · (33) 모든 여래와 동일한 몸임을 아는 삼매 · (34) 모든 법계의 나란히 정돈된 것이 생각의 경계에 머무는 것을 아는 삼매 · (35) 모든 법계의 광대한 국토에서 열반을 보이는 삼매 · (36) 가장 높은 곳에 머물게 하는 삼매 · (37) 모든 부처 세계에서 가지가지 중생의 차별한 몸을 나타내는 삼매 · (38) 모든 부처의 지혜에 널리 들어가는 삼매 · (39) 모든 법의 성품과 모양을 아는 삼매와 (40) 한 생각에 세 세상 법을 두루 아는 삼매 · (41) 잠깐 동안에 법계의 몸을 두루 나타내는 삼매 · (42) 사자의 용맹한 지혜로 모든 여래의 나시는 차례를 아는 삼매 · (43) 모든 법계의 경계에 지혜 눈이 원만한 삼매 · (44) 용맹하게 열 가지 힘으로 향하여 나아가는 삼매 · (45) 모든 공덕의 원만한 광명을 놓아 세간에 두루 비추는 삼매 · (46) 흔들리지 않는 갈무리 삼매 · (47) 한 법을 말하여 모든 법에 두루 들어가는 삼매 · (48) 한 법에 대하여 모든 말로 차별하게 해석하는 삼매 · (49) 모든 부처님의 둘이 없는 법을 연설하는 삼매 · (50) 세 세상의 걸림 없는 경계를 아는 삼매와,

知一切劫無差別三昧와 入十力微細方便三昧와 於一切 劫에 成就一切菩薩行不斷絶三昧와 十方普現身三昧와 於法界에 自在成正覺三昧와 生一切安隱受三昧와 出一 切莊嚴具하여 莊嚴虛空界三昧와 念念中에 出等衆生數 變化身雲三昧와 如來淨空月光明三昧와 常見一切如來 住虛空三昧와 開示一切佛莊嚴三昧와 照明一切法義燈 三昧와 照十力境界三昧와 三世一切佛幢相三昧[111]와 一 切佛一密藏三昧와 念念中에 所作皆究竟三昧와 無盡福 德藏三昧와 見無邊佛境界三昧와 堅住一切法三昧와 現 一切如來變化하여 悉令知見三昧와 念念中에 佛日常出 現三昧와 一日中[112]에 悉知三世所有法三昧와 普音演說 一切法性寂滅三昧와 見一切佛自在力三昧와 法界開敷 蓮華三昧와 觀諸法如虛空無住處三昧와 十方海로 普入 一方三昧와 入一切法界無源底三昧와 一切法海三昧와 以寂靜身으로 放一切光明三昧와 一念中에 現一切神通 大願三昧와 一切時一切處에 成正覺三昧와 以一莊嚴으 로 入一切法界三昧와 普現一切諸佛身三昧와 知一切衆 生廣大殊勝神通智三昧와 一念中에 其身이 徧法界三昧 와 現一乘淨法界三昧와 入普門法界하여 示現大莊嚴三 昧와 住持一切佛法輪三昧와 以一切法門으로 莊嚴一法 門三昧와 以因陀羅網願行으로 攝一切衆生界三昧와 分 別一切世界門三昧와 乘蓮華自在遊步三昧와 知一切衆 生種種差別神通智三昧와 令其身으로 恒現一切衆生前

---

111) 幢相의 相은 麗本作想, 宋元明宮淸合綱杭鼓纂續金本作相이라 하다.
112) 日은 宮本作念, 麗宋元明淸合綱杭鼓纂續金本 及 晉經作日이라 하다.

三昧와 知一切衆生差別音聲言辭海三昧와 知一切衆生差別智神通三昧와 大悲平等藏三昧와 一切佛이 入如來際三昧와 觀察一切如來解脫處師子頻申三昧니라

(51) 모든 겁이 차별이 없음을 아는 삼매 · (52) 열 가지 힘의 미세한 방편에 들어가는 삼매 · (53) 모든 겁에 온갖 보살의 행을 성취하여 끊어지지 않는 삼매 · (54) 시방에 널리 몸을 나타내는 삼매 · (55) 법계에서 마음대로 정각을 이루는 삼매 · (56) 모든 편안하게 느낌을 내는 삼매 · (57) 모든 장엄거리를 내어 허공계를 장엄하는 삼매 · (58) 잠깐잠깐에 중생의 수효와 같은 변화하는 몸 구름을 내는 삼매 · (59) 여래의 깨끗한 허공에 달의 광명 삼매 · (60) 모든 여래가 허공에 머무름을 항상 보는 삼매와, (61) 모든 부처의 장엄을 열어 보이는 삼매 · (62) 모든 법과 뜻을 밝게 비추는 등불 삼매 · (63) 열 가지 힘의 경계를 비추는 삼매 · (64) 세 세상 모든 부처님의 당기 모양 삼매 · (65) 모든 부처님의 한 가지 비밀한 갈무리 삼매 · (66) 생각 생각마다 짓는 일이 다 끝까지 이르는 삼매 · (67) 다함이 없는 복덕광 삼매 · (68) 그지없는 부처님의 경계를 보는 삼매 · (69) 모든 법에 굳게 머무는 삼매 · (70) 모든 여래의 변화를 나타내어 다 보고 알게 하는 삼매와, (71) 생각 생각마다 부처님 해가 나타나는 삼매 · (72) 하루 동안에 세 세상에 있는 법을 다 아는 삼매 · (73) 두루한 음성으로 모든 법의 성품이 고요함을 연설하는 삼매 · (74) 모든 부처님의 자재한 힘을 보는 삼매 · (75) 법계에 연꽃이 피는 삼매 · (76) 모든 법이 허공

과 같아서 머무는 곳이 없음을 보는 삼매 · (77) 시방의 바다가 한 방소에 두루 들어가는 삼매 · (78) 모든 법계가 근원이 없는 데 들어가는 삼매 · (79) 모든 법계의 바다 삼매 · (80) 고요한 몸으로 온갖 광명을 놓는 삼매와, (81) 한 생각 동안에 모든 신통과 큰 원을 나타내는 삼매 · (82) 온갖 시간, 온갖 처소에서 바른 깨달음을 이루는 삼매 · (83) 한 장엄으로 모든 법계에 들어가는 삼매 · (84) 모든 부처님 몸을 두루 나타내는 삼매 · (85) 모든 중생의 광대하고 특수한 신통의 지혜를 아는 삼매 · (86) 잠깐 동안에 몸이 법계에 두루하는 삼매 · (87) 일승의 깨끗한 법계를 나타내는 삼매 · (88) 넓은 문의 법계에 들어가서 큰 장엄을 나타내는 삼매 · (89) 모든 부처님의 법륜을 머물러 지니는 삼매 · (90) 모든 법문으로 한 법문을 장엄하는 삼매와, (91) 인드라 그물 같은 원과 행으로 모든 중생계를 거두어 주는 삼매 · (92) 모든 세계의 문을 분별하는 삼매 · (93) 연꽃을 타고 마음대로 걸어다니는 삼매 · (94) 모든 중생의 가지가지로 차별한 신통의 지혜를 아는 삼매 · (95) 그 몸을 모든 중생의 앞에 항상 나타내는 삼매 · (96) 모든 중생의 차별한 음성과 말을 아는 삼매 · (97) 모든 중생의 차별한 지혜와 신통을 아는 삼매 · (98) 큰 자비가 평등한 갈무리 삼매 · (99) 모든 부처가 여래의 경계에 들어가는 삼매 · (100) 모든 여래의 해탈한 곳을 관찰하는 사자의 기운 뻗는 삼매라.

[疏] 二,[113] 云何下는 廣明得法이니 先, 廣能入이요 後, 其諸菩薩皆悉下

는 廣其所入이라 前中에 但廣三昧一門하여 例餘九句라 文中에 三이니 初句는 徵起요

- 2) 云何 아래는 광명으로 얻은 법을 널리 밝힘이다. (1) 들어가는 주체를 자세히 밝힘이요, (2) 其諸菩薩皆悉 아래는 들어갈 대상을 자세히 밝힘이다. (1) 중에 단지 삼매 한 문만 자세히 밝혀서 나머지 아홉 구절과 유례하였다. 경문 중에 셋이니 가. 첫 구절은 질문으로 시작함이요,

나. 개별로 나열하다[別列] (次所 12上4)

[疏] 次, 所謂下는 別列이니 一百一門은 皆從業用하여 受名이요 並以法性眞如로 爲三昧本이니 隨一一事하여 皆能契實하여 正受가 現前故라 於中에 前一百114)門은 別別業用이요 後一은 總相同果라 初에 言普莊嚴法界三昧者는 入此三昧에 能令法界로 普妙嚴飾故니 斯卽頻申現淨土之一義요 下諸三昧는 皆是頻申의 大用別義라 故以多別로 入佛之總이니 諸門別義는 說者隨宜니라 後, 師子頻申者는 若不總相分同하면 無以能究佛境故니라

- 나. 所謂 아래는 개별로 나열함이다. 101문은 모두 업과 작용에서 받은 명칭이다. 아울러 법성과 진여로 삼매의 근본으로 삼았으니 하나하나 일을 따라 모두 능히 실법과 계합하나니 '바른 느낌(正受, 삼매)'이 나타나는 까닭이다. 그중에 가) 앞의 100문은 개별적 업과 개별적 작용이요, 나) 뒤의 한 문은 총상으로 과덕과 같음이다. 첫 구절에 '(1) 법계를 두루 장엄하는 삼매'라 말한 것은 이 삼매에 들어

---

113) 二는 甲南續金本作三이라 하나 誤植이다.
114) 一百은 原南續金本作百一, 纂本作一百이라 하다.

갈 적에 능히 법계로 하여금 널리 묘하게 꾸미고 장엄하기 때문이다. 이것은 기운 뻗어서 정토를 나타내는 한 가지 이치이며, 아래 모든 삼매도 모두 기운 뻗는 큰 작용의 개별적 이치인 연고로 대부분 부처님으로 들어가는 총상과 다르므로 여러 문의 특별한 이치이니, 설하는 이는 마땅함을 따른다. 뒤의 '(100) 사자의 기운 뻗는 삼매'는 만일 총상과 부분이 같지 않으면 능히 부처님 경계를 궁구할 수 없기 때문이다.

다. 총합하여 결론하다[總結] (三菩 12下4)

菩薩이 以如是等不可說佛刹微塵數三昧로 入毘盧遮那如來念念充滿一切法界三昧神變海니라
보살이 이렇게 말할 수 없는 부처 세계의 티끌 수 삼매로, 비로자나여래의 잠깐잠깐마다 모든 법계에 가득하는 삼매의 신통변화 바다에 들어가느니라.

[疏] 三, 菩薩如是下는 總結能所니라 上에 略列百門하니 如前[115])之例가 有多塵數하야사 方能入佛神變之海라 三昧旣爾오 海等九門도 亦然이로되 文略不結이니라 二, 廣所入이라 中에 二니 先, 別列이요 後, 其諸菩薩具如是下는 總結이니라 前中에 有其十德하니 廣前十門別句로되 而小不次라 總句는 卽前三昧結中이니라

■ 다. 菩薩如是 아래는 주체와 대상을 총합하여 결론함이다. (1) 위는 100문을 간략히 나열하면 앞의 사례와 같이 많은 티끌 수가 있어야

---

115) 前은 甲續纂金本作是라 하다.

만 비로소 능히 부처님 신변의 바다에 들어가고 삼매가 이미 그러하고, 바다 등 아홉 문도 마찬가지이니 경문에는 생략하고 결론하지 않았다. (2) 들어갈 대상을 자세히 밝힘이다. 그중에 둘이니 가. 개별로 나열함이요, 나. 其諸菩薩具如是 아래는 총합하여 결론함이다. 가. 중에 그 열 가지 공덕이 있고, 앞의 열 문의 별상 구절을 자세히 밝혔지만 조금 순서가 다르다. 총상 구절은 앞의 삼매로 중간을 결론함이다.

[鈔] 總句는 卽前三昧結中者는 前에 總明所入이 有十一句하니 初一은 是總이요 今不別廣이라 卽前三昧結中이 是廣上總이니 上에 總云, 是故로 皆得入於如來不可思議甚深三昧의 盡法界虛空界大神通力이라 하고 今廣中에 三昧를 結云, 菩薩이 以如是等不可說佛刹微塵數三昧로 入毘盧遮那如來의 念念充滿一切法界三昧神變海라하나니 是故로 三昧結이 卽前總句요 此下는 但廣前別十句耳라 而言不次者는 此一이 卽前六이요 二는 卽前五요 三이 卽前四요 四는 卽前九요 五는 卽前三116)이요 六은 卽前一117)이요 七은 卽前二요 八은 卽前十이요 九는 卽前八이요 十은 卽前七이라 文並이면 可知니라

- '총상 구절은 앞의 삼매로 중간을 결론함'이란 (1) 들어가는 주체를 총합하여 밝힘에 11구절이 있으니 처음 한 구절은 총상이요, 지금은 자세히 구별한 것은 아니다. '곧 앞의 삼매로 중간을 결론함'은 위의 총상을 자세히 밝힌 내용이다. 위의 총상에 이르되, "이런 연고로 모두 여래의 불가사의한 매우 깊은 삼매로 모든 법계 허공계의 대신통력에 들어간다"라고 하였다. 지금은 중간의 삼매를 자세하게 결론

---

116) 三은 甲南續金本作一誤, 原纂本作三이라 하다.
117) 一은 甲南續金本作三誤, 原纂本作一이라 하다.

하여 말하되, "보살이 이러한 등의 말할 수 없는 불국토의 티끌 수 삼매로 비로자나여래가 생각 생각에 온갖 법계의 삼매인 신변 바다를 충만함에 들어갔다"라 하였다. 이런 연고로 삼매를 결론함은 곧 앞의 총상 구절이요, 이 아래는 단지 앞의 개별적인 열 구절을 자세히 밝힌 것일 뿐이다. '그러나 순서가 다르다'라고 말한 것은 여기서 첫째[가] 智位高深德]는 곧 앞의 여섯째[(6) 機法萬差]요, 둘째[나] 調生無染德]는 곧 앞의 다섯째[(5) 種種理趣]요, 셋째[다] 成滿諸度德]는 곧 앞의 넷째[(4) 種種入]요, 넷째[라] 智力無畏德]는 곧 앞의 아홉째[(9) 種種方便]요, 다섯째[마] 成就昔行德]는 곧 앞의 셋째[(3) 種種門]요, 여섯째[바] 法身圓滿德]는 곧 앞의 첫째[(1) 種種解]요, 일곱째[사] 色身自在德]는 곧 앞의 둘째[(2) 種種道]요, 여덟째[아] 辯才自在德]는 곧 앞의 열째[(10) 種種三昧]요, 아홉째[자] 三昧神變德]는 곧 앞의 여덟째[(8) 種種助道]요, 열째[차] 成等正覺德]는 곧 앞의 일곱째[(7) 種種智慧]이다. 경문과 함께하면 알 수 있으리라.

(2) 들어갈 대상을 자세히 밝히다[廣所入] 2.

가. 나열하다[列] 10.
가) 지혜의 지위가 높고 깊은 공덕[智位高深德] (一智 13下2)
나) 중생을 조복함에 더러움 없는 공덕[調生無染德] (二爲)

其諸菩薩이 皆悉具足大智神通하여 明利自在하여 住於諸地하며 以廣大智로 普觀一切가 從諸智慧種性而生하여 一切智智가 常現在前하여 得離癡翳淸淨智眼하며

爲諸衆生하여 作調御師하여 住佛平等하여 於一切法에 無有分別하며 了達境界하여 知諸世間이 性皆寂滅하여 無有依處하며 普詣一切諸佛國土하되 而無所着하며 悉能觀察一切諸法하되 而無所住하며 徧入一切妙法宮殿하되 而無所來하며 敎化調伏一切世間하여 普爲衆生하여 現安隱處하니라

(1) 그 보살들은 모두 큰 지혜와 신통을 구족하였으니, (2) 밝고 예리함이 자유자재하여 여러 지위에 머물며, (3) 광대한 지혜로 모든 것을 두루 보고, (4) 모든 지혜의 성품으로 났으며, (5) 온갖 지혜의 지혜가 항상 앞에 나타나서 (6) 어리석은 가림을 떠난 청정한 지혜 눈을 얻었다.

(1) 여러 중생을 다스리는 스승이 되어 (2) 부처님의 평등한 데 머무르며, (3) 모든 법에 분별이 없으며, (4) 경계를 분명히 통달하여 (5) 세간의 성품이 고요하여 의지한 데 없음을 알고, (6) 모든 부처의 국토에 두루 나아가나 집착이 없으며, (7) 모든 법을 관찰하나 머무름이 없고, (8) 모든 묘한 법의 궁전에 두루 들어가나 오는 바가 없으며, (9) 모든 세간을 교화하고 조복하여 (10) 여러 중생에게 편안한 곳을 나타내었다.

[疏] 一, 智位高深德이니 卽前諸地니라 二, 爲諸衆生下는 調生無染德이니 卽三輪嚴淨이니라

- 가) 지혜의 지위가 높고 깊은 공덕은 곧 앞의 모든 지위를 뜻한다.
  나) 爲諸衆生 아래는 중생을 조복함에 더러움 없는 공덕이니 곧 세

바퀴로 청정하게 장엄함이다.

다) 모든 바라밀을 성만하는 공덕[成滿諸度德] (三智 14上9)
라) 지혜의 힘이 두려움 없는 공덕[智力無畏德](四以)

智慧解脫로 爲其所行하며 恒以智身으로 住離貪際하며 超諸有海하여 示眞實際하며 智光圓滿하여 普見諸法하며 住於三昧하여 堅固不動하며 於諸衆生에 恒起大悲하며 知諸法門이 悉皆如幻하고 一切衆生이 悉皆如夢하고 一切如來가 悉皆如影하고 一切言音이 悉皆如響하고 一切諸法이 悉皆如化하며 善能積集殊勝行願하여 智慧圓滿하며 淸淨善巧나 心極寂靜하며 善入一切總持境界하며 具三昧力하여 勇猛無怯하며 獲明智眼하여 住法界際하며 到一切法無所得處하며 修習無涯智慧大海하며 到智波羅蜜究竟彼岸하며 爲般若波羅蜜之所攝持하며 以神通波羅蜜로 普入世間하며 依三昧波羅蜜로 得心自在하나니라

以不顚倒智로 知一切義하며 以巧分別智로 開示法藏하며 以現了智로 訓釋文辭하며 以大願力으로 說法無盡하며 以無所畏大師子吼로 常樂觀察無依處法하며 以淨法眼으로 普觀一切하며 以淨智月로 照世成壞하며 以智慧光으로 照眞實諦하며 福德智慧가 如金剛山하여 一切譬喩의 所不能及이며 善觀諸法하여 慧根增長하며 勇猛精進하여 摧伏衆魔하며 無量智慧가 威光熾盛하며 其身이

超出一切世間하여 得一切法無礙智慧하며 善能悟解盡無盡際하며 住於普際하여 入眞實際하며 無相觀智가 常現在前하니라

(1) 지혜의 해탈이 그의 행할 바가 되어 항상 지혜의 몸으로 탐욕을 떠난 경계에 머물며, (2) 생사의 바다를 뛰어나와 진실한 경계를 보이고, (3) 지혜의 빛이 원만하여 모든 법을 널리 보며, (4) 삼매에 머물러서 견고하여 동요하지 않고, (5) 여러 중생에게 크게 가엾이 여김을 일으키며, (6) 모든 법문은 다 환상과 같고 모든 중생은 꿈 같고 모든 여래는 그림자 같고 모든 말은 메아리 같고 모든 법은 변화와 같음을 알며, (7) 훌륭한 행과 원을 잘 모으고, (8) 지혜가 원만하고 방편이 청정하여 마음이 매우 고요하며, (9) 모든 총지의 경계에 잘 들어가고 삼매의 힘을 구족하여 용맹하고 겁이 없으며, (10) 밝은 지혜의 눈을 얻어 법계의 경계에 머물고, (11) 온갖 법이 얻을 것 없는 데 이르며, (12) 가없는 지혜의 바다를 닦아 익혀 지혜바라밀다의 끝인 저 언덕에 이르고, (13) 반야바라밀다의 거두어 가짐이 되며, (14) 신통바라밀다로 세간에 널리 들어가고, (15) 삼매바라밀다를 의지하여 마음이 자재함을 얻었다.

(1) 뒤바뀌지 않은 지혜로 모든 이치를 알고, (2) 교묘하게 분별하는 지혜로 법장을 열어 보이며, (3) 드러나게 아는 지혜로 글을 해석하고 (4) 큰 서원의 힘으로 법을 말함이 다하지 않으며, (5) 두려움이 없는 큰 사자후로 의지한 데 없는 법을 관찰하기 좋아하고, (6) 깨끗한 법 눈으로 모든 것을

두루 보며, (7) 깨끗한 지혜 달로 세간이 이루고 무너짐을 비추고, (8) 지혜의 빛으로 진실한 이치를 비추며, (9) 복덕과 지혜는 금강산과 같아서 온갖 비유로 미칠 수 없고, (10) 모든 법을 잘 관찰하여 지혜의 뿌리가 증장하며, (11) 용맹하게 정진하여 여러 마를 꺾어 부수고, (12) 한량없는 지혜는 위엄과 광채가 치성하여 몸이 모든 세간에서 뛰어났으며, (13) 모든 법에 걸림 없는 지혜를 얻어 다하고 다함이 없는 경계를 잘 알고, (14) 넓은 경계에 머물러 진실한 경계에 들어가며, (15) 형상 없이 관찰하는 지혜가 항상 앞에 나타나는 것이다.

[疏] 三, 智慧解脫下는 成滿諸度德이요 四, 以不顚倒下는 智力無畏德이니 雖有四辯이나 意在於智니라

- 다) 智慧解脫 아래는 모든 바라밀을 성만하는 공덕이다. 라) 以不顚倒 아래는 지혜의 힘이 두려움 없는 공덕이다. 비록 네 가지 변재가 있더라도 의미는 지혜에 있다.

마) 예전 행법을 성취하는 공덕[成就昔行德] (五善 15上5)
바) 법신이 원만한 공덕[法身圓滿德] (六普)

善巧成就諸菩薩行하며 以無二智로 知諸境界하며 普見一切世間諸趣하며 徧往一切諸佛國土하며 智燈圓滿하여 於一切法에 無諸闇障하며 放淨法光하여 照十方界하며 爲諸世間의 眞實福田하여 若見若聞에 所願皆滿하며

福德高大하여 超諸世間하며 勇猛無畏하여 摧諸外道하며
演微妙音하여 徧一切刹하니라
普見諸佛하되 心無厭足하며 於佛法身에 已得自在하며 隨
所應化하여 而爲現身하며 一身이 充滿一切佛刹하니라

(1) 교묘하게 보살들의 행을 성취하고 (2) 둘이 없는 지혜로 여러 경계를 알며, (3) 모든 세간의 여러 길을 두루 보고 (4) 모든 부처님의 국토에 가고 (5) 지혜 등불이 원만하여 모든 법에 어둠이 없으며, (6) 깨끗한 법의 광명을 놓아 시방의 세계를 비추고 (7) 여러 세간의 진실한 복 밭이 되어 보는 이나 듣는 이가 다 소원을 이루며, (8) 복덕이 높고 커서 세간에서 뛰어났고, (9) 용맹하고 두려움이 없어 외도들을 굴복하며, (10) 미묘한 음성을 내어 모든 세계에 두루하였다.

(1) 널리 부처님을 뵈옵는 마음은 싫어할 줄 모르고 (2) 부처님의 법의 몸에는 이미 자유자재하였으며, (3) 교화할 중생을 따라 몸을 나타내니 (4) 한 몸이 모든 부처님 세계에 가득하였다.

[疏] 五, 善巧下는 成就昔行德이요 六, 普見諸佛下는 法身圓滿德이요
■ 마) 善巧 아래는 예전 행법을 성취하는 공덕이요, 바) 普見諸佛 아래는 법신이 원만한 공덕이다.

사) 색신이 자재한 공덕[色身自在德] (七已 15下3)
아) 변재가 자재한 공덕[辯才自在德] (八決)

已得自在淸淨神通하며 乘大智舟하여 所往無礙하며 智慧圓滿하여 周徧法界하며 譬如日出하여 普照世間하며 隨衆生心하여 現其色像하며 知諸衆生의 根性欲樂하며 入一切法無諍境界하며 知諸法性의 無生無起하며 能令小大로 自在相入하나라

決了佛地의 甚深之趣하며 以無盡句로 說甚深義하며 於一句中에 演說一切修多羅海하며 獲大智慧陀羅尼身하여 凡所受持를 永無忘失하며 一念에 能憶無量劫事하며 一念에 悉知三世一切諸衆生智하며 恒以一切陀羅尼門으로 演說無邊諸佛法海하며 常轉不退淸淨法輪하여 令諸衆生으로 皆生智慧하나라

(1) 이미 자재하여져서 청정한 신통을 얻었고, (2) 큰 지혜의 배를 타고 가는 곳마다 걸림이 없으며, (3) 지혜가 원만하여 법계에 두루하니, (4) 마치 해가 떠서 세간에 비치면 중생의 마음을 따라 빛과 형상을 나타내는 듯, (5) 중생의 근성과 욕망을 알고 모든 법이 다툼이 없는 경계에 들어가며, (6) 법의 성품이 남도 없고 일어남도 없음을 알아 (7) 크고 작은 것이 자유자재하여 서로 들어가게 하느니라.

(1) 부처님 지위의 깊은 뜻을 분명히 알고 (2) 무진한 글귀로 매우 깊은 이치를 말하되 (3) 한 구절 가운데 모든 경전의 바다를 연설하며, (4) 큰 지혜의 다라니 몸을 얻어 배워 (5) 지닌 것을 영원히 잊지 않으며, (6) 한 생각에 한량없는 겁 동안의 일을 기억하고, (7) 한 생각에 세 세상 모든 중생의 지혜를 알며, (8) 항상 온갖 다라니 문으로 그지없는 부

처님의 법 바다를 연설하고, (9) 물러나지 않는 청정한 법륜을 항상 굴리어 (10) 중생들의 지혜를 내게 하였다.

[疏] 七, 已得自在下는 色身自在德이요 八, 決了下는 辯才自在德이요
- 사) 已得自在 아래는 색신이 자재한 공덕이요, 아) 決了 아래는 변재가 자재한 공덕이다.

자) 삼매로 신변하는 공덕[三昧神變德] (九得 16上3)
차) 등정각을 성취한 공덕[成等正覺德] (十一)

得佛境界智慧光明하여 入於善見甚深三昧[118]하며 入一切法無障礙際하며 於一切法에 勝智自在하며 一切境界에 淸淨莊嚴하며 普入十方一切法界하여 隨其方所하여 靡不咸至하니라 一一塵中에 現成正覺하여 於無色性에 現一切色하며 以一切方으로 普入一方하니라

(1) 부처 경계의 지혜 광명을 얻어서 (2) 잘 보는 깊은 삼매에 들어가며, (3) 모든 법의 장애가 없는 경계에 들어가 (4) 온갖 법에 훌륭한 지혜가 자재하며, (5) 모든 경계가 청정하게 장엄하여 (6) 시방의 모든 법계에 두루 들어가되 (7) 어느 방소에나 이르지 않는 데가 없었다. (8) 모든 티끌 속마다 바른 깨달음을 이루며 (9) 색의 성품이 없는 데서 온갖 색을 나타내며 (10) 모든 방위를 한 방위에 넣었다.

---

118) 善見의 見은 宋論作現, 案麗宋元明淸合綱杭鼓纂續金本作見, 晋經作現이라 하다.

[疏] 九, 得佛境界下는 三昧神變德이요 十, 一一塵中下는 成等正覺德이라
  자) 得佛境界 아래는 삼매로 신변하는 공덕이요, 차) 一一塵中 아래는 등정각을 성취한 공덕이다.

나. 열 가지 공덕을 결론하다[結] (第二 16上10)

其諸菩薩이 具如是等無邊福智功德之藏하여 常爲諸佛之所稱歎하니 種種言辭로 說其功德하여도 不能令盡이라 靡不咸在逝多林中하여 深入如來功德大海하여 悉見於佛光明所照라
그 보살들이 이와 같이 그지없는 복과 지혜와 공덕의 창고를 갖추어 항상 부처님들의 칭찬함을 받으니, 가지가지 말로 그 공덕을 말하여도 다할 수 없으며, 다 서다림 속에 있으면서 여래의 공덕 바다에 들어가서 부처님의 광명이 비치는 것을 보았다.

[疏] 第二, 總結을 可知니라
  나. 열 가지 공덕을 총합하여 결론함은 알 수 있으리라.

2. 은혜를 갚으려고 공양을 올리다[荷恩興供] 3.
1) 총상으로 밝히다[總] (第二 17上8)
2) 별상으로 나열하다[別] (次所)
3) 결론하다[結] (後是)

爾時에 諸菩薩이 得不思議正法光明하여 心大歡喜하사 各於其身과 及以樓閣諸莊嚴具와 幷其所坐師子之座와 徧逝多林一切物中에 化現種種大莊嚴雲하여 充滿一切 十方法界하니 所謂於念念中에 放大光明雲하여 充滿十 方하여 悉能開悟一切衆生하며 出一切摩尼寶鈴雲하여 充滿十方하여 出微妙音하여 稱揚讚歎三世諸佛一切功 德하며 出一切音樂雲하여 充滿十方하여 音中에 演說一 切衆生의 諸業果報하며 出一切菩薩種種願行色相雲하 여 充滿十方하여 說諸菩薩의 所有大願하며 出一切如來 自在變化雲하여 充滿十方하여 演出一切諸佛如來의 語 言音聲하며 出一切菩薩相好莊嚴身雲하여 充滿十方하 여 說諸如來의 於一切國土에 出興次第하며 出三世如來 道場雲하여 充滿十方하여 現一切如來의 成等正覺功德 莊嚴하며 出一切龍王雲하여 充滿十方하여 雨一切諸香 하며 出一切世主身雲하여 充滿十方하여 演說普賢菩薩 之行하며 出一切寶莊嚴淸淨佛刹雲하여 充滿十方하여 現一切如來의 轉正法輪이라 是諸菩薩이 以得不思議法 光明故로 法應如是出興此等不可說佛刹微塵數大神變 莊嚴雲하니라

이때 모든 보살이 부사의한 바른 법의 광명을 얻고 마음이 매우 환희하여, 제각기 그 몸과 누각의 모든 장엄거리와 앉아 있는 사자좌로써 서다림 모든 물건에 두루하였으며, 가지각색 장엄 구름을 나투어 모든 시방 법계에 충만하였으니 이른바 (1) 잠깐 동안에 큰 광명 구름을 놓아 시방에 가

득하여 모든 중생을 깨우치며, (2) 모든 마니보배와 풍경 구름을 내어 시방에 가득하여 미묘한 음성으로 세 세상 부처님들의 공덕을 일컬어 찬탄하며, (3) 모든 음악 구름을 내어 시방에 가득하여 그 음성 속에서 모든 중생의 업과 과보를 연설하였다. (4) 모든 보살의 여러 가지 원과 행의 빛깔 구름을 내어 시방에 가득하여 보살들이 가진 큰 원을 말하며, (5) 모든 여래의 마음대로 변화하는 구름을 내어 시방에 가득하여 모든 부처님 여래의 음성을 말하여 내며, (6) 모든 보살의 잘생긴 모습으로 장엄한 몸 구름을 내어 시방에 가득하여 여래의 모든 국토 생기던 차례를 말하며, (7) 세 세상 여래의 도량 구름을 내어 시방에 가득하여 모든 여래께서 등정각을 이루는 공덕 장엄을 나타내며, (8) 모든 용왕 구름을 내어 시방에 가득하여 온갖 향을 비 내리며, (9) 모든 세간 임금의 몸 구름을 내어 시방에 가득하여 보현보살의 행을 연설하며, (10) 모든 보배로 장엄하여 청정한 부처 세계 구름을 내어 시방에 가득하여 모든 여래의 바른 법륜 굴림을 나타내었다. 이 보살들이 부사의한 법의 광명을 얻었으므로 으레 이런 말할 수 없는 부처 세계의 티끌 수 큰 신통변화로 장엄한 구름을 일으키는 것이다.

[疏] 第二, 荷恩興供中에 三이니 初, 總이요 次, 所謂下는 別이요 後, 是諸菩薩下는 結이라 結其所因이니 由得前十種德故니라

■ 2. 은혜를 갚으려고 공양을 올림이다. 그중에 셋이니 1) 총상으로 밝힘이요, 2) 所謂 아래는 별상으로 나열함이요, 3) 是諸菩薩 아래는

결론함이다.

(九) 문수보살이 공덕을 말하는 부분[文殊述德分] 2.

제1. 의미를 밝히다[述意] (大文 17下2)

爾時에 文殊師利菩薩이 承佛神力하여 欲重宣此逝多林中諸神變事하사 觀察十方하고 而說頌言하시되
이때 문수사리보살이 부처님의 신력을 받자와 이 서다림 속의 여러 신통변화한 일을 거듭 펴려고 시방을 관찰하고 게송을 말하였다.

[疏] 大文第九, 爾時文殊下는 文殊述德分이라 文殊는 主智일새 故光後에 述德이라 光本은 令證三昧요 智本은 爲顯法界니 尋智得理일새 故述歎林中이니라 又前의 普賢門은 以行으로 顯理요 此則以解로 顯理니 解行이 無二하야사 方能入故로 通明이라 卽以文殊의 權實無二之大智와 普賢의 體用之理行이니 此二無二하야 共顯如來三昧之果德이라 文中에 二니 先, 述意요

■ 큰 문단으로 (九) 爾時文殊 아래는 문수보살이 공덕을 말하는 부분이다. 문수보살은 지혜를 주재하는 연고로 ① 광명 뒤에 공덕을 말함이요, ② 광명의 근본은 하여금 삼매를 증득하게 하고, ③ 지혜의 근본은 법계를 밝히기 위하여 지혜를 찾고 이치를 얻으므로 서다림을 말하여 찬탄함이요, 또한 앞의 보현문은 행법으로 이치를 밝혔고, 여기는 곧 이해로 이치를 밝힌 것이다. 이해와 행법이 둘이 없어야 비

로소 능히 들어가기 때문이다. 통틀어 밝히면 곧 문수는 방편과 실법이 둘이 없는 큰 지혜요, 보현은 체성과 작용의 이치의 행법이니, 이런 둘이 둘이 없어야 여래 삼매의 과덕을 함께 밝혔다. 경문 중에 둘이니 제1. 의미를 밝힘이요,

제2. 바로 노래하다[正頌] 6.
1. 두 게송은 넓고 두루함을 총합하여 찬탄하다[二偈總歎廣徧]

(二正 18上2)

汝應觀此逝多林하라　　　以佛威神廣無際하며
一切莊嚴皆是現하여　　　十方法界悉充滿이로다
그대들은 보시오, 이 서다림이
부처님 위신으로 끝없이 넓고
온갖 가지 장엄을 다 나타내어
시방의 온 법계에 가득히 찼고

十方一切諸國土의　　　無邊品類大莊嚴이
於其座等境界中에　　　色像分明皆顯現이로다
시방의 한량없는 모든 국토에
그지없는 종류를 모두 장엄해
거기 있는 사자좌들 경계 가운데
온갖 모양 분명히 다 나타나고

[疏] 二, 正頌이라 頌中에 十三偈가 通讚一會의 三種世間自在之用이라

分之爲六이니 初二는 總歎이니 初一은 普徧이요 後一은 廣容이니라
- 제2. 바로 노래함이다. 노래함 중에 13개의 게송이니 한 모임에서 삼종세간이 자재한 작용을 통틀어 찬탄할 적에 여섯으로 나누었다. 1. 두 게송은 (넓고 두루함을) 총합하여 찬탄함이니 1) 한 게송은 널리 두루함을 찬탄함이요, 2) 한 게송은 널리 용납함을 노래함이다.

2. 한 게송은 중생세간을 찬탄하다[一偈讚衆生世間] (次一 18上6)

從諸佛子毛孔出　　　種種莊嚴寶焰雲하며
及發如來微妙音하여　徧滿十方一切刹이로다
수없는 불자들의 털구멍에서
가지가지 장엄한 불꽃 구름과
여래의 미묘하온 음성을 내어
시방의 모든 세계 가득히 차고

[疏] 次, 一偈는 讚衆生世間이니 卽通前諸來와 及向得益菩薩의 興供之事니라
- 2. 한 게송은 중생세간을 찬탄함이니, 곧 앞의 모든 오는 보살과 앞에서 이익을 얻은 보살이 공양 올리는 일을 찬탄함이다.

3. 두 게송은 의보와 정보가 번갈아 있음을 찬탄하다[二偈讚依正互在]
(次二 18下2)

寶樹華中現妙身하니　　其身色相等梵王이라

從禪定起而遊步나　　　　　進止威儀恒寂靜이로다
보배 꽃나무에서 몸을 나투니
잘생긴 그 모습이 범천과 같아
선정에서 일어나 걸어다니며
오고 가는 거동이 항상 고요해

如來一一毛孔內에　　　　　常現難思變化身하되
皆如普賢大菩薩하여　　　　種種諸相爲嚴好로다
여래의 하나하나 털구멍 속에
변화하여 부사의한 몸을 나타내되
모두 다 보현보살마하살과 같이
가지가지 상호를 장엄하였고

[疏] 次, 二偈는 讚依正互在니 初偈는 依中에 有正이요 後偈는 正中에 有正이라

- 3. 두 게송은 의보와 정보가 번갈아 있음을 찬탄함이니 1) 의보 중에 정보가 있음이요, 2) 정보 중에 정보가 있음을 찬탄함이다.

4. 세 게송은 위의 서다림과 허공을 말하다[三偈述上林空] (四三 18下10)

逝多林上虛空中에　　　　　所有莊嚴發妙音하여
普說三世諸菩薩의　　　　　成就一切功德海로다
서다림 위에 있는 허공중에서
여러 가지 장엄으로 소리를 내어

세 세상 보살들이 닦아 이루신
갖가지 공덕 바다 널리 말하고

逝多林中諸寶樹가   亦出無量妙音聲하여
演說一切諸群生의   種種業海各差別이로다
서다림 속에 있는 보배 나무도
한량없이 미묘한 음성을 내어
모든 중생 가지가지 업의 바다가
제각기 차별함을 연설도 하며

林中所有衆境界가   悉現三世諸如來하여
一一皆起大神通이   十方刹海微塵數로다
서다림 속에 있는 여러 경계가
세 세상 여래들을 다 나타내어
저마다 큰 신통을 일으키는 일
시방의 세계 바다 티끌과 같고

[疏] 四, 三偈는 述上林空이라
- 4. 세 게송은 위의 서다림과 허공을 말함이요,

5. 세 게송은 지정각세간을 말하다[三偈述智正覺] (五有 19上7)

十方所有諸國土의   一切刹海微塵數가
悉入如來毛孔中하여   次第莊嚴皆現觀로다

시방에 널려 있는 갖가지 국토
모든 세계 바다의 티끌 수들이
여래의 털구멍에 다 들어가서
차례로 장엄함을 모두 보도다.

所有莊嚴皆現佛하되 數等衆生徧世間하여
一一咸放大光明하여 種種隨宜化群品이로다

모든 장엄 속에서 나타낸 부처
중생과 같은 수가 세간에 가득
부처마다 큰 광명 모두 놓아서
갖가지로 마땅하게 중생을 교화하도다.

香焰衆華及寶藏과   一切莊嚴殊妙雲이
靡不廣大等虛空하여 徧滿十方諸國土로다

향 불꽃과 보배 광과 여러 가지 꽃
갖가지로 미묘하게 장엄한 구름
광대하여 허공과 같은 것들이
시방의 국토들에 가득하였고

[疏] 五, 有三偈는 述於正覺의 依正無盡이라
■ 5. 세 게송은 지정각세간의 의보와 정보가 그지없음을 말함이다.

6. 두 게송은 널리 거둠을 총합하여 밝히다[二偈總顯普收] (六末 19下2)

十方三世一切佛의 　　所有莊嚴妙道場이
於此園林境界中에 　　一一色像皆明現이로다
시방세계 세 세상 모든 부처님
여러 가지 장엄한 묘한 도량이
이 동산의 서다림 경계 가운데
갖가지 모양들이 다 나타나고

一切普賢諸佛子의 　　百千劫海莊嚴刹이
其數無量等衆生을 　　莫不於此林中見이로다
수많은 보현보살 모든 불자들
백천만겁 동안에 장엄한 세계
그 수효 한량없어 중생 같거든
이 서다림 속에서 모두 보겠네.

[疏] 六, 末後二偈는 總顯普收니라

■ 6. 마지막 두 게송은 널리 거둠을 총합하여 밝힘이다.

(十) 끝없이 크게 작용하는 부분[無涯大用分] 2.

제1. 작용하는 원인을 총합하여 밝히다[總顯用因] (大文 19下6)

爾時에 彼諸菩薩이 以佛三昧光明照故로 即時에 得入 如是三昧하여 一一皆得不可說佛刹微塵數大悲門하여 利益安樂一切衆生하되

그때 저 보살들이 부처님의 삼매 광명이 비치었으므로 곧 이러한 삼매에 들어갔으며, 제각기 말할 수 없는 부처 세계 티끌 수의 크게 가엾이 여기는 문을 얻어 모든 중생들을 이익하고 안락하게 하는데,

[疏] 大文第十, 爾時彼諸下는 無涯大用分이라 開必得益이요 益必利生이라 於中에 二니 先, 總顯用因이니 謂由佛三昧하여 得前三昧하여 成此悲門일새 故能有用이니라

■ 큰 문단으로 (十) 爾時彼諸 아래는 끝없이 크게 작용하는 부분이다. 열면 반드시 이익을 얻고 이익은 반드시 중생을 이롭게 한다. 그중에 둘이니 제1. 작용하는 원인을 총합하여 밝힘이다. 이른바 부처님 삼매로 말미암아 앞의 삼매를 얻었으니 이런 대비(大悲)의 문을 이룬 연고로 능히 작용함이 있다는 뜻이다.

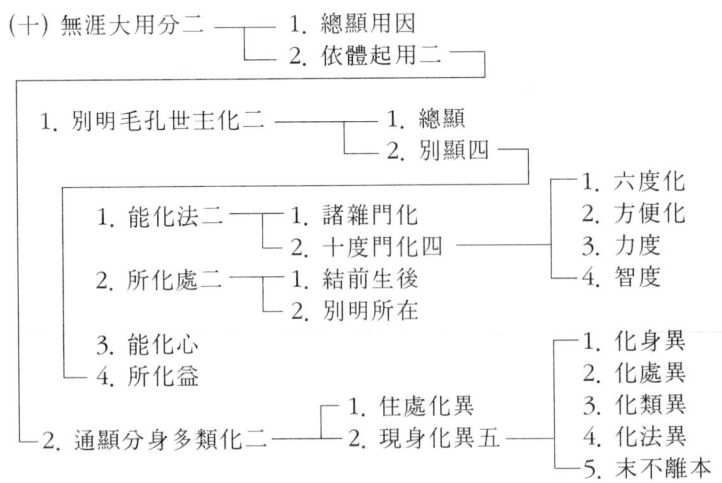

제2. 체성에 의지하여 작용을 일으키다[依體起用] 2.

1. 모공 속의 세상 주인의 교화를 개별로 밝히다[別明毛孔世主化] 2.
1) 두 문은 총합하여 밝히다[總顯] (後於 20上3)

於其身上一一毛孔에 皆出不可說佛刹微塵數光明하며 一一光明이 皆化現不可說佛刹微塵數菩薩하니 其身形相이 如世諸主하여 普現一切衆生之前하여 周帀偏滿十方法界하여 種種方便으로 敎化調伏하니라

(1) 몸에 있는 털구멍마다 말할 수 없는 부처 세계 티끌 수 광명을 내고, (2) 낱낱 광명에서 말할 수 없는 부처 세계 티끌 수 보살들을 변화하여 나타내니, 그 형상이 세간 임금과 같으며, 일체중생의 앞에 나타나서 시방 법계에 가득하게 차 있으면서 여러 가지 방편으로 교화하고 조복하였다.

[疏] 後, 於其身下는 依體起用이라 中에 二니 初, 別明毛孔世主化요 後, 佛子此逝多林下는 通顯分身多類化라 今初를 分二니 一, 總明이라

■ 제2. 於其身 아래는 체성에 의지하여 작용을 일으킴이다. 그중에 둘이니 1. 모공(毛孔) 속의 세상 주인의 교화를 개별로 밝힘이요, 2. 佛子此逝多林 아래는 분신인 여러 부류로 교화함을 통틀어 밝힘이다. 지금은 1.을 둘로 나누리니 1) 총합하여 밝힘이요,

2) 개별로 밝히다[別顯] 4.
(1) 교화하는 주체의 법[能化法] 2.

가. 여덟 문은 여러 잡문으로 교화하다[諸雜門化] (二或 20下3)

或現不可說佛刹微塵數諸天宮殿無常門하며 或現不可說佛刹微塵數一切衆生受生門하며 或現不可說佛刹微塵數一切菩薩修行門하며 或現不可說佛刹微塵數夢境門하며 或現不可說佛刹微塵數菩薩大願門하며 或現不可說佛刹微塵數震動世界門하며 或現不可說佛刹微塵數分別世界門하며 或現不可說佛刹微塵數現生世界門하니라

(3) 말할 수 없는 부처 세계의 티끌 수 하늘 궁전의 무상한 문도 나타내고, (4) 말할 수 없는 부처 세계의 티끌 수 모든 중생의 태어나는 문도 나타내고, (5) 말할 수 없는 부처 세계의 티끌 수 모든 보살의 수행하는 문도 나타내고, (6) 말할 수 없는 부처 세계의 티끌 수 꿈 경계의 문도 나타내고, (7) 말할 수 없는 부처 세계의 티끌 수 보살의 큰 서원 문도 나타내고, (8) 말할 수 없는 부처 세계의 티끌 수 세계를 진동하는 문도 나타내고, (9) 말할 수 없는 부처 세계의 티끌 수 세계를 분별하는 문도 나타내고, (10) 말할 수 없는 부처 세계의 티끌 수 세계가 지금 생기는 문도 나타내었다.

[疏] 二, 或現下는 別顯이라 於中에 四니 一, 明能化法이요 二, 以如是等下는 所化處요 三, 以平等大悲下는 能化心이요 四, 或有見已下는 明所化益이라 今初에 總有二十五門을 分二니 初, 八門은 雜明欣厭等門化[119]요

■ 2) 或現 아래는 개별로 밝힘이다. 그 중에 넷이니 (1) 교화하는 주체의 법을 밝힘이요, (2) 以如是等 아래는 교화받을 장소요, (3) 以平等大悲 아래는 교화하는 주체인 마음이요, (4) 或有見已 아래는 교화받은 이익을 밝힘이다. 지금은 (1)에서 총합하면 25문이 있는데 둘로 나누리니 가. 여덟 문은 좋고 싫은 등 여러 잡문으로 교화함을 밝힘이다.

나. 나머지 17문은 십바라밀문으로 교화하다[十度門化] 4.
가) 여섯 문은 육바라밀로 교화하다[六度化] (餘門 21上4)
나) 세 문은 방편바라밀로 교화하다[方便化] (次三)
다) 한 문은 힘바라밀로 교화하다[力度] (次降)
라) 일곱 문은 지혜바라밀로 교화하다[智度] (餘七)

或現不可說佛刹微塵數檀波羅蜜門하며 或現不可說佛刹微塵數一切如來修諸功德種種苦行尸波羅蜜門하며 或現不可說佛刹微塵數割截肢體羼提波羅蜜門하며 或現不可說佛刹微塵數勤修毘梨耶波羅蜜門하며 或現不可說佛刹微塵數一切菩薩修諸三昧禪定解脫門하며 或現不可說佛刹微塵數佛道圓滿智光明門하며 或現不可說佛刹微塵數勤求佛法에 爲一文一句故로 捨無數身命門하며 或現不可說佛刹微塵數親近一切佛하여 諮問一切法하되 心無疲厭門하며 或現不可說佛刹微塵數隨諸衆生의 時節欲樂하여 往詣其所하여 方便成熟하여 令住

---

119) 門은 甲南續本作明이라 하나 誤植이다.

一切智海光明門하며
或現不可說佛刹微塵數降伏衆魔하고 制諸外道하여 顯現菩薩福智力門하며 或現不可說佛刹微塵數知一切工巧明智門하며 或現不可說佛刹微塵數知一切衆生差別明智門하며 或現不可說佛刹微塵數知一切法差別明智門하며 或現不可說佛刹微塵數知一切衆生心樂差別明智門하며 或現不可說佛刹微塵數知一切衆生根行煩惱習氣明智門하며 或現不可說佛刹微塵數知一切衆生種種業明智門하며 或現不可說佛刹微塵數開悟一切衆生門하니라

(11) 말할 수 없는 부처 세계의 티끌 수 단나바라밀다문도 나타내고, (12) 말할 수 없는 부처 세계의 티끌 수 모든 여래들이 공덕을 닦느라고 가지가지로 고행하는 시라바라밀다문도 나타내고, (13) 말할 수 없는 부처 세계의 티끌 수 온몸을 도려내는 찬제바라밀다문도 나타내고, (14) 말할 수 없는 부처 세계의 티끌 수 부지런히 닦는 비리야바라밀다문도 나타내고, (15) 말할 수 없는 부처 세계의 티끌 수 보살들이 삼매를 닦는 선정해탈문도 나타내고, (16) 말할 수 없는 부처 세계의 티끌 수 부처의 도가 원만한 지혜의 광명문도 나타내며,

(17) 말할 수 없는 부처 세계의 티끌 수 불법을 구하면서 한 글귀 한 구절을 위하여 무수한 몸과 목숨을 버리는 문도 나타내고, (18) 말할 수 없는 부처 세계의 티끌 수 모든 부처님을 친근하여 모든 법을 물으면서도 고달픈 생각이 없는

문도 나타내고, (19) 말할 수 없는 부처 세계의 티끌 수 모든 중생의 시절과 욕망을 따라 있는 곳에 나아가서 방편으로 성숙시키어 온갖 지혜 바다의 광명에 머물게 하는 문도 나타내고, (20) 말할 수 없는 부처 세계의 티끌 수 모든 마를 항복받고 외도들을 제어하여 보살의 복과 지혜의 힘을 드러내는 문도 나타내며,

(21) 말할 수 없는 부처 세계의 티끌 수 모든 기술을 아는 밝은 지혜의 문도 나타내고, (22) 말할 수 없는 부처 세계의 티끌 수 모든 중생의 차별을 아는 밝은 지혜의 문도 나타내고, (23) 말할 수 없는 부처 세계의 티끌 수 모든 법의 차별을 아는 밝은 지혜의 문도 나타내고, (24) 말할 수 없는 부처 세계의 티끌 수 모든 중생의 마음으로 좋아함이 차별함을 아는 밝은 지혜의 문도 나타내고, (25) 말할 수 없는 부처 세계의 티끌 수 모든 중생의 근성·행동·번뇌·습기를 아는 밝은 지혜의 문도 나타내고, (26) 말할 수 없는 부처 세계의 티끌 수 모든 중생의 가지가지 업을 아는 밝은 지혜의 문도 나타내고, (27) 말할 수 없는 부처 세계의 티끌 수 모든 중생을 깨우치는 문도 나타내었다.

[疏] 餘門은 明十度門化라 於中에 前六門은 各一度니 可知니라 次, 三門은 明方便度요 次, 降魔一門은 是力度요 餘七門은 皆智度라 前欣厭中에 已明於願일새 故此略無니라

- 나. 나머지 17문은 열 가지 바라밀문으로 교화함을 밝힘이다. 그중에 가) 여섯 문에 각기 한 바라밀이니 알 수 있으리라. 나) 세 문은 방

편바라밀로 교화함을 밝힘이요, 다) 마군을 항복받는 한 문은 힘바라밀로 교화함이다. 라) 나머지 일곱 문은 모두 지혜바라밀로 교화함이다. 앞의 좋아하고 싫어함 중에서 이미 서원바라밀을 밝혔으므로 여기서는 생략하여 없다.

(2) 교화받을 장소는 중생 사는 곳[所化處] 2.
가. 앞을 결론하고 뒤를 시작하다[結前生後] (第二 22上7)
나. 있는 곳을 개별로 밝히다[別明所在] (後所)

以如是等不可說佛刹微塵數方便門으로 往詣一切衆生住處하여 而成熟之하니 所謂或往天宮하며 或往龍宮하며 或往夜叉乾闥婆阿修羅迦樓羅緊那羅摩睺羅伽宮하며 或往梵王宮하며 或往人王宮하며 或往閻羅王宮하며 或往畜生餓鬼地獄之所住處하니라

이와 같은 말할 수 없는 부처 세계의 티끌 수 방편문으로 모든 중생이 있는 곳에 나아가 성숙하게 하나니, 이른바 천궁에도 가고 용궁에도 가고 야차·건달바·아수라·가루라·긴나라·마후라가 궁에도 가며, 범왕 궁에도 가고 인간의 왕궁에도 가고, 염라대왕의 궁에도 가고, 축생·아귀·지옥의 사는 곳에도 가는 것이다.

[疏] 第二, 化處라 中에 二니 先, 結前生後요 後, 所謂下는 別明[120]이니라
■ (2) 교화받을 장소이다. 그중에 둘이니 가. 앞을 결론하고 뒤를 시작

---

120) 明下에 甲續金本有所在二字라 하다.

함이요, 나. 所謂 아래는 있는 곳을 개별로 밝힘이다.

(3) 교화하는 주체인 마음[能化心] (第三 22下4)
(4) 교화받은 이익[所化益] (第四)

以平等大悲와 平等大願과 平等智慧와 平等方便으로 攝諸衆生하니 或有見已而調伏者하며 或有聞已而調伏者하며 或有憶念而調伏者하며 或聞音聲而調伏者며 或聞名號而調伏者며 或見圓光而調伏者며 或見光網而調伏者라 隨諸衆生心之所樂하여 皆詣其所하여 令其獲益케하나라
평등한 큰 자비와 평등한 큰 원과 평등한 지혜와 평등한 방편으로 중생들을 거두어 주는데, 보고서 조복되는 이도 있고, 듣고서 조복되는 이도 있고, 생각하고서 조복되는 이도 있으며, 음성을 듣고 조복되기도 하고, 이름을 듣고 조복되기도 하고, 둥근 광명을 보고 조복되기도 하고, 광명 그물을 보고 조복되기도 하나니, 중생들의 마음에 좋아함을 따라서 그들의 처소에 나아가서 이익을 얻게 하였다.

[疏] 及[121]第三, 化心과 第四, 化益은 文並이면 可知니라
- (3) 교화하는 주체인 마음이요, (4) 교화받은 이익이니 경문과 함께 하면 알 수 있으리라.

2. 분신인 여러 부류로 교화함을 통틀어 밝히다[通顯分身多類化] 2.

---

121) 及은 甲南續金本無; 또 아래 心下에 甲續纂金本有 及字라 하다.

1) 머무는 곳에서 교화함이 다르다[住處化異] (第二 22下9)

 佛子여 此逝多林一切菩薩이 爲欲成熟諸衆生故로 或時現處種種嚴飾諸宮殿中하며 或時示現住自樓閣寶師子座하여 道場衆會의 所共圍遶으로 周徧十方하여 皆令得見이나 然亦不離此逝多林如來之所하니라
 불자여, 이 서다림에 있는 모든 보살이 중생들을 성숙하기 위하여, 어떤 때에는 가지가지로 장엄한 궁전에 있기도 하고, 어떤 때에는 자기의 누각에서 사자좌에 앉았거든, 도량에 모인 대중이 둘러 모시고 시방에 두루하여 여럿이 보게 하지마는, 이 서다림 여래의 처소를 떠나지 아니하였다.

[疏] 第二, 通顯多類化라 中에 二니 先, 明住處化異니 結不離逝多林者는 明不動而普徧이며 繁興而恒靜이며 末不離本이라 故로 下에 文殊遊行하야도 亦不離於本會니 本末事理가 非卽離故니라

■ 2. 분신인 여러 부류로 교화함을 통틀어 밝힘이다. 그중에 둘이니 1) 머무는 곳에서 교화함이 다름이니 '서다림을 여의지 않는다'고 결론한 것은 움직이지 않으면서 널리 두루함을 밝힘이요, 자주 일어나더라도 항상 고요하나니 지말이 근본을 여의지 않는 연고로 아래의 문수보살이 유행함도 역시 근본법회를 여의지 않나니 근본과 지말, 현상과 이치는 합치하지도 여의지도 않는 까닭이다.

2) 몸을 나타냄과 교화함이 다르다[現身化異] 5.
(1) 교화하는 몸이 다르다[化身異] (二佛 23下4)

(2) 교화받는 장소가 다르다[化處異] (二往)
(3) 교화받는 부류가 다르다[化類異] (三隨)
(4) 교화하는 법이 다르다[化法異] (四或)
(5) 지말이 근본을 여의지 않는다[末不離本] (五敎)

佛子여 此諸菩薩이 或時示現無量化身雲하며 或現其身이 獨一無侶하니 所謂或現沙門身하며 或現婆羅門身하며 或現苦行身하며 或現充盛身하며 或現醫王身하며 或現商主身하며 或現淨命身하며 或現妓樂身하며 或現奉事諸天身하며 或現工巧技術身하여 往詣一切村營城邑王都聚落諸衆生所하여 隨其所應하여 以種種形相과 種種威儀와 種種音聲과 種種言論과 種種住處로 於一切世間에 猶如帝網하여 行菩薩行하며 或說一切世間工巧事業하며 或說一切智慧照世明燈하며 或說一切衆生業力所莊嚴하며 或說十方國土建立諸乘位하며 或說智燈所照一切法境界하여 敎化成就一切衆生하되 而亦不離此逝多林如來之所하나니라

나툰 몸 구름을 나타내기도 하고 동무가 없는 혼자 몸을 나타내기도 하나니, 이른바 (1) 사문의 몸도 나타내고 (2) 바라문의 몸도 나타내고 (3) 고행하는 몸도 나타내고 (4) 충성한 몸도 나타내고 (5) 의사의 몸도 나타내고 (6) 장사 주인의 몸도 나타내고 (7) 깨끗이 생활하는 몸도 나타내고 (8) 배우의 몸도 나타내고 (9) 하늘을 섬기는 몸도 나타내고 (10) 공교한 기술자의 몸도 나타내어, 모든 시골과 도시와 서울과 마

을에 있는 중생들의 처소에 가서 마땅한 대로 갖가지 형상·갖가지 위의·갖가지 음성·갖가지 언론·갖가지 사는 곳으로써 인드라 그물과 같은 모든 세간에서 보살의 행을 행할 적에, 세간의 공교한 사업을 말하며, 모든 지혜로 세상을 비추는 등불을 말하며, 모든 중생의 업력으로 장엄하는 것을 말하며, 시방 국토에서 여러 가지 승(乘)을 세우는 지위를 말하며, 지혜 등불을 비추는 모든 법의 경계를 말하여, 일체중생을 교화하여 성취하면서도 이 서다림 여래의 처소를 떠나지 아니하였다.

[疏] 二, 佛子此諸下는 明現身化異라 於中에 五니 一, 能化身異가 有十二種하니 初二는 總이요 餘十은 別이라 此中에 多同善財所見하니 故知善財[122)]의 諸友가 卽此會之菩薩이니라 二, 往詣下는 化處異요 三, 隨其下는 化類異요 四, 或說下는 化法異요 五, 敎化下는 總結末不離本이니라 上來에 本會는 竟하다

- 2) 佛子此諸 아래는 몸을 나타냄과 교화가 다름을 밝힘이다. 그중에 다섯이니 (1) 교화하는 주체와 대상인 몸이 다름에 12종류가 있으니 가. 두 구절은 총상이요, 나. 열 구절은 별상이다. 이 가운데 대부분 선재의 소견과 같은 연고로 선재의 모든 선지식은 곧 이 서다원림법회의 보살임을 알아야 한다. (2) 往詣 아래는 교화받는 장소가 다름이요, (3) 隨其 아래는 교화받는 부류가 다름이요, (4) 或說 아래는 교화하는 법이 다름이요, (5) 敎化 아래는 지말이 근본을 여의지 않음을 총합 결론함이니 여기까지 一) 근본법회는 마친다.

---

122) 上二財字는 甲南續金本作才라 하다.

[鈔] 故知善財諸友가 卽此會之菩薩[123]者는 如獨一無侶는 卽德雲等이요 二, 沙門은 卽海雲과 善住等이요 三, 婆羅門은 卽最勝寂靜等이요 四, 苦行은 卽勝熱等이요 五, 充盛은 卽善見과 休捨等이요 六, 醫王은 卽普眼과 彌伽等이요 七, 商主는 卽無上勝等이요 八, 淨命은 亦婆羅門이니 義當不動과 具足等이요 八, 伎樂者는 義當婆須等이요 九, 奉事天身은 卽大天等이요 十, 工巧伎術은 卽自在主童子等이니 故皆同也니라

● '그러므로 선재의 모든 선지식은 곧 이 서다림회의 보살'임을 안다는 것은 마치 가. 홀로 한 사람뿐이며 반려가 없음은 곧 덕운(德雲)비구 등이다. 나. 사문은 곧 해운(海雲)과 선주(善住)비구 등이요, 다. 바라문은 곧 최적정바라문 등이요, 라. 고행(苦行)하는 선우는 곧 승열(勝熱)바라문 등이요, 마. 충분하고 왕성한 선우는 곧 선견(善見)비구와 휴사(休捨)우바이 등이요, 바. 의사왕은 곧 보안(普眼)과 미가(彌伽)장자 등이요, 사. 장사 주인은 곧 무상승(無上勝)장자 등이요, 아. 청정한 생업 가진 선우도 또한 바라문이니 뜻은 부동(不動)과 구족(具足)우바이 등에 해당하고, 자. 기예와 음악하는 이는 뜻은 바수밀(婆須密)녀 등에 해당하고, 차. 천신을 받들고 섬기는 선우는 곧 대천신(大天神) 등이요, 카. 뛰어난 기술 가진 선우는 곧 자재주(自在主)동자 등이므로 '모두 같다'고 하였다.

[一) 근본법회는 마친다 -本會竟]

---

123) 會는 甲南續金本作本會라 하다.

二) 지말법회의 53분 선지식[末會] 10.

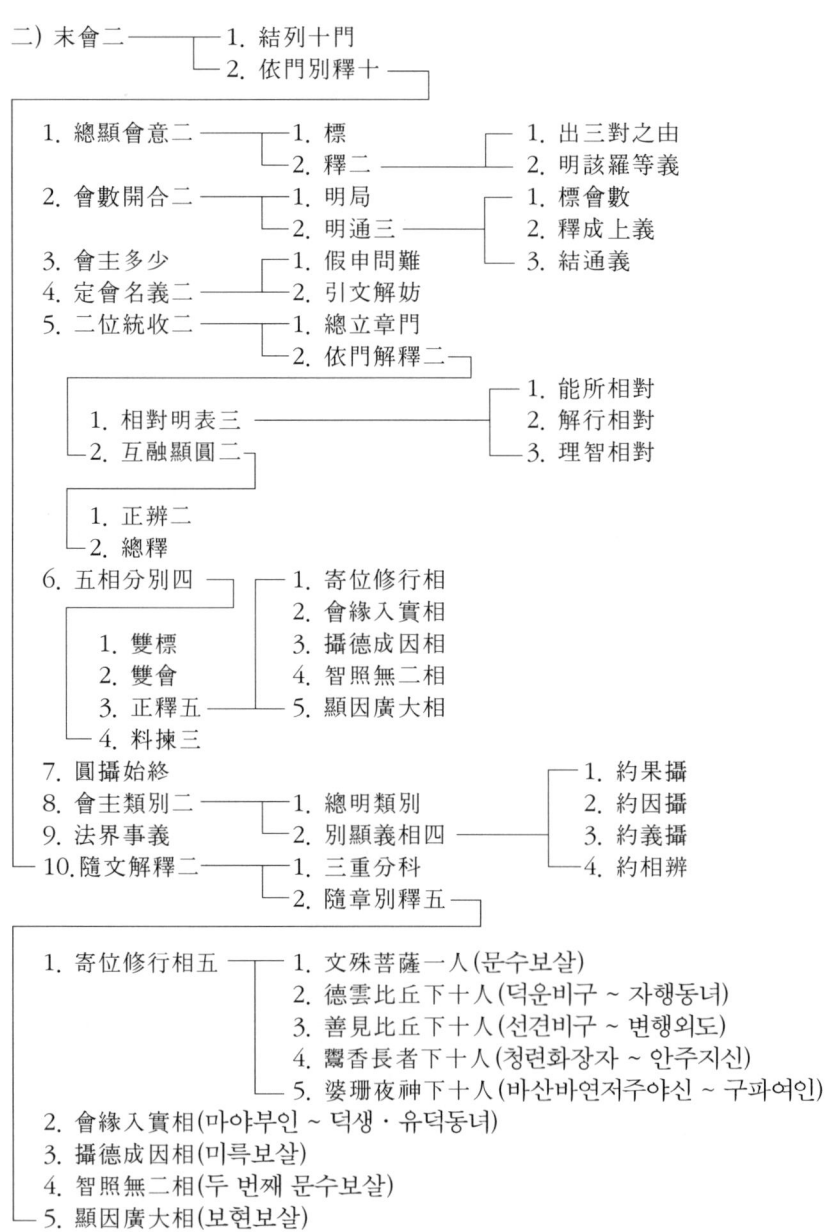

(一) 열 문을 결론하고 나열하다[結列十門] (大文 24上6)

[疏] 大文第二, 末會¹²⁴)며 亦卽一部流通이라 略啓十門이니 一, 總顯會意요 二, 會數開合이요 三, 會主多少요 四, 定會名義요 五, 二位統收요 六, 五相分別이요 七, 圓攝始終이요 八, 會主類別이요 九, 法界事義요 十, 隨文解釋이라 今初라 夫圓滿敎海가 攝法無遺하사 漸頓을 該羅하고 本末交映하고 人法融會가 貴在弘通이라

■ 큰 문단으로 二) 지말법회(의 53분 선지식)이니, 또한 본 입법계품의 유통분이니, 간략히 열 문으로 열었다. 제1. 회통한 의미를 총합하여 밝힘이요, 제2. 법회의 숫자를 열고 합함이요, 제3. 법회 주인이 많고 적음이요, 제4. 법회의 명칭과 뜻을 정함이요, 제5. 두 지위로 거느리고 거둠이요, 제6. 다섯 가지 양상으로 분별함이요, 제7. 원교로 시교와 종교를 포섭함이요, 제8. 법회의 주인을 종류로 구분함이요, 제9. 법계의 현상과 뜻이요, 제10. 경문을 따라 해석함이다. 지금은 제1.이니 대저 교법을 원만교의 바다에서 법을 남김없이 포섭하고, 점교와 돈교로 모두 망라하여 근본과 지말을 서로 비추었다. 사람과 법으로 법회를 융섭하니 귀한 것은 널리 통함에 있다.

(二) 부문에 의지해 개별로 해석하다[依門別釋] 10.

제1. 회통한 의미를 총합하여 밝히다[總顯會意] 2.
1. 세 가지 대구로 내보인 이유[出三對之由] (故非 24下1)
2. 포섭하고 망라하는 등의 이치를 밝히다[明該羅等義] (故前)

---

124) 會下에 甲續綱纂金本有起字라 하다.

[疏] 故로 非頓이면 無以顯圓이요 非漸이면 無以階進이요 非本이면 無以垂末이요 非末이면 無以顯本이요 非人이면 無以證法이요 非法이면 無以成人이니라 故로 前에 明不異漸之頓하나니 多門而衆人이 同契요 此에 明不異頓之漸하시니 一人而歷位圓修라 前則不異末之本일새 雖卷而恒舒요 此卽不異本之末일새 雖舒而恒卷이라 本末無礙하여 同入法界니 今에 託人進修하여 以軌後徒하여 使大敎로 弘通함이 卽斯本意니라

■ 그러므로 (1) 돈교가 아니면 원교(圓敎)를 밝힐 수 없고, (2) 점교가 아니면 단계로 나아감이 없다. (3) 근본이 아니면 지말을 드리울 수 없고, (4) 지말이 아니면 근본을 밝힐 수 없으며, (5) 사람이 아니면 법을 증득할 수 없고, (6) 법이 아니면 사람을 성취할 수가 없다. 그러므로 앞에서는 점교(漸敎)와 다르지 않은 돈교(頓敎)를 밝힘이요, 문이 많아도 많은 사람이 함께 계합함이다. 여기서는 돈교와 다르지 않은 점교를 밝혔으니, 한 사람으로 지위를 거치면서 원만하게 수행함이니, 앞은 지말과 다르지 않은 근본이므로 비록 거두면서도 항상 펼침이요, 여기는 근본과 다르지 않은 지말이므로 비록 펼치면서도 항상 거둠이다. 근본과 지말에 걸림 없어서 법계에 함께 들어감의 뜻이다. 지금은 사람에 의탁하여 나아가 수행하여 뒤 무리의 모범 삼나니, 대승교법으로 하여금 널리 통하게 하는 것이 곧 이 법회의 본래 의미이다.

[鈔] 今初夫圓滿敎海下는 此文에 有二하니 先, 標요 後, 故[125]非頓下는 釋이라 前標에 有三對나 今疏釋에 有二하니 一, 出三對之由요 二, 明

---

125) 上十六字는 南金本作非頓이라 하다.

該羅等義라 今初니 若無頓證法界하면 豈顯此經圓妙리요 若無善財
漸進하면 衆生이 如何趣入이리요 若無本會에 佛爲其主하면 何有末
會가 皆得成經이리요 若無末會에 善財成益하면 豈顯本會에 頓證之
實이리요 然此一對는 語出肇公維摩注序라 彼以不思議中에 以分
本末하여 云호되 此經所明이 統萬行則以權智로 爲主오 樹德本則
以六度로 爲根이요 濟蒙惑則以慈悲로 爲首오 語宗極則以不二로
爲言126)이니 凡此衆說이 皆不思議之本也라 至若借座燈王하고 請飯
香土하며 手接大千하고 室包乾象이 不思議迹也라 然이나 幽關은 難
啓요 聖應은 不同이라 非本이면 無以垂迹이요 非迹이면 無以顯本이니
本迹은 雖殊나 不思議는 一也라하니 今에 但借其言하고 不取其義하
여 自以二會로 爲本末耳니라 非人이면 無以證法者는 法無廢興나 弘
之由人故니라 非法이면 無以成人者는 不證性原이면 豈名菩薩이리요
故로 中論에 云, 以法으로 知有人하고 以人으로 知有法이라 離法에 何
有人이며 離人에 何有法이리요하니라

● 지금은 제1. 夫圓滿敎海 아래는 이 경문에 둘이 있으니 1. 표방함이
요, 2. 故非頓 아래는 해석함이다. 앞은 세 가지 대구가 있음을 표방
하였고, 지금은 소가의 해석에 둘이 있으니 1. 세 가지 대구로 내보인
이유요, 2. 포섭하고 나열하는 등의 이치를 밝힘이다. 지금은 1.에
만일 법계를 몰록 증득함이 없으면 어찌 본 경문이 원만하고 묘함을
밝히겠는가? 만일 선재가 점차적으로 나아감이 없다면 중생이 어떻
게 나아가 (법계에) 들어가겠는가? 만일 근본법회의 부처님이 그 주인
이 되지 않는다면 어떻게 지말법회에서 모두 지나감을 이루겠는가?
만일 지말법회에서 선재가 이익 성취함이 없다면 어찌 근본법회에서

---

126) 言은 注維摩詰經本作門이라 하다. (대정장 권38 327b-)

몰록 실법 증득함을 밝혔으리오. 그러나 이런 한 가지 대구의 말은 승조(僧肇)법사의 『주유마경(注維摩經)』 서문에서 내보인 내용이다. 저기서 불가사의함 중에 근본과 지말을 나누어서 말하되, "이 경문에서 밝힐 내용은 만 가지 행법을 거느리면 방편 지혜로 주체를 삼고, 공덕의 근본을 심으면 육바라밀로 뿌리를 삼고, 어리석은 미혹을 제도하면 자비(慈悲)로 머리를 삼고, 궁극의 종지를 말하면 둘이 아님으로 문을 삼았다. 무릇 여기의 많은 말씀이 모두 불가사의한 근본이다. 저 자리를 빌려 준 수미등왕(須彌燈王)[127]여래에 이르러 밥과 향기와 국토를 청하여 손으로 대천세계를 접하고 방에 하늘의 형상을 안았으니 불가사의한 자취이다. 그러나 그윽한 관문은 열기 어려운 연고로 성인이 감응하심은 같지 않나니 근본이 아니면 자취를 드리울 수가 없고, 자취가 아니면 근본을 밝힐 수가 없다. 근본과 자취가 비록 다르지만 불가사의함은 하나이다"라고 하였다. 지금은 단지 그 말씀만 빌린다면 그 뜻을 취하지 못하므로 자연히 두 법회로 근본과 지말을 삼았을 뿐이다. '사람이 아니면 법을 증득함이 없다'는 것은 법은 폐하거나 일으킴이 없어서 사람을 인하여 넓히기 때문이다. '법이 아니면 사람을 성립함이 없다'는 것은 '성품의 근원을 증득하지 못하면 어찌 보살이라 이름하랴?' 한 것이니 『중론』에 이르되, "법으로써 사람이 있음을 알고 사람으로써 법이 있음을 안다고 하지만 법을 떠나서 어찌 사람이 있으며, 사람을 떠나서 어찌 법이 있으랴!"라고 하였다.

---

127) 燈王은 곧 須彌燈王如來의 명호이다. 『維摩經』 제6. 不思議品에 云, "爾時에 長者維摩詰이 問文殊師利하사대 仁者가 遊於無量千萬億阿僧祇國이시니 何等佛土에 有好上妙功德으로 成就獅子之座닛까 文殊師利 言하사대 居士여 東方으로 度三十六恒河沙國하야 有世界하니 名은 須彌相이요 其佛號는 須彌燈王이라 今現在彼하되 佛身의 長은 八萬四千由旬이요 其獅子座高도 八萬四千由旬이라 嚴飾第一이니다 ──"(대정장 권14 p. 546a28-)

故로 前에 明不異漸之頓下는 第二, 明該羅等義라 三對爲三이니 一, 明漸頓該羅니 二, 互不異는 卽該羅義요 其多門而衆人이 同契는 卽不異漸之頓相也오 上에 不壞多門하여 入法身等十種別故는 卽是漸義요 衆人同契는 卽是頓義라 或一人證多하며 或多人同證故로 卽頓也요 一人歷位는 卽是漸相이나 而圓修故로 不異頓也니라 二, 前卽不異末之本等者는 明本末交映也라 雖卷而恒舒는 卽不異末之本相也라 卷은 謂不離祇園이요 而恒舒者는 而羅身雲於法界也라 言雖舒而恒卷者는 謂雖羅形於法界나 而未動足於祇園이 是不異本之末也니라

本末無礙下는 結第二門이니라 今에 託人進修下는 三, 釋人法融會也라 語則不似前二하고 但似結成今會나 意亦具矣라 謂託人進修者는 人融法也오 使大敎로 弘通은 法成人也라 言卽斯本意者는 語則正結第三이나 意則通結上二[128]하여 成總顯會意也니라

- 2. 故前明不異漸之頓 아래는 포섭하고 망라하는 등의 이치를 밝힘이다. 세 가지 대구로 셋을 삼았으니 1) 점교와 돈교로 모두 망라함이요, 2) 번갈아 다르지 않음은 곧 포섭하고 망라함의 뜻이다. 그 많은 문으로 많은 사람이 함께 계합하면 곧 점교와 다르지 않은 돈교의 양상이다. (1) 위는 여러 문을 무너뜨리지 않았으니 법신에 들어간 등이 열 가지로 구분한 것은 곧 점교의 이치이며, 많은 사람이 함께 계합함은 곧 돈교의 이치이다. 혹은 한 사람이 많은 것을 증득하거나 혹은 많은 사람이 함께 증득하는 연고로 돈교와 합치한다. 한 사람이 지위를 거치는 것은 곧 점교의 양상이지만 원교로 수행한 연고로 돈교와 다르지 않다. (2) '앞은 지말과 다르지 않은 근본 등'이

---

128) 二는 甲南續金本作三이라 하다.

란 근본과 지말이 서로 비춤을 밝힘이다. '비록 거두면서도 항상 펼침'은 곧 지말과 다르지 않은 근본의 양상이다. 여기서 거둠은 이른바 기원정사를 여의지 않으면서도 항상 펼침이니 그렇게 몸 구름을 법계에 펼친다는 뜻이다. '비록 펼치면서도 항상 거둔다'고 말한 것은 이른바 비록 형상을 법계에 펼치지만 기원정사에서 발을 움직이지 않음은 바로 '근본과 다르지 않은 지말'을 뜻한다. (2) 本末無礙 아래는 둘째 문을 결론함이다. (3) 今託人進修 아래는 사람과 법을 융섭하여 회통함을 해석함이다. 말씀은 앞의 둘과 같지 않나니 단지 지금 법회를 결론할 뿐이요, 의미도 또한 갖춤이다. '사람에 의탁하여 나아가 수행함'이란 말은 사람으로 법을 융섭함이다. 대승교법으로 하여금 널리 유통하게 하여 법으로 사람을 성취함이다. '이 법회의 본래 의미'라 말한 것에서 말은 (3) 셋째 문을 바로 결론함이요, 의미는 위의 두 문을 통틀어 결론함이니, 법회의 의미를 총합하여 밝힘이 된 것이다.

제2. 법회의 숫자를 열고 합하다[會數開合] 2.

1. 국한됨을 밝히다[明局]
2. 통함을 밝히다[明通] 3.
1) 법회의 숫자를 표방하다[標會數] (二會 26上6)

[疏] 二, 會數開合者요 若約所攝之機인대 唯有三會하니 一, 比丘요 二, 諸乘人이요 三, 善財會어니와 若約能所通辨인대 有五十五會하니 善財에 自有五十三故라

■ 제2. 법회의 숫자를 열고 합함이요, 만일 포섭할 대상인 근기를 잡으면 오직 세 번 모임만 있을 뿐이니, (1) 비구의 모임 (2) 여러 승(乘)의 사람의 모임 (3) 선재의 모임이다. 만일 포섭하는 주체와 대상을 잡아서 통틀어 밝힌다면 55번의 모임이 있으니 선재(善財)는 자연히 53번만 있기 때문이다.

2) 위의 이치를 성취함으로 해석하다[釋成上義] (雖人 26上8)
3) 이치를 결론하고 회통하다[結通義] (是以)

[疏] 雖人有五十四나 文殊一人이 四會說故며 德生과 有德은 同一問答이요 徧友는 無答하여 不成會故라 若以徧友의 承前指後로 得名會者인대 善財에 則有五十四會니 是以로 唯就能化하여는 不足定會니라 若約主伴인대 成百一十會니 至下當辨하리라 若約散說인대 則佛刹塵數會니 尙順三乘이어니와 若約普賢德하면 則無盡會니 如普賢結通處에 說이니라

■ 비록 사람은 54분이 있지만 문수(文殊)보살 한 사람이 네 번의 모임에서 말하는 까닭이다. 덕생(德生)동자와 유덕(有德)동녀는 동일하게 질문하고 대답한 것이요, 변우(徧友)동자는 대답이 없어서 모임이 성립되지 않은 까닭이다. 만일 변우동자가 앞을 이어서 뒤에 얻은 이름을 지적한 것이라면 선재는 54번 모임이 있는 것이다. 이런 까닭으로 오직 교화하는 주체에 입각하여 충분히 모임을 정하지 않았다. 만일 주인과 반려를 잡으면 110번 모임이 되나니 아래에 가서 당연히 밝히리라. 만일 흩어서 말함을 잡으면 부처님 국토의 티끌 수 모임이지만 오히려 삼승(三乘)에 따른다. 만일 보현보살의 공덕을 잡으

면 그지없는 모임인 것이 마치 보현보살이 전체 장소를 결론하여 말함과 같다.

[鈔] 二會數開合이라 中에 二니 先, 局이요 言二諸乘人會者는 即初至福城東會也니라 後, 若約能所下는 明通이라 於中에 有三이니 一, 標數니 就第三會하여 開五十三하여 成五十五라 雖人有五十四下는 次, 釋成上義라 言五十四者는 善財가 初遇文殊하고 從德雲으로 至瞿波히 有四十人하니 寄於三賢十聖이니라 摩耶已下의 天主光等은 有十一人이니 已五十二요 及彌勒과 普賢일새 故五十四라 擧此五十四者는 乃成會違니 一向都望하면 人五十四요 兼比丘와 諸乘二會하면 則合有五十六會요

若望善財가 並[129]見五十四人하면 即合自有五十四會어늘 何以唯五十三고할새 故로 下釋에 云, 文殊一人이 四會說故로 故로 雖五十四人이나 有五十五會니라 若爾인대 一人이 四會인대 即五十四中에 加三하면 成五十七이어늘 何言五十五아할새 故로 次下에 云, 德生과 有德이 同一會故로 又減其一이요 徧友는 不成會일새 又減其一人하니 亦五十五니라 若取徧友하면 成一會故로 善財에 有五十六하고 兼前五十六이나 爲徧友가 不成主伴일새 但標五十五耳니라

是以唯就能化下는 結成通義라 若約主伴下는 二, 開成百一十이라 下有三釋이나 正義는 一人이 當兩故로 故前按定하여 爲五十五니라 從若約散說下는 三, 約教結成이니라

● 제2. 법회의 숫자를 열고 합함이다. 그중에 둘이니 1. 국한됨을 밝힘이다. '(2) 여러 승의 사람의 모임'이라 말한 것은 곧 처음 복성(福

---

129) 並은 甲續金本作兼이라 하다.

城)의 동쪽 모임에 이른 것이요, 2. 若約能所 아래는 통함을 밝힘이다. 그중에 셋이 있으니 1) 숫자로 표방함이니 세 번째 모임에 입각하여 53번을 열면 55번이 된다. 2) 雖人有五十四 아래는 위의 이치를 성취함으로 해석함이다. 54번이라 말한 것은 선재동자가 처음 문수보살을 만나고 덕운(德雲)비구로부터 구파(瞿波)여인에 이르기까지 40분이 있고, 삼현(三賢)과 십지(十地) 성인에 의탁하면 마야(摩耶)부인 아래의 천주광녀(天主光女) 등은 11분이 있나니 이미 52분과 미륵(彌勒)보살과 보현(普賢)보살인 연고로 54분이 되었다. 이렇게 54분을 거론한 것은 비로소 법회가 위배됨을 성취하였으니 한결같이 사람이 54분을 모두 바라보고 ㄱ. 비구 모임과 ㄷ. 여러 교법의 모임을 겸하면 합하여 56번 법회가 되었다.

만일 ㄷ. 선재를 바라보고 또한 54분을 봄은 곧 합하여 자연히 54번 모임이 있는 것이다. 어째서 오직 53분뿐인가? 그러므로 아래 해석함에 이르되, "문수(文殊)보살 한 사람이 네 번의 모임에서 말하기 때문이다"라고 하였다. 그러므로 비록 54분이지만 55번 모임이 있는 것이다. 만약 그렇다면 한 사람이 네 번 법회이면 곧 54번 중에 셋을 더하면 57번이 된다. 어째서 55번이라 말하는가? 그러므로 다음 아래에 말하되, "덕생(德生)동자와 유덕(有德)동녀는 동일한 법회인 까닭이다"라고 하였다. 또한 그 하나를 줄였고, 변우동자는 법회가 성립되지 않았으니 또한 그 한 사람을 줄였으니 또한 55번이 된다. 만일 변우동자를 취하면 한 번 법회가 성립된 것이므로 선재동자는 56번이 있고, 앞의 56번을 겸하여 변우동자는 주인과 반려를 이루지 않아서 단지 55번이라 표방했을 뿐이다.

3) 是以唯就能化 아래는 이치를 결론하고 회통함이요, (2) 若約主

伴 아래는 열어서 110번을 성취함이다. 아래에 세 가지 해석이 있으니 바른 이치는 한 사람이 두 번에 해당하기 때문이다. 그러므로 앞은 참고하여 55번으로 정하였고, (3) 若約散說부터 아래는 교법을 잡아 결론함이다.

제3. 법회의 주인이 많고 적음[會主多少] (三會 27下1)

[疏] 三, 會主多少라 若以人剋定하면 唯五十四요 若以會顯人하면 則五十七이니 文殊分四故라 或刹塵數며 或無盡無盡이니 思之어다

- 제3. 법회의 주인이 많고 적음은 만일 사람으로 선정을 정하면 54번뿐이요, 만일 모임으로 사람을 밝히면 57번이다. 문수보살은 네 번으로 나눈 까닭이며, 혹은 국토의 티끌 수이며, 혹은 그지없이 그지없음이니 생각해 보라.

[鈔] 三會主多少[130]는 如上開合이니 應自知之니라

- 제3. 법회의 주인이 많고 적음은 위에서 열고 합함과 같나니 응당히 자연히 알게 되리라.

제4. 법회의 명칭과 이치를 정하다[定會名義] 2.

1. 질문과 힐난을 빌려 밝히다[假申問難] (四定 27下4)
2. 인용문으로 비방을 해명하다[引文解妨] (若爾)

---

130) 主는 甲南續金本作數라 하나 誤植이다.

[疏] 四, 定會名義者는 此下諸會에 雖無佛說이나 以本收末하여 亦得名經이니 謂文殊濫觴이 出此會故며 諸友가 皆本會의 得益菩薩로 不離而周故라 若爾인대 下文의 善財를 應收歸重閣이어늘 何乃見在菩提場耶아 以菩提(場) 爲諸會本故니 所爲가 旣終에 攝末歸本이온 況諸衆會가 不動覺場가

■ 제4. 법회의 명칭과 이치를 정함은 이 아래 모든 모임에 비록 부처님 말씀이 없고 근본으로 지말을 거두더라도 또한 경전이라 이름하였다. 말하자면 문수보살이 시작함은 이 법회부터 출발하는 까닭이다. 모든 선우가 모두 근본법회에서 이익을 얻은 보살이라면 여의지 않으면서 두루한 까닭이다. 만일 그렇다면 아래 경문은 선재가 응당히 중각(重閣)을 거두어 돌아감이니, 어찌 비로소 보리도량에 있음을 보았겠는가? 보리로 모든 모임의 근본을 삼은 까닭이니 역할을 이미 마치고 지말을 거두어 근본으로 돌아감일 텐데, 하물며 모든 대중 모임이 정각(正覺)의 도량에서 움직이지 않았겠는가?

[鈔] 四, 定會名義者는 謂無佛說이나 而稱經會者는 以本統末故라 言濫觴者는 濫은 泛也오 觴은 杯也라 謂江出岷山에 初出之源이 但可泛一杯而已라 所出이 雖少나 源在於此라 故雖千里萬里나 而云江出岷山이니 故雖散在諸方이나 而云經會니라 若爾下는 解妨을 可知니라

● 제4. 법회의 명칭과 이치를 정함에서 '이른바 부처님 말씀은 없지만 경전 모임이라 칭한다'는 것은 근본으로 지말을 거느린 까닭이다. 남상(濫觴)이라 말한 것은 가득 넘침이요, 술잔의 뜻이다. 이른바 강물은 민산(岷山)에서 나왔으니 처음 시작한 근원은 단지 한 잔의 물에서 넘쳤을 뿐이다. 나온 것이 비록 적더라도 근원은 여기에 있으므로 비

록 천 리나 만 리를 가더라도 말하되 '강물은 민산(岷山)에서 나온다'고 한 연고로 비록 모든 방소에 흩어져 있더라도 '모임을 거친다'고 말한 것이다. 2. 若爾 아래는 비방을 해명함이니 알 수 있으리라.

제5. 두 가지 지위로 거느리고 거두다[二位統收] 2.
1. 가름과 문을 총합하여 건립하다[總立章門] (五二 28上4)

[疏] 五, 二位統收者는 此中諸會가 不出文殊와 普賢이라 略有二門하니 一, 相對明表요 二, 互融顯圓이라
- 제5. 두 가지 지위로 거느리고 거둠이다. 이 가운데 모든 모임이 문수와 보현에서 벗어나지 않으므로 간략히 두 문이 있으니, 1) 상대하여 밝게 표함이요, 2) 번갈아 융섭하고 원만함을 밝힘이다.

2. 두 문에 의지하여 해석하다[依門解釋] 2.
1) 상대하여 표함을 밝히다[相對明表] 3.
(1) 주체와 대상이 상대하다[能所相對] (今初 28上5)

[疏] 今初에 略明三對니 一, 以能所로 相對니 普賢은 表所依法界니 即在纏如來藏故라 理趣般若에 云, 一切衆生이 皆如來藏이라하니 普賢菩薩이 自體徧故니 初會에 即入藏身三昧故니라 文殊는 表能信之心이니 故로 佛名經에 說一切諸佛이 皆因文殊而發心이라하니라 故로 善財가 始見코 發大心故니라
- 지금은 1)이니 간략히 세 가지 대구로 설명하였다. (1) 주체와 대상으로 상대하면 보현보살은 의지할 법계를 표하나니, 곧 번뇌에 쌓인

여래장인 까닭이다. 『반야이취경(般若理趣經)』에 이르되, "일체중생이 모두 여래장이다. 보현보살은 자체가 두루한 까닭이며, 제1. 적멸도량법회는 곧 여래장신삼매(如來藏身三昧)에 들기 때문이다. 문수보살은 믿는 주체인 마음을 표하는 연고로 『불명경(佛名經)』에 말하되, "일체 모든 부처님이 모두 문수보살로 인하여 발심한 연고로 선재가 처음 만난 것은 대승의 마음을 일으킨 까닭이다"라고 하였다.

(2) 이해와 수행이 상대하다[解行相對] (二以 28上10)
(3) 이치와 지혜가 상대하다[理智相對] (三以)

[疏] 二, 以解行相對니 普賢은 表所起萬行이니 上下諸經에 皆說普賢行故니라 文殊는 表能起之解니 通解理事故라 慈氏가 云, 汝見善友가 皆文殊力等故라하니라 三, 以理智相對니 普賢은 卽所證法界니 善財入身故라 又云, 得究竟三世平等身故라하니 普賢身相이 如虛空故니라 文殊는 卽能證大智니 本所事佛이 名不動智故며 見後文殊하야사 方見普賢故니라 又理開體用하고 智分因果라

■ (2) 이해와 수행이 상대하면 보현보살은 일으킬 만행을 표함이요, 위와 아래의 모든 경문은 모두 보현행을 말하기 때문이다. 문수보살은 일으키는 주체인 이해를 표하나니 이치와 현상을 통틀어 이해한 까닭이다. 『자씨론(慈氏論)』에 이르되, "너는 선우가 모두 문수보살의 힘이 평등함을 본다"고 말한 까닭이다. (3) 이치와 지혜가 상대하면 보현은 곧 증득할 대상인 법계이니 선재가 몸에 들어간 연고로 또 말하되, "궁극에 삼세에 평등한 몸을 얻는 까닭이요, 보현보살의 몸의 모양이 허공과 같은 까닭이요, 문수보살은 곧 증득하는 주체인 큰 지혜이니

본래 섬기는 부처님은 부동지(不動智)여래라 이름한 까닭이요, 뒤의 문수보살을 만나 보고서야 비로소 보현보살을 만나기 때문이다. 또한 이치로 체성과 작용을 열면 지혜는 인행과 과덕으로 나눈다.

2) 번갈아 융섭하고 원만함을 밝히다[互融顯圓] 2.
(1) 바로 밝히다[正辨] 2.

가. 두 가지 양상을 개별로 밝히다[二相別明] 2.
가) 문수보살의 믿는 주체와 이해하는 지혜를 융섭하다
   [融文殊能信及解之智] (二互 28下6)
나) 보현보살의 믿을 대상과 행법으로 증득할 대상을 융섭하다
   [融普賢所信及行所證] (依體)

[疏] 二, 互融顯圓者가 亦二니 先, 以二門이 各自圓融이니 謂解由前信이라야 方離邪見이요 信解眞正하야사 成極智故라 依體起行에 行必稱體요 由行證理에 理行不殊라 故隨一證하여 即一切證이니라

■ 2) 번갈아 융섭하고 원만함을 밝힘도 또한 둘이니 가. 두 문이 각기 스스로 원융한 까닭이다. 이른바 이해는 앞의 믿음으로 인하여야 비로소 삿된 소견을 여의게 되며, 믿음과 이해가 참되고 바르게 되어야만 지극한 지혜를 이루는 까닭이다. 체성에 의지하여 행법을 일으키면 행법은 반드시 체성과 칭합하고, 행법으로 인해 이치를 증득하면 이치와 행법이 다르지 않기 때문에 하나를 증득함을 따라서 모두를 증득하게 된다.

나. 두 가지 성스러운 법문을 서로 융섭하다[二聖相融] (二以 28下9)

[疏] 二, 以二聖法門이 互融이니 謂始信은 必信於理일새 故로 能所不二요 稱解起行일새 行解不二요 智與理冥일새 則理智無二라
- 나. 두 가지 성스러운 법문을 번갈아 융섭함이다. 이른바 첫 믿음은 반드시 이치를 믿는 것인 연고로 주체와 대상이 둘이 아님이요, 이해와 칭합하게 행법을 시작하면 행법과 이해가 둘이 아님이요, 지혜는 이치와 함께 그윽이 합하나니 곧 이치와 지혜가 둘이 없다는 뜻이다.

(2) 총합하여 해석하다[總釋] (是以 29上1)

[疏] 是以로 文殊三事가 融通隱隱이 卽是普賢의 三事가 涉入重重이라 由此故로 能入遮那의 頻申之境이니 故로 前本會에 明二聖開顯하고 序分之中에 標爲上首라 餘如別說이니라
- 이런 연고로 문수보살의 세 가지 일은 융통하여 숨고 숨은 것은 곧바로 보현보살의 세 가지 일은 건너고 들어감이 거듭거듭함이다. 이로 말미암은 연고로 비로자나가 기운 뻗는 삼매의 경계에 능히 들어가는 연고로 앞의 근본법회에서 두 성인이 열어서 밝힘을 설명하려고 서분(序分) 중에 상수(上首)를 표방하였다. 나머지는 개별로 설한 내용과 같다.

[鈔] 五二位統收者는 別有三聖圓融觀하니 大意는 此已盡矣라 但普賢의 所信所證이 雖是一理나 而約生約佛에는 位分染淨異故로 分之成二니라 又理開體用等者는 此卽三聖觀中에 會歸經題니 理開體用은 卽大方廣이니 大는 卽體性包含이요 方廣은 業用周徧故니라 智分因

果는 卽佛華嚴이니 佛是果智요 華卽因故[131]니라

先, 以二門이 各自圓融者는 初, 融文殊의 信解智三이요 後, 依體起行下는 融普賢所信과 及行과 幷所證三이니라 是以로 文殊三事下는 總結上三이 雖開兩段이나 義有三重하니 一, 二聖三事가 各自圓融이요 二, 二聖三事가 各對圓融이요 三, 總融二聖이니 謂初三事가 旣自圓融코 次以三事가 各對圓融일새 故其六法이 但成一味로되 而言文殊의 三事가 融通隱隱者는 信智圓融이나 不壞相故요 普賢의 三事가 涉入重重者는 以理融事나 事不泯故라 若二不二하여 成毘盧遮那則 文殊는 是華嚴이요 普賢은 是大方廣이요 冥合이 爲佛이라 爲佛이 已竟에 更無二味故니라 故前本會下는 引文證成이니 非情見故니라

● 제5. 두 가지 지위로 거느리고 거둠은 개별로 세 분 성인이 원융한 관법이 있으며, 큰 의미는 여기서 이미 끝난 것이다. 단지 보현보살의 믿을 대상과 증득할 대상은 비록 한 가지 이치이지만 중생을 잡고 부처를 잡을 적에 지위를 염오와 청정으로 나눔이 다른 연고로 나누어 둘을 성취하였다. '또한 이치로 체성과 작용 등을 연다는 것'은 이는 곧 세 분 성인의 관법 중에 경의 제목으로 회통하여 돌아감이다. 이치로 체성과 작용을 열면 곧 '크고 방정하고 광대함[大方廣]'이다. 큰 것은 곧 자체 성품을 포괄하는 까닭이요, 방정하고 광대함은 업과 작용이 두루한 까닭이다. 지혜를 인행과 과덕으로 나눈 것은 곧 부처님을 꽃으로 장엄한다는 뜻이니, 부처는 과덕의 지혜요 꽃은 인행이기 때문이다.

1. 두 가지 성스러운 법문이 각기 자체로 원융함에서 1) 문수보살의 믿음과 이해, 지혜, 셋을 융섭함이요, 2) 依體起行 아래는 보현보살

---

131) 故는 南續金本作智라 하다.

의 믿을 대상과 행법, 증득할 법문 셋을 융섭함이다. 3) 是以文殊三 事 아래는 위의 셋을 총합하여 결론함이 비록 두 문단으로 열더라도 이치로는 세 번 거듭함이 있으니, (1) (문수와 보현) 두 성인의 세 가지 일은 각기 자체로 원용함이요, (2) 두 성인의 세 가지 일은 각기 원융함을 상대함이요, (3) 두 성인을 총합하여 융섭함이니 이른바 처음은 세 가지 일은 이미 자체로 원융함이요, 다음은 세 가지 일이 각기 원융함과 상대하므로 그 여섯 가지 법은 단지 한 맛만을 이루었으니, '문수보살의 세 가지 일은 융섭하여 통함이 숨고 숨었다'고 말한 것은 믿음과 지혜가 원융하지만 양상을 무너뜨리지 않는 연고며, '보현보살의 세 가지 일은 건너고 들어감이 거듭거듭 함'은 이치로 현상을 융섭하지만 현상이 없어지지 않은 까닭이다. 저 둘이 둘이 아니어서 비로자나를 이루었으니, 문수는 곧 화엄이요, 보현은 바로 대방광이다. 그윽이 합하면 부처라 하고, 부처가 이미 되어서 끝났을 적에 다시 두 가지 맛이 없기 때문이다. 故前本會 아래는 인용한 경문으로 증명함이니 생각으로 본 것이 아닌 까닭이다.

제6. 다섯 가지 양상으로 분별하다[五相分別] 4.
1. 함께 표방하다[雙標] (六分 29下10)
2. 함께 회통하다[雙會] (二皆)

[疏] 六, 分五相者는 若意法師와 及臺山論에는 但隨文散釋하고 更無別配오 光統等師는 皆配地位하니 二皆有理로다 謂隨一一位하여 具多法門커니 豈容凡心이리요 不得習求善友之法일새 故不配가 有理니라 然無次位中에 不礙次位요 顯位는 是常規니 配亦無失이니 橫竪無礙니라

■ 제6. 다섯 가지 양상으로 분별함이란 저 의(意)법사와 대산(臺山)논사는 단지 경문을 따라 흩어서 해석만 하고 다시 별도로 배대하지 않았지만, 광통(光統)스님 등은 모두 지위에 배대하고 있다. 둘이 모두 이치가 있으니 이른바 낱낱 지위를 따라 많은 법문을 갖춘다면 어찌 범부의 마음을 용납하여 익힐 것인가? 선우의 법을 구함을 얻지 못한 연고로 배대하지 않음도 이치가 있다. 그러나 다음 지위가 없는 중에 다음 지위를 장애하지 않고 지위를 밝힘은 일상적 법도일 것이므로 배대함도 역시 잃은 것이 없나니 가로와 세로로 장애가 없다는 뜻이다.

3. 바로 해석하다[正釋] 5.
1) 지위에 의탁하여 행법을 닦는 양상[寄位修行相] (且依 30上4)
2) 인연을 알고 실법에 들어간 양상[會緣入實相] (二從)

[疏] 且依古德컨대 配爲五相하니 謂初, 四十一人은 名寄位修行相이니 寄四十一人하여 依人求解하여 顯修行故니라 二, 從摩耶下의 九會十一人은 明會緣入實相이니 卽會前住等하여 成普別兩行하여 契證法界故니 初得幻智하고 後得幻住하고 該於中間如幻之緣하여 入一實故니라

■ 우선 고덕에 의지하여 다섯 가지 양상으로 배대하였으니, 이른바 1) 41인[132]은 '지위에 의탁하여 행법을 닦는 양상'이니 41인에 의탁함은

---

132) 十信위는 62권의 문수 1인, 十住위는 덕운부터 해운선주비구, 63권은 미가거사, 해탈장자, 해당비구, 64권은 휴사우바이, 비목구사선인, 승열바라문, 65권의 자행동녀까지 10분, 十行위는 선견비구부터 자재주동자, 구족우바이, 명지거사, 66권은 법보계장자, 보안장자, 무염족왕, 대광왕, 부동우바이, 67권은 변행외도까지 열 분, 十廻向위는 청련화장자, 바시라선사, 무상승장자, 사자빈신비구니, 68권은 바수밀다녀, 비슬지라거사, 관자재·정취보살, 대천신, 안주지신까지 10분, 十地위는 바산바연저주야신, 69권은 보덕정광·희목관찰, 70권은 보구

사람을 의지해 이해를 구함은 수행을 밝힌 까닭이다. 2) 摩耶부터 아래는 아홉 모임의 11인[133]으로 '인연을 알고 실법에 들어간 양상'을 밝힘이니, 앞의 제1. 십주위를 아는 등으로 널리와 개별의 두 가지 행법을 성취하였으니 법계와 계합하여 증득한 까닭이다. 처음은 '허깨비 같은 지혜[如幻智]'를 얻고 뒤는 허깨비처럼 머무름[幻住]을 얻으면 중간을 포섭한 중간은 '환과 같은 인연[如幻緣]'이니 한 가지 실법에 들어간 까닭이다.

3) 공덕을 섭수하여 인행을 성취한 양상[攝德成因相] (三慈 30上8)
4) 지혜와 비춤이 둘이 없는 양상[智照無二相] (四後)
5) 인행이 광대함을 밝힌 양상[顯因廣大相] (五普)

[疏] 三, 慈氏一人은 名攝德成因相이라 會前二門之德하여 並爲證入之因故니 故로 法門이 名三世不忘念이니 則攝法無遺니라 四, 後文殊는 名智照無二相이니 謂行圓究竟하여 朗悟在懷라 照前行等이 唯一圓智요 更無前後明昧等殊故니라 五, 普賢一人은 名顯因廣大相이니 始覺同本하여 圓覺이 現前하여 稱周法界하여 無不包含故니라

■ 3) 자씨(慈氏)보살 1인은 '공덕을 섭수하여 인행을 성취한 양상'이라 이름한다. 앞의 두 문의 공덕을 모아서 아울러 증득해 들어가는 원인을 삼는 까닭이다. 그러므로 법문은 '삼세를 잊지 않고 생각한다'고 이름하나니, 법문을 빠짐없이 포섭함이다. 4) 나중의 문수보살[再見文殊]은

중생, 71권은 적정음해·수호일체성, 72권은 개부수화, 73권은 대원정진력주야신 8인, 74권은 람비니주림신, 75권은 구파여인까지 열 분, 모두 41인이 會緣入實相에 해당한다.
[133] 11인은 等覺위이니 76권의 마야부인부터 천주광녀, 변우동자, 지중예동자, 현승우바이, 견고장자, 묘월장자, 무승군장자, 최적정바라문, 77권은 덕생동자 유덕동녀까지 도합 11분이다.

이름이 '지혜와 비춤이 둘이 없는 양상'이니, 이른바 원교(圓敎)가 완성함을 행하여 밝게 깨달음은 마음속에 있다는 뜻이다. 앞의 행을 비추는 등은 유일하게 원교(圓敎)의 지혜뿐이요, 다시 앞과 뒤가 없어서 밝고 어두움이 같고 다른 까닭이다. 5) 보현보살 1인은 '인행이 광대함을 밝힌 양상'이라 이름한다. 시각이 본각과 같고, 원만한 깨달음이 앞에 나타나고 법계와 칭합하게 두루할 적에 포함하지 않은 것이 없기 때문이다.

4. 가려내어 구분하다[料揀] 3.
1) 뒤와 구분되는 네 가지 양상[揀後四相] (其後 30下4)
2) 앞의 다섯 가지를 의지하여 밝히다[依前五種] (今從)
3) 다섯 가지 양상을 개별로 배대하다[別配五相] (此五)

[疏] 其後四相도 亦得稱爲寄位니 前三은 義同等覺이라 故로 摩耶와 慈氏가 並入重玄門이니라 文殊는 表菩薩地盡하여 心無初相이요 普賢은 義同妙覺이니 纔見普賢에 便等佛故니라 今從別義하여 且爲五相이어니와 此五도 亦是菩薩의 五種行相이니 一, 高行이요 二, 大行이요 三, 勝行이요 四, 深行이요 五, 廣行이니라

■ 그 뒤의 네 가지 양상도 또한 칭합함을 얻어서 지위에 의탁하였다. 앞의 세 가지 뜻이 등각(等覺)과 같은 연고로 마야부인과 미륵보살이 아울러 '거듭 현묘한 문[重玄門]'에 들어간다는 뜻이다. 문수보살은 보살 지위가 다하여 마음에 처음 모습이 없음을 표하며, 보현보살은 뜻이 묘각(妙覺)과 같나니, 보현보살을 만나자마자 문득 부처와 같아지기 때문이다. 지금은 개별 이치를 따르나니 우선 다섯 가지 양상이 되었다. 이런 다섯 가지도 또한 보살의 다섯 가지 행법의 양상이

니, (1) 높은 행법 (2) 큰 행법 (3) 뛰어난 행법 (4) 심오한 행법 (5) 광대한 행법이다.

[鈔] 照前行等唯一圓智者는 行即寄位修行이니 等取次二니라 其後四相下는 此立別理는 則不壞¹³⁴⁾依五相이라 中에 三이니 一, 總爲寄位修行¹³⁵⁾이요 二, 今從下는 且爲五相하여 却歸前釋이요 三, 此五下는 別義料揀이라 言五行者는 一, 歷位上昇이니 故云高行이요 二, 同入一實이니 故爲大行이요 三, 具上高大하여 成補處因일새 故名勝行이요 四, 般若絶相일새 故稱爲深이요 五, 一一稱性일새 故云廣也니라

● '앞의 행을 비추는 등은 유일하게 원교의 지혜뿐'이란 행법은 곧 지위에 의탁하여 수행함이니 다음 둘을 똑같이 취한 내용이다. 其後四相 아래는 여기서 개별 이치를 세우면 무너뜨리지 않고 다섯 가지 양상에 의지함이다. 그중에 셋이니 (1) 총합하여 지위에 의탁하여 수행함이요, (2) 今從 아래는 먼저 다섯 가지 양상을 나누어 거꾸로 앞의 해석으로 돌아감이요, (3) 此五 아래는 개별 이치로 구분함이다. '다섯 가지 행법'이라 말한 것은 (1) 지위를 거치며 위로 올라가는 연고로 '높은 행법'이라 하였고, (2) 똑같이 한 가지 실법에 들어간 연고로 '큰 행법'이 되었고, (3) 위의 높고 큰 행법을 갖추어 보처(補處)보살의 인행을 성취한 연고로 '뛰어난 행법'이라 이름한다. (4) 반야로 양상을 단절한 연고로 '심오하다'고 칭하였고, (5) 낱낱이 성품과 칭합한 연고로 '광대하다'고 말하였다.

제7. 시작과 끝을 원만하게 포섭하다[圓攝始終] (七圓 31上5)

---

134) 壞는 南續金本作壞相이라 하다.
135) 一總爲는 甲續本作四, 南金本作一이라 하다.

[疏] 七, 圓攝始終者는 上에 寄法顯異하여 布之前後나 據實圓融이라 一位가 卽一切位며 乃至無盡이니 故로 所歷差別이 並一中之多라 一多가 同時하여 無有障碍니라
- 제7. 시작과 끝을 원만하게 포섭함이란 위는 법에 의탁하여 다름을 밝혀서 앞과 뒤를 포섭하였지만 실법을 의거하여 원융하다. 한 지위는 온갖 지위와 합치하며 나아가 그지없음에 이른 연고로 거치는 대상이 차별함이 또한 아울러 하나 중의 여럿인 것이요, 하나와 여럿이 동시여서 장애함이 없다.

제8. 법계의 사람을 부류로 구별하다[法界人類] 2.

1. 부류가 다름을 총합하여 밝히다[總明類別] (八法 31上8)

[疏] 八, 法界人類라 於中에 有二하니 先, 明類別이니 謂知識이 雖多나 不出二十類라 一, 菩薩이요 二, 比丘요 三, 尼요 四, 優婆塞이요 五, 優婆夷요 六, 童男이요 七, 童女요 八, 天이요 九, 天女요 十, 外道요 十一, 婆羅門이요 十二, 長者요 十三, 先生이요 十四, 醫人이요 十五, 船師요 十六, 國王이요 十七, 仙人이요 十八, 佛母요 十九, 佛妃요 二十, 諸神이니라
- 제8. 법계의 사람을 부류로 구별함이니, 그중에 둘이 있다. 1. 부류가 다름을 밝힘이니 이른바 선지식이 비록 많지만 20부류에서 벗어나지 않는다. (1) 보살은 5인 (2) 비구도 5인 (3) 비구니는 1인 (4) 우바새도 1인 (5) 우바이는 5인 (6) 동남은 3인 (7) 동녀는 2인 (8) 천신은 1인 (9) 천녀도 1인 (10) 외도도 1인 (11) 바라문은 2인 (12)

장자는 9인 (13) 선생은 1인 (14) 의사도 1인 (15) 뱃사공도 1인 (16) 국왕은 2인 (17) 선인은 1인 (18) 불모(佛母)는 1인 (19) 불비(佛妃) 구파도 1인 (20) 여러 신중은 10인이다.

❖ 53 선지식 도표

	구분	선지식 이름	해탈문	비고
1	보살(5)	(1)文殊보살	서다원림법회의 설계자 - 선지식 만날 때 주의사항, 질문 내용 전달	智照無二相 (선지식 앞의 번호는 만나는 순번)
		(28)觀自在보살	大悲行해탈문	十廻向位
		(29)正趣보살	普門速疾行해탈문	〃
		(52)彌勒보살	不妄念智莊嚴藏해탈문	攝德成因相
		(53)普賢보살	顯因廣大相해탈문	선재가 보현 모공 속으로 증입해 들어가는 단계 (顯因廣大相)
2	비구(5)	(2)德雲비구	一切諸佛境界智慧光明해탈문	十住位
		(3)海雲비구	菩薩行光明普眼해탈문	〃
		(4)善住비구	普速疾供養諸佛成就衆生無礙해탈문	〃
		(7)海幢비구	般若波羅蜜三昧光明해탈문	〃
		(12)善見비구	菩薩隨順燈해탈문	十行位
3	비구니(1)	(25)師子頻申비구니	成就一切智해탈문	근기에 맞는 다양한 법문
4	우바새(1)	(15)明智거사	隨意出生福德藏해탈문	十行位
5	우바이(5)	(8)休捨우바이	離憂安穩幢해탈문	十住位
		(14)具足우바이	無盡福德藏해탈문	香飯은 먹고 성불에 이르게 하는 음식
		(20)不動우바이	無盡福德藏해탈문	十行位
		(26)바수밀다녀	離貪欲際해탈문	역행선지식1 (十廻向位)
		(46)賢勝우바이	無依處道場해탈문	會緣入實相

구분		선지식 이름	해탈문	비고
6	동남(3)	(13)自在主동자	一切工巧大神通智光明法해탈문	十行位
		(45)善知衆藝동자	善知衆藝菩薩해탈문	會緣入實相
		(51)德生동자	幻住해탈문	〃
7	동녀(2)	(11)慈行동녀	般若波羅蜜普莊嚴해탈문	十住位
		(51)有德동녀	幻住해탈문	會緣入實相
8	천신(1)	(30)大天神	雲網菩薩해탈문	十廻向位
9	천녀(1)	(43)天主光女	無礙念淸淨해탈문	十地位
10	외도(1)	(21)徧行외도	至一切處菩薩行해탈문	十行位
11	바라문(2)	(10)勝熱바라문	菩薩無盡輪해탈문	역행선지식2 (十住位)
		(50)最寂靜바라문	誠願語해탈문	會緣入實相
12	장자(9)	(6)解脫장자	妙音陀羅尼光明해탈문	十住位
		(16)法寶髻장자	菩薩無量福德寶藏해탈문	十行位
		(17)普眼장자	모든 중생으로 하여금 부처님을 두루 보고 기뻐하는 법문	향의 제조법을 아는 선지식(〃)
		(22)優鉢羅花장자(靑蓮華)	調和香法해탈문	十廻向位
		(24)無上勝장자	至一切處修菩薩行해탈문	〃
		(27)鞞瑟胝羅거사	不般涅槃際해탈문	〃
		(47)堅固解脫장자	無着念해탈문	會緣入實相
		(48)妙月장자	菩薩智光明해탈문	〃
		(49)無勝軍장자	菩薩無盡相해탈문	〃
13	선생(1)	(44)童子師徧友	별도의 법문 없음	〃

	구분	선지식 이름	해탈문	비고
14	의사 (1)	(5)彌伽거사	如來無礙莊嚴해탈문	十住位
15	뱃사공(1)	(23)婆施羅船師	大悲幢行해탈문	十廻向位
16	국왕(2)	(18)無厭足王	菩薩如幻해탈문	역행선지식3 (十行位)
		(19)大光王	菩薩大慈爲首隨順世間해탈문	〃
17	선인 (1)	(9)毘目瞿沙	菩薩無勝幢해탈문	十住位
18	佛母 (1)	(42)摩耶부인	大願智幻해탈문	會緣入實相
19	佛妃 (1)	(41)瞿波여인	觀察菩薩三昧해탈문	十地位
20	여러 神衆 (10)	(31)安住지신	不可壞智慧藏해탈문	〃
		(32)婆珊婆演底야신	破一切衆生暗法光明해탈문	〃
		(33)普德淨光야신	寂靜禪定樂普遊步해탈문	〃
		(34)喜目觀察야신	大勢力普喜幢해탈문	〃
		(35)普救衆生妙德야신	普現一切世間調伏衆生해탈문	〃
		(36)寂靜音海야신	念念出生廣大喜莊嚴해탈문	〃
		(37)守護一切城增長威力야신	菩薩甚深自在妙音해탈문	〃
		(38)開敷樹花야신	出生廣大喜光明해탈문	〃
		(39)大願精進力救護衆生야신	教化衆生令生善根해탈문	〃
		(40)藍毘尼주림신	無量劫徧一切處受生自在해탈문	〃

2. 이치의 양상을 개별로 밝히다[別顯義相] 4.

1) 결과를 잡아 포섭하다[約果攝] (二顯 31下3)

2) 원인을 잡아 포섭하다[約因攝] (二約)

[疏] 二, 顯義相이라 有四하니 一, 約果攝化니 並是如來의 海印所現이요 二, 約因成行이니 皆是菩薩이 隨力現形이요

- 2. 이치의 양상을 개별로 밝힘에 넷이 있으니 1) 과덕을 잡아 포섭하여 교화함이니 아울러 여래의 해인(海印)삼매로 나타낸 경계이다. 2) 인행을 잡아 행법을 이룸이니 모두 보살이 힘을 따라 형상을 나타냄의 뜻이다.

3) 이치를 잡아 포섭하다[約義攝] (三約 31下4)
4) 양상을 잡아 다름을 밝히다[約相辨](四約)

[疏] 三, 約義顯法이니 總是緣起法界之人法이요 四, 約相辨異니 不出菩薩五生所收라 一, 息苦生이니 如良醫等이요 二, 隨類生이니 如外道等이요 三, 勝生이니 如善見比丘等이요 四, 增上生이니 如無厭足王等이요 五, 最後生이니 如慈氏等이라 通卽前四에 各具五生을 可知니라 於中에 菩薩有六하니 三處現身하니 一, 初文殊는 信位劣故로 唯顯一人이요 二, 中間漸進일새 現於二人이니 謂大悲와 正趣요 三, 位後에 成滿일새 顯於三人이니 謂彌勒等이니라

- 3) 이치를 잡아 포섭함은 총합하면 연기하는 법계의 사람과 법인 것이다. 4) 양상을 잡아 다름을 밝히면 보살은 다섯 가지 태어남으로 거둘 대상에서 벗어나지 않는다. (1) 고통을 쉬고 태어남[息苦生]이니 어진 의사 등이요, (2) 부류를 따라 태어남[隨類生]이니 외도와 같은 등이요, (3) 뛰어나게 태어남[勝生]은 선견(善見)비구와 같은 등이요, (4) 더없이 잘 태어남[增上生]이니 무염족왕(無厭足王)과 같은 등이요, (5) 가장 뒤에 태어남[最後生]이니 자씨(慈氏)와 같은 등이다. 통틀어

보면 앞의 넷은 각기 다섯 가지를 갖추고 태어남이니 알 수 있으리라. 그중에 보살은 여섯인데 세 곳에서 몸을 나타내었다. ① 처음 문수보살은 십신(十信)의 지위가 하열한 연고로 오직 1인만 밝혔고, ② 중간에 점차로 나아감에서 2인을 나타내었으니 이른바 대비하신 관자재(觀自在)보살과 정취(正趣)보살이요, ③ 지위 다음에 성만함은 3인을 밝혔으니 미륵(彌勒), 문수(文殊), 보현(普賢) 등이다.

[鈔] 不出二十類者는 此二十類가 攝五十四人하니 一, 菩薩은 攝[136]五하니 一, 文殊요 二, 觀自在요 三, 正趣요 四, 彌勒이요 五, 普賢이라 二, 比丘攝五하니 一, 德雲이요 二, 海雲이요 三, 善住요 四, 海幢이요 五, 善見이니라 三, 尼는 唯一이니 卽獅子頻申이요 四, 優婆塞는 唯一이니 卽明智居士니라 五, 優婆夷가 攝五하니 一, 休捨요 二, 具足이요 三, 不動이요 四, 婆須蜜이요 五, 賢勝이니라 六, 童男은 攝三하니 一, 自在主요 二, 善知衆藝요 三, 德生이니라 七, 童女는 攝二하니 一, 慈行이요 二, 有德이니라 八, 天은 唯一이니 卽大天이 是니라 九, 天女가 亦一이니 卽天主光이니라 十, 外道가 亦一이니 卽是徧行이니라 十一, 婆羅門이 攝二니 一, 勝熱이요 二, 最寂靜이니라 十二, 長者는 攝九하니 一, 解脫이요 二, 法寶髻요 三, 普眼이요 四, 優鉢羅華요 五, 無上勝이요 六, 鞞瑟胝羅요 七, 堅固解脫이요 八, 妙月이요 九, 無勝軍이니라 十三, 先生이 唯一이니 卽徧友니라 十四, 醫人이 亦一이니 卽彌伽니라 十五, 船師는 卽婆施羅요 十六, 國王은 攝二니 一, 無厭足이요 二, 大光이라 十七, 仙人은 唯一이니 謂毘目瞿沙니라 十八, 佛母는 唯摩耶夫人이요 十九, 佛妃는 唯瞿波니라 二十, 諸神이 攝其十이니 一,

---

136) 攝은 甲南續纂金本作有라 하다.

安住地神이요 二, 婆珊婆演底夜神이요 三, 普德淨光夜神이요 四, 喜目觀察夜神이요 五, 普救衆生妙德夜神이요 六, 寂靜音海夜神이요 七, 守護一切城增長威力夜神이요 八, 開敷一切樹花夜神이요 九, 大願精進力救護一切衆生夜神이요 十, 嵐毘尼林神이니 卽圓滿光이라 故로 二十類가 攝五十四니라

● '20부류에서 벗어나지 않음'이란 여기의 20부류가 54인을 포섭한다. 1. 보살은 5인을 포섭하나니 (1) 문수 (2) 관자재 (3) 정취(正趣) (4) 미륵 (5) 보현이다. 2. 비구는 5인을 포섭하나니 (1) 덕운 (2) 해운 (3) 선주 (4) 해당(海幢) (5) 선견(善見)이다. 3. 비구니는 사자빈신(師子頻申) 1인뿐이요, 4. 우바새도 1인뿐이니 명지(明智)거사요, 5. 우바이는 5인을 포섭하나니 (1) 휴사(休捨) (2) 구족 (3) 부동 (4) 바수밀(婆須蜜) (5) 현승(賢勝)이다. 6. 동남은 3인을 포섭하나니 (1) 자재주(自在主) (2) 선지중예(善知衆藝) (3) 덕생(德生)이다. 7. 동녀는 2인을 포섭하나니 (1) 자행(慈行) (2) 유덕(有德)이다. 8. 천신은 1인뿐이니 대천신이다. 9. 천녀도 1인뿐이니 천주광녀(天主光女)요, 10. 외도도 역시 1인이니 변행(徧行)이다. 11. 바라문은 2인을 포섭하나니 (1) 승열(勝熱) (2) 최적정(最寂靜)이요, 12. 장자는 9인을 포섭하나니 (1) 해탈 (2) 법보계(法寶髻) (3) 보안 (4) 우발라화(優鉢羅華) (5) 무상승 (6) 비슬지라(鞞瑟胝羅) (7) 견고 (8) 묘월(妙月) (9) 무승군(無勝軍)이요, 13. 선생은 변우(徧友) 1인뿐이다. 14. 의사는 또한 1인이니 미가(彌伽)요, 15. 뱃사공은 바시라(婆施羅) 1인이요, 16. 국왕은 2인을 포섭하나니 (1) 무염족(無厭足) (2) 대광왕(大光王)이다. 17. 선인도 1인뿐이니 비목구사(毘目瞿沙)요, 18. 부처님 어머니는 마야(摩耶)부인 1인이요, 19. 부처님 비는 구파(瞿波)여인뿐이다. 20. 여러 신중은 10인을 포섭하나니 (1) 안주지

신 (2) 바산바연저야신 (3) 보덕정광야신 (4) 희목관찰야신 (5) 보구중생묘덕야신 (6) 적정음해야신 (7) 수호일체성증장위력야신 (8) 개부일체수화야신 (9) 대원정진력구호일체중생야신 (10) 람비니(嵐毘尼)주림신이니 곧 원만한 광명인 연고로 20부류는 54인을 포섭한 분류이다.

四,¹³⁷⁾ 約相辨異니 不出菩薩五生者는 卽瑜伽四十八品中에 辨이니 一, 息苦生은 亦名除災니 如爲大魚等이니 卽饑世救苦와 海中救苦等이니라 二, 隨類者는 隨一切類故니라 三, 勝生은 亦名大勢生이니 謂形色과 族姓과 富貴等이니라 四, 增上生은 從初地로 至十地히 爲諸王等이니라 五, 最後生은 卽最後身菩薩이니라 今小不同者는 意將彼義하여 攝此友故라 攝論第六에 明勝生을 亦名最勝生하니 謂諸世間에 安樂生處가 應知此是說法功德이니라 通卽前四에 各具五生者는 向就第四하여 約相에 有五요 今通於前하여 果因과 及義가 亦各具五耳니라 於中에 菩薩有六者는 卽二十類中¹³⁸⁾에 就最後而辨異也니 等取文殊와 及普賢也니라

● 4) 양상을 잡아 다름을 밝힘이니 '보살은 다섯 가지 태어남을 벗어나지 않음'이란 곧 『유가사지론』제48권의 보살품 중에 밝혔으니, "(1) 고통을 쉬고 태어남[息苦生]은 또한 삼재를 없앰이라 하나니 저 큰 물고기 등이 됨과 같나니 곧 배고픈 세상에 고통을 구제함과 바다 속에서 고통을 구제함 등이다. (2) 부류를 따라 태어남[隨類生]은 온갖 부류를 따르는 까닭이다. (3) 뛰어난 생으로 태어남[勝生]은 또한 큰 세력으로 태어남이라 이름한다. 이른바 형색과 종족의 성씨와 부유하고 귀한 등이다. (4) 더없이 태어남[增上生]은 초지로부터 십지에 이르기까지 여러 왕이 되는 등이다. (5) 최후로 태어남[最後生]은 곧 최후

---

137) 四는 甲南續金本作四者라 하다.
138) 上六字는 甲南續金本作卽이라 하다. 鬻 팔 륙, 죽죽.

의 몸인 보살[보현보살]이다." 지금은 조금 다른 것은 의미가 저런 이치를 가져서 이런 선우를 포섭하는 까닭이다.『섭대승론』제6권에 (3) 뛰어난 태어남은 또한 가장 뛰어난 태어남이라 이름함이 분명하다. 이른바 모든 세간에 안락하게 태어나는 곳이 바로 법문 설하는 공덕임을 응당히 알지니라. '통틀어 보면 앞의 넷은 각기 다섯 가지를 갖추고 태어남'이란 앞의 넷째에 입각하여 양상을 잡으면 다섯이 있고 지금은 앞을 통틀어서 과덕과 인행과 이치가 또한 각기 다섯 가지를 갖출 뿐이다. '그중에 보살에 여섯이 있다'는 것은 곧 20부류 중에 제일 나중에 입각하여 다름을 밝혔으니 똑같이 문수와 보현을 취하였다.

제9. 법계라는 현상의 이치[法界事義] (九法 33下2)

[疏] 九, 法界事義者는 通下諸位하여 總有十門하니 一, 正報法界요 二, 依報法界요 三, 現相이요 四, 表義요 五, 言說이요 六, 義理요 七, 業用이요 八, 說往因이요 九, 結自分이요 十, 推勝進이라 此十門法界가 同一緣起하여 互融無碍니라

■ 제9. 법계라는 현상의 이치 아래 모든 지위를 통하면 총합하여 10문이 있다. (1) 정보인 법계 (2) 의보인 법계 (3) 모양을 나타냄 (4) 뜻을 표함 (5) 언사와 말씀 (6) 뜻과 이치 (7) 업과 작용 (8) 과거 원인을 말함 (9) 자분행을 결론함 (10) 승진행으로 미룸이다. 이런 열 문의 법계가 동일한 연기여서 무장애와 번갈아 융섭함이다.

[鈔] 三, 現相者는 如大天等이요 四, 表義者는 如山表位며 如海表悲等이니라

● (3) 모양을 나타냄이란 저 대천신과 같은 등이요, (4) 뜻을 표함은

산처럼 지위를 표하고, 바다처럼 대비를 표하는 등이다.

제10. 경문을 따라 해석하다[隨文解釋] 2.
1. 세 번 거듭하여 과목 나누다[三重分科] (十隨 33下8)

[疏] 十, 隨文釋이라 依五相中인대 今當第一, 寄位修行相이라 分五니 初, 文殊一人은 寄十信하니 信未成位일새 故但一人이요 餘四十人은 寄十住等일새 位各有十하니 謂二, 從德雲으로 至慈行은 寄十住位요 三, 善見으로 至徧行은 寄十行이요 四, 鬻香長者로 至安住地神은 寄十向이요 五, 婆珊夜神으로 至瞿波는 寄十地니라

■ 제10. 경문을 따라 해석함이다. 다섯 가지 양상에 의지한 중에 지금은 1) 지위에 의탁하여 수행하는 모습에 해당하나니, 다섯으로 나누리라. (1) 문수보살 1인이니 십신(十信)의 지위에 의탁함이니, 십신은 지위가 성립되지 않은 연고로 단지 1인뿐이요, 나머지 40인은 십주(十住) 지위 등에 의탁함이니 지위마다 각기 열 분이 있다. 이른바 (2) 덕운(德雲)부터 자행(慈行)까지 십주의 지위에 의탁하고, (3) 선견(善見)에서 변행(徧行)까지는 십행(十行)의 지위에 의탁하고, (4) 청련화[육향(鬻香)]장자부터 안주지신(安住地神)까지는 십회향(十廻向)의 지위에 의탁하고 (5) 바산바연저(婆珊婆演底)야신부터 구파(瞿波)여인까지는 십지(十地)의 지위에 의탁하였다.

2. 가름을 따라 해석하다[隨章別釋] 5.
1) 지위에 의탁하여 수행하는 모습[寄位修行相] 5.

(1) 문수보살은 십신(十信)의 지위에 의탁하다[寄十信位] 2.

❖ 입법계품의 법회장 분위기를 엿볼 수 있는 모습 변상도(제62권)

가. 과목 나누기[分科] (今初 34上2)

[疏] 今初니 信中에 分二하니 先, 明能化發起요 二, 爾時尊者舍利弗下는 成彼化事라 前中에 分三이니 初, 標主出閣이요 二, 與無量下는 別明伴從이요 三, 文殊下는 總顯出儀라

■ 지금은 (1)이니 십신 중에서 둘로 나누리니 가) 교화하는 주체가 시작함을 밝힘이요, 나) 爾時尊者舍利弗 아래는 저 교화하는 일을 성취함이다. 가) 중에 셋으로 나누리니 (가) 화주가 누각에서 나옴을 표방함이요, (나) 與無量 아래는 동반하여 따르는 대중을 개별로 밝

힘이요, (다) 文殊 아래는 나오는 광경을 총합하여 밝힘이다.

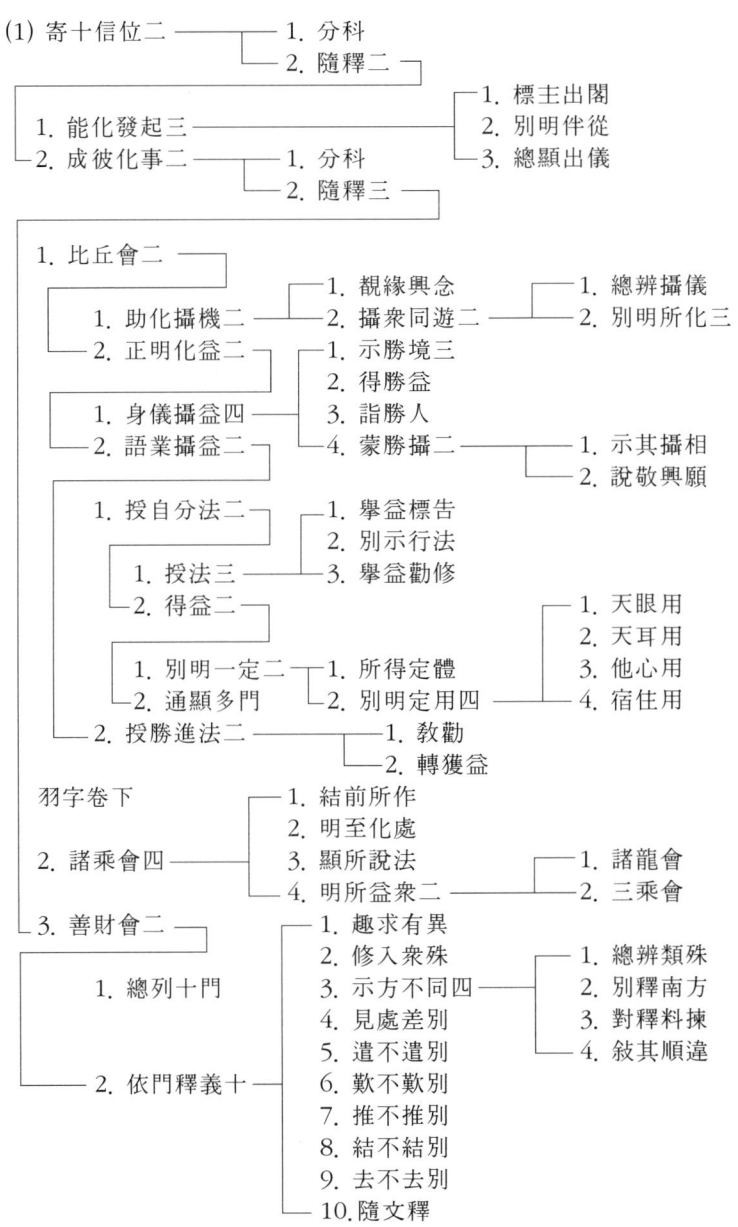

나. 과목에 따라 해석하다[隨釋] 2.

가) 교화하는 주체가 시작하다[能化發起] 3.
(가) 화주가 누각에서 나옴을 표방하다[標主出閣] (今初 34上5)

爾時에 文殊師利童子가 從善住樓閣出하사
그때 문수사리동자가 선주누각으로부터 나와서,

[疏] 今初에 文殊菩薩은 本是童子로대 而前에는 列菩薩하고 此에 彰童子者는 表創入佛法故며 亦顯非童眞行이면 不能入故라 權實相依하고 悲智無住를 名善住閣이요 從此利生이 爲出이요 非離此矣니라

■ 지금은 (가)이니 문수보살이 본래 동자였는데 앞에서 보살로 나열하였고, 여기서 동자(童子)라고 밝힌 것은 처음으로 불법에 들어감을 표한 까닭이며, 또한 동진행(童眞行)이 아니면 능히 들어가지 못함을 밝힌 까닭이다. 방편과 실법이 서로 의지하고 자비와 지혜가 머물지 않음을 잘 머무는 누각[善住樓閣]이라 이름하였고 이로부터 중생을 이롭게 함이 나옴이 되어서 이곳에서 떠나지 않았기 때문이다.

(나) 동반하여 따르는 대중을 개별로 밝히다[別明伴從] (二伴 35上3)

與無量同行菩薩과 及常隨侍衛諸金剛神과 普爲衆生供養諸佛諸身衆神과 久發堅誓願常隨從諸足行神과 樂聞妙法主地神과 常修大悲主水神과 智光照耀主火神과 摩尼爲冠主風神과 明練十方一切儀式主方神과 專勤除滅

無明黑暗主夜神과 一心匪懈闡明佛日主晝神과 莊嚴法界一切虛空主空神과 普度衆生超諸有海主海神과 常勤積集趣一切智助道善根高大如山主山神과 常勤守護一切衆生菩提心城主城神139)과 常勤守護一切智智無上法城諸大龍王과 常勤守護一切衆生諸夜叉王과 常令衆生增長歡喜乾闥婆王과 常勤除滅諸餓鬼趣鳩槃茶王과 恒願拔濟一切衆生出諸有海迦樓羅王과 願得成就諸如來身高出世間阿修羅王과 見佛歡喜曲躬恭敬摩睺羅伽王과 常厭生死恒樂見佛諸大天王과 尊重於佛讚歎供養諸大梵王이니라

(1) 한량없는 함께 수행하는 보살 · (2) 항상 따르며 시위하는 금강신들 · (3) 중생들을 두루 위하여 부처님께 공양하는 몸 많은 신들 · (4) 오래전부터 견고한 서원으로 항상 시중하려는 발로 다니는 신들 · (5) 묘한 법을 듣기 좋아하는 땅 맡은 신들 · (6) 항상 대자대비를 닦는 물 맡은 신들 · (7) 지혜 빛으로 비추는 불 맡은 신들 · (8) 마니로 관을 만든 바람 맡은 신들 · (9) 시방의 모든 의식을 잘 아는 방위 맡은 신들 · (10) 무명의 어둠을 전력으로 제멸하는 밤 맡은 신들 · (11) 일심으로 부처님 해를 쉬지 않고 밝히는 낮 맡은 신들 · (12) 법계의 모든 허공을 장엄하는 허공 맡은 신들 · (13) 중생을 건지어 생사의 바다를 뛰어나게 하는 바다 맡은 신들 · (14) 온갖 지혜와 도를 돕는 착한 뿌리를 부지런히 모으는 높고 크기 산과 같은 산 맡은 신들과, (15) 모

---

139) 提는 金本作薩이라 하나 誤植이다.

든 중생의 보살 마음성을 부지런히 수호하는 성 맡은 신들·(16) 온갖 지혜의 지혜와 위없는 법의 성을 부지런히 수호하는 용왕들·(17) 모든 중생을 부지런히 수호하는 야차왕들·(18) 중생들을 항상 즐겁게 하는 건달바왕들·(19) 아귀의 갈래를 항상 제멸하는 구반다왕들·(20) 모든 중생을 구제하여 생사의 바다에서 뛰어나게 하는 가루라왕들·(21) 여래의 몸을 성취하여 세간에서 뛰어나려 하는 아수라왕들·(22) 부처님을 뵈옵고 환희하여 허리 굽혀 공경하는 마후라가왕들·(23) 생사를 싫어하고 부처님 뵙기를 좋아하는 큰 천왕들·(24) 부처님을 존중하여 찬탄하고 공양하는 대범천왕들과 함께 하였다.

[疏] 二, 伴從이라 中에 初一은 同生이요 餘皆異生이니 並約通稱表法之名하여 以明般若가 導萬行故라 隨一一類하여 各有衆多일새 故云諸足行等이라 或闕諸言은 蓋文略耳라 餘如初會니라

■ (나) 동반하여 따르는 대중을 개별로 밝힘이다. 그중에 ㄱ. 동생중(同生衆)이요, ㄴ. 나머지는 모두 이생중(異生衆)이다. 아울러 전체 명칭을 잡아서 법의 명칭을 표하나니 반야가 만행을 이끄는 것을 밝힌 까닭이다. 낱낱 부류를 따라서 각기 여러 많은 것이 있는 연고로 이르되, "모든 족행신" 등이라 하였고, 혹은 여러 말씀을 빼면 대개 경문이 생략된 것일 뿐이다. 나머지는 제1. 적멸도량법회와 같다.

(다) 나오는 광경을 총합하여 밝히다[總顯出儀] (三總 35上9)

文殊師利가 與如是等功德莊嚴諸菩薩衆으로 出自住處
하사 來詣佛所하사 右遶世尊하여 經無量帀하며 以諸供
具로 種種供養하고 供養畢已에 辭退南行하여 往於人間
하시니라

문수사리는 이러한 공덕으로 장엄한 보살들과 더불어 자기
가 있던 데서 떠나 부처님 계신 데 와서 세존을 오른쪽으로
한량없이 돌고 모든 공양거리로 공양하였다. 공양하기를 마
치고는 하직하고 떠나 남쪽으로 인간을 향하였다.

[疏] 三, 總顯出儀라 中에 前은 約無住化生일새 名善住閣出이요 今에는 約
依自利而利他일새 云出自住處니라 又前은 依佛法界流요 此는 依自
所證出이니 二文影略이니라

■ (다) 나오는 광경을 총합하여 밝힘이다. 그중에 ㄱ. 머무름 없이 중
생 교화함을 잡으면 '선주누각에서 나온다'라고 이름할 것이요, ㄴ.
자리를 행하면서 이타행에 의지함을 잡으면 이르되, "자신이 머무는
곳에서 나온다"라 함이요, 또한 앞은 부처님 법계의 흐름에 의지함이
요, 여기는 증득한 바로부터 나옴을 의지하였으니 두 가지 경문은 비
추어 생략하였다.

[鈔] 又前依佛法界流者는 約表說法也니라

● '또한 앞은 부처님 법계의 흐름에 의지함'이란 표함을 잡아서 법을 설
함이다.

나) 저 교화하는 일을 성취하다[成彼化事] 2.

(가) 과목 나누기[分科] (第二 35下6)

[疏] 第二, 成彼化事라 中에 通有三會하니 一, 比丘會는 顯廻小入大故요 二, 諸乘人會는 顯通收諸權하여 入一實故요 三, 善財會는 顯純一乘機하여 一生에 成辦故니라 又前二會는 表居信未久일새 尙不定故요 善財는 信終일새 可入證故니라 今初에 有二하니 一, 明助化攝大140)요 二, 正明化益이라 今初니 小乘之智도 亦助大故라

■ 나) 저 교화하는 일을 성취함이다. 그중에 통틀어 세 번의 모임이 있다. ㄱ. 비구 대중의 모임이니 소승을 돌려서 대승으로 들어감을 밝힌 까닭이요, ㄴ. 모든 교법의 모임이니 통틀어 여러 방편을 거두어 하나의 실법에 들어감을 밝힌 까닭이요, ㄷ. 선재동자의 모임이니 순수하게 일승의 근기로 일생토록 힘쓰는 것을 밝힌 까닭이다. 또한 앞의 두 모임[ㄱ.比丘會 ㄴ.諸乘會]은 믿음이 오래되지 않음을 표하였으니, 오히려 정하지 않은 연고로 선재의 믿음이 끝나면 들어가 증득할 수 있기 때문이다. 지금은 ㄱ.에 둘이 있으니 ㄱ) 교화를 도와 근기를 포섭함이요, ㄴ) 교화한 이익을 바로 밝힘이다. 지금은 ㄱ)이니 소승의 지혜도 또한 대승을 돕기 때문이다.

(나) 과목에 따라 해석하다[隨釋] 3.
ㄱ. 비구 대중의 모임[比丘會] 2.

ㄱ) 교화를 도와 근기를 포섭하다[助化攝機] 2.
(ㄱ) 전체 인연으로 생각을 일으키다[覩緣興念] (文中 36上1)

---

140) 大는 甲南續金本作機라 하다.

爾時에 尊者舍利弗이 承佛神力하여 見文殊師利菩薩이 與諸菩薩衆會莊嚴으로 出逝多林하사 往於南方하여 遊行人間하고 作如是念하시되 我今當與文殊師利로 俱往南方하리라하라

그때 사리불존자는 부처님의 신력을 받자와 문수사리보살이 여러 보살 대중으로 장엄하고 서다림에서 나와 남쪽으로 인간을 향하여 가는 것을 보고 생각하기를 "나도 문수사리와 더불어 남쪽으로 함께 가리라"라고 하였다.

[疏] 文中에 亦二니 先, 明覩緣興念이요
■ 경문 중에도 둘이니 (ㄱ) 인연을 보고 생각 일으킴을 밝힘이요.

(ㄴ) 대중을 포섭하여 함께 노닐다[攝衆同遊] 2.
a. 포섭하는 광경을 총합하여 밝히다[總辨攝儀] (二時 36上5)

時에 尊者舍利弗이 與六千比丘로 前後圍遶하여 出自住處하여 來詣佛所하사 頂禮佛足하고 具白世尊하신대 世尊이 聽許어시늘 右遶三帀하고 辭退而去하여 往文殊師利所하시니라

그리고 사리불존자는 6천 비구가 앞뒤로 둘러싸고 자기의 처소를 떠나 부처님 계신 데 와서 부처님 발에 엎드려 절하고 세존께 여쭈었다. 세존이 허락하시므로 오른쪽으로 세 번 돌고 하직하고 물러나 문수사리의 처소로 갔다.

[疏] 二, 時尊者下는 攝衆同遊라 於中에 亦二니 先, 總辨攝儀니 捨小趣大가 爲出自住處하여 向文殊所니라

- (ㄴ) 時尊者 아래는 대중을 포섭하여 함께 노닒이다. 그중에 또한 둘이니 a. 포섭하는 광경을 총합하여 밝힘이니, 소승을 버리고 대승으로 나아감이 자신의 머무는 곳에서부터 문수보살의 처소로 향함이 된다.

b. 교화할 대상을 개별로 밝히다[別明所化] 3.
a) 숫자를 가리키고 지위로 표방하다[指數標位] (後此 36下4)
b) 명칭을 나열하다[列名] (二所)
c) 공덕을 찬탄하다[歎德] (三悉)

此六千比丘는 是舍利弗의 自所同住라 出家未久니 所謂海覺比丘와 善生比丘와 福光比丘와 大童子比丘와 電生比丘와 淨行比丘와 天德比丘와 君慧比丘와 梵勝比丘와 寂慧比丘라 如是等其數六千이 悉曾供養無量諸佛하여 深植善根하며 解力廣大하며 信眼明徹하며 其心寬博하며 觀佛境界하며 了法本性하며 饒益衆生하며 常樂勤求諸佛功德하니 皆是文殊師利의 說法敎化之所成就러라

이 6천 비구는 사리불과 함께 있는 이들로 출가한 지 오래지 않았으니, 이른바 해각비구 · 선생비구 · 복광비구 · 대동자비구 · 전생비구 · 정행비구 · 천덕비구 · 균혜비구 · 범승비구 · 적혜비구 등이니, 그 수가 6천이라. (1) 모두 한

량없는 부처님께 공양한 이로서, (2) 착한 뿌리를 깊이 심어 이해하는 힘이 광대하며, (3) 믿는 눈이 밝게 사무치고 마음이 너그러우며, (4) 부처님의 경계를 관찰하고 법의 본성품을 알아 중생들을 이익하게 하며, (5) 항상 부처님의 공덕을 부지런히 구하나니, 다 문수사리가 법을 말하여 교화하고 성취한 이들이었다.

[疏] 後, 此六千下는 別明所化라 於中에 三이니 初, 指數辨位라 比丘는 義如常이니라 六千者는 表六根性淨하여 可入法界故니라 自所同住者는 同居權小故며 同住法界故라 出家未久者는 未證實際니 易可廻故며 信心尙微하니 須誘化故니라 二, 所謂下는 列名이요 三, 悉曾下는 歎德이라 文有十句하니 初二는 歎宿因이요 次七은 明現德이요 後一은 結德屬緣이라 旣皆約大乘하여 以歎하니 明本大器가 託迹比丘하여 顯收諸類오 非小乘矣라 結屬文殊하니 今成其善이 非無因矣니라

■ b. 此六千 아래는 교화할 대상을 개별로 밝힘이다. 그중에 셋이니 a) 숫자를 가리키고 지위를 밝힘이니 비구는 뜻이 일상과 같으며, 6천이란 육근의 성품이 청정하면 법계로 들어갈 수 있음을 표한 까닭이다. '자신의 처소에 함께 머무는 것'은 권교 소승에 함께 머무는 까닭이요, 법계에 함께 머무는 까닭이다. '출가한 지 오래지 않음'이란 실제를 증득하지 못함이요, 쉽게 돌아갈 수 있는 연고로 믿는 마음이 오히려 미세하니 모름지기 권유하여 교화하려는 까닭이다. b) 所謂 아래는 명칭을 나열함이다. c) 悉曾 아래는 공덕을 찬탄함이다. 경문에 열 구절이 있으니 (a) 처음 두 구절은 숙세의 인행을 찬탄함이

요, (b) 현재의 공덕을 밝힘이요, (c) 뒤의 한 구절은 공덕이 속한 인연을 결론함이니 이미 모두 대승을 잡아서 찬탄한 것이다. 본문의 대승의 근기를 밝힘은 적문의 비구를 의탁하여 모든 부류를 거둠을 밝힌 것이니 소승이 아닌 까닭이다. 결론적으로 문수보살에 소속되어 지금은 그 선근을 이루었으니, 인연이 없음이 아니라는 뜻이다.

[鈔] 比丘는 義如常者는 古有五義하니 一曰, 怖魔니 初出家時에 魔宮動故요 二, 言乞士니 下從居士乞食하여 以資身하고 上從諸佛乞法하여 以練神故니라 三, 名淨戒持戒니 漸入僧數하여 應持戒故라 四, 云淨命이니 旣受戒已에 所起三業이 以無貪故로 不依於貪邪活命故라 五, 曰破惡이니 漸依聖道하여 滅煩惱故라 新云, 苾芻니 苾芻는 草名이니 具五德故니라

- '비구는 뜻이 일상과 같음'이란 예전에는 다섯 가지 뜻이 있으니 (1) '마구니를 두려워함'이라 말하나니, 처음 출가한 때에 마군의 궁전이 동요하는 까닭이요, (2) '걸식하는 선비'라 하나니 아래로는 거사에게 밥을 빌어서 몸을 돕는 것이요, 위로는 모든 부처님께 법을 빌어서 정신을 단련하는 까닭이요, (3) '청정한 계'와 '계를 지킴'이라 이름하나니, 점차로 승려 숫자에 들어가서 응당히 계를 지키는 까닭이다. (4) '청정한 생업'이라 말하나니 이미 수계하고 나서 일으킨 삼업이 탐욕이 없는 까닭이요, 탐욕과 삿된 생업에 의지하지 않는 까닭이요, (5) '악을 타파함'이라 말하나니 성인의 도를 점차로 의지하여 번뇌를 멸한 까닭이요, 새롭게 '필추(苾芻)'라 말하나니, 필추는 풀 이름이니 다섯 가지 덕을 갖춘 까닭이다.

ㄴ) 교화한 이익을 바로 밝히다[正明化益] 2.
(ㄱ) 몸의 거동으로 섭수한 이익[身儀攝益] 4.

a. 뛰어난 경계를 보이다[示勝境] 3.
a) 고함을 표방하다[標告] (第二 38上2)

爾時에 尊者舍利弗이 在行道中하여 觀諸比丘하고 告海覺言하시되 海覺이여 汝可觀察文殊師利菩薩淸淨之身의 相好莊嚴을 一切天人이 莫能思議하며 汝可觀察文殊師利의 圓光映徹하여 令無量衆生으로 發歡喜心하며 汝可觀察文殊師利의 光網莊嚴이 除滅衆生의 無量苦惱하며 汝可觀察文殊師利의 衆會具足이 皆是菩薩往昔善根之所攝受하며 汝可觀察文殊師利의 所行之路에 左右八步가 平坦莊嚴하며 汝可觀察文殊師利의 所住之處에 周廻十方에 常有道場이 隨逐而轉하며 汝可觀察文殊師利의 所行之路가 具足無量福德莊嚴하여 左右兩邊에 有大伏藏하여 種種珍寶가 自然而出하며 汝可觀察文殊師利가 曾供養佛하여 善根所流로 一切樹間에 出莊嚴藏하며 汝可觀察文殊師利에 諸世間主가 雨供具雲하고 頂禮恭敬하여 以爲供養하며 汝可觀察文殊師利에 十方一切諸佛如來가 將說法時에 悉放眉間白毫相光하사 來照其身하고 從頂上入이어다

이때 사리불존자는 길을 가던 도중에 비구들을 보고 해각에게 말하였다. "해각이여, (1) 그대는 보라. 문수사리보살

의 청정한 몸은 잘생긴 모습으로 장엄하였으매 모든 하늘이나 사람들이 헤아릴 수 없느니라. (2) 그대는 보라. 문수사리의 둥근 광명이 사무쳐 비추어 한량없는 중생에게 환희심을 내게 하느니라. (3) 그대는 보라. 문수사리의 광명 그물로 장엄한 것은 중생들의 한량없는 괴로움을 멸하느니라. (4) 그대는 보라. 문수사리의 대중이 구족함은 다 보살이 옛적에 착한 뿌리로 거두어 준 것이니라. (5) 그대는 보라. 문수사리의 다니는 길은 좌우로 여덟 걸음씩 평탄하게 장엄하였느니라. (6) 그대는 보라. 문수사리의 머무는 곳에는 주위로 열 방위에 항상 도량이 있어 따라서 작용하게 되느니라. (7) 그대는 보라. 문수사리의 다니는 길은 한량없는 복덕의 장엄을 갖추었으므로 좌우로 크게 물힌 갈무리가 있어 여러 가지 보배가 저절로 나오느니라. (8) 그대는 보라. 문수사리는 일찍이 부처님께 공양한 착한 뿌리로 말미암아 모든 나무들 사이에서 장엄한 갈무리를 내느니라. (9) 그대는 보라. 문수사리에게는 세간 임금들이 공양거리 구름을 비 내리며 엎드려 절하고 공경하며 공양하느니라. (10) 그대는 보라. 문수사리는 시방의 모든 부처님 여래께서 법을 말씀하려할 때에는 미간의 흰 털은 광명을 놓아 보내어 그 몸에 비추고 정수리로 들어가느니라."

[疏] 第二, 爾時尊者舍利下는 正明化益이라 於中에 二니 先, 以身儀攝益이니 則令根熟起欲이요 二, 爾時文殊告諸下는 語業攝益이니 正授法門이라 前中에 四니 一, 示勝境이요 二, 得勝益이요 三, 詣勝人이요

四, 蒙勝攝이라 今初에 有三하니 初는 標告요
- ㄴ) 爾時尊者舍利 아래는 교화한 이익을 바로 밝힘이다. 그중에 둘이니 (ㄱ) 몸의 거동으로 섭수한 이익이니 근기가 성숙하고 욕심을 일으키게 함이요, (ㄴ) 爾時文殊告諸 아래는 어업으로 섭수한 이익이니 법문을 바로 받은 것이다. (ㄱ) 중에 넷이니 a. 뛰어난 경계를 보임이요, b. 뛰어난 이익을 얻음이요, c. 뛰어난 사람을 참예함이요, d. 뛰어나게 섭수함을 입음이다. 지금은 a.에 셋이 있으니 a) 고함을 표방함이요,

b) 바른 교법으로 관찰하다[正敎] (二海 38上5)

[疏] 二, 海覺汝可下는 正敎觀察이라 有十勝德하니 一, 身相勝이요 二, 常光勝이요 三, 放光勝이요 四, 衆會勝이요 五, 行路勝이니 表常依八正故라 六, 住處勝이니 擧足下足이 無非道場이니 隨心轉故라 七, 福嚴勝이니 常觀空有二邊하여 心地之下에 具如來藏恒沙萬德이 無心忘照며 任運寂知하여 而顯現故라 八, 林樹勝이니 樹立萬行하여 嚴法體故라 九, 自在勝이니 於我無我에 得不二解하여 自在主中하여 爲最尊故라 十, 上攝勝이라 此有二意하니 一, 約事컨대 心常上攝諸佛法故요 二, 約表컨대 諸佛顯揚이 皆依般若하사 究竟에 至於一切智故니라
- b) 海覺汝可 아래는 바른 교법으로 관찰할 적에 열 가지 뛰어난 공덕이 있다. (1) 몸의 모습이 뛰어남이요, (2) 일상의 광명이 뛰어남이요, (3) 광명 놓음이 뛰어남이요, (4) 대중 모임이 뛰어남이요, (5) 행하는 길이 뛰어남이니 항상 여덟 가지 정도(正道)를 의지함을 표하는

까닭이다. (6) 머무는 곳이 뛰어남이니 발을 들고 발을 내림이 도량 아님이 없나니, 마음을 따라 구르는 까닭이다. (7) 복으로 장엄함이 뛰어남이니 공과 유의 두 변두리를 항상 관찰하여 마음의 땅 아래에 여래장의 항하 모래 같은 공덕을 갖춤이 무심(無心)으로 비춤을 잊고 가는 대로 맡겨서 고요히 알면서도 밝게 나타내는 까닭이다. (8) 나무숲이 뛰어남이니 만 가지 행법을 수립하여 법의 체성을 장엄한 까닭이요, (9) 자재함이 뛰어남이니 나와 내가 없음에 둘이 아닌 이해를 얻어서 자재주(自在主)동자 중에 가장 존귀함이 된 까닭이다. (10) 위로 섭수함이 뛰어남이다. 여기에 두 가지 의미가 있으니 가. 일을 잡는다면 마음에 항상 위로 모든 부처님 법을 포섭하는 까닭이요, 나. 표함을 잡는다면 모든 부처님을 밝게 선양함이 모두 반야바라밀에 의지하여 궁극에 일체 지혜로 가게 하는 까닭이다.

[鈔] 於我無我에 得不二解等者는 卽釋經의 諸世間主가 雨供具雲等이니 以主가 卽自在義라 旣我無我에 不二가 方爲自在라 此卽淨名迦旃延章의 五非常義니 前三地에 已引이라 卽於我無我에 而不二가 是無我義니 無我法中에 有眞我故니라 二, 約表者는 諸佛顯揚이 皆依般若等者는 文殊는 表般若니 若無般若면 不能說故라 已是一義오 究竟下는 又表所說이 雖復千差나 究竟至於一切種智니 故로 放光코 還入智頂이라 後句는 卽法華意니라

● '나와 내가 없음에 둘이 아닌 이해를 얻었다'는 등은 곧 경문의 '모든 세간의 주인이 공양거리 구름을 비 내리는 등'을 해석함이니 주(主)는 곧 자재함의 뜻이다. 이미 나와 무아(無我)가 둘이 아님이라야 비로소 자재함이 된다. (1) 이것은 곧 『유마경』가전연장에 다섯 가지 비

상(非常)의 뜻이다. 앞의 (십지품) 제3. 발광지에 이미 인용하였으니 곧 나와 무아에 둘이 아님이 무아(無我)의 뜻이니, 무아의 법 중에 진실한 내가 있기 때문이다. (2) 표함을 잡은 것은 '모든 부처님을 드러내어 선양함이 모두 반야(般若)에 의지한 등'에서 문수는 반야를 표한 것이다. 만일 반야가 없으면 능히 설할 수 없기 때문이다. 이미 한 가지 뜻이요, 究竟 아래는 또한 설한 내용이 비록 다시 천차만별임을 표하였지만 끝까지 일체종지에 이르는 연고로 광명을 놓아서 도리어 지혜의 끝까지 들어감이요, 뒤 구절은 곧 『법화경』의 주장이다.

c) 간략함을 결론하고 광대함을 밝히다[結略顯廣] (三爾 39上3)

爾時에 尊者舍利弗이 爲諸比丘하사 稱揚讚歎開示演說 文殊師利童子의 有如是等無量功德具足莊嚴하시니라
그때 사리불존자는 비구들에게 문수사리동자는 이렇게 한량없는 공덕으로 구족하게 장엄하였다고 찬탄하고 열어 보이고 연설하였다.

[疏] 三, 爾時下는 結略顯廣이니 可知니라
■ c) 爾時 아래는 간략함을 결론하고 광대함을 밝힘이니 알 수 있으리라.

b. 뛰어난 이익을 얻다[得勝益] (二彼 39上9)
c. 뛰어난 사람을 참예하다[詣勝人] (三卽)

彼諸比丘가 聞是說已에 心意淸淨하고 信解堅固하며 喜
不自持하여 擧身踊躍하며 形體柔軟하고 諸根悅豫하며
憂苦悉除하고 垢障咸盡하며 常見諸佛하여 深求正法하
며 具菩薩根하고 得菩薩力하며 大悲大願이 皆自出生하
며 入於諸度의 甚深境界하며 十方佛海가 常現在前하며
於一切智에 深生信樂하니라 卽白尊者舍利弗言하되 唯
願大師는 將引我等하사 往詣於彼勝人之所하소서 時에
舍利弗이 卽與俱行하사 至其所已에 白言하되 仁者시여
此諸比丘가 願得奉覲하나이다

그 모든 비구들은 이 말을 듣고 마음이 청정하며 믿고 이해
함이 견고하며 기쁨을 참지 못하여 몸 전체로 뛰놀면서 형
체가 부드럽고 전신이 화열하며 근심은 없어지고 업장이 다
하여서, 부처님을 항상 뵈옵고 바른 법을 구하며 보살의 근
기를 갖추고 보살의 힘을 얻었으며, 큰 자비와 큰 서원이 거
기서 나고 모든 바라밀다의 깊은 경지에 들어갔으며, 시방
의 부처님들이 항상 앞에 나타나서 온갖 지혜에 믿고 좋아
함을 깊이 내었다. 그리하여 사리불존자에게 말하였다. "바
라옵건대 대사시여, 우리를 데리고 저 훌륭한 어른에게 나
아가지이다." 그때 사리불은 그들과 함께 그곳에 가서 여쭈
었다. "거룩하신 이여, 이 비구들이 뵈오려 하나이다."

[疏] 二, 彼諸比丘下는 得勝益中에 上旣勸觀일새 義兼修觀하여 益相을
可知니라 三, 卽白尊者下는 明詣勝人이니 可知니라
- b. 彼諸比丘 아래는 뛰어난 이익을 얻음 중에 위에서 이미 관찰하기

를 권하였지만 뜻은 관법 닦을 것을 겸하였으니, 이익하는 모습은 알 수 있으리라. c. 卽白尊者 아래는 뛰어난 사람을 참예함을 밝힘이니 알 수 있으리라.

d. 뛰어나게 섭수함을 입다[蒙勝攝] 2.
a) 그 섭수한 양상을 보이다[示其攝相] (四爾 39下7)
b) 공경을 말하며 서원을 일으키다[說敬興願] (後時)

爾時에 文殊師利童子가 無量自在菩薩圍遶하사 幷其大衆으로 如象王廻하여 觀諸比丘하신대 時諸比丘가 頂禮其足하고 合掌恭敬하여 作如是言하되 我今奉見하고 恭敬禮拜하며 及餘所有一切善根을 唯願仁者文殊師利와 和尙舍利弗과 世尊釋迦牟尼가 皆悉證知하시니라 如仁所有如是色身과 如是音聲과 如是相好와 如是自在하여 願我一切를 悉當具得하여지이다
그때 문수사리동자는 한량없는 자재한 보살에게 들러싸여서 그 대중들과 함께 코끼리가 한 번 돌듯이 비구들을 보았다. 그때 비구들은 그의 발에 엎드려 절하고 합장하고 공경하여 말하였다. "저희들이 지금 우러러뵈옵고 공경하고 예배하는 일과, 그 밖의 모든 착한 뿌리를 거룩하신 문수사리와 화상이신 사리불과 석가모니 세존께서 모두 증명하여 아시나니, 거룩하신 당신이 가지신 그러한 몸과 그러한 음성과 그러한 모습과 그렇게 자유자재하심을 저희들로 하여금 모두 얻게 하여지이다."

[疏] 四, 爾時文殊下는 蒙勝(所)攝이라 於中에 二니 先, 示攝相이니 以廻觀法器故라 如象王廻者는 身首가 俱轉하여 無輕擧故니라 後, 時諸比丘下는 設敬興願이니 爲後正說之由라

■ d. 爾時文殊 아래는 뛰어난 섭수할 대상을 입음이다. 그중에 둘이니 a) 그 섭수한 양상을 보임이니 법의 그릇을 되돌려 관찰한 까닭이다. '코끼리가 한 번 돌듯이'란 몸과 머리를 함께 굴림이니 가볍게 거론함이 없기 때문이다. b) 時諸比丘 아래는 공경을 말하며 서원을 일으킴이니 뒤에서 바로 설한 이유가 된다.

(ㄴ) 어업으로 섭수한 이익[語業攝益] 2.
a. 자분의 법을 듣다[授自分法] 2.

a) 법문을 듣다[授法] 3.
(a) 이익을 거론하여 표방하고 고하다[擧益標告] (第二 40下5)

爾時에 文殊師利菩薩이 告諸比丘言하시되 比丘여 若善男子善女人이 成就十種趣大乘法하면 則能速入如來之地어든 況菩薩地리오 何者爲十고 所謂積集一切善根하되 心無疲厭하며 見一切佛하고 承事供養하되 心無疲厭하며 求一切佛法하되 心無疲厭하며 行一切波羅蜜하되 心無疲厭하며 成就一切菩薩三昧하되 心無疲厭하며 次第入一切三世하되 心無疲厭하며 普嚴淨十方佛刹하되 心無疲厭하며 敎化調伏一切衆生하되 心無疲厭하며 於一切刹一切劫中에 成就菩薩行하되 心無疲厭하며 爲成

熟一衆生故141)로 修行一切佛刹微塵數波羅蜜하여 成就如來一力142)하고 如是次第爲成熟一切衆生界하여 成就如來一切力하되 心無疲厭이니라

그때 문수사리보살은 비구들에게 말하였다. "비구들이여, 착한 남자와 착한 여인이 열 가지 대승으로 나아가는 법을 성취하면 여래의 지위에 빨리 들어갈 것이어늘 하물며 보살의 지위리오. 무엇이 열인가? 이른바 (1) 모든 착한 뿌리를 모으는 데 마음이 고달프지 않음과, (2) 모든 부처님을 뵈옵고 섬기고 공양하는 데 마음이 고달프지 않음과, (3) 모든 부처의 법을 구하는 데 마음이 고달프지 않음과, (4) 온갖 바라밀다를 행하는 데 마음이 고달프지 않음과, (5) 모든 보살의 삼매를 성취하는 데 마음이 고달프지 않음과, (6) 온갖 세 세상에 차례로 들어가는 데 마음이 고달프지 않음과, (7) 시방의 부처님 세계를 두루 장엄하는 데 마음이 고달프지 않음과, (8) 일체중생을 교화하고 조복하는 데 마음이 고달프지 않음과, (9) 모든 세계의 모든 겁에서 보살의 행을 성취하는 데 마음이 고달프지 않음과, (10) 한 중생을 성취하기 위하여 모든 부처 세계의 티끌 수 바라밀다를 수행하여 여래의 한 가지 힘을 성취하며, 이와 같이 차례차례로 모든 중생을 성취하기 위하여 여래의 모든 힘을 성취하는 데 마음이 고달프지 않음이니라.

---

141) 成熟의 熟은 明宮淸合綱杭鼓纂續金本作就, 麗本及晉譯貞元譯作熟, 宋元本準弘昭本作熟, 準大正作就라 하다.
142) 一力은 宋元明宮淸綱杭鼓纂續金本作十力, 合本作一切力, 準貞元譯及行願品疏應從麗藏作一力; 宋南北藏無切字라 하다.

[疏] 第二, 語業攝益이라 中에 二니 先, 授自分法이요 後, 爾時文殊下는 授勝進法이라 前中에 亦二니 先, 授法이요 後, 時諸比丘下는 得益이라 前中에 三이니 初, 擧益標告요

- (ㄴ) 어업으로 섭수한 이익이다. 그중에 둘이니 a. 자분의 법을 받음이요, b. 爾時文殊 아래는 승진법을 받음이다. a. 중에 또한 둘이니 a) 법문을 들음이요, b) 時諸比丘 아래는 이익을 얻음이다. a) 중에 셋이니 (a) 이익을 거론하여 표방하고 고함이요,

(b) 행법을 개별로 보이다[別示行法] (二何 40下7)

[疏] 二, 何者下는 別示行法이라 皆言無疲厭者는 法門無盡하며 衆生無邊하니 取相而修에 多生疲厭이요 厭則退墮二乘이어니와 若無愛見而修하면 則無疲矣요 無疲則佛果가 非遠이온 況我身耶아 十句를 攝爲五對니 一, 內因外緣이요 二, 求法成行이요 三, 深定妙智니 智入三世故요 四, 嚴刹調生이요 五, 長時廣大니 廣大도 亦勝進修也니라

- (b) 何者 아래는 행법을 개별로 보임이다. 모두에 '고달프지 않음'이라 말한 것은 법문이 다함없고 중생이 그지없으니, 모양을 취하여 닦으면 자주 싫어하거나 고달픔이 생긴다. 싫어하면 물러날 것이요, 이승이 만일 애견(愛見) 없이 닦으면 고달픔이 없으리니, 고달픔이 없으면 부처님 과덕도 멀지 않을 텐데 하물며 내 몸이겠는가? 열 구절을 포섭하여 다섯 대구를 삼았으니, (1) 안은 원인이요 밖은 인연이요, (2) 법을 구함과 행법을 성취함이요, (3) 깊은 삼매와 묘한 지혜이니, 지혜로 삼세에 들어가는 까닭이요, (4) 국토를 장엄함과 중생을 조복함이요, (5) 오랜 시간과 광대함이다. 광대함도 또한 승진법으로

닦는다는 뜻이다.

[鈔] 若無愛見而修하면 則無疲矣는 卽淨名의 問疾品意라 前文에 已引하니라

● (이승이) 만일 애견 없이 닦으면 고달픔이 없나니, 곧 『유마경』 문질품(問疾品)의 주장이다. 앞의 소문에 이미 인용하였다.

(c) 이익을 거론하여 수행하기 권하다[擧益勸修] (三比 41上10)

比丘여 若善男子善女人이 成就深信하여 發此十種無疲厭心하며 則能長養一切善根하며 捨離一切諸生死趣하며 超過一切世間種性[143]하며 不墮聲聞辟支佛地하며 生一切如來家하며 具一切菩薩願하며 學習一切如來功德하며 修行一切菩薩諸行하며 得如來力하여 摧伏衆魔와 及諸外道하며 亦能除滅一切煩惱하고 入菩薩地하여 近如來地하리라

비구여, 착한 남자와 착한 여인이 깊은 믿음을 성취하고, 이 열 가지 고달프지 않은 마음을 내면 (1) 능히 모든 착한 뿌리를 기르며, (2) 모든 생사의 길을 여의며 (3) 모든 세간의 종자 성문을 초월하며 (4) 성문과 벽지불의 지위에 떨어지지 않고 (5) 여래의 가문에 태어나며, (6) 모든 보살의 소원을 갖추며, (7) 모든 여래의 공덕을 배우며, (8) 모든 보살의 행을 닦으며, (9) 여래의 힘을 얻어 여러 마와 외도들을 굴

---

143) 種性의 性은 麗本作姓, 宋元明宮淸合綱杭鼓纂續金本及晉譯貞元譯作性이라 하다.

복시키며, (10) 모든 번뇌를 멸하고 보살의 지위에 들어가서 여래의 자리에 가까워지느니라."

[疏], 比丘若善男子下는 擧益勸修라 中에 亦爲五對니 一, 長善離生이요 二, 超凡越小요 三, 生家具業이요 四, 習果修因이요 五, 摧邪入證이니라

■ (c) 比丘若善男子 아래는 이익을 거론하여 수행하기를 권함이다. 그 중에 또한 다섯 대구이니 (1) 선근을 기름과 생사를 여윔이요, (2) 범부를 초월함과 소승을 초월함이요, (3) 여래의 가문에 태어남과 업을 갖춤이요, (4) 과덕을 익힘과 인행을 닦음이요, (5) 사견을 꺾음과 들어가 증득함이다.

b) 이익을 얻다[得益] 2.
(a) 한 가지 선정을 개별로 밝히다[別明一定] 2.
㈠ 얻을 선정의 체성[所得定體] (第二 42上5)

時諸比丘가 聞此法已하고 則得三昧하니 名無礙眼見一切佛境界라 得此三昧故로 悉見十方無量無邊一切世界諸佛如來와 及其所有道場衆會하며 亦悉見彼十方世界一切諸趣所有衆生하며 亦悉見彼一切世界種種差別하며 亦悉見彼一切世界所有微塵하며 亦悉見彼諸世界中一切衆生의 所住宮殿이 以種種寶로 而爲莊嚴하며 及亦聞彼諸佛如來種種言音으로 演說諸法하여 文辭訓釋을 悉皆解了하며 亦能觀察彼世界中一切衆生의 諸根心欲

하며 亦能憶念彼世界中一切衆生의 前後十生하며 亦能
憶念彼世界中過去未來의 各十劫事하며 亦能憶念彼諸
如來의 十本生事와 十成正覺과 十轉法輪과 十種神通과
十種說法과 十種敎誡와 十種辯才하니라

이때 비구들이 이 법문을 듣고 곧 삼매를 얻으니, 이름이 <걸림 없는 눈으로 모든 부처의 경계를 봄>이라. 이 삼매를 얻었으므로 (1) 시방의 한량없고 그지없는 모든 세계의 부처님들과 그 도량에 모인 대중들을 보며, (2) 시방세계의 여러 길에 있는 중생들도 보며, (3) 그 모든 세계가 가지가지로 차별함도 보며, (4) 또한 모든 세계에 있는 먼지들을 다 보며, (5) 저 여러 세계에 있는 중생들이 거처하는 궁전을 보니 여러 가지 보배로 장엄하였다. (6) 또 저 부처님 여래께서 가지가지 음성으로 법을 연설함을 듣고 말씀과 해석하심을 모두 분명히 알며, (7) 저 세계에 있는 중생들의 근성과 욕망을 잘 관찰하며, (8) 저 세계에 있는 모든 중생들이 전생과 내생에 열 번 태어나던 일도 기억하며, (9) 저 세계의 과거와 미래에 각각 10겁 동안 일도 기억하며, (10) 또 저 모든 여래의 열 번 본래생[本生]의 일과 열 번 바른 깨달음을 이룸과 열 번 법륜 굴림과 열 가지 신통과 열 가지 설법과 열 가지 가르침과 열 가지 변재를 기억하였다.

[疏] 二, 得益이라 中에 二니 先, 別明一定이요 後, 又卽成下는 通顯多門이라 前中에 亦二니 先, 明所得定體라 言無礙者는 略有三義하니 一, 能見離障故요 二, 所見無擁故니 故云見一切佛境이라 三, 一具多

用故니 雖具此能이나 而無見相일새 故名三昧라
- b) 이익을 얻음이다. 그중에 둘이니 (a) 한 가지 선정을 개별로 밝힘이요, (b) 又卽成 아래는 여러 문을 통틀어 밝힘이다. (a) 중에 또한 둘이니 ㊀ 얻은 바 선정의 체성을 밝힘이다. '걸림 없다'고 말한 것은 간략히 세 가지 뜻이 있으니 (1) 보는 주체가 장애를 여읜 까닭이요, (2) 볼 대상이 막힘이 없는 까닭이니 그래서, "온갖 부처님 경계를 본다"고 말함이요, (3) 하나에 많은 작용을 갖춘 까닭이니 비록 이런 능력을 갖추더라도 보는 양상이 없으므로 삼매라 이름하였다.

㊁ 선정의 작용을 개별로 밝히다[別明定用] 4.
① 천안통의 작용[天眼用] (二得 42上9)
② 천이통의 작용[天耳用] (二及)
③ 타심통의 작용[他心用] (三亦)
④ 숙주통의 작용[宿住用] (四亦)

[疏] 二, 得此三昧下는 別明定用이라 有四하니 一, 正明天眼用이요 二, 及亦聞下는 天耳用이요 三, 亦能觀下는 他心用이요 四, 亦能憶下는 宿住用이라 一眼이 具斯四用일새 故稱無礙니라
- ㊁ 得此三昧 아래는 선정의 작용을 개별로 밝힘에 넷이 있으니 ① 천안통의 작용을 바로 밝힘이요, ② 及亦聞 아래는 천이통의 작용이요, ③ 亦能觀 아래는 타심통의 작용이요, ④ 亦能憶 아래는 숙주통의 작용이다. 하나의 눈에 이런 네 가지 작용을 갖추는 연고로 '장애가 없다'고 말한다.

[鈔] 一眼이 具斯四用일새 故稱無礙者는 正是上第三義也니라
- '하나의 눈에 이런 네 가지 작용을 갖추는 연고로 장애가 없다고 말한다'는 것은 바로 위의 ③ 타심통의 작용[他心用]의 뜻이다.

(b) 여러 문을 통틀어 밝히다[通顯多門] (二通 42下6)

又卽成就十千菩提心과 十千三昧와 十千波羅蜜하여 悉皆清淨하여 得大智慧圓滿光明하며 得菩薩十神通柔軟微妙하여 住菩薩心하여 堅固不動하니라
또 10천 가지 보리심과 10천 가지 삼매와 10천 가지 바라밀다를 성취하여 모두 청정하였으며, 큰 지혜를 얻어 광명이 원만하였으며, 보살의 열 가지 신통을 얻어 부드럽고 미묘하며, 보살의 마음에 머물러 견고하여 흔들리지 아니하였다.

[疏] 二, 通顯多門者는 上에 一定之用이 旣爾코 多門無盡도 例然이라 此顯圓教攝機니 創立大心에 乃得十地之後의 十通之用은 以始로 攝終故라 如發心功德品等에 辨이니라
- (b) 여러 문을 통틀어 밝힘이란 위의 한 가지 삼매의 작용이 이미 그렇다면 여러 문이 그지없음이 유례하면 마찬가지이다. 여기서 원교(圓教)로 근기를 포섭함을 밝혀서 대승의 마음을 처음 세워야만 비로소 십지 뒤의 열 가지 신통의 작용을 얻게 된다. (대승의) 시교(始教)가 종교(終教)를 포섭하는 연고로 제17. 초발심공덕품 등에서 밝힌 내용과 같다.

b. 승진법을 받다[授勝進法] 2.
a) 가르치고 권유하다[敎勸] (第二 43上5)
b) 전전이 이익을 얻다[轉獲益] (後以)

爾時에 文殊師利菩薩이 勸諸比丘하사 住普賢行케 하시니 住普賢行已에 入大願海하며 入大願海已에 成就大願海하며 以成就大願海故로 心淸淨하며 心淸淨故로 身淸淨하며 身淸淨故로 身輕利하며 身淸淨輕利故로 得大神通하여 無有退轉하며 得此神通故로 不離文殊師利足下하고 普於十方一切佛所에 悉現其身하여 具足成就一切佛法하니라

이때 문수사리보살이 여러 비구들을 권하여 보현의 행에 머물게 하였다. 보현의 행에 머물고는 큰 서원 바다에 들어가고, 서원 바다에 들어가서는 큰 서원 바다를 성취하고, 큰 서원 바다를 성취하였으므로 마음이 청정하고, 마음이 청정하였으므로 몸이 청정하고, 몸이 청정하였으므로 몸이 경쾌하고, 몸이 청정하고 경쾌하였으므로 큰 신통을 얻어 물러나지 아니하고, 이 신통을 얻었으므로 문수사리의 발 밑을 떠나지 않고서 시방의 모든 부처님 계신 데서 몸을 나타내어 모든 부처님 법을 구족하게 성취하였느니라."

[疏] 第二, 授勝進法이라 中에 亦二니 先, 敎勸이라 上에는 但明大心無疲이어니와 今에는 令廣住行願하여 進趣普修니라 後, 以成就下는 明展轉獲益이니라 上來에 初會는 竟하다

- b. 승진법을 받음이다. 그중에 또한 둘이니 a) 가르치고 권유함이다. 위는 단지 대승의 마음에 고달픔이 없음을 밝혔고, 지금은 널리 행과 원에 머물러서 정진하여 널리 수행함에 나아가게 한다. b) 以成就 아래는 전전이 이익 얻음을 밝힘이다. 여기까지 ㄱ. 비구 대중의 모임은 마친다.

[羽字卷上 終]

화엄경청량소 제29권

| 초판 1쇄 발행_ 2020년 9월 1일

| 저_ 청량징관
| 역주_ 석반산

| 펴낸이_ 오세룡
| 편집_ 손미숙 박성화 김정은 김영미
| 기획_ 최은영 곽은영
| 디자인_ 김효선 고혜정 장혜정
| 홍보 마케팅_ 이주하
| 펴낸곳_ 담앤북스
  서울특별시 종로구 새문안로3길 23 경희궁의 아침 4단지 805호
  대표전화 02)765-1251 전송 02)764-1251 전자우편 damnbooks@hanmail.net
  출판등록 제300-2011-115호
| ISBN 979-11-6201-230-7 04220

정가 30,000원